牟宗三先生全集㉖

牟宗三先生早期文集（下）

牟宗三　著

牟宗三先生全集㉖

牟宗三先生早期文集（下）

牟宗三 著

目　次

第四編：論時勢

社會根本原則之確立

A. 唯物史觀公式

A.1 「人類在他們的生活之社會的生產上，容受一種一定的、必然的、離他們的意志而獨立的關係，這關係即是適應於他們的物質生產力之一定的發展階段的生產關係。

A.2 「這些生產關係的總和，形成那社會的經濟結構，即是形成那法制的，政治的，這些上層建築所依以樹立，並一定的社會意識形態亦與之相應的那真實基礎。

A.3 「物質生活之生產形式是決定那一般的社會的，政治的，以及精神的，這些生活過程的條件，不是人類意識規定它們的存在；反之，乃是人類之社會的存在規定他們的意識。

A.4 「社會的物質生產力發展到某一定的階段，便與它從前活動於其中的那現存的生產關係，或僅是由法律上所表現的那一切所有的諸關係發生衝突。這些關係便由生產力的發展形態轉化而為它的桎梏，於是社會革命的時代便到來。

A.5 「隨著經濟基礎的變動，那一切龐大的上層建築，都或

緩或急的也就跟著變動起來。

A.6 「當觀察這種變動之時，我們應該把兩件事分別清楚：一是爲自然科學所能嚴密證實的那在經濟生產諸條件上所起的物質變動；一是爲人類用以認識這衝突而且想去克服它的那法律上的、政治上的、宗教上的、藝術上的、或哲學上的，質言之，即觀念上的諸形態。

A.7 「這種變動的時代，不能依著時代的意識來判斷，這恰如我們要判斷某一個人決不能照著那一個人自己以爲他是怎樣就去判斷他怎樣一樣。反之，時代的意識，倒是要從那物質生活的矛盾上，即從社會的生產力與生產關係之間所現存的那衝突上說明的。

A.8 「一個社會組織，當一切生產力，在其中尚有可以發展的餘地以前，是決不會顚覆的；同時，那新的比較高級的生產關係，當其本身上的那物質條件，在舊社會胎裡尚未成熟以前，也是決不會出現的。

A.9 「所以，人類只是提出那限於他自己所能解決的問題。爲什麼呢？因爲更正確地觀察起來，便會知道：問題自身，要等到解決這個問題所必需的那物質條件已經存在，或至少亦必在生成過程中可以把握的時候，才能發生。

A.91 「大體說來，我們可以把亞細亞的、古代的、封建的以及近代布爾喬亞的生產形式，作爲經濟的社會組織的進步之階段。

A.92 「布爾喬亞的生產關係是社會的生產過程之最後的敵對形態。這裡所謂敵對，並不是個人的生存條件所生出的敵對之意；但正在布爾喬亞社會的母胎裡所發達的生產力，同時，又形成

解決那個敵對的物質條件。於是，人類社會的前史，便以這個社會組織而告終。」

A.93　以上是馬克司的《政治經濟學批判·序文》中的話。河上肇名之曰「唯物史觀公式」。的確，這也是馬克司的最有系統的一段精采話，其餘散見於各書中的也概本此。解析此段文章的很多，在此不多說，只把那已成為公認的圖表列於下。

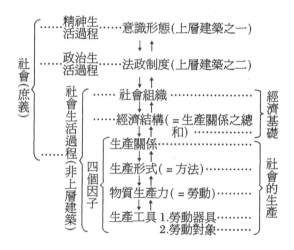

A.94　表中最底下的「生產工具」是解析馬克司者按照其整個的系統而加入的，公式中無此名詞。「↓」表示從動的、具體的、整個的、過程的觀點來看社會的組織，即社會是一有機的結構。「社會的生產」表示非個人的生產是。「四個因子」表示「經濟結構」的因子，即經濟結構因此而組成。「社會的生活過程」即是「社會生活的生產」之生活過程。它雖由生產形式或方法所決定或規定，但卻不是上層建築之一。它是由「社會生產」而至作為基

礎的那「經濟結構」間的一個社會生活過程，也可以說是由經營「社會生產」而至「經濟結構」間的一種社會生活過程之狀態。由這種生活的過程，便造成所謂「經濟結構」。此「經濟結構」即是作為一切上層建築的「經濟基礎」。所謂「經濟基礎」者，是以經濟為基礎，而非謂「經濟的基礎」或「經濟底基礎」也，乃是即經濟即基礎之意。「上層建築」即對此基礎而言。

A.95 在 A.93條中之表是表示一個過程之發展。在此過程中，我們可知：

㈠社會組織之經濟地說明，即以經濟結構來說明社會的組織。更具體點說，更從動的方面說，則即是以社會的生活過程所得的經濟結構來解析並說明社會的組織。本來，所謂「社會的生產」，所謂「社會的生活過程」，即包含有「社會的組織」。因為他們的「生產」是「社會的」故，他們的「生活過程」也是「社會的」故；既是「社會的」，即有組織。因無「組織」不能有「社會的」生產故，不能有「社會的」生活過程故，更也不能有「經濟結構」故。所以「社會組織」既可以「社會生活過程」及「經濟結構」來說明，並且它也就含於「社會生活過程」及「經濟結構」中而與「經濟結構」同時成立而定形。

㈡人類的精神或文化之經濟地說明，即以經濟結構來說明上層建築的。更具體點說，更從動的方面說，則所謂精神的、政治的諸生活構程之變動與改移是因「經濟結構」或「社會的生活過程」之變動或改移。

A.96 但是，這是一個過程的發展，有始有終。可是，如何從此過程轉變至他過程呢？在此即要本著盛極必衰的道理，怎麼樣

衰呢？即是 A.4 及 A.8 條中所說的於內部起衝突起矛盾。辯證的觀念於此引，而歷史的繼續也於此成。所以我們在此再列一個轉變的圖表，則「唯物史觀」便算極成了。

　　設以 x 代表原「經濟結構」，以 α 代表其中的任何因子，例如「生產力」，以 y 與 z 代表上層建築之一與二：復以 x', y', z' 及 α'，代表另一過程中的諸相，則我們可有以下之圖表：

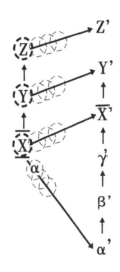

　　從 x 到 x'，再從 x' 到 x"．．．．．以至無窮。

　　A.97　於此表中我們可看出：

　　㈠物質生產力 α 或任何其他因子如 β, γ, ．．．．．．與其所組織的經濟結構 x 有密接不離的關係。我們可以說，在一個過程中，此關係可以叫做是因果關係；但因為此關係沒有「預定」或「力致」之意，故也可以說是函數關係，即是說 α 變，x 自然跟著變，沒有勉

強的意思。但這個關係，此時不能說是「相互關係」，因為這是一個過程故，經濟結構正在形成中或剛已形成中故，「生產力」正在形成某一階段的過程中或剛才形成某一階段故。

㈡經濟結構與上層建築間的因果關係。這個關係與 α 與 x 間的關係不甚相同，α 與 x 可以說是不離，如部分之與全體然，如水之與輕二養然；但 x 與 y 及 z 的關係似乎是可離。沒有上層建築，基礎似乎也可以存在；但反之卻不能。所以，在存在上說，基礎可以離上層建築而存在；但上層建築卻不能離開經濟基礎而存在。在產生上說，基礎可以產生上層建築；但上層基礎卻不能產生經濟基礎，至多你能說它影響基礎。在變動上說，下層基礎一變，上層建築必隨之或急或緩而變，即是說，上層之變是因下層之變而變的；但不能說下層因上層而變。在解析上說，上層建築可以下層基礎來解析、說明或判斷；但下層基礎卻不能以上層建築來解析、說明或判斷。

A.98　在本條要說「規定」、「偏面規定」及「相互規定」的意義，馬克司本著唯物論的觀點，即存在規定思維而主張，社會的存在規定人類的意識，人類的意識不規定社會的存在。可是，其中的問題很複雜，有認識論上的唯物論及元學上的唯物論以及所謂唯物史觀上的唯物論，在此只說明馬氏的「規定」之意義即足；

㈠馬氏的「規定」之意義很模糊，走馬觀花也就過去了，如普通所謂環境影響個人然。但細想來，卻有問題。他這個「規定」是「產生」（produce）之意呢？還即是「規定」（determine）之意？產生與規定不同，產生是從無至有，規定是從有而至有，即是說有「能規定」必有「被規定」，因被規定而變其形，不能說因被

規定而以無至有。假若照著馬氏的徹頭徹尾的唯物論看來，則當是「產生」之意；可是照著他的「存在規定思維」以及「社會的存在規定人類的意識」這兩個「規定」看來，卻又即是「規定」之意。假若是「規定」之意，則他的系統當是唯物論以至於物心二元（不是心物二元）論。假若是「物心」二元論，則可以說「規定」；假若不是，則「規定」這字，即不能說。單講存在與思維，則是認識論或元學上的問題。假若馬氏在認識論以及唯物史觀上全是唯物論以至於物心二元論，則可以說「規定」；假若馬氏以爲認識論上的唯物論可以與唯物論史觀相通，則在認識的唯物論上可說規定當然在唯物史觀上也可以說。可是，在吾則以爲認識上的唯物論與唯物史觀不能相通（理由下段再論），所以在此認識論上的問題可以撇開，因爲其中的問題太複雜，而馬氏的中心點也不在此。所以在此只說唯物史觀上的規定，即下層基礎與上層建築間的「規定」。假若馬氏是純粹唯物論者，則在唯物史觀上的「規定」可說是產生；假若是物心二元論者，則所謂規定即是「規定」。在馬氏的學說中，這兩種成分都有。

㈡但無論是規定或產生，在馬氏的意義，則爲偏面的規定或產生無疑。他雖然也說影響；但也只是影響而已。其影響很少，且有一定時間性，即是說，在某一時代他能影響。社會的變動與轉變不在他的影響上。

㈢相互規定是後人加上的，即從動的、全的過程，具體這方面看，不能不認爲有相互規定的事實。但此所謂相互規定乃是偏面的相互規定，不是相稱的相互規定。因爲他們仍是經濟的一元論。所謂相互規定者，不過把偏面的規定說得寬一點而已。

B. 唯物史觀與唯物論

B.1 這一個「唯物史觀」在馬氏手裡，是有特殊的意義，不能隨便亂用。他這個「物」不是物理、化學及哲學家所對付的「物」，他這個「史」也不是自然史或宇宙進化史。當然，他這個物可以是自然科學或哲學的物，他這個史也可以是自然或宇宙演化史，他這唯物史觀自然也可以是唯物的自然演化史觀。但他所論的不是這方面的，他所說的話與其研究的對象也不是這方面的，現在所意謂的仍不是這方面的。固然，他有他的世界觀，但他的世界觀不能與他的唯物史觀相提並論。固然，他也有他的自然科學或哲學上的「物」觀，但他這方面的「物」觀仍不能與他的唯物史觀相提並論。馬氏徹頭徹尾是唯物論。他的世界觀與知識觀，我們名之曰「元學上的唯物論」（metaphysical materialism）及認識論上的唯物論（epistemological materialism）。可是，這兩個唯物論與「唯物史觀」都不能相通。這即是本段的問題。

B.2 「唯物史觀」即是「經濟史觀」；換言之，即是「歷史的經濟觀」或「歷史的經濟解析」。所以，他這個「物」即是「經濟」，不是自然科學家所對付的物；他這個「史」是人類的社會史、社會進化史。所以「唯物史觀」也即是「社會進化史底經濟解析」。說到「進化史」，則辯證觀念即在內。所以「唯物史觀」也即是「社會進化史底經濟的辯證之解析」。「唯物史觀」即是以唯物論的見地與辯證的觀念相結合而成的。這即是所謂顛倒了黑格爾，深化了費爾巴哈而使唯物論與辯證法的結合者是。

B.3　唯物史觀的「物」即是「經濟」而言，則此所謂「經濟」即是指公式中所謂「經濟結構」或「生產關係之總和」是也。經濟結構即是社會的經濟基礎。唯物史觀即是這個經濟基礎的發展與變動的歷史觀。言經濟史觀而云唯物者，取唯物論之見地也。取唯物論之見地者，即為確定經濟基礎與上層建築間的關係故也。

B.4　取唯物論的見地，即是取「存在規定思維，而思維不能規定存在」之見地。這個「存在」即是自然科學家或哲學家所對付的物（matter）。前段說過，「規定」是有問題的，即發生心物的問題是；但雖然有問題，卻不是馬氏的重要或中心問題，也不是我批評馬氏的焦點。馬氏既取「存在規定思維」的觀念；所以就輕輕地、原模原樣地把這個觀念移而用之於經濟基礎上以造成其唯物史觀。馬氏以為這個「觀念」是可移的，並以為唯物論與唯物史觀是相通的、一貫的，並且他以為費氏的唯物論有以下的毛病：

㈠只把規定意識的「人」這個「存在」看成是自然的；而馬氏卻更進而把「人」看成是社會的人。

㈡費氏只在靜的方面觀察那規定意識的「存在」；而馬氏卻把「存在」當作是人類活動所參加的過程來把握的。

㈢費氏只是一面的觀察人類和環境間的關係；而馬氏卻是交互地來看人與自然間的關係。

費氏的唯物論既有此等毛病，所以馬氏的唯物論就把它深化了而成為新唯物論。其實，何嘗如此！費氏的唯物論，在現在看來，有毛病與否，是另一問題，且不管它；但至少馬氏的唯物論不是深化了費氏的唯物論，也不是修正了費氏的唯物論，乃直是與費氏的唯物論毫不相干的東西。即費、馬兩氏的唯物論不是同性質的東

西。費氏是認識論上的或元學上的唯物論；而馬氏則是社會上的或唯物史觀的唯物論。其性質根本不同，任你怎樣深化，與費氏的唯物論之是與否不發生關係；因為其方面不同，對象不同，範圍不同故也。費氏是自然現象；馬氏是社會現象。費氏是自然科學家或哲學家的唯物論；而馬氏則是社會科學家的唯物論。假若社會現象與自然現象是同一時，則我無話可說；假若不同一時，則費、馬兩氏的唯物論不相干。馬氏若認為相通，則即是他的理論之癥結。吾之批評馬氏就在此處著眼。批評馬氏者若不從此著眼，而認其唯物論史觀與唯物論可以相通，並以為反駁了他的唯物論，就是反駁了他的唯物史觀，則必不足以負馬氏，亦必無良好的結果。

B.5　為何說唯物論與唯物史觀不能相通呢？因為：

㈠唯物論所對付的物是自然科學家或物理化學家的態度所對付的物；而唯物史觀所對付的物是經濟結構。

㈡自然科學家手中的「物」是解析它的自然性質，與其理化的結構，並分解其分子或成分、大小、形狀，在同一空間的位置以及其運動、與其他物間的攝引或電磁……等等性質；而社會科學家手中的「物」即「經濟」則顯然不是如此的。他雖然儘可使用自然科學中的名目，但其性質與意義總不相同。

㈢例如一個洋錢在此。自然科學家看之是一件事，而社會科學家看之又是一件事。它在物理、化學現象裡是一件事；它在社會經濟現象裡又是一件事。這本是最易明白的事。

㈣例如費氏所看的「人」這個存在物，本是理化家的看法或是哲學家的看法。而馬氏看成是社會的人，則意義與性質就不同了。這如何能說是深化？如何能對費氏而自稱曰新唯物論？所謂新者，

是在同一範圍中對於同一現象而加的一種不同於前的新解析是也；如新物理學之於舊物理學，新實在論之於舊實在論等是。而馬氏與費氏一為自然現象，一為社會現象，如何能說新？你可以說唯物論的見地之社會的應用；但不能說新。同樣情形，對於 Hegel 的辯證法也不能說顛倒，而只可說辯證法之社會的應用。

　　㈤ 其餘馬氏所批評費氏的其他諸點都是同樣地不相干。假若你以為自然現象即是社會現象，離了社會現象無所謂自然現象，離了自然現象無所謂社會現象，則我無話可說。但假若如此，則我不得不以整個宇宙全是社會現象了，並且我也不得不懼結果將成為一個絕大的唯心論了！

　　B.6　馬氏所深化的（如普通所謂）我們可以承認；但與唯物論不相干，即他所說的乃全是社會現象。唯物論既與唯物史觀不能相通，則我們即可不論唯物論，而專門討論他的唯物史觀了。所謂不能相通者，並不是說不允許你採取唯物論的見地。在唯物論上說「存在規定思維」；在唯物史觀上，你也可以取同樣的見地而說「經濟基礎規定上層建築」。至於對否，那是另一問題；但你可以說。

　　B.7　「不是人類意識規定它們的存在，乃是人類之社會的存在規定他們的意識。」這即是取「存在規定思維」的唯物見地而應用於社會方面。這種見地一確立；所以馬克司的《資本論》起首便以「商品」為其研究之出發點，因為「資本家的社會之富底全體，在外在現象上，呈顯為一種可驚的龐大的商品之集大成」。這種商品的集大成便是離開人類意志而獨立存在的那經濟結構，那生產關係之總和，那物質生產力所發展到的一定階段之結果。這個「集大

成」之爲「外在」是自明的，是一覽便知的，是任何小孩子也可以知道的事實。它是呈顯于你眼前而無用懷疑的。

B.8　這個「集大成」之外在而決定我們的意識，就是唯物史觀之唯物的見地；而這個「集大成」之成熟、矛盾，以至于崩潰，乃是唯物史觀之辯證的見地。唯物與辯證之結和即構成唯物史觀；而社會進化底經濟解析便也算成功了。

B.9　可是我這個小孩子第一便懷疑到這個「集大成」之外在，第二便懷疑到這個外在的「集大成」自身會起矛盾以至于崩潰。茲述于下。

C.　經濟結構與唯物論

C.1　馬氏的觀點是史的、動的、活的、全的、過程的、具體的。這是我五體投地的承認，並且也是近代各方面思潮中的一種共同趨向。但我恐怕馬氏有自創之而自毀之的趨向，有自尊之而自背之的神氣。我現在即牢守這種動的、全的、具體的看法以觀「唯物史觀」。

C.2　在 A 段唯物史觀公式的圖表中，我們可以看出經濟結構或生產關係之總和中有四個因子：

㈠生產關係：人與人共同結合而作社會的生產；

㈡生產形式或方法；此即人們勞動時所用的方法與技術是也；

㈢生產力：即勞動能力，即存在于人類活動的肉體中之物質的及精神的能力之綜和是也。此亦可說在社會生產過程中所具的物質生產之能力。所謂與生產關係發生衝突的「生產力」，即指此物質

生產力言。

㈣生產工具：即勞動時所用的工具及勞動對象之綜和是也。

勞動的工具有二：

⑴自然的勞動工具；

⑵加工的勞動工具。

勞動的對象亦有二：

⑴天然存在的勞動對象；

⑵勞動生產物的對象。

C.3 這四個因子能互相影響，而最根本的為勞動工具與生產力。設我們分析到最後，只取工具中之勞動對象，並以生產力為勞動，則最根本的即是勞動與對象。換言之，即是物與力而已。笛卡兒說：給我物質與運動可以造世界；而我也可說：勞動與對象可以造經濟結構。

C.4 這四個因子並不能說是在經濟結構中，乃實是經濟結構到由它們之互相作用之發展而成，或說由它們之發展過程而顯露出。我們雖然曾以輕二養表示因子與結構之關係；但結構卻並不像是「水」，「水」是自然存在物，經化學家之分解，始知其構成的成分為 H_2 與 O。但一經分解，水即消滅，而 H_2 與 O 又顯然與水絕不相同，即是說乃是兩類的東西。設我們以 x 代經濟結構，以 α 代勞動對象，以 β 代生產力，以 γ 及 δ 代其他兩因子；則可見 αβ 之與 x 實不同于 H_2O 之與水。因為第一、x 不是自然存在物；第二、x 乃實由 α,β,γ,δ 之合作過程而組成的；第三、水與 HO 雖類不同，然同為自然存在物，但 αβ 與 x 則不然。αβ 雖為自然存在的，而 x 不是自然存在的，所以從 α 到 x 馬氏名之曰「社會的生

產」或「社會的生活過程」。這全是一個動的、全的之觀點。「社會的生產」即是指全的而言，而「社會生活過程」即指動的而言。並且由此全的、動的之生產過程，我們可知道了 x 乃是入了社會現象了，乃是從自然現象之 αβ 藉著 γδ 而轉成社會現象了。所以 αβ 為自然界的東西，而 x 則為人間的東西，不能與「水」同觀也。

C.5　既然 x 不是自然存在物，又不是從天上掉下來的，乃是由 αβ 之逐漸發展而成的，則我們可說：

㈠x 雖出于 α，但 α 不即是 x；

㈡x 雖出于 β，但 β 不即是 x。

因為我們的觀點是動的、具體的、全的、發展的，而事實也確是動的、具體的、全的、發展的，所以在 αβ 時期，我們全是唯物論的見地，因為 α 是自然之存在，β 也是自然之存在。所以此時是唯物論，我們在此也可以承認。但是因為 α 雖出于 αβ，但 αβ 不即是 x，所以在 x 之時，我們即不能取唯物的見地，或至少你不能說 x 是與 αβ 相通的，這是在上段已經反復地說明了。

C.6　為何說在 x 之時，不能取唯物論的見地呢？這有細說的必要：

㈠我們在此可以不管 αβ 的物理化學的性質，因為我們的範圍是在社會現象方面。

㈡我們也不管 αβ 間的心理上的或生理上的諸現象，因為我們的範圍是社會現象的原故。

㈢我們所要對付的是 αβ 間的結合而趨向於社會現象方面，即趨向於社會的生產方面是。

㈣嚴格說來，社會團體與社會現象不同。一大堆人聚集於一

起，即是一個社會團體；在此社會團體間所發生的生活現象即是社會現象。

㈤「因為生產而互相容受一種一定的聯絡與關係，而且只有在這種社會的聯絡與關係之中，才能發生向自然的作用，才能發生生產。」這是馬氏最重要的一句話。我們也即以此話為根據，而且也很承認。這句話中包含全體的、社會的、相互的、動的、發展的、具體的等義。

㈥但是為何要容受或加入一種一定的聯絡或關係而對付自然呢？這理由自然是很淺顯的，但有說出的必要。只說因為生產是不夠的。乃實在是人類為欲保持其生存，繼續其生存，改善其生存，而始加入一種一定的聯絡與關係而對付自然。社會團體是這種聯絡對付自然的表現，社會生產也是這種聯絡對付自然的表現；而這種聯絡對付自然之所以然，即在求生存。為了求生存的目的，而社會團體、社會現象便發生出來。αβ 間的關係而趨向於社會團體、社會現象方面以此。社會團體與社會現象並不是從天上掉下來的，並不是自然如此，也並不是像太陽攝引地球，地球攝引太陽一樣。換言之，它不是是其所是，它是有理由的，有原因的，有不得已之苦衷的。這是我的中心思想。

㈦αβ 之結合而趨向於社會現象即逐漸發展而至於 x，既是因為經營社會生活或團體生活或加入一種聯絡或關係的生活而對付自然，而保持生存，而引出生產，而至於 x，則 x 必不是一切上層建築之基礎，必不是作為下層基礎而規定政治生活或精神。說至此，則吾所謂唯物論與唯物史觀之不能相通，以及吾所謂在 x 之時不能取唯物論的見地，也就可以有點眉目而至於具體的說明了。

C.7 由上條所述，則所謂 x 實是由對付自然而經營的 αβ 之結合所逐漸發展的結果或產物。如是，則假若我們取動的、全的、具體的、發展的觀點，則大家想想從 αβ 到 x 間的發展過程，其中卻有什麼成分呢？只是 α 嗎？只是 β 嗎？只是 γ（生產形式）嗎？只是 δ（生產關係）嗎？αβ 是天然有的；αβ 間的結合而趨向於社會現象也是天然有的嗎？γδ 也是天然有的嗎？γδ 之與 αβ 相結合也是天然有的嗎？α, β, γ, δ 之互相結合而趨於 x 也是天然有的嗎？如是，x 也是天然有的嗎？此必不然。

C.8 既不是天然而有，則即少不了腦筋的運用，即所謂「精神」或「意識」是也。既云社會的生產，則即不是孤獨的生產；既不是孤獨的生產，則於一團體間，聯絡或關係間能缺少法律、政治等制度嗎？能缺少道德意識嗎？此處所謂「意識」，所謂「精神」，並不是什麼神秘東西，所以特名之曰「腦筋運用」。在此也不必引近代心理學的解析，因為它們是自然科學故，所以在此只取普通的見解。所以在此可說：從 αβ 到 x 實是人類為對付自然環境而有的社會的生產、社會的生活過程、相互間的物質生活過程；而所謂 x 實是人類為對付自然而用腦筋用制度，以使大家相結合相關聯而用 αβ 以經營的社會生產、社會生活之最後的或某一階段的結果或創造品。簡單言之，則所謂 x 即是人類為求生存而與自然夾攻而成的東西。若云 x 為上層建築之基礎，試問 x 的基礎是什麼？

C.9 x 既為人類應付自然環境而有的創造品，則雖不能說意識規定 x；但更也不能說 x 為下層基礎而規定上層建築。其實也就無所謂規定，吾根本就不承認 x 與 yz（即上層建築是，以後類推）間有所謂規定、被規定、相互規定、偏面規定、相稱的相互規

定、偏面的相互規定等關係。假設我們取動的、全的、具體的、發展的觀點，則所謂 x, y, z 實是人類為對付自然而經營的社會的生產、社會的生活過程之所呈顯。我們一有這個社會的生產，這個社會的生活過程，則 x, y, z 亦隨之而同時都有了。

　　C.91　假設以 x 為下層基礎，則得到 x 的那個過程間的腦筋運用及制度措施是什麼？它們與被認為是上層建築的那 y, z 有什麼不同呢？有什麼標準來區別它們呢？有什麼嚴格的界限來劃分它們呢？以社會生活過程來應 y，以精神生活過程來應 z，這是多末整齊的配合！然而卻又是如何的抽象！所以，基礎、建築之分，實不是通透之論，實不是史的、動的、全的、活的、具體的、發展的看法，乃實是抽象的區分。

　　C.92　抽象不要緊，我們離不了抽象；但不能以抽象為事實。馬克司以 x 為基礎，為呈顯於外的集大成，為離意志而獨立存在的東西，為任何小孩子都能曉得的事實，為他研究的出發點。它存在於外是事實，他以之為出發點也可以，因為我們不能不說話，說話就得要有出發點；但是它之外在不是如自然現象之外在，不是從天下掉下來的外在。你以它為外在，是你為研究的出發點之方便對象，是你於發展過程中從中割斷劈分而有的出發點，而有的暫時的抽象的方便對象。但你以之為出發點，還當不忘它是個「出發點」，而不是真正具體的事實；你以之為方便對象，但你還當把它渾融於發展的大流中才可，不能把它擲出去而使之永不復原。即既發之而能收之，既分之而能合之，這才算是認識具體事實、解析具體事實之發展的良法，也才算不愧動的、全的、具體的、發展的這個好觀點。但馬克司不能也。此吾所以謂之為自發而自毀，自尊而

自背之者也。

C.93　x既爲人類應付自然環境而有的創造品，則此創造品與藝術家受環境之刺激與影響而創造藝術品一樣。馬克司以x外在爲一切之基礎，是猶以彫刻藝術家所創造的藝術品爲外在而爲一切鑑賞者所發生的感想、欣賞，及一切心理情態之基礎之規定條件而認一切所發生的心理情態爲上層建築也。此未爲不可；但一孔之見耳，只見得後半截而不見前半截之見耳，不通透之見了。唯其一孔而不通透，所以毛病百出，所以也就不是動的、全的、具體的、發展的看法。嗚乎！馬克司尙且如此，其他更無論矣。

C.94　所以假設我們眞正採用了動的、全的、具體的、發展的看法，則如馬克司所描寫的唯物史觀是沒有的，在x而採取唯物論的見地是不可能的。x與yz間的區分是不通透，x與yz間的規定關係是一孔。所以，唯物史觀與唯物論是兩件事。唯物論可以馬虎地承認，所謂馬虎者，因其中有問題，那是認識論與元學方面的東西，在此不論；但唯物史觀是不能承認的。馬氏以爲唯物論與唯物史觀可以相通，這是錯的；以爲承認唯物論就當承認唯物史觀，這又是錯的；以爲唯物論的見地可用之於唯物史觀或x上，則更是錯的。如有評我者，就請於我批評馬克司之處而評之。

D.　經濟結構與矛盾

D.1　本段討論x（仍代經濟結構）與辯證即矛盾的問題。矛盾邏輯或辯證法近來也有點八股化了，對於任何事物，不管如何，總是把那套「正、反、合」、「對立物之統一」拉來套上去，以爲

這沒有不對的,沒有不合適的,毫無疑問,先天的對,真如老太婆所謂「天羅地網」是也。嗚乎!其然乎?其不然乎?大有問題在焉。

D.2　我曾作過一篇〈辯證法是真理嗎?〉登在《晨報》副刊上,也曾起了不少的反響;但我現在仍以為是對的。那篇的中心思想是:

㈠真理(truth)與真實(real)之分;

㈡承認事實上有辯證的現象;但因為大家所意謂的不是 Hegel 的概念的辯證,乃是事實問題;所以我就以「多元歧異」、「參伍錯綜」等名詞來解析而不用正負矛盾等解析之。因為那篇東西很短,所以關於這兩套名詞未曾詳細解析。其實也是個重要問題。在此述之。

㈢根據近代物理學之不承認有「力」,有「距離間的逼迫」或「壓力」或「運動」;所以我就說雖有矛盾,不必鬥爭。那篇文章的中心在此。

㈣根據莊子的「道觀」或近代張申府先生所謂「純客觀」,我們所看的「自然」是「自然的」,「是其所是的」,「沒有意義的」,「沒有價值的」,「沒有好壞高下的」;所以雖有矛盾,不必鬥爭。

㈤鬥爭的概念是對於自然事實所下的一種錯誤意謂(fallacy meaning)。鬥爭的概念是虛構,是主觀的,是文學家的讚歡、欣賞、歌詠、詛咒,不是實有的。鬥爭的概念,與文學家所想像的神、上帝、靈魂……一樣。

㈥鬥爭是人類社會的事;因為人類有意識故,有價值觀念故,

有忌妒心故，有善惡、美醜、貴賤等觀念故，有不平等的知識與能
力故。

㈦但人類不只是獸性，還有理性；不純是鬥爭，且有和平。即
是說，人可以造鬥爭，又可以不造鬥爭。鬥爭不是先天的必然。鬥
爭也不是進化的必然條件，進化的唯一的原因。

㈧鬥爭是一個社會的事實問題，與矛盾邏輯、辯證法都沒有關
係。

D.3　以上是那篇文章的中心思想，大綱節目仍繼續地承認。
至於那篇文章還討論到中國的辯證觀及道德哲學問題，與本文無
關，不論。

大家都以爲馬克司是顛倒了 Hegel 的辯證法；其實何曾顛倒，
乃直是誤用。馬氏所意謂的與 Hegel 所說的不同。一個是事實問
題；一是概念問題。你要眞正講正、反、合，非是 Hegel 那種說法
不可，那即是說只有在概念上始能講；你若不那樣講，其意義就不
同了，全是另一套意思，而非所謂正、反、合的矛盾。試述之如
下。

D.4　㈠凡邏輯不能不是形式的。Hegel 的辯證邏輯並非不承
認 Aristotle 的傳統邏輯，乃是把它元學化了。就因爲他把它元學
化，所以他的唯心論因之而起。

㈡普通邏輯的觀點是實在論的。Hegel 把它元學化了，所以他
的矛盾邏輯便是唯心論的觀點。歷來講矛盾邏輯的大都是唯心論以
此。

㈢Hegel 的矛盾邏輯，是從總和的、全體的觀點上來看普通邏
輯中的些概念，並把這些概念使之趨向於全於合。這即是以「凡

有」（being）起到「絕對」止，而其實是一個。「凡有」即是一個很空很廢而無所不包的抽象概念，「絕對」就是許多概念的全觀總觀。這些許多概念的差別相，即是由「凡有」而辯演出；要認得這些被辯演出的概念之真相，就得合而觀之而趨於絕對。

㈣從「凡有」怎樣推出那些差別相來呢？即用矛盾法是。「凡有」雖然很全、很空、很廢；但一審識或了解「凡有」時，就有「非有」（not-being）反映出。只說「凡有」無界限、無規定、無限制、無決定；但一有「非有」，則有限（finite）、規定（determinate）等即顯。所以「有」同時反映著「非有」於其自身中；故「有」自身反映（reflection）「非有」，「非有」自身反映「有」。這即是自相矛盾。在「有」反映「非有」中而言，則「有」即為「在自身」（in self），而「非有」即為「對自身」（for self）。「在自身」即為「同」、「自同」（self-identity）、內的；「對自身」即為「異」、為「被反映」、為外，因為這樣一矛盾，所以「決定」「有限」等出。「有」為「定有」，「非有」為「定非有」。「有」為「正」，「非有」即為「負」。但是，「正」「負」不是在距離間而相對立著的兩個東西；它乃是「一個東西」的反映。「在自身」名為「自」（self），「對自身」名為「他」（other）。「他」不是如普通具體事實上的我、你、他之三足鼎立中的「他」一樣。它乃是含於「自」中，「自」本身即反映或預定著「他」。「他」與「自」不是兩個空間上的對立物。它是邏輯上的思維之轉變、分化或過程。正負或正反即是這個意思，這是矛盾法的本義。一切差別相皆由這個「在而對的自身」（in-and-for self）中轉化出。

㈤所以，普通邏輯中的同一律與矛盾律並非不對，乃實不能通其全。「同一律」即是「在自身」的解說，「矛盾律」即是「對自身」的解說。普通邏輯中「自」不能同時是「非自」，但矛盾邏輯則以為是「自」同時又是「非自」。因為沒有「自」而不反映「非自」，亦沒有「非自」而不反映「自」的。所以，即是「自」同時又是「非自」，既是「正」同時又是「負」。必須合觀始得其全。所以每一東西都是「在自身」又是「對自身」，即是一個「在而對的自身」的綜和物、絕對物、統一物。Hegel 的「絕對」由此起。

㈥所以，矛盾邏輯即是把普通邏輯中的些概念系統化、整全化、絕對化、元學化，而站在全體的觀點上以鳥瞰之。如普通邏輯中的「內容」（intension）及「外範」（extension）之界說，外範愈廢，內容愈少；內容愈多，外範愈狹。外範最廣的概念為「物」，這個「物」就同 Hegel 的「凡有」一樣。「人」是「動物」，而「動物」又是「生物」，而「生物」又都是「物」。普通邏輯的觀點，把這個系別（series）看成是一個「層級」（hierarchy）；而在矛盾邏輯看起來，則是一個矛盾之諧和，即由正、反而合是。它以為既是「人」同時又是「動物」，既是「動物」同時又是生物，既是「生物」同時又是「物」。依此類推以至無窮。但細想來，矛盾邏輯與普通邏輯並無若何衝突。普通邏輯取外範內容的界說而把這些概念看成一個相屬的系統或層級；矛盾邏輯取著全體諧和的觀點把那成系列式層級的些概念融而為一，即成為「一粒沙中見世界」或「一攝一切，一切攝一」的性質。但若沒有普通邏輯把那些概念規定出，你矛盾邏輯也沒有法使之相聯。所以普通邏輯是概念的展開，而矛盾邏輯是概念的融合。都是概念

的,即都是形式的,因凡邏輯無不形式故。假若認這概念即是世界,則是 Hegel 之所以唯心處。唯心對否,至此不論;唯心之所以,在此亦不述。

㈦但是,普通不是以爲形式邏輯(即吾所謂普通邏輯)是靜的,而矛盾邏輯是動的嗎?矛盾邏輯之所以爲動,是因爲 Hegel 講「轉變」,講「成爲」,講「轉化」,講「過程」,講「發展」故;然他這是動的「名詞」全是邏輯的、概念的,而不是具體事實或物理世界的。所以,他的轉化、發展……都不是時間的(non-temporally),而是邏輯的;他所謂先後是邏輯的先後,而不是事實上的先後;他所謂「凡有」在先,亦不是事實地人在先,而是邏輯地在先。他所用的那些動的「名詞」,全不過是表示概念的推講、聯繫而已。豈眞動哉?若此而動,則被認爲崩潰了的形式邏輯又何嘗不是動?都是動,然都不是眞動,都是概念的展開繁複而已。世人之所以謂矛盾邏輯爲動者,實因 Hegel 之把邏輯元學化故,實因他把具體世界看成是由邏輯轉出故。然而,要知道這即是唯心論啊!假若不承認唯心論,則其所謂「動」與所謂「靜」實無大差;矛盾邏輯與普通邏輯實非逕庭。Hegel 主張矛盾邏輯,然並未說普通邏輯崩潰;然今之聖人則謂之!

㈧所以,他的矛盾邏輯也即是概念的,而且只有在概念上始能說矛盾,說正負。所以 Hegel 的矛盾,不過是藉三分的矛盾法而將普通矛盾的系列概念成爲全體的、融洽的而已。這自然是實在論的觀點。若按 Hegel 本身,則此世界即由此矛盾邏輯而轉化出,除此由邏輯轉化出的世界外,並無其他世界。所以他有「具體的共相」(concrete universal)之名目,即是即概念即具體,即邏輯即世界

的意思，但在此而言，他的邏輯即是不可靠的。若不管他的唯心論這方面，則矛盾在概念上亦可講。概念上既可講矛盾，亦可講非矛盾：結果是一個，不過看法不同而已。所以正負、矛盾等都是概念上的，不是事實上的。你曾見過有負的人、負的筆、負的桌子、負的狗……嗎？張三與李四二人雖不同，但你不能說他們倆一個是正，一個是負。假若你說概念即是事實，則你即是唯心，你即是Hegel，我無話可說。假若概念不即是事實，則正負不能應用於事實上，正、反、合事實上是沒有的，對立物之統一與正、反、合也沒有什麼關係。

(九)據以上的敘述，得四個結論：

　　(a)矛盾是自相矛盾，不是兩物之對立；

　　(b)矛盾是概念上的，不是事實上的；

　　(c)矛盾是邏輯上的，不是時間與空間上的；

　　(d)矛盾的動是概念的展開，而不是事實上的動。

　　D.5　以上是矛盾邏輯的根本意義，只有那樣的講法始可能。現在流行的唯物史觀與辯證法所講的是事實問題，自稱又是唯物論，而同時又採用 Hegel 的矛盾邏輯；所以不免有以下的結果：

　　(一)保持矛盾邏輯的根本義，則自稱為唯物論的即是唯心論；

　　(二)保持唯物論或實在論，則矛盾邏輯不是事實問題，即在事實上不能用；

　　(三)要想用它而又是唯物論，則矛盾邏輯必改其原樣，即不是矛盾邏輯，而必須用另一套名詞解之；若用一專門名辭表之，即「關係邏輯」（relational logic）是；

　　(四)結果「辯證法」在「唯物史觀」上不可能。

D.6 為何不可能呢？因為：

㈠我們是講「事實」而不是講「概念」，即承認「事實」與「概念」不同。事實是具體的、變動的，在世界中佔有一定的時間與空間；而「概念」則是抽象的、不變的、形式的，思想所構成的，不佔有一定的「時空」（time-space）。

㈢矛盾是自相矛盾，是概念上的；而我們所講的是事實，「事實」沒有「矛盾」，「事實」只是「是其所是」，「事實」只有「歧異」、「變化」、「錯綜」，而沒有「正負」、「矛盾」。事實的世界（factual world）即是多元的「事情」（event）所構成的萬花鏡般的世界。一個「有機體」，例如肉體的人，是許多成分集合成的。普通以為這即是正、反、合，這即是「矛盾之統一」；細思之，殊不然。「矛盾」是「自相矛盾」；「有機體」即是那一大堆成分的結合之總名，嚴格言之，它不是一個東西，它是一個虛名，實在的東西是那些成分的結合與機關。除了這些成分的結合與關係以外，還有另一個「有機體」嗎？你若認那些「成分」在那結合或關係中是矛盾是正負，而認那「結合」或「關係」是矛盾之合是正負之合，那就錯了。假若不錯，則即不是矛盾邏輯的本相，而是另一意義。所以，那些「成分」與其間的結合或關係，實在是部分與全體的關係，解析起來，只是「關係者」（relata）與「關係」（relation）。所以你若講事實，則世界的根本即是「關係者」與「關係」。「關係」也稱「結構」（structure）。「關係」不是正負之「合」；「關係者」不是合中之「正負」。「正負」是概念上的東西。在數學上有 -1，-2，-3……，在事實上沒有。這點很重要。今之人講事實，而卻用正、反、合。其明矛盾也耶？

其不明矛盾也耶？

㈢事實上既無矛盾，則事實即不能用矛盾來解。事實是具體的、變化的，佔有一定的「時空」。其「時」變，其「空」亦變；而所謂「時空」變也，即是「事實」變。「事實」之變即是「刹那生滅」。莊子所謂「方生方死，方死方生」，即是此意。這全是事實的動，具體的動；而今之人卻以之為矛盾邏輯，嗚乎！哀哉！

㈣流水式的世界即是變的世界。這變的世界不是矛盾，是取有「時空」的現象之緣起與生滅。矛盾邏輯是說：既是生，同時又是死；其注重點在「同時」。但「同時」在事實上是沒有的，至少據現在的相對論講，同時是很難找的。「同時」是抽象的，是概念的。因為世界是永變故，不息故。「刹那生滅」即是這個永變不息的世界。它不是「同時」。矛盾邏輯是以同時上說的，而事實上沒有「同時」。然今之人以矛盾上的「同時」意謂事實上的生滅，而以為這即是矛盾邏輯，這即是辯證法。嗚乎！其然耶？其不然耶？

㈤矛盾邏輯是概念的，不取有時空；而事實之生滅則取有「時空」。今之人一方面講動的、變的世界，而一方面說「同時」說「矛盾」。嗚乎！這是什麼矛盾？以「同時」解析「變化無端」的世界，就是在矛盾邏輯頂盛的時代，我也要竭力痛擊的。

㈥今之人每以「對立物之統一」為矛盾邏輯。夫「矛盾」自矛盾也，非兩個對立物也。假設你這個對立物是指概念而言，則我馬虎地可以承認；假設指事實而言，則即不是矛盾。在事實上，你若說對立物，則此「物」即是具體存在的東西。具體存在的對立物是矛盾嗎？張三與李四二人對立，其間有矛盾嗎？張三為正為負乎？

李四為正為負乎？也許馬克司有這個權力來規定，我卻沒有。吾只聞自身有矛盾，二個對立物而云矛盾，吾未之聞也！

㈦矛盾既是概念上的，不取有時空；兩個對立物是事實，所以取有「時空」。既取有時空，則這個「對立物之統一」即不是矛盾邏輯上的正、反、合；乃只是「關係者」與「關係」而已，因為是事實故。所謂正、反、合，並不是先有正，後有反，再有合；即使有，這先後也是邏輯的，而非時間的。所謂正、反、合，乃是「同時」之意，即既是「甲」同時又是「非甲」。唯此，始可謂矛盾，矛盾亦唯於此顯。今之人不明白矛盾邏輯上的正、反、合之先後是邏輯的而非時間的，又不明白正、反、合之發展與轉化亦是邏輯的而非時間的；所以就移來而應用於事實上。這是最不該的事！

㈧矛盾邏輯上的動、發展、先後，既非事實而是概念，則普通認為最能對付動的現象的辯證法，現在倒成了最不能對付動的現象了。這可怎麼辦呢？這即是凡邏輯無非形式，對於動的現象之認識與了解，並不在邏輯的動與否上。

㈨然而，唯物史觀卻正是對付的動的事實。辯證法錯了呢？還是馬克司錯了呢？曰：辯證法不錯，馬克司用錯了。馬克司所用的名目是矛盾邏輯，而骨子裡則與矛盾邏輯無關。其實相不是矛盾邏輯而是「關係邏輯」。即是說，馬克司所對付的所意謂的事實，唯用關係邏輯始能解之；然而馬克司卻偏要矛盾邏輯，其全系統的毛病皆由此出。

㈩其所意謂的事實，既是關係邏輯所對付的，則吾不用正負、矛盾，而用歧異、多元、變化、關係者、關係、結構……至此始顯明了。我即具此套邏輯以觀唯物史觀。具此而觀，則唯物史觀必非

真理，乃實是一個根本的倒反，不只是偏面的、局部的缺陷已也。

D.7 上述辯證法與唯物史觀無關。茲具關係邏輯以批評他的經濟結構中之矛盾。我們回顧到 A 段。A 段中的 A.4 條即是述說經濟結構中的矛盾、衝突、崩潰以至於新結構之產生，可是，我們只要僅守那動的、全的、發展的觀點，僅守我們所對付的是事實問題而不是抽象的概念之邏輯問題，則馬上可見經濟結構中之矛盾是沒有的事。沒有靜的、空架子似的、筐子似的生產關係或經濟結構，也沒有孤獨的，赤裸的生產力以與那筐子似的生產關係相對立。生產力與生產關係之對立或矛盾是不可能的。經濟結構自身不會矛盾；因為它脫離不了人所聚成的社會故，因為它是人類參加一定的組織或集團而對付自然所產生出的創造品故。把經濟結構看成有其自身，看成其自身會有矛盾，這全是抽象的看法，全是把它投諸人類之外而使之孤獨化。假使我們僅守那動的、具體的觀點，則那個抽象的孤獨化馬上即會融解而參加於進化的大流中。生產力自身不會停止其發展，也不會與那筐子似的生產關係相衝突。生產力發展，也不會與那筐子似的生產關係相衝突。生產力發展一天，其生產關係的結構也就發展一天。生產力之與生產關係，猶如水之與波，猶如水漲船高，並不是先天地有一個生產關係在那裡存在，以備生產力發展於其中。假設是先天地預定地有一個生產關係，則 A.4 及 A.8 兩條中所說的話是對的，無乃事實並非如此。所以，經濟結構與生產力之矛盾，猶如說水與船之矛盾一樣不通。經濟結構之變動並不因限它自身沒有餘地，生產力之與它發生衝突或矛盾（實其矛盾在此就不能說）也並不因為生產力在其中無餘地可以發展。經濟結構是因著那四個因子之互相變化作用而產生的。經濟結

構不會回來作它們的障礙物。作它們的障礙物的，不在經濟結構。經濟結構只會隨著它們的發展而發展。假設無外力以擾之，則生產力發展其發展，終古如斯；而經濟結構亦自擴張其擴張，而亦終古如斯。

D.8　例如印度的歷史，其經濟結構是怎樣呢？其生產力是怎樣呢？其民族意識又是怎樣呢？為何數千年無變化，而唯於受近代帝國主義的壓迫始稍有更動呢？他的民族意識是受什麼經濟結構來決定呢？他的經濟結構中的生產力為何永不會起衝突呢？這不是表明經濟結構會起矛盾之為非真理嗎？所以於印度那樣的情形，馬克司的唯物史觀是解析不了的。再如我們中國的歷史，其變化是因為什麼呢？其經濟結構與生產力是什麼樣？有什麼矛盾呢？自秦漢大一統後以至滿清止，其間不知經過多少更移與變化；然而其經濟結構變化了沒有？其民族意識變化了沒有？據我們看來，這二、三千年，歷史雖然很長，變化雖然很多；然民間的社會組織與經濟結構實在沒有多大的變化，實在就是一個時代。稍能了解中國史者，就會明白這種事實。所以，馬克司的唯物史觀也解析不了中國的歷史。馬克司於此很絞腦汁，特為它們立一特名曰「亞細亞的封建的生產形式」。不但絞了馬克司的腦，而且也搖動了《讀書雜誌》社諸戰士的論據。他們都自以為是馬克司的信徒，然而卻互相罵得仇敵一般。他們應用唯物史觀公式於那上古時代，四通八達，不見破綻；但一至周末，問題發生了；一至秦漢大一統到清末，便碰上釘子了。於是，異議橫生，有些信徒簡直漸漸懷疑起來。此無他，這即表示唯物史觀是有毛病的，複雜的社會決不是偏面的、單純的經濟基礎所能解通。我們還是希望諸戰士觀察事實而歸納原則，不要

固蔽原則而歪曲事實，以至於碰釘子。

D.9　經濟結構既不是預定的、先天的、筐子似的存在，又不是超然的、孤獨的而為生產力之障礙，而同時生產力又不能與之發生衝突，則它必是混融於人間社會的大流中，而它自身的孤獨（其實就無這會事）也必不能會起矛盾，起變動。它的變動是因為它混融於社會的大流中而受各方面的制約，受外緣的影響。馬克司只知言經濟結構起矛盾起變動而制約其他，他卻並未注意到起矛盾的原因與動力。固然，他可以說是由於生產力之不能發展，並不是他自己會不能發展。我們還得問它不能發展的原因。固然，他也可以說，發展至無餘地自然就會不能發展；然此說實等於不說，實等於說自己起矛盾。然吾早已說過它自己實不會起矛盾。馬克司所以說經濟自身起矛盾，實由㈠經濟結構之超然孤獨化；㈡黑格爾的絕對理念自身起矛盾式的辯證法之應用或流毒。

D.91　所以我們必須把經濟結構拉進社會的大流中，它的變動必須不要把它看成是黑格爾的辯證法之發展。黑氏的辯證之客觀化本來就錯了，但他對付的是理念，還有可說，至於馬氏之客觀化則不可說也。所以馬氏把經濟結構看成會起矛盾，實有三弊：

㈠把 x 孤獨化、抽象化，脫離人類社會而外在。因此，就以現在的 x 為外在的集大成而採取了唯物論的見地。須知這是錯的，C 段已詳論。

㈡誤用辯證，即社會的現象不能以辯證觀念看之。辯證法是不能隨便顛倒的。經濟結構與其因子不會發生衝突。馬克司先把它孤獨化，所以才說它自身會起矛盾。孤獨化是抽象的概念，而他所意謂的卻是具體的事實問題。這才是一個矛盾。

㈢誤解辯證法，即以時間上的剎那生滅爲矛盾及以空間上的對立爲矛盾。須知這兩方面都不是矛盾，矛盾是同時同地。同時同地是概念上的，是抽象的；具體的事實沒有同時，沒有同地。以同時同地的矛盾邏輯來意謂異時異地的事實變化，這是如何之誤解！

所以，他對付的問題是事實，而他所意謂的都是概念；他所主張的觀點是動的、全的、發展的，而他實際所作的都不是動的、全的、發展的。

D.92　馬克司之有基礎建築的主張也是由於上條所述的三種毛病。除此而外，還取了環境影響個人的見解。不過，他的影響與決定不是環境與個人的問題。環境影響個人，我們是承認的（但個人亦能影響環境）；但以經濟基礎影響社會建築則是不承認的。因爲這是一個動的、全的、發展的、相互關係的問題，而不是局部的、靜的、偏面的問題。而馬克司正採取了這種掛一漏萬的見地而只見一孔，所以就造了那種不能通化的理論。不能通化，所以他的原則就不是根本的，不是眞的。要有根本而通化的原則，必須另採取一個觀點，下段再論。

D.93　所以馬克司的唯物史觀之不能成立，因犯了下列的三種毛病：

㈠誤用唯物論，即在經濟結構上，不能用唯物論的見地。

㈡誤用辯證法，即在具有時空的具體事實上，不能用不具時空的矛盾邏輯以解之。

㈢不能僅守其所宣表的觀點，即動的、全的、發展的觀點是。

E. 經濟結構之發展過程

E.1 本段要說明何以能有馬克司那樣的唯物史觀，即馬氏何以能以經濟結構為外在呢？在此，我願就《資本論》之分析商品而表示之。至說完後，並可以見以上所討論的唯物史觀之根據及其弊病，及坊間的流俗化，並指示出很容易引至下段所說的修正。近人不讀《資本論》，而空談辯證法、唯物史觀，實早已濫得不堪了。

E.2 人類為保持其生存起見，始加於一定的聯絡而從事對於外界存在物加工制御，使其變質而為人類所用。這種有組織的對付外界即是生產過程。而在這生產過程中，有其一定的生產工具、生產力、生產手段與生產關係，並生產關係之組合即結構，隨之也有了一定的社會組織。這個社會組織即含蘊著與之相應的那生產綜和，即經濟結構。在此經濟結構中，那由對付外界而改造出來的東西，就是「商品」。

E.3 我們分析商品之所以為商品的構成成分，發見其中有兩個因子：一為使用價值，一為價值。凡商品即是一個有用的東西，故使用價值即是那商品自己。但使用價值只是指其有用而言，至於這個有用品之本身價值，則於有用而外還需要一個根據。這個根據即是那一有用物之所以成為商品的所在。這個根據即是定量的勞動之加於一定的自然物上。「價值」即是由勞動之附加而表現。故勞動即是價值之實體，有用價值由能為人享樂而表現；故有用價值之實體，我可以說，是人類之欲望。價值與使用價值之綜和即是商品。在馬克司則以為這即是辯證法之應用。讀者從此我想也可知馬

氏之所爲辯證法之如何，豈止顚倒而已哉？

E.4　我們從靜的方面觀商品，發見其原素是價值與使用價值；但是一個東西純爲生產者個人所用，即不能成爲商品。故商品必須在動的人與人的關係中，即是說，在交換關係中，始能完全成爲商品。這種商品的交換，馬氏名之曰「現象形態」。至於「實體形態」，則是上節所說的商品之構成的成分。這種現象形態，亦稱價值形態，或交換價值形態。我們將見馬氏的唯物史觀即是根據於這種現象形態而成立的。

E.5　現象形態之發展過程可以分爲四步：

㈠簡單的價值形態；

㈡擴大的價值形態；

㈢一般的價值形態；

㈣貨幣形態。

且簡單述之。簡單的交換形態其公式是：

$$xAW = yBW。（W 表示商品）$$

此式讀爲「A 商品的 x 量等於 B 商品的 y 量」。經過這種相等的交換，則商品的「價格」即可以表現出來。在這個相等式中，A 商品叫做「相對形態」，B 商品叫做「等價形態」，或曰「標準形態」。相對形態藉著標準形態而表現其價格。所以在交換中，「標準形態」是首先要樹立的。標準形態必須是公共的客觀的。我們將見這個標準形態即是馬氏唯物史觀的根據之一。

再說擴大的交換形態。此形態即是簡單形態的展開而已。其成形之過程如下：

$$zWA = uWB = vWC = wWD = 其他(1)$$

此式可轉變爲：

$$zWA = uWB$$
$$zWA = vWC$$ (2)
$$zWA = wWD$$

⋯⋯⋯⋯⋯

由「zWA」之連等於其他，則可變爲以下之展開的公式：

$$uWB = zWA$$
$$vWC = zWA$$ (3)
$$wWD = zWA$$

⋯⋯⋯⋯⋯

如是，商品 A 在簡單形態爲相對形態，然經過擴大的交換，則又變爲標準形態了。

我們把這個擴大的形態用推概法把它普通化而統一起來，即得一般的交換形態如下：

$$\left.\begin{array}{l} uWB \\ vWC \\ wWD \\ 其他 \end{array}\right\} = zWA$$

這個「zWA」即成了一般的標準形態。

由此，標準形態再抽象化用一非商品的東西代之而使其更公共更普遍，即得貨幣形態如下：

$$\left.\begin{array}{l} uWB \\ vWC \\ wWD \\ 其他 \end{array}\right\} = 分金$$

如是，分金這個標準形態便成為貨幣了。如是，貨幣乃實由標準形態之推概化而來。

E.6　以上馬氏分析貨幣形態之成立，其間是經過四步驟的。其實這是用不著的。貨幣有個根本性質，他並未道出來。他這個四步的發展法，其實即是用了一種歸納的推概法。貨幣之成立，猶如自然律之成立，由經驗之普遍化而來。其實不然。貨幣雖為客觀、普遍與公共，但其獲得決不同於自然律之獲得。我們可以樸素地說，自然律是由經驗之發見，而貨幣不是由經驗之發見，貨幣成立之根本特性純粹在乎人定。即是說，那個等價形態或標準形態其所以成為標準純由人定。在簡單形態時，雖然以物換物，但作為標準之物則由人定，隨之它也就是居於貨幣的地位。它並不必經過若干步的發展或推廣化。以物為貨幣，雖不同於今之以金銀為貨幣，然其根本性質則同。所以我們必須記著貨幣之人類規定性。其為客觀為公共乃是人類賦與的。

E.7　這個等價形態之貨幣的客觀性、外在性，即是馬氏唯物史觀的根據之一。因為他把等價形態看成是和商品的本質形態恰恰相反的現象形態。即是說，由其本質形態，在交換的關係上，變而為與之相反的現象形態，其本質形態原來只是人與人的關係參加勞動於自然物上而創造出來，它們都不過是可感覺的使用物而已。可是，一入交換場中，那為等價形態的商品，便馬上變成一種既可感又超感的兩個成分。即是說，於可感外，它又含著一種不可感的標準關係在內。使其成為標準是人定的，由人定而有的那種不可見的標準關係，只是交換上的一種表意。經過這一個不可見的成分之參加，所以那個原來只是使用物的商品即變成脫離於人而外在了。即

是說，原來只是勞動生產物的交換之人與人的關係，現在在眼前呈顯著的倒是物與物的關係了。這物與物的關係即是現象形態。這個現象形態，即是雖為人制而現在則外在而制人了。它與人脫離關係而獨立起來，與人相對立，人渴慕它儲蓄它，藉著它收不勞而獲的利潤。於是，人便從其崇拜使用物變而為崇拜貨幣了。

E.8　以上是從標準形態上看，現在再與相對形態連起來看。使用物一經加上勞動而交換便成為商品。這些商品都不是為生產者個人所使用的。它們必須到市場上去行交換關係。它們既為勞動生產物，所以它們也不能不是使用價值與價值之結合。可是，實說來，在其產生的目的或人類的願望上，雖然必使其他成為價值與使用價值，但因為它們已經成為物與物的關係，所以它們之在社會上能流行否是沒有保障的。如果它們在市場上被人否認了，那末生產者就會白費氣力，他也無可奈何。因為這時，商品已經成了獨立於人的物物關係。這種物物關係的命運並不是生產者所能決定的，反而它要決定生產者了。所以一切商品雖由人造，可是一入市場，它們便與人無關而施行其本身的社會運動了。人們不能制御這個運動，反而被它所制御了。

E.9　以上這兩種性質即是產品的物神崇拜性。歷來沒有發見其秘密，至馬克司才豁然洞曉起來。所以我們在此總結一句，這種倒反的現象形態即是物神崇拜的說明；而這種由本質變而為現象以至於成為物神崇拜，也就是唯物史觀的根據與根本意。唯物史觀也就由此而集成。A 段中所說的規定被規定基礎與建築，至此才完全具體化出來，才可以窺其真相。可是，我們就在此開始其批評。我們將見假若唯物史觀就根據於此，其理由太薄弱了：

㈠這種倒反的現象形態只能規定個人的社會上的意識，與上層建築一及二都無關係。

㈡我們若記得標準形態之特性，則便可見這種現象形態乃是法律政治之產物，並不是經濟本身之產物。這是最清楚的一件事。於是，我們就不能認政治法律為上層建築之一了。至於哲學宗教更是遙遠。

㈢這種現象形態雖足影響個人，但它仍在社會的組織網中。它不能超然於社會之外而影響全社會，規定全社會。你如果說它規定全社會，那就等於說全社會規定全社會。

㈣現象形態到底是現象形態，它不能成為本質形態。這種以後半折的一面之見來形成唯物史觀，實在是不能集成的。

㈤馬克司的唯物史觀本來有兩種規定意義：(1)個人的規定，此為個人受社會的影響，此無人不承認；(2)上層建築的規定，此即為全社會的規定，與前者迥不相同。但此意在《資本論》裡並不能發見出。此不過為實際宣傳起見，特將事態擴大而已。因為馬克司在當時有一種偏見，以為時至今日，一切法律、政治以及文化都是階級的宣傳工具，所以一起把它們大包圍也收羅於其中了。唯物史觀的誇大處就在後一種意義，而後一種就是不集成的。前一種其實就是無所謂的，與唯物史觀無關係也無多大幫助。於是，馬克司式的唯物史觀及現在所鼓吹的也就可以打住了。你若宣傳社會影響個人，則我五體投地，然而這有什麼意義？

㈥在此，再一提《資本論》中所常用到的辯證法。此亦有二義：(1)社會本身的運動，即所謂對立物之統一是。此種辯證法之客觀化與黑格爾之客觀化迥不相同，其實不過只是一種自然的進化論

而已。理由在上段已述過。⑵就是思維的方法。可是，在思維上只是一個反復解說與統其全而觀之的觀法而已，並不能算是什麼一種特別的方法。你如果宣傳這個意義，則我又要勸你打住。因為這也是無人不有的思維過程，不然就不能思維。如果你說這就是辯證法，則我說人人皆有，人人皆離不了。如是，我可說，辯證法只有客觀化始有意義，而客觀化就是錯的，而馬克司的客觀化其實就不是辯證法。此意我在〈矛盾與類型說〉中已詳細說，在此不述。

E.91 本段原是為具體說明 A 段中的唯物史觀之意義及其缺陷以引至下段的修正而設。我們在本段並見出構成唯物史觀的唯物論與辯證法這兩個原素都是不成的。這個結論恰與上段所列舉的相符合，即：

㈠誤用唯物論；

㈡誤解辯證法；

㈢經濟自身不會起矛盾。

第三條的意思，我們由本段的論列更其顯然。即商品之現象形態之成為外在的經濟結構全由政治法律之規範，其自身並不能獨立起來。所以，與其說生產力與其經濟結構起衝突，這不如說生產力與為之規範的政治法律之形式或外殼起衝突。

F. 根本原則之確立

F.1 本段寫我自己的見解，先寫原則的確立。我們的問題是事實問題，也即是物理事實，所以也就是物理世界的問題。人類也可以物理眼光看之，故人類也是物界的一部分，我們根據近代物理

學及科學底哲學，可知並不能遵從 Hegel 的辯證邏輯。近代物理學的新發見：一是相對論，一是量子論。相對論告訴我們世界是相關共變的，是參伍錯綜的，是時空凝一的，總之世界是多元的。須知多元是指量說，一元是指質說。有人以爲不能說多元，只有一元物質的多樣性，須知這是舊見解且很膚淺，近人亦鮮信之者矣。在此不論。量子論告訴我們世界既是跳躍又是繼續，既是波動又是粒子。物理學家名這種情勢曰「波子」（wavicle），即既波且子的意思。世人往往認爲這也是一個矛盾，這也是一個正、反、合，須知這是馬上觀花。辯證邏輯是概念，是同時，此屬事實且有時空性故。上段已詳論之。這個既波且子即是解決繼續與非繼續的問題，漸變與突變的問題。繼續與跳躍不是一個，乃是說如此世界才能變化，才能生生不息。這只是四度世界的永流之起伏或波動相，而不是正、反、合之一個。在中國，朱子最明此理。他說開闔不算變化，一開一闔才是變化。但說開闔只算是變，沒有化意；無化意，世界即不能繼續，即不能生生不息。說一開一闔則變化都有，即既變且化，也即是繼續與跳躍，漸變與實變。無化則無變，無變則無化；然此決非一個正、反、合。共產主義者主張突變而反對進化論之漸變，實是一孔。並且，於此也可以見出他們也實沒有將他們所謂辯證法應用通，因爲若照他們的意思，則突漸何嘗不是一個正、反、合？爲何必承認突而不承認漸？豈正、反、合只可用之於生產力及經濟結構乎？

F.2　但是，這個波動式的世界並非起初只有一個量子因此而開展，也並非如上帝之造亞當、夏娃之對立，待其結合而繁衍。尋世界之始必陷於絕境，結果必推出一個上帝。此非物理家解析世界

之態度。此種波動相，乃是自無始以來因緣合和由於多元而致。而此多元亦非由上帝安排得恰如其多在那裡等著結合，而實由那波動而顯。所以，我們對付事實界決不必計及「為何」，只須解其「是何」（what）。我們所對的世界，即是是其所是，處其所處，而時其所時；毫沒有理由，毫沒有意義，又毫沒有價值。這個相關而波動的世界，即是這個世界的真如相。

F.3　我們中國學者所描述的陰陽最能表示這個世界。陰陽在概念上講，是兩個相反而對立的；在事實上講，則不是對立的。它只是表象這個波動而起伏的事實。陰極陽生，陽極陰生，即是說起而伏，伏而起。與此相似而可以類比者，經驗久之，於是歸納出當其起也即為陽，當其伏也即為陰，陰陽即是表象這個起伏的名字。所謂「一陰一陽之謂道」即是指這個波動而起伏的氣化流行而言。所以他們常說陰陽是動的用，而非靜的體。所以陰陽若當作概念講，則可以講到 Hegel 的辯證邏輯；但中國人所意謂的是事實，並且也不以概念即為事實，所以中國的元學上沒有唯心而也不是 Hegel 的辯證邏輯。

F.4　這個相關而波動的起伏即是一個根本的發展過程。由這個發展過程，則所謂「物」或「事物」以及「時間」「空間」及其他物理相，都可以之而顯示而昭示，亦都可藉之而解析而詮表。這是近代物理科學及科學底哲學所共趨的一種傾向，所共認的一種物理解析。這個發展過程並非 Hegel 所謂發展過程，Hegel 所謂發展是概念的，所謂先後也是概念的。所謂概念，即是不佔時空之謂，佔有時空者是言詮上的方便而非實有。然此所謂發展則是取有時空的，在事實上有始有終有成有毀的。每一始終，每一成毀自成一整

體，自成一過程，自成一段落。所以世界雖是繼續，然亦有段落可尋。這個繼續的段落即是波動而起伏。因此，則所謂世界也不是一色的，乃是參伍錯綜，萬花鏡般。複雜的世界由此顯。

F.5　因為是複雜，所以物理概念大改舊觀。世人每以為自然現象是簡單的，可守機械律；社會現象是複雜的，不能與自然現象等視。須知這是錯誤的，社會現象固然複雜，而自然現象亦非簡單。非簡單，所以它的物理律都改觀了，而物理哲學的根本原則也就重新建起。這個重新建起的根本原則，隨處都可以用，現在吾可套一句話說：自然原則向社會方面伸展。所以，吾們可說自然現象與社會現象應用同一原則；然我們卻不說這種伸展是新自然哲學。

F.6　所謂相關而波動者，即是互相關係而起的波動也。互相關係，普通點說，即是刺激與反應。世界的一切事物都是一套一套的「刺激反應系」（stimulus-responce system）。社會現象即是一部分自然動物與其餘的一切自然所發生的相互關係而起的波動。換言之，也即是一部分自然與其他自然所發生的一種刺激反應系之顯示。這個刺激反應系也即是一個發展的過程。這個發展過程其為波動起伏如自然事實同。所以，物理相皆可由那個根本的發展過程顯示出，並可藉而解析之，而一切社會相亦可由那個過程而顯示，並可藉而詮表之，那個自然過程我們叫它是自然事素底過程（the process of natural events），一切物理相互由其互相結構而昭示；那個社會過程，我們叫它是社會事素底過程（the process of social events），一切社會相皆由此根本的事素之過程底互相結構而昭示。

F.7　什麼叫「社會事素底過程」呢？照顧到上邊 C.6 條中的

㈤㈥兩項。第㈤項中引了馬氏的一句話說：「因爲生產而互相容受
一種一定的聯絡與關係，而且只有在這種社會的聯絡與關係之中，
才能發生向自然的作用，才能發生生產。」這是一句最根本最淸楚
的話。可是我在那第㈥項中說：「只說因爲生產是不夠的。」那即
是說：因爲生產，才有聯絡，才有關係，才能發生向自然界的作
用，才能發生生產，這個答覆是不徹底的。所以，我們必須進一步
問：爲什麼因爲生產才有聯絡呢？那即是說：爲什麼要有生產呢？
我在那項的答覆是：「人類爲欲保持其生存，繼續其生存，改善其
生存，始加入一種一定的聯絡與關係而對付自然。」所以人類之所
以要聯絡而以事生產者，爲的是保持其生存而對付自然也。從自然
傳達到人類，這叫做「刺激」。以關係言，這個自然即是這個關係
中的「主宰」（domain），而人類即是「反主宰」（anti-
domain）；從人類容受了這個刺激而傳達到自然，這叫做「反
應」。以關係言，這個人類即是這關係中的「主宰」而自然又成了
「反主宰」。「主宰」與「反主宰」的交互作用之和，即是一步
動作過程。這一步動作過程即是一件「社會事素」（social
event）。這樣的社會事素繼續其交互作用而朝向著那因爲保持其
生存而對付自然的生產，這便叫做是那「根本的社會事素底發展過
程」。

　　F.8　以此「根本的社會事素底發展過程」作基礎，我們可有
以下幾個根本界說：

　　㈠從其爲保持生存而聯絡而對付自然，這叫做「生存欲」或
「趨生念」。這是一個根本的東西，即戴東原所謂懷生畏死者也。
不但人類有之，即其他動物亦有之。

㈡從其因為生存而加入一種一定的聯絡或關係，則這個聯絡或關係，從其集團性而言，即是「社會團體」（social association）。團體是重要的，所以說只有在這個團體內才能發生向自然的作用。因為有團體，所以才有社會的生產，社會的生活過程；而所謂複雜參伍錯綜之意也，即因此而起。

㈢從共結團體而從事生產以對付自然而保持其生存，這便叫做是「社會的生產」（social products）。

㈣從此「社會的生產」而藉著生產工具、生產力、生產形式、生產關係以至於生產關係之總和，即經濟結構，這其間的生活過程之顯示，即叫做是「經濟現象」或「經濟結構」或「社會生活過程」。

㈤從此「社會的生產」而設立規則，以維繫「社會團體」或「社會生產」，以使經濟現象至於有結構，這其間的生活過程之顯示即是「法律政治現象」。

㈥從此「社會的生產」，按照其時間空間之自然環境如何而發生某種一定的心理意識，以指揮運用於經濟、政治、法律諸現象之間而使其成為定型，這個生活過程即是「精神現象」之顯示。

F.9　於是，「經濟生活」「經濟現象」、「政治生活」「政治現象」、以及「精神生活」「精神現象」，這三種過程乃是互相滲透，互相為命，互不可缺，誰缺誰就不成為一個整個的網狀組織之整體。這個網狀的整體由那個根本的社會事素之發展過程而結構出，而那三種生活過程即是那個根本的生活過程之分化之昭示之不同的宣表。同出一源而列為三支，然此三支必互相滲透而不可或缺。這三個支流不作任何偏面的規定，而互相結合被那個根本過程

所決定或規定。這最是全的、過程的、動的、具體的看法。既不是馬克司所謂建築、基礎之說，復不是唯心論者之以心爲主之意。馬克司誠能僅守其所宣布的觀點，則必得吾之結論，必不以吾言爲非。如其若有他意而故爲，則是另一問題，最後吾想稍說一點。

F.91　唯心論者無論矣。誠如馬克司所謂，則作爲基礎之經濟結構，其中果有精神生活乎？果無精神生活乎？果有政治生活乎？果無政治生活乎？如其無之，則吾無言；如其有之，將何以制於其認爲上層建築之精神生活？政治生活乎？豈經濟結構中之政治精神生活過程，不得謂之爲政治精神生活過程，而專認其所謂上層建築者，始可爲政治精神生活過程乎？此必不通之論也。無理由以區別之，無界限以劃清之，而徒以基礎建築爲言，則吾恐其基礎建築之說必立即因此而倒塌，不必因其學說有好多問題不能解決（如張東蓀文中所述）而始動搖也。蓋其根本原則未通，而欲其能用諸四海而皆準，則誠戞戞乎難矣！

F.92　然則，既非基礎建築之說，則社會進化或轉變將何以解析？茲條陳於下：

㈠我們前邊提到自然波動問題。在此先說自然波動與社會波動不同。他們倆同爲波動，然所以爲波動則不同。自然波動之起是自然的實然的，沒有什麼預造定命以及人爲等情形，但社會波動則不然。其成也由於人爲，其變也大半由於人爲。因爲他，你附著於人類而不能脫離於人類故。所以，因果律在自然界中總是可以隨著自然之趨勢而有的，即是說，其波動之起伏有自然之因果性在。可是，在社會裡似乎就不然；因爲它受人力的規定或轉移，它的些現象之發生大半有人之意志在那裡支配，是即爲預造或定命。這並非

說歷史的事實沒有因果可尋，乃只是說人可以不必受因果律的機械之支配。事實之有因果可尋是一事；人類不必受其支配又是一事。事實之有因果，即上所謂其為波動同也；人類不必受其支配，即上所謂所以為波動則不同也。人或以為這就是唯心史觀。吾曰不然，吾所以先說明這一層意思並不是來與「存在規定思維」之主張針鋒相對，乃只是提示自然現象與社會現象之不同。因為我論社會現象，實不能不先把這一點確立起來，這與「思維規定存在」根本無關係。

　　㈡這種人為性可從兩方面顯示出來：⑴從政治法律之規範底組織或機構來顯示；⑵從意志情感來顯示。在此先說第一點。政治法律是擔負組織人類團體的作用的，所以它不能不於人類的生產關係中顯示出它的機構作用來，而生產關係又不能不因著它而始成為關係成為結構。譬如上段所說的標準形態以至於轉化而成為貨幣，就是由政治法律之機構作用而規範成的。這種三者之糾纏於一起而分不開，在原始社會尤其顯然，後來政治益趨複雜，馬克司就忘了這種合作的特性，而特把政治法律弄為上層建築，這是錯的。政治、法律、經濟在其後來的發展上，各有其題材與內容，在研究上也未始不可分開，然在事實上則是分不開的，我們作根本原則的探討也不能把它分開。你若各持一面之見，則循環之論又免不了。至於意志情感，則多在社會變動上顯示。我們中國的社會至現在止還仍是大部分由於天災人禍而起變動，而不在馬氏之經濟衝突上。此點不必多說。

　　㈢我們可以把政治法律看成是社會生產關係中的形式或法模因子，把經濟看成是生產關係中的質料或內容因子。這兩個因子都負

擔組織生產關係之責任，而同時都由前邊所說的那個根本的社會事素所規定，而都由它那裡發見出來；決不是經濟規定法律政治，或法政規定經濟。若永遠執持這種一偏之見，則各有其理，循環無底止，永不得解決。由這種不得解決，於是取巧者出，以爲這是相反相成而都承認。其實，這於問題增加了什麼解決性，談辯證法者之無聊大半是這一類的。

㈣由根本的社會事素蒸發出機構與內容之凝結，即是一個「社會型態」。這個社會型態一至其成形，便多少有其永恆性而佔住了一定的時間。在這個永恆定常的型態中，社會的生產關係很規則地按照它應當發展的路線而發展。但是，它這種發展決不像似物理學中的直線運動。它乃是一種內因、外緣的漲大發展。經過這樣的漲大，那個永恆而定常的型態自然會有破綻表露出來。這種破綻即表示不變的、固定的型態不能永隨著那個漲大的發展走。其所以不能隨著走，就是因爲它是人爲的規定。其規定之成乃是適應某種事物的有用性。時過境遷，它就會失掉它的有效性，它就可以成爲歷史上的陳述。而另一種型態同時又要被規定出來。型態只是被規定，只是規定的改變。它本身無所謂變，它只有適應與否，有效與否。

㈤從這一型態到另一型態，謂之轉變。這個轉變，客觀地看來，即是說從社會本身看來，是由於生產關係之漲大的發展與那爲之規範的型態相衝突；即是說，漲大的發展之突圍而出。好像一個人的發展形態逐漸揚棄其各型態的衣服一樣。舊型態的衣服不適用了，便可擯棄不談而再規定適用的。所以轉變乃是在整個生產社會中，生產關係之漲大對於其型態的一種不稱關係或曰不應關係，並不是生產關係自己起矛盾。具體言之，轉變是生產關係或經濟結構

與政治法律型態之衝突之不相稱。馬克司以經濟結構自身與其生產力起衝突，實是由於把經濟結構孤獨化，又把它分成兩個對立的概念，即生產力與生產關係是。其實，這是概念上的劈分，事實上並不如此。生產力在概念上可以獨立存在，在事實上實為看不見摸不著的東西。它是由生產關係之漲大的發展這個動的意義中而昭示出；而同時這個漲大的發展又是那個生產關係之漲大的發展，然則它們倆實是一個東西如影隨形，如水漲則船高，衝突起於那裡？所以，所謂與生產關係起衝突，其實乃是生產關係之漲大與維持那個生產關係的法律政治之形態起衝突。這一點我認為是一個值得注意的修正。失之毫釐，差之千里。讀者須認清這點。

㈥以上所言的轉變是指帶有必然性、機械性的物理轉變而言，唯這樣的轉變，始能變社會之型態，始可名之曰真正的轉變。至於意志情感所起的變化，大概只是換湯不換藥，不能改變社會形態的。中國的歷史變化大都屬於這一種。我所謂意志情感，是連天災人禍也包在其內。上一種轉變大都為革命派所主張，後一種變化大都為改良派所主張。前者著重必然的物理轉變，後一種著重道德的改進。我既證明這兩種都能變動社會，所以我也承認唯有這兩者的絜和，始能有真正的進化的轉變。

F.93　我這個社會轉變之原則，用來解析歷史無不頭頭是道，並可免去馬氏所遇見的困難及其所不能解答的問題。今簡舉幾點如下：

㈠譬如歷史的分期為例。照我上面所述的原則看來，除去原始共產社會簡單易曉外，至於後來，只要它進入了馬克司所謂貨幣流通過程即「G—W—G」這個過程中時，它即是資本主義的經濟社

會；而在政治方面，無論它是封建，是宗法，是君主，是民主，其作爲規範之根本性質則是同的。所以，據我的分期總則如下：(1)原始共產時代；(2)到現在止的資本主義時代；及(3)將來未到的共產主義時代。第(1)階段無什麼大問題，第(3)階段還未到；所以只有第(2)階段成問題。當然你可以把它分成若干期，你若從政治法律各方面說，而未把握住根本原則，則你也可以分出些因人而異的形態來。然而這都是混淆之論。《讀書雜誌》社諸君子就是犯了這個毛病。其實也難怪，因爲馬克司根本沒有給他們預備一個很清楚的原則，而他們也只抱殘守缺的死信仰。這個問題，在此不想多說。

㈡我們除掉基礎建築之說，一方面也可以解析型態之轉變，一方面又可以說明社會上之變化。這樣比他們空口聲明唯物史觀非機械乃也互相影響強得多了。可憐一般信徒一遇見困難，就只知聲明而不知考察根本原則是否確立。

㈢一般治文學或藝術者極力聲明文學不直接由經濟基礎規定，以爲這是曲解了唯物史觀，然而在反面他們卻也沒有規定出間接到什麼程度。試問這樣唯物史觀的藝術論還有什麼意思？難道遼遠地拈出一個經濟基礎，並說出「社會性」三字，就算舉發了藝術的眞諦嗎？還有一般無聊的研究中國哲學思想史的，也要以階段、社會基礎等字樣套上去。這除了投時好而外，我實在未見出有什麼重大的理由。因爲一個人總不能不生在一個特殊社會裡，你套上去，也不算錯，我只覺得是無聊而已。這種不算錯而實無聊的舉動，就是用唯物史觀解析一切現象，看起來，似乎有理的樣子之所在，同時也就是俗濫的所在。

㈣除掉了基礎建築說，即是表示把哲學、科學、宗教、藝術等

解放出來，再用不著扭扭捏捏的去聲明了。

㈤所以若牢守動的、全的、發展的觀點，則基礎建築之說必倒塌而亦必從吾之修正。至於馬克司的《資本論》，則仍不失爲一部經典。吾這個原則與《資本論》中之解剖亦契合無間。馬克司自己的唯物史觀乃是別有目的而作出的，並不必與他的《資本論》相吻合，也並不必從《資本論》中引申出來。其目的是：(1)宣傳革命的工具；(2)認一切文化爲階級之宣傳工具。此爲組成其唯物史觀之根本要素。今人不守馬氏科學的成分而守其不科學的成分，怪矣！

㈥至於我這個原則，乃是由懷悌黑（Whitehead）的哲學啓發而出。諾滋洛圃（Northrop）在其研究第一原則時，名懷氏的原則爲「機能說」（functional theory）。我近來頗覺這個原則乃是近代科學之通則，證諸生物、心理、物理等科學莫不皆然。本來，懷氏原則之出生，也根本即是由於近代科學之新發現而探討出來的。我今用於社會也並無不合處。惟是今之社會科學仍固執其一孔之見，所以不得不加以修正，而使其與現代的大流相融洽。本來，在十九世紀，馬氏能注意動的、全的、發展的觀點，這也算了不得了。惜乎他爲別的目的而建設一個與其觀點不符的原則；更惜乎今之人死守這個歪曲的原則，以至於不惜反對現代科學之新發見。噫！亦云蔽矣！

㈦在此我可以總說一句：馬克司的唯物史觀不能解析而社會之出生長成及其轉變；而用馬克司的唯物史觀來解析一切學問，乃實是一種不算錯而無聊的俗濫不堪的舉動。

原載《再生半月刊》第1卷第11期　1933年3月20日

從社會形態的發展方面改造現社會

我以前曾在本誌第十一期上發表了一篇〈社會根本原則之確立〉一文，對於社會根本原則有所批評與建立，本文就是繼續那篇而寫出來的，也就是應用那篇中所論列的原則以解析中國的社會史，所以本文的目的是在追溯以往，認識現在而規定將來。應用那新原則，一方面對於讀書雜誌社諸君子有所批導，一方面對於社會形態有所新摹狀，以下將分三段來論。

甲、現物交換時代的古代社會

㈠論者之蔽

1. 自從郭沫若與陶希聖著眼於中國社會的研究之後，《讀書雜誌》便成了論爭的戰場。其中意見之紛歧與出入，態度之激昂與謾罵，真是空前所未有，即是「科學論戰」亦遠非所能及。其所討論的問題，不過中國社會之分期問題，與中國社會之性質問題。在這兩個問題中，真是各有所蔽，各有所見。其蔽或見竟駁雜到以下的程度。

2. 我們先說郭沫若的分期法：

(1)原始共產社會；

(2)奴隸制——周；

(3)封建制——秦漢以後至鴉片戰爭；

(4)資本制——鴉片戰爭至現代。

而李季作如下的分法：

(1)自商以至商末為原始共產主義的生產方法時代；

(2)自殷（即盤庚）至殷末為亞細亞生產方法時代；

(3)自周至周末為封建的生產方法時代；

(4)自秦至清鴉片戰爭為前資本主義的生產方法時代；

(5)自鴉片戰爭至現在為資本主義的生產方法時代。

而陳邦國則如此定古代社會：

(1)原始共產社會；

(2)氏族共產社會；

(3)封建社會

此外王伯平先生對於古代的見解亦是如此。至於秦漢以後，除去上列郭沫若與李季而外，還有以下諸人的見解：

(1)陶希聖認為是半封建制度，或前資本主義，或商業資本主義。

(2)朱其華則認為是封建制度。

(3)王宜昌有《中國封建社會史》斷定為封建制度。

(4)梅思平、李麥麥、庫斯涅及波格達諾夫則認為是商業資本主義而與政治上的專制主義相應。

(5)而王宜昌、陶希聖、陳邦國以及王禮錫等人又有時代細分論

與循環論的主張。

(6)近來聽說胡秋原要出一本《亞細亞生產方法論與專制主義》，廣告上宣傳說：「胡先生在此書中反對封建社會說，反對商業資本說，反對資本主義說，及其他對於亞細亞生產方法之各種誤解。他認亞細亞社會為專制主義社會，而認中國現社會為半殖民地化的先資本主義，半殖民地化的半封建社會。」此書尚未出版，理由不得而知。但亦有論文在《讀書雜誌》上發表了。

3. 以上關於古代的、近代的諸意見之紛歧與出入，真是五花八門，而其糾纏不清的所在，在古代，則為氏族社會、奴隸社會、亞細亞社會，在秦漢以後，則為封建社會、前資本主義、商業資本主義。即胡秋原的新說，看其結論，也不過是半封建半資本的糾纏，與他人無以異。這同一社會而有不同的認識，而又各人好像持之有故，言之成理，這毛病的癥結究竟在什麼地方呢？此不可以不辯。

4. 我總觀他們的蔽見之所以如此紛歧，是由以下諸端：

㈠社會根本原則有缺陷，即他們所尊奉的唯物史觀有缺陷，此吾在已登過的那篇文章中已經詳細指摘了。

㈡搬弄字眼掉花槍，而對於字眼與花槍卻並未消化過，而只是生吞活剝的亂用，不加以準確的界說。

㈢拘守已成的格式來鑄造中國社會史，並不從中國社會史來發見如實的格式，各鑄其所鑄，各據其所據。

㈣經濟方面，政治法律方面，並未界說清楚。所謂封建，所謂奴隸，所謂商業資本，所謂半封建半資本，這究竟是指那方面而言？究竟以什麼為標準？關於此點，完全沒有規定。

㈤看社會形態，究竟是從那方面決定？從經濟方面呢？還是從政治法律方面呢？還是從社會意識方面呢？如果從經濟方面，則當完全以經濟來決定，不當涉及政治，更不當涉及人類意識。推之政治法律等，亦復如此。立論線索要一貫，要一致。可是諸戰士們完全忽略了這個。

㈥諸戰士們皆是謂是馬克司的信徒，皆以唯物史觀爲觀點，以唯物辯證法爲方法；然而王禮錫、胡秋原之引出專制主義來作爲理解秦漢以後的社會之祕鑰，這最足以自亂其步驟，最足以自潰其範圍。他們都是互罵爲馬克司的叛徒、馬克司的曲解者，我想在我們第三者看來，最好把那個「互」字去了，他們都是了吧！

㈦此外，如個人的政治背景也足以淆亂眞理的障礙。斯大林派與托羅斯基派，因爲要爲其戰略找理論的根據，所以不得不各持成見。

這也是諸戰士所有的蔽原。

5. 以上蒙弊的提出，我們在此不能一一加以指正，在後邊我是隨時可以指出的。在此，我們只須緊記著這些毛病不犯即可。當然，上邊所列的那些分期表，並不是完全無效的。就中比較近是的，在古代方面還是以陳邦國與王伯平爲合理。至於秦漢以後，則無一而可，皆須要一個根本不同的摹狀。以下就要按著我們已發表的根本原則而作社會形態的發展之叙述。不過，對於古代社會，無史可徵，文獻不足考，我們只須作一簡單的推想就夠了。

㈡原始共產社會的發展

1. 我在〈社會根本原則之確立〉一文上，曾立下了這末一個

原則，即一個社會之組織，與其形態之完成，是不能單靠經濟的。當然，你可以從經濟方面來論社會時代的進展與不同；但若從整個社會的形態看起來，則這個看法即為不夠。從整個社會說來，我們曾以政治法律為各時代的社會之模型或法式。既然如此，則整個社會的形態的標識當在政治法律而不在經濟。但是，其經濟也必須與那政治法律形態相適合，即每一政治形態下必有與之相應的一種經濟形態。政治、經濟合而為一，則形成一個時代的社會形態。

2. 在此原則之下，我們叫最初的草昧時代為原始共產社會。原始共產即是那整個社會的總形態。在這種形態之下，與之相應的經濟形態，我們叫它是「採取經濟時代」，或簡曰「採取形態」，或「徒手時代」，亦名曰「徒手形態」。我們所以叫它是「原始共產社會」，是因為那時的社會組織情形是一種無組織非私有的共產情形。那時的人類雖然也有佔有慾，但其所佔有不是有範圍，也不是有一定的恆產；但只是徒手取的東西而已。所以，這種佔有還是一種各盡所能，各取所需，不礙其為共產社會的情形。我們所以叫它是採取形態或徒手形態，是因為我們注意於其經濟生活的獲得之方式。這個獲得的經濟方式雖然與原始共產社會這個社會形態相適應，但這個社會形態卻不只為那獲得方式所決定。只是「徒手獲得」這一個概念，不能決定出原始共產社會形態；而那時代如果我們可以「社會」二字名之，則它即有政治法律的影像存在。既然如此，則原始共產這個社會形態即不單是徒手獲得一概念所能規定出。須知那時候，各方面都是渺茫，政治法律固然渺茫，即經濟也是渺茫。徒手獲得也並不是我們所謂經濟，說到經濟，並不含有政治法律的成分在其內。所以，那時只是一個渾然一體；然而既稱為

一個社會形態，則各方面雖然渺茫，而各方面在其中都有其胚子。

3. 在此所謂採取形態或徒手形態，並不必指純用兩隻手而言。當然，他們也會採取簡單的工具。最重要的特性是這時的人類只是採取天然的物件作經濟生活，而不知加以生產或泡製。所以名之曰「採取形態」，其採取時所用的工具，最簡單而可考的即是石器。所以又可名之曰「石器時代」，這個石器時代的發展過程可分以下五階段：

㈠石器時代之前期──採集食物。

㈡古石器時代──最初之工具。

㈢舊石器時代──此可分爲低級、中級、高級三部，使用劈器、切器、搥器。

㈣中石器時代──鋒利的石器。

㈤新石器時代──使用磨器。

4. 在這個發展的過程中，工具的發展，隨著也即有經濟形態的發展，從寄生的採食打獵，到占有的生產的牧畜農業，社會內部此時即有組織可言了。新石器時代的末期，即表示原始共產社會之結束及採取經濟之轉變爲生產經濟。據安陽發掘的報告，中國的歷史只能從殷代開始說話，而殷代即適當新石器末期而漸轉入銅器時代了。如是，則所謂新石器時代以前的諸時期，實不過是無據可考的一種推證而已。

5. 以上是原始共產社會的概述。我們可綜舉幾種特性如下：

㈠在經濟形態方面是採取經濟。

㈡在工具方面說是石器。

㈢在社會形態方面說是(a)原始部落，聚生群處；(b)性的關係是

雜交,知有母而不知有父,無親戚、兄弟、夫婦、男女之別;(c)無私有的恆產。

　　由原始共產社會的發展而漸至於氏族社會,這是社會形態的一個大轉變。在這個轉變中,社會形態與經濟形態都起了截然的不同。其差別不只是程度的量的而實是類的質的。所以氏族社會常有特別標出之必要。

㈢氏族共產社會

　　1. 氏族社會不同於原始部落。氏族社會是開始有人類社會形式的時代。其經濟形態也開始拋棄了採取的寄生的經濟,而進入了生產的共生的經濟。人類所以異於禽獸者,在此即是一個物觀的完全表示。所以這個時期,在社會形態方面,我們名之曰「氏族共產社會」;而在經濟形態方面,我們名之曰「生產經濟時代」。到現在止,固然也仍是生產經濟,但唯其如此,所以在這個「採取」與「生產」的分水嶺處,氏族社會才有特為指出之必要。

　　2. 李季反對把氏族社會以原始共產社會中提出來,是沒有什麼了不得的道理的。他所以反對,我想,就是為的要引出亞細亞的生產方法時代。可是,這種亞細亞的生產方法時代,其實在中國社會上就等於他所謂封建社會。然而,他卻把它們分而為二。該分的不分,不該分的而分,這即是吃了擺弄字眼的虧,也即是所謂食古不化。不過,如果李先生若照上古歷史而言,而把氏族社會劃歸於原始共產社會裡,統名之曰「古代共產社會」,則此未始不可。因為原始與氏族都是共產社會。可是他不這樣解析,他只知道反對。好像氏族社會非包在原始共產社會以內不可的,又好像氏族社會

與原始共產社會沒有什麼不同似的。其實這完全錯的。原始社會與氏族社會，雖同名共產，而其所以爲共產則不同，在政治經濟上，兩者之間都有截然的不同處。這是一個分水嶺。

3. 同樣，郭沫若也不把氏族社會提出來而仍歸之於原始共產社會，也是有原因的。其原因是要引出一個奴隸制。認爲用奴隸制，而把封建制移在秦漢以後。這完全不合於中國史的發展，其蔽也是在於字眼的搗鬼，及已成的格式之硬套。其格式即馬克司所謂亞細亞的、古代的、封建的及近代的資產階級是。此所謂古代的，即是指西洋希臘羅馬時代的奴隸制而言。馬克司製成一個由奴隸制至封建制的西洋歷史表，所以郭沫若也把它用來套在中國歷史上。其實，不必由奴隸制始能到封建制，這已有人指摘過了。奴隸不同於農奴佃戶。像美國之以南美黑奴爲奴隸才是眞正的奴隸，羅馬之奴隸也是由戰爭俘虜來的。至於在中國，則卻沒有這種情形。在中國，至多能說有農奴。奴隸則從未在社會上佔過支配的地位。

4. 我們再看郭沫若所謂奴隸的根據是什麼。他說：「那所完成了新的社會是什麼呢？我們在《書經》、《詩經》裡面不可以看見他使用著多量奴隸來大興土木，開闢土地，供徭役征戰嗎？」（《古代社會研究》15頁）。如果這就是奴隸制，則他所謂完成了封建制的秦始皇時代也是奴隸制，隋煬帝也是奴隸制，並且行徵兵制度的也成了奴隸制了。這豈非笑話？又說：「《周書》的十七篇中有八篇便是專門對付殷人說的話，我們看那周公罵殷人是『蠢殷』、『戎殷』、『庶殷』，或曰『殷之頑民』，而且把那些『庶殷』徵發來作洛邑，用種種嚴厲的話去恫喝他們，那不完全是表示著把被征服了的民族當成奴隸使用嗎？」（15頁-16頁）。如果這

就是奴隸制，那更是笑話。現代的世界，現代的中國也完全成了奴隸制了。軍閥拉夫時也可以是奴隸制，發通電討賊討逆也成了奴隸制。這眞是豈有此理了。又說：「本來當時的階級的構成是分成君子和小人的。君子又叫作百姓，便是當時的貴族。小人又叫作民、庶民、黎民、群黎，實際就是當時的奴隸。」（16頁）這也是完全不明白中國人對於君子、小人等名詞所意謂的意義。從這方面證明奴隸制，眞是胡鬧。中國人階級身分是有的，但階級身分卻不就是奴隸。郭先生說君子是百姓，其實恰恰相反，庶民、黎民才眞是百姓。至於《三百篇》中所歌詠的，完全是傷時之詩。百姓之命處在亂世眞是一文不值，現在不也如此嗎？然則現在也是奴隸制？

5. 郭沫若以奴隸制名一社會時代，其所用的奴隸意義，旣不是政治的，又不是經濟的，完全是社會階級間的不平意識，或情感上的怨恨之意義。試想，以這種意義來分社會發展階段，這是多麼流俗皮相隨便，這是多麼背棄他們的老祖宗馬克司？他名秦漢以後爲封建制度，其意義也是如此。這種毛病即是我們所說的觀點不一致。忽而從政治方面看，忽而從經濟方面看，忽而又從社會意識方面看。紛歧出入完全從此發生。不但郭沫若如此，即參加諸戰士沒有不如此的。這是最幼稚最可笑的表現。不然，同一社會，怎麼能有說它是封建社會，又有說它是資本主義社會，又有說它旣是封建社會又是資本主義社會，而有這樣的絕對不同的呢？

6. 我們再回到氏族社會。氏族社會有以下的特性：

(1)從組織形態方面說：(a)聯繫於一個血統之下的集團；(b)共出一祖，同敬一神，公一姓氏；(c)民事刑事共同負責；(d)若干近親氏族結合爲近親族，若干近親族結合爲部族，若干部族聯合爲部族聯

合。(e)由民族會議共推一酋長，全民族服從之，部族聯合亦是如此。酋長卻不必世襲，但有世襲的可能，這個可能就是封建制度的胚型。在氏族社會裡不一定就是世襲了。(f)氏族社會內性的關係可以雜交。一夫一妻，一夫多妻，多夫一妻，皆有可能，但是女性中心的時代卻不必存在了。男性本位自此建立。

(2)從經濟形態方面說：(a)公有財產；(b)生產經濟，共生合作；(c)由石器轉變成銅器；(d)交換發生，但是現物交換。

7. 所以，氏族社會實在是一個大轉變，這種轉變即是由群居野處之轉變成有組織的社會關係中表示出來，所謂人類加入一定的關係而從事於社會生產，即是從這裡起。所以，不要看輕了這個「組織」。由這個組織中便有三種新形態出現：㈠氏族的共產社會形態；㈡生產的經濟形態；㈢男性中心的確立。這三種形態即是奠定人類社會之三支棟樑。

8. 氏族社會的逐漸擴大，於政治、經濟方面都可以引出新的形態。如果我們把這個兩個時代形態統於一個「古代」名詞之下而名之曰「古代共產社會」，在這個古代共產社會的形態之下，經濟方面最後的發展，就是由生產經濟而發生現物的交換形態。氏族社會、生產經濟、交換形態，即是古代共產社會的最後形態。由這些形態的逐漸擴大，人類社會上又起一個大轉變，即由共產制而轉入井田制，由氏族社會之擴大而需要一統的國家，這個國家其實也就是一個總的邦族聯合，在這個國家之下，許多邦族氏族還存在著。這時的邦族或氏族即是國家分封的對象。封建制度由氏族社會孕乳出來即是指此。封建制度是一種政治上的組織形態，由這種組織形態，經濟方面的井田制度便即發生了。由井田制度，則現物交換的

共產社會即變成現物租稅的封建社會，而所謂不勞而獲的王公大人也即出現。所以氏族社會的擴大，又是一個大轉關，在政治、經濟各方面都根本又換上了新形態。

乙、現物租稅時的封建主義社會

㈠解蔽

1. 第一個問題首先要確立的就是封建社會是由氏族社會而來的，並且必須承認封建社會是當周之時，更須承認這個時代的封建社會是真正的典型的封建社會。我們不能一筆抹殺中國經典中的事實方面的記載以及理論方面的社會本身之機體的發展。郭沫若以封建社會始於秦止於鴉片戰爭，而把秦以前列為奴隸制，這是鬧玩意的驚奇立異。繼之王宜昌君有《中國奴隸社會史》及《中國封建社會史》兩大史論，把自有史以來以至三國西晉統列為奴隸制，而封建制則自五胡十六國以至現代。這更是快樂口舌的閉著眼睛說瞎話，實在不值一駁。

2. 郭沫若因為要一個奴隸制，所以便捨棄真正的封建制而不論，而以似是而非的封建意識社會意識來指定封建制的時期。李季因為要一個亞細亞生產方法，所以便造成了床上架床、屋上架屋的字眼的堆積病。現在，我們把李季先生所根據以建設其亞細亞生產方式的一段馬克司的文字轉錄過來，看看是否與我們以後所要說的封建社會相似，是否是一種床上架床的關係：

例如印度極古的小公社——至今還有存在的——是建築在土地公有，農業和手工業的直接結合，和一種固定的分工上。當創造新的公社時，這即是一種現成的計畫或圖案，此等公社構成一種自足的生產整體，所佔的生產區域從一百英畝至幾千英畝。生產物的主要部分是爲供給公社直接的需要而生產，不是作爲商品而生產。所以，這種生產自身是不倚賴印度社會那種因商品交換而形成的分工的。只有剩餘的生產物才變成商品，然此中一部分又首先落入國家的手中，從不可記憶的時代起，即有一定數量的生產物作爲自然地租送給國家。印度各處有各種形態的公社。公社在簡單的形態中，是共同耕種土地，而分配生產物於各社員。同時，每個家庭從事於紡紗織布等等，作爲家庭的副業。除掉這些從事於同樣勞動的群眾外，有「主要的居民」（chief inhabitant）他一人兼任裁判者、警察和收稅員；有一會計員計算農作並登記關於農作的一切事項；有一官吏懲罰罪犯，保護外來的旅客並且伴送至附近村落；有一守界人看守本公社對鄰近公社的疆界；有一人看水人爲著灌溉，從公共蓄水處分配水；有一婆羅門教徒執行宗教的職務；有一個教書先生在沙地上教公社的兒童寫讀；有一個懂曆數的婆羅門教徒以星學家的資格報告播種收穫的時間，和一切特別農事的吉凶時日；有一個銀工和一個木匠製造並修理一切農業工具；有一個陶工製造本鄉的一切陶器；有一個理髮匠，有一個洗衣人，有一個銀匠；並間或有一個詩人在某些公社中代替銀匠，在其他些公社中又代替教書先生。這十幾個人是由全公社的費用供養

的。當人口增加時，一個新的公社即會在未被占領的土地上依照舊公式的模型組織起來。公社的機構表現有計畫的分工，但製造業的分工卻不可能。因為銀工或木匠等等的市場沒有變化，至多也不過按照鄉村的大小增至兩三個銀工或陶工等等。支配公社中分工的定律具有一種自然律的不可抗拒的權威。同時，每個特別的手工業者如銀工之類，依照傳統的方法，在自己的工場中從事於他那一門專業的一切作工。他是獨立的並不承認何種權力。這種自足公社的單純生產組織時常在同樣的形態中再行出現。即使偶然被毀滅，又在同一地方，以同一名稱再造起來。這種組織，即是了解亞洲社會不變狀態的秘密之鎖鑰。而亞洲國家不斷的解體與新建以及朝代的更迭，對於這種不變狀態，恰恰構成一種顯著的對照。社會的經濟基本原素之結構沒有為政治的暴風雨所搖動。」（考茨基註釋《資本論》第1卷304-305頁，李季《讀書雜誌》「中國社會史論戰」第二輯中的〈對於中國社會史論戰的貢獻與批評〉引。）

3. 以上這段文字恰是中國封建時代的井田制。馬克司真會描寫，可惜他不明白中國的封建社會。他於分社會階段時，於封建的而外，還叫這種公社曰亞細亞的生產方法時期。李季先生如果真明白了這種亞細亞生產方式，而還另列一個封建期。則他必是未曾明白中國的封建社會。如果他真明白了中國的典型封建社會，則他必以封建社會同於亞細亞公社，而他所列的封建期，時間雖然對了，而其實是馬克司格式中的那個封建，其意義之規定也實同於郭沫若

等人所意謂的封建。不然，他決不應再列上一個亞細亞生產時期以床上架床。我們知道李先生是反對把氏族社會提出來另作一階段的。其實，馬克司描寫這一段小公社的組織，疏忽觀之，倒很像氏族社會的末期。李先生不願意把氏族社會提出來，何不乾脆把它除消了，直接換上亞細亞生產時期以代替之？這樣一來，前面既不能與氏族社會相重，後面又不能與封建社會相疊，而又能在封建社會之前，與李先生的分期表也不十分衝突。我想李先生這樣一來，雖然對於馬克司的小公社之描寫有點曲解或對不起；但於其整個的系統有絕大的好處，即總比以前較合事實，較說得通，而理論亦較一貫。這也可以說是我對於李先生的一點貢獻。因為他這樣一修正，他以後的封建期可以站得住，而前資本主義與資本主義諸階段也無多大的毛病出現。不然，恐怕全部就要動搖了。此即所謂一錯百錯。至於胡秋原先生以亞細亞生產方法期列為秦漢以後的專制主義時代都是不對的。胡先生說他對於李季有較詳的批判（在《文化雜誌》〈亞細亞生產方法論〉一文中，未讀）；但無論怎樣批判，如果馬克司那段話是真的時，則也就夠作為標準了。馬克司描寫的亞細亞方式決不同於秦漢以後的專制主義。以亞細亞方式適應專制主義也是望文主義，郭沫若的封建論之流亞。關於此點，後邊我還要提及。

　　4. 以上指出特別亞細亞期之謬誤，今再將馬克司那段話條舉出來，以規定亞細亞生產方法之特性，以與我們的井田制相對照：

　　⑴土地公有，農業與手工業的直接結合。

　　⑵固定的分工。

　　⑶在一生產區域成一自足的生產整體。

(4)生產物是爲供給公社的直接需要，不是爲商品而生產。

(5)此即所謂自然經濟，不是商品經濟。

(6)現物租稅即以自然地租送給國家。

(7)每社社員皆一律平等共同耕種土地作勞動工作。

(8)領主與社員的經濟關係，雖可以剝削名之，但不同於資本家與勞動階級之剝削。故不可以資本主義名之，復不可以此爲標準而名秦漢以後的社會亦爲封建社會。如果秦漢以後的社會可以爲封建社會，則此時的社會亦可爲資本主義社會，意見之紛歧大半皆由此出，此不可以不察。

(9)除去領主與社員而外，還有些專門人才似的專司各種專門職業。

(10)這種公社時常能反復出現，亞洲社會的不變，據說就是這種原因，而國家的解體與新建之更替循環也即恰恰與此相對照。政治的更換，未影響到經濟的結構。不過，讀者須知，這層意思是錯的。中國社會的發展，並不只是這種小公社的形態所能解析的。這種小公社只是占住一個時代，解體而後，在經濟政治方面，其形態都截然改觀了。說是中國的經濟形態永遠是這種公社的循環，而根本結構並未改變，這是錯的。馬克司並未了解中國社會的發展。胡秋原的亞細亞生產方法與專制主義，恐怕即根據這個意思以及列寧的意見而制成的。可是，馬克司的見解是錯的，而列寧的講演也不過是望文生義，郭沫若封建論之流亞，並非科學之談。

5. 所以亞細亞生產方法既不能如李季之移於前，復不能如胡秋原之移於後，它只是與封建社會有一種巧合。這種巧合，馬克司不知道，列寧也未想到。只是中國的信徒也看不出來，未免可憐。

所以在此我還願繼續讀著甲段中第四條所列的諸蔽，再列幾條如下以解之。

㈠我們必須把中國社會看成是一個有機體的發展。中國社會決不是一個死板的循環的木乃伊，它有它自己發展的道路。縱然遲慢迂迴，但也必是一個有機的活動物，而不是同一形態的反復出現停在那裡。

㈡我們必須尋著社會本身的發展階段而區分，決不可配製馬克司所製造的那幾個名詞。我們當以中國社會為主，以參考人家的理論或格式，決不應以那幾個格式為主，以配合中國的社會分期。須知社會形態是有時間性的因果發展，並不是幾個符號式的字眼之任意配合所能解析的。

㈢復次，我們必須承認一個社會形態是政治、法律、經濟及其他的一個有機的結構。每一形態之認識，全在這幾個因子的結構關係上。我們不能隨便去取，望文生義的胡來比附，這幾個因子的關係總是相應的一致的。

㈡公田制

1. 封建制是氏族共產社會發展到最後階段的一種政治方面的制度。由氏族共產社會的發展，至統一國家的需要，結果必隨之是一種政治需要的分封。在政治方面，雖然有封有不封，然而事實上還是帶著氏族共產社會時那種公有性質。所以，封建社會第一特性即是土地公有。雖然有領主與社員之分，但領主只是一種政治上的分封，可說是一個閥閱，只是身分方面的優越。在勞動上，我們可說他是得便宜，他是不勞而食，他是尸位；但他不能說這是我的私

有財產，他只是食采邑即是了。他決不像私有財產制發生後的大地主或資本家。

2. 復次，由政治方面的需要，而產生封建，隨之即可以有奴隸現象或奴隸人，但不能有奴隸制或奴隸社會。並且，奴隸人或現象只能在某某形態之下產生；他卻決不能自成一個階段而產生另一個階段。所以由氏族共產社會必然轉到封建公有社會。在這種封建公有制之下，奴隸孳乳著。老實說，在自由競爭、私有財產、專制封建之下的社會中，什麼奴隸、封建、剝削、壓迫、不平等字樣都可以應用到任何時代。這也是論戰中的戰士意見紛歧出入癥結之所在。可是，科學的認識社會形態，便不能這樣文學式的望文生義，這是最要緊不過的原則。

3. 我們再開始述說中國的公田制，其狀態及其崩潰。我們可說公田或井田制乃是隨著封建制而來的經濟形態。在此我可以提示一句，不是經濟形態決定政治形態，倒是政治形態規定經濟形態了。政治、經濟有適應的關係，經濟史觀不過是從經濟方面看社會發展就是了，豈真是有上層、下層之分乎？關於此點，在此不多說，前篇已經說過了，可參考本誌11期。在此論公田制，我要本錢穆先生在《燕京學報》第11期上所發表的〈《周官》著作時代攷〉一文中關於田制一段，不敢掠美。

4. 在這種社會的形態下，其初出現的經濟形態為公田制，或曰井田制。井田制的根本特性是：

㈠土地公有；

㈡實行助法。

這種制度在經典中莫有積極的描寫，只能在《論語》、《孟子》、

《公羊》、《穀梁》諸書中找出消極的追述與映照。《詩經‧小雅‧大田》篇說：「雨我公田，遂及我私。」這就是公田制的表示。公田制有公田、私田之分，方里而井，井九百畝其中為公田，八家皆私百畝，中公田百畝，共耕以報領主。這即是土地公有的意思。錢穆先生解說此意最好：「這種制度的精神，不在八家與百畝的數字之規定，而在其立公田與私田的區分。貴族大地主們，劃分著一整塊土地，賜給幾家耕戶，為之墾治。各家分得同量的一區，為各家的私業。而同時合力來墾治另一區的公田，作為對地主的報償。公田不必定在中央，一井（即一組）不必定是八家。儘可有五、六家一井的，也儘可有十一、二家為一井的。那一井的公田也可在百畝以上或以下。所謂『八家同井，井九百畝，中為公田』者，乃是公田制最像樣最整齊的模範制。而所謂私田者，只是耕戶私其當年百畝墾治之所獲，並不是私其田畝之所有權。」（錢氏文《燕京學報》2247-2248頁）。其實，不但耕戶不能私其田畝之所有權，即是領主也不能私其所有權。所謂「普天之下，莫非王土」即是歌詠的這個時代，土地公有，私有制未發生，這是公田制的第一個特性。

　　5. 在土地公有的情形之下，各耕戶共同耕種一區以養封主，這種經濟生活關係即是「助法」。所以孟子說：「惟助為有公田。」這種助法的特性是：(1)共耕田一區；(2)以此公田之所得獻給領主；(3)現物交納，即《穀梁傳》所謂「籍而不稅」者是；「藉而不稅」即是「藉此公田而收其入，言不稅民」。所以此時的階級關係間的經濟生活即是藉而不稅的現物交納形態。只說現物交納還不足以盡其性。這是平時的常態，至於有武事，則取其賦。「賦」字

從「武」從「貝」。即當用兵時，則可破例徵收用物，此謂田賦。戰事停止，則亦停止徵收，徵時不容說也是現物。由次我們可知，公田制的稅法只是「助法」或「藉法」，稅畝制是後來發生的。這是公田制的第二個特性。有此二特性，我們可說這種封建井田制是封建社會之典型，是封建社會的一種標準形態。馬克司所描寫的印度公社大半巧合於此，特未曾說得這樣確鑿就是了。馬克司的說法，分田制後期也可適用，所以李季把它移於封建社會前，並特為之立一個時期，這完全是錯的。

6. 在這種典型的封建社會之下，奴隸人雖然可以有，但只是一個表面的現象，並不是社會上的一個基本形態，所以也更不能成為一個制。在這種私有權的觀念未發生，封主只是坐吃穿成的尸位時代，階級的對立雖然呈顯，在望文生義的方法上雖然你也可以叫它是剝削關係；但實說來，這不是馬克司所謂階級的意思。階級是指共同參加生產的兩種人，可是這種封主並不參加任何生產工作。這樣階級倒不是階級而實是「身分」與「閥閱」了。這點張東蓀先生在本誌第二期上〈論階段問題〉時已詳論之。最可喜的是李季先生在《讀書雜誌》上〈對於中國社會史論戰的批評與貢獻〉一文中，當其罵陶希聖時，也詳細發揮此點。他指出階級與閥閱的不同。這可見中國一般淺見之人，隨波逐流，投尚時好，濫用字眼。這不但有誤青年，亦實開罪其所尊奉之馬克司，並也可見真理自是真理，只要客觀地虛心地求之，必可得相同之結論。階級既不能用，則所謂剝削，所謂榨取，也完全不能用。用之就是望文生義的胡鬧。既然如此，則「所謂風氣較淳的時代，也未見不可行」（錢氏語）。所以《孟子》上說：「龍子曰：『治地莫善於助，莫不善

於貢。貢者較數歲之中以為常，樂歲粒米狼戾，多取之而不為虐，
則寡取之。凶年糞其田而不足，則必取盈焉。』」如是，助法的社
會實在是可歌誦的世外桃源了。即是馬克司所描寫的印度公社，我
們也看不出有什麼了不起的不平。所以現在的人最是不科學，只憑
著自己腦子裡的一股怨氣，隨處加以炫染與謾罵。

　　7. 復次，這種制度下的生產是自然經濟，或曰自足經濟。他
們只是為所需而生產，而不是為商品而生產。這也是公田制的一個
特性。農業與手工業結合起來而生產其所需的東西。至於他們所用
的工具，當然是適應它那種自足經濟形態的。社會到了這種階段，
我們對於形態之決定或認識，工具不是最重要的因子。有了它，
不過多一點例證而已。它不能決定社會形態，至多不過能藉著它而
有相當的認識。工具變了，形態不必變。工具，在認識原始社會上
是重要的，在封建以後的社會則不重要。從這一點，也可證明，從
封建社會起，人類社會起了大轉變。人類開始發揮他的能力了。工
具既不是決定社會形態的因子，則只有從經濟的基本關係及政治格
式方面規定之認識之。如是，我們規定典型的公田制或封建社會的
特性如下：

　　⑴土地公有；

　　⑵籍而不稅；

　　⑶自足經濟。

㈢典型公田制的發展

　　1. 這種桃源式的典型公田制是不能一成不變的，而它的變
化，我們仍是從諸經典中所載的稅法關係之變化而看出。稅法變化

的第一步，即是稅畝，即是將「助法」改成「貢法」。這一改，典型的公田制起了變化，轉變而為以下的特性：

(1)把九區中的一區公田消除了，分給八家。

(2)從「籍而不稅」改成「稅畝」，即不以公區之所得為稅，而在耕戶們各自耕種的田地上，抽一宗定額的租稅，此即為稅畝，也即是所謂「貢法」。

(3)還仍是繼續著現物租稅，即是說，稅法的形態變了，而稅物不變。可是，稅物的變化也將起於此了。

(4)仍是自足經濟；可是商品經濟也即於此種稅法的改變下開始有其源泉了，有其可能了。

(5)土地仍是公有；可是私有財產也將萌芽於此了。

2. 所以稅法的改變，在公田制上起了很大的變化，並因此而啟示出公田制崩潰的徵兆。私有財產，商品經濟，稅物的改變，將完全由此萌芽而長成。所以龍子說：「治地莫善於助，莫不善於貢。」可是須知，助之變為貢，也是有其原因的。可是，這個原因卻不一定是生產力之發展，而倒最顯明的是「不肯盡力於公田」了。「不肯盡力於公田」即是助法改變成貢法的預兆。於是，把一區公田全讓給耕戶們耕種而按畝按歲徵收稅物。於是，我們可說，助法先有，貢法後起，而孟子所謂「夏后氏五十而貢，殷人七十而助，周人百畝而徹，其實皆什一也」的先後次序不過是文章上的方便，並非實有其事。至於所謂「徹」，其實即是「助」，並不是一種特殊稅法。這是錢穆先生的考證。我們將在下面述之。

3. 助法之改變為貢法是起於春秋時的魯國。《春秋》魯宣公十五年「初稅畝」，《穀梁傳》解說道：「初稅畝。初者始也，古

者什一，籍而不稅。初稅畝，非正也。古者三百步為里，名曰井
田。井田者九百畝，公田居一，私田稼不善，則非吏；公田稼不
善，則非民。初稅畝者，非公之去公田而履畝，十取一也。」《左
氏傳》也說：「初稅畝，非禮也。穀出不過籍，以豐財也。」這是
一件大事，要緊的關頭，所以《春秋》之筆，是必加以大書而褒貶
之。我們由這些徵引，可知以前的公田制是籍，現在是稅了。我們
也可知公田制崩潰徵兆是在春秋中葉魯宣公時代。春秋時代即是多
事之時，中葉更不必說了。助法能維持到中葉，其壽命也算夠長的
了。政治關係的複雜，社會組織的繁密，在在都足以引起經濟形態
的變化。並且，經濟形態總是與政治形態社會組織相適應的。舊社
會形態之崩潰是由於在整個社會的發展中，經濟形態與政治格式之
不相容，而新社會形態之出生是由政治格式之新規定而決定經濟形
態。這是我一貫的原則。這才真是從動的、具體的、關聯的、全的
方面看社會哩！

　　4. 接著稅畝的貢法而來的就是用田賦。我們在講公田制時，
賦只是在戰爭時才許徵收，現在也漸漸的成了常年稅了。這種稅也
叫做軍賦。這是由稅畝一分又加到軍賦兩分了。軍賦一成立，則典
型的公田制就起了很大的變化，這即是公田制一步一步向崩潰路上
走。最初用軍賦的還是魯國。《春秋》魯哀公十二年春，「用田
賦」，《公羊傳》曰：「十有二年春，用田賦。何以書？譏。何譏
爾？譏始用田賦也。」孔廣森《公羊通義》解說道：「《魯語》
曰：『季康子欲以田賦，子謂冉有曰：先王制土，藉田以力，而砥
其遠邇；賦里以入，而量其有無；任力以夫，而議其老幼，於是乎
有鰥寡孤疾。有軍旅之出則徵之，無則已。其歲收，田一井，出稷

禾秉芻缶米，不是過也。』《五經異議·周禮》說：『有軍旅之歲，一井九夫百畝之賦，出禾二百四十斛、芻秉二百四十斤、釜米十六斗。』謂此田賦也。古者公田藉而不稅，有武事，然後取其賦，故賦之字從貝從武。昔伯禽徂征淮夷，芻茭餱糧，郊逡峙之，田賦之法也。今魯用田賦者，是無軍旅之歲，亦一切取之，厲民甚矣。稅畝本無其制，故言初。田賦本有其制，特不宜非時用之，故言用。《傳例》曰：『用者不宜用也。』」此事《左傳》亦有：「季孫欲以田賦，使冉有訪諸仲尼。仲尼曰：『丘不識也。』三發，仲尼不對，而私於冉有曰：『君子之行也，度於禮。施取其厚，事舉其中，斂從其薄。如是，則以丘亦足矣。若不度於禮，而貪冒無厭，則雖以田賦，將又不足。』」孔子只知言古禮，法古制，殊不知春秋時代，乃是戰爭很盛的時代。魯哀公乃是春秋之末，將近於戰國，軍事定不在少，所以不能純以「貪冒無厭」解之。不過，從這幾段記載看來，公田制之助法改成稅畝之貢法，由貢法復加以田賦，這其中的社會形態之逐漸改移，則是無疑的，而其變易，也自有其所以然的原因。孔子是實踐家，這方面就不注意了。

5. 明白了稅畝與田賦的逐漸增加，則《論語·顏淵》篇的記載即可解了。《論語》：「哀公問於有若曰：『年饑用不足，如之何？』有若對曰：『盍徹乎？』曰：『二吾猶不足，如之何其徹也？』」這段話正是勸魯哀公不用常年軍賦，只是一分田稅即可，但是魯哀公卻以為加上田賦，吾尚覺不足，如何叫我只收一分田稅？這段記載正與《春秋三傳》所記相同，其時代相差不遠。有若只是勸哀公不要實行田賦，只要稅畝就成了。這也是稅畝加田賦，

其時並不很久的表示。因爲不久，所以尚有勸的可能，不過社會情形至此，並不是儒者之勸所能制止的。至於「徹」乃實是一種貢法，並不是另一種特殊的稅法。這是錢穆先生有力的考證。

　　6. 我們再從由助變貢加賦這個變化過程方面看看當時社會形態起一種什麼變化。《孟子》裡的龍子只知「治地莫善於助，莫不善於貢。」孟子雖然也渴望的田制而說：「耕者助而不稅，則天下之農皆悅而願耕於其野矣。」可是，當孟子之時，已經由助而貢，並亦有賦了。所以他對滕文公之臣畢戰說：「子之君，將行仁政，選擇而使子，子必勉之。夫仁政，必自經界始。經界不正，井地不均，穀祿不平：是故暴君汙吏必慢其經界。經界既正，分田制祿，可坐而定也。夫滕，壤地褊小，將爲君子焉？將爲野人焉？無君子莫治野人，無野人莫養君子。請野九一而助，國中什一使自賦。卿以下，必有圭田，圭田五十畝，餘夫二十五畝。〔……〕方里而井，井九百畝，其中爲公田，八家皆私百畝，同養公田。公事畢，然後敢治私事，所以別野人也。此其大略也。若夫潤澤之，則在君與子矣。」（〈滕文公章〉）。孟子時，賦已經有了；所以他雖勸人恢復古制，但也必須損益情形而加以潤澤，不能純主復古。所以君子、野人兼取。賦稅助籍兼用。錢穆先生說：「《孟子》書裡用一賦字，足徵其時稅已不辨。大概魯用田賦的辦法，也早已先後推行於各國了。」由這種賦稅助籍兼用，可以發生什麼的變化呢？

　　7. 錢先生解析這段文字最好。他說：孟子這番主張，大概有兩層理由。一是野外地較寬平，可以有整塊田畝劃做井制，來恢復古代的所謂公田之助。至於國中地狹人稠，卿大夫以下圭田，多只以五十畝起算，不能改成整塊九百畝的井地，因此只可什一而稅。

第二所謂野人的，他們地位比較低，知識比較淺，他們大概是別處遷徙來的流氓，不得意於故主，而來求新主，他們還不敢明白主張土地私有權的觀念，還可以強制他們，使他們保存一種公事畢然後敢治私事的心理。還可以教他們歌誦「雨我公田，遂及我私」的詩句。至於國中百姓，和四鄙氓人不同。他們大概是和他們統治階級的君子或有親族上的關係，多半是祖世土著。又或於耕稼外，別營工賈等等其他的業務，使他們在一般的地位上增高。他們早已漸次形成其土地私有的一種觀念。無論沒有整塊的田土劃分井制。就在小面積裡，也不能再支配他們回頭服從上世淳樸的心理，叫他們公事畢然後敢治私事。因此那一些田地，漸漸變成那一輩土著的私有、祖世相傳。國家只把來賞給卿大夫貴人，叫他們自去徵收他們什一之賦，作為國家支給的俸祿。將來受田卿的大夫換了，那有田的農人還是不換。正和野人之受一廛而為氓的，恰恰相反。因為野人受田，儘可逐年還，而田主卻依舊。這其間在土地上的權位大是不同。因此孟子也並不想把莫善於的助法一致地推行。（《燕京學報》第11期2252-2253頁）。

8. 我們由錢先生這段話可知經過了助、貢、賦的變遷，社會上起了很大的變化。治國的不得不適應著這個趨勢而重新建立政治制度與經濟關係了，此時的社會形態當有如下的特性：

㈠近都市的土地已不能維持典型的井田制了。

㈡私有權的觀念成立，法律上卻並未規定。

㈢封主常換而耕戶不換。

㈣稅畝軍賦兼用，但卻不用助。

㈤隨著，經濟不必是自足經濟，商品發達了；納租不必是現

物，貨幣將要出現了。

㈥可是這還不至成了普遍的現象，只不過國中如此，四鄙野人還仍保存著典型的公田制的形態，可是也終要向著崩潰路上走而趨於一致的。

9. 這是從租稅形態的變化上看出的典型井田制的發展，所佔的時間約爲春秋二百四十年以及戰國之初。在這時間，其他各國如晉如秦又實行一種爰田制，亦爲廢井田之先聲，亦可以說是由公田制蛻化出來的，茲於下節論之。

㈣爰田制

1. 從典型的公田制到爰田制，其間也是經過一個階段的。這階段即是三年一易居的辦法。從這方面的發展，乃是土地肥饒不均的緣故，並不是租稅形態的變化，也不是生產力的發展。在公田制時，每人百畝，永不更換；但土地的肥饒常因地而不同，豈不有吃虧有得便宜的？所以必須三年一易。上田不易，中田一易，下田再易。各得其平而後止，即爰自在其田，不復易居。不過，這種易居法，究竟是笨法，也是很麻煩的。

2. 錢穆先生說：「然而三年爰土易居，究是件麻煩事，無論田廬改易，紛擾已甚，而且也不一定有嚴密的分配。先耕上地的，未必定易到下田；先耕次地的，未必定換到上田。然而地主們肯給農民三年一易主換土的機會，究竟已是好意。若改行爰田制，受上田的百畝，受中田的二百畝，受下田的三百畝。苦樂既均，又免易居的紛擾，自然更是在上者的美意。〔……〕惟此制一行，八家同井的公田制，便須根本搖動。不僅是八家百畝的數字，絕不符合。

尤其重要的，在其田地所有權的無形之轉移。在公田井制的時代，公田是一區耕地中間最主要的一部。幾家耕戶，為對地主盡其墾治公田之力，而暫時享到公田旁的一帶棄地（即私田）的使用利益。所以說：『雨我公田，遂及我私。』這不盡是耕戶們對地主的忠誠心理之表現，實是當時關於田地的權利和義務的關係上應該如此。一輩耕戶，常常的可以易主換居，這並不是耕戶們的自由，實是他們所耕的田地全沒有主權。一旦爰田制推行，耕戶們可以自爰其處，不復易居換土，這一來，那土地的所有權，雖未明白規定轉歸耕戶自有，而其田地之為永業，實漸漸從此栽根。所以爰田的推行，無疑的有幾點重要的變化。一是各家授地均等的制度破了。上地授百畝的，中地、下地可以授二百畝。二是三年易土換居的制度廢了。耕者對其所墾治的田地，可以永遠繼續，不再紛更。三是耕戶們對田地的關係變了。因其自爰其處，不復易居，漸成永業，而田地所有權，無形中移歸耕者所有。田地所有權的觀念變了，公田為助的稅法無形中也自隨之而變。」（同上，2258-2259頁）

3. 這是推行爰田制的結果。當時先用此制為晉國，《左傳》僖公十五年：「晉於是乎作爰田。」按：此時為晉惠公六年被虜於秦之歲，當西曆紀元前六四五年。魯宣公十五年廢公田稅畝，當西曆紀元前五九三年。是晉之行爰田早於魯之初稅畝五十餘年，可見當時各國已紛紛對公田制起問題了。此外即是魏國也隨著施行爰田制。《呂氏春秋‧樂成篇》說：「魏氏之行田也以百畝，鄴獨二百畝，是田惡也。」這是史起罵西門豹的話，然此實亦是一種爰田制，由晉而魏，復由魏而秦。《漢書‧地理志》云：「秦孝公用商君，制轅田，開阡陌。」轅同於爰。商鞅變法立法的偉大功業，即

在開阡陌，制爰田，廢封建，立郡縣，這是社會形態史上的一個大轉關。我們且看開阡陌與廢封建的連帶關係。

㈤開阡陌，廢封疆

1. 在典型的井田制時，每一區內劃分的界線都很清楚，好像方格似的。阡陌就是格子線，人民就在格眼子裡居住勞作，而每一區也必須劃疆自保。「各處的侯國，各處的卿大夫采邑，各處的里社，他們各有其所謂封疆。高高地築成一帶土堤，堤下隨著一帶深溝，圍在他們的所謂邑里郡國之外。雖有所謂『高岸為谷，深谷為陵』的變遷，陵谷終是隨著田邑到處可見的。這便是古之所謂封疆。封是一個積土之界，而封與封之間，常隔著一片很寬闊的疆。」（錢氏文）

2. 這種劃疆自保的局面，隨著社會的進化，人煙的稠密，是不能維持的。衝突爭奪，愈來愈烈。所以，《左傳》上記這種爭田奪地的很多。尤其鄭國為然。鄭國地小人多。疆界阡陌更是維持不住。子駟、子產父子都為這個問題或死或謗。《左傳》襄公三十年：「鄭子皮授子產政，子產使都鄙有章，上下有服，田有封洫，盧井有伍。從政一年，輿人誦之曰：『取我衣冠而褚之，取我田疇而伍之。孰殺子產，吾其與之。』及三年，又誦之曰：『我有子弟，子產誨之，我有田疇，子產殖之，子產而死，誰其嗣之？』」人民習於混亂，一旦子產要為之整經界，他們便以為多事，要想殺掉他。及至得其利，便復從而歌頌之。所以那時，疆界不保，能發生兩派主張：

㈠如子產、孟子之類，子產恢復經濟界是大見成功的，這是復

古派的致太平。孟子亦說：「夫仁政必自經界始。經界不正，井地不均，穀祿不平。」這也是古派的見解。可是這種復古，即或有效，也不過一時，終不能抵住社會前進的猛流。

㈡所以，就有一派隨著時代的所需而另行建設新制度，此即爰田制之推行。爰田制的實行，必須先作兩步重要的破壞工作：一是開阡陌，一是廢封疆。魏文侯之師李悝，秦孝公之相商鞅，即是此派的代表。

3.「開阡陌」之「開」，即是掘開之開，並非建立開設之意。開與廢是同一意思。此意直至朱子作〈開阡陌辨〉始發明出，朱子文講商鞅時我們再引。現在先說李悝。李悝是首先主張開封疆的一個人，李悝是魏文侯之師。《漢書·食貨志》說：「李悝為魏文侯作盡地方之教，以為地方百里，提封九萬頃，除山澤邑居，參分去一，為田六百萬畝，治田益謹，則畝益三斗。不勤則損亦如之。地方百里之增加輒為粟百八十萬石矣。」又〈刑法志〉：「一同百里，提封萬井。」錢先生解析「提」字說：「封乃田畝封疆，堤是棄去之意。揚雄《太玄》『晦，朏提明德』注：『提，異也』。〔……〕提訓舉，訓擲，均有離絕棄去之意，方里而井，一井九百畝。方百里得九萬頃，是棄去封疆，盡作實田之數。若加進實際上各處封疆計算，決不能得九萬頃。凡言提封，皆是棄開封疆，作淨田計算之意。」「提」「封」二字始於李悝。可見李悝那時就是想開阡陌，提封疆，除山澤邑居，以盡地力的。這樣可耕之田加多，生產當然也充足，而結果把井田制廢了，封建也廢了。

4. 當時此風很盛，漸漸傳到楚國去了。《韓非子》說：「吳起治楚，以楚國之俗，封君太眾，教楚悼王使封君之子孫，三世而

收爵祿，絕滅百吏之祿秩。」《淮南子》也說：「吳起衰楚國之爵，而平其制祿。」《呂氏春秋》也有同類的記載：「吳起令楚貴人往實廣虛之地。」從這些記載看來，吳起實是早已開阡陌，提封疆，並進而廢封建，而平制祿了。我們要知廢封建，平制祿，實是開阡陌，廢井田的必有結果。所以，這幾處記載雖未明說廢井田，但我們由平制祿亦可推知了。

5. 這種潮流，集大成於商鞅。《漢書‧地理志》：「秦孝公用商君，制轅田開阡陌。」《史記‧商君列傳》說：「為田開阡陌封疆而賦稅平。」朱子〈開阡陌辨〉說：「〔……〕但見田為阡陌所束，而耕者限於百畝，則病其人力之不盡。但見阡陌之佔地大廣，而不得為田者多，則病其地利之有遺。又當世衰法壞之時，則其歸授之際，必不免有煩擾欺隱之姦；而阡陌之地切近民田，又必有陰據以自私，而稅不入於公上者。是以一旦奮然不顧，盡開阡陌〔……〕墾闢棄地、悉為田疇〔……〕以盡地力。使民有田即為永業，而不復歸授，以絕煩擾欺隱之姦。使地皆為田，田皆出稅，以覂陰據自私之幸。〔……〕故〈秦紀〉、〈鞅傳〉皆云『為田開阡陌封建而賦稅平。』蔡澤亦曰：『決裂阡陌，以靜生民之業，而一其俗。』詳味其言，則所謂開者，乃破壞剗削之意，而非創置建立之名。所謂阡陌，乃三代井田之舊，而非秦之所制矣。」朱子這一段發揮，最的當透徹，可謂得商君之真髓。秦、楚在當時還算邊陲之國，世風未開，所以吳起與商鞅都不得其死。他們兩人在當時可說是最左傾最急進的，一般貴族封主，因為與自己切身問題有關，所以最恨他們。

6. 開阡陌，廢井田，接著來的就是廢封建，置郡縣。這是積

極的工作。封建一廢，則賦稅平，天下畫一，並且世襲制祿也完全
斬絕。這與吳起是一樣的辦法。封建一廢，只有爵位等節，而沒有
世襲領主。馬端臨《文獻通考‧封建六》說：「古之所謂爵者，皆
與之以土地。如公、侯、伯、子、男，以至附庸，及孤卿大夫，亦
俱有世食祿邑。若秦法，則惟徹侯有地，關內侯則虛名而已。庶長
以下，不論也。始皇遣王翦擊楚，翦請美田宅甚衆，曰：『為大王
將，有功，終不得封侯。』然則秦雖有徹侯之爵，而受封者蓋少。
考之於史，惟商鞅封商於，魏冉封穰侯，范雎封應侯，呂不韋封文
信侯，嫪毐封長信侯。〔……〕然鞅、冉、不韋、毐皆身坐誅廢。
雎雖幸善終，而亦未聞傳世。〔……〕蓋秦之法未嘗以土地予人，
不待李斯建議，而後始罷封建也。」以前的封主，我們曾說明他是
閥閱而不是階級，現在的爵位那更是閥閱，而不是階級了。他們只
是政治上的人物，於經濟生產毫無關係。俸祿是他們辦公的生活
費，身分爵位是他們的統治上的虛榮。所以從封建到郡縣，乃實是
基於整個社會關係的發展而起的政治制度上的革命。由於政治制度
的改革，經濟形態也隨之起了大變化，而社會的整個組織也趨於一
種新形態了。我們從轉變的整個發展過程看來，我們很難以說這種
轉變是由於生產力的發展與生產結構的衝突。從稅法的發展，以及
爰田制的實行，完全不是生產力與生產關係的問題，而純是在整個
社會演進之下政治制度的問題。政治制度的改變，我們必須要認淸
楚也不是生產力與生產關係的衝突。在井田制度之下，我們可說生
產力與生產關係是沒有什麼發展與變化的。但是政治制度卻也不隨
著它而竟變動起來，並且它的變動，倒反而影響了經濟的生產力與
生產關係了。

　　7. 所以從典型的公田制到開阡陌提封疆的爰田制，這整個社會當趨於一種新的形態，簡舉如下：

　　㈠世襲封主的取消，爵位俸祿的興起，中央集權之成立。

　　㈡法律之前的萬民平等。犯了法，雖閱閥亦難倖免。

　　㈢私有財產的確定。

　　㈣現物租稅的改變。

　　㈤自然經濟之改變，爲商品而生產的情形逐漸發展。

　　㈥貨幣交換的成立。

　　㈦貨幣資本，高利貸資本，與商業資本的出現。

　　㈧獨立生產者的存在。

　　㈨地主階級的存在。

由這九種特性便凝固了一個新時代，即專制主義下的商業資本主義社會。秦始皇即居在這個承上啓下的轉關之中，他負了新形態的鑄成之重責。下段述之。

丙、專制主義下的商業資本主義社會

㈠開端：解蔽

　　1. 上段把封建社會的典型發展及崩潰述說了那麼多，目的爲的使人要清楚了解封建社會是有其特性的。在政治、經濟、文化各方面都有其特殊形態，都足以自成一個時代；並非如王宜昌先生所說，中國的封建社會只是政治上的一個空殼，而西洋的封建社會是有經濟關係的。我們認淸了這個封建社會爲標準形態，則其他非如

此的皆非封建社會。

2. 我們普通常說某某封建、某某宗法、封建軍閥、封建思想等，其實完全是由一個典型的封建標準形態引伸出來的一些望文生義，我們可說全都是那個典型形態的上層建築。如果那個典型形態過去了，而我們還以遺留下的那些封建意識、封建腦袋、封建思想，爲眞正的封建社會，倒把那個典型的標準形態丟在腦後，而偏僻地曲解成奴隸社會，試問這是什麼腦袋？眞有如李季先生所說的「和封建結不解緣的，並不是中國，而是陶希聖君的腦袋」？不但是陶希聖君的腦袋，而且是王宜昌、郭沫若以及其他主張封建社會的腦袋，所以我們必須把封建腦袋與封建制度劃分開，我們不能望文生義的胡說。主封建者如此，主奴隸社會者亦復如此。如果不劃分開，像王宜昌那樣的腦袋規定法，則中國數千年的社會不但都可以是奴隸社會，而且都可以是封建社會，而且其他……。

3. 復次，我們看社會形態當從其在歷史上有什麼的特徵。有了特徵，我們即以之來標誌這個階段的社會形態。而這個特徵又不是可以憑著你的主觀腦袋隨意去取的，它是由社會發展而轉變來的。歷史的發展逼出這個特徵而爲前代所未有；那末，這個特徵即是認識那個社會形態的必具要素。我們指出這個特徵必具要素，並不是說其他性質就不承認了，就沒有了。乃只是說它不是特殊的，不是重要的，不是必具的就是了。如果分期而不找出特徵，則結果等於不分期。譬如將一個人分成胚胎時期、嬰兒時期、青年時期、壯年時期、老年時期，則每一時期必有其特徵。如果捨此特徵而不論，而說壯年或老年時期會吃飯會睡覺，有喜怒哀樂，這種分法結果即是不分。不料現代吹牛的人完全犯了這個毛病，其意見爲得不

分歧？焉得不有出入？焉得不各人持之有故，言之成理？焉得不各是其所是，各非其所非？

4. 明白了以上所述的三點，我們就可以來批決謬見。我們反對王宜昌的奴隸社會與封建社會論，也反對敦沫若的奴隸社會與封建社會論，並反對陶希聖、李季兩先生的後封建半封建前資本主義社會論，並也不承認王禮錫的循環論以及胡秋原本列寧的封建專制主義社會。因為他們不是望文生義，即是湊合字眼，或是食古不化。

5. 我們再接續著上段末所列的九條性質以觀察當時社會各方面所起的變化，及其與前之差異，將來之新形態。這個時代是轉關時代，我們有重說的必要。

㈠在政治方面，兼併日盛，政權日日集中。一個方格式的畫疆自保，便日日見少而至於消滅。由萬而至千，由千而至百，由百而至十，最終剩了七國，而結果歸於一統。這在政治制度方面起了多大變化？在這種政治制度變化之下，人民的意識又起了多大的變化？

㈡經濟關係與形態隨之也複雜起來，改變起來。從前自足經濟，現在成了生產經濟。由生產經濟可以分化出從事生產的經濟方面的階級關係，即有農業與手工業的結合之生產，有獨立生產者即手藝工人之生產，有商人兼工人的生產，有專恃著商品交換而生存的（此即所謂商業資本），有專恃著放利而生存的（此即所謂高利貸資本）。而所以有這樣的分化，有兩個基本形態在那裡限制著，支配著：⑴農業與手工業的直接結合；⑵商人兼工人的生產關係。由這兩個基本形態，如果遇見了機會或條件或無阻礙，它便慢慢的

也可以發展到工業資本主義時代。中國之所以未到資本主義時代，其原因有二：㈠專制主義的壓抑；㈡大陸地理的自然封疆。它並不是由於沒有機器，也不是由於商業資本之本性不能到工業資本。

㈢由於生產關係之分化出各種階級，其中就不免有給地主種地的佃戶或農奴，給貴族、官僚、紳商、大賈作支使的丫頭、奴僕或奴隸的存在。這類人如果投降了商人，便替商人作工從事生產；如果投降地主，便替地主耕地；如果攢進了貴族、官僚、紳商、大賈中，便是狗仗人勢的奴才；如果無一而可，便是不務正業的流氓。不要看不起這一類人，他們在中國社會裡佔重要的位置。起革命是他們，鋌而走險也是他們，搗亂也是他們，倒霉是他們，做皇帝也是他們。這種階級我們姑稱之曰流氓遊離分子。遊離分子與士大夫互相為用而造成一個連環性，這個連環性我們說他是政治方面的連環。中國的政治，自封建社會崩潰後，完全建基於這個連環之上。但我們不能說自封建而後，有這一類流氓分子，我們就說這是奴隸社會。你只見了他作奴隸，你沒有見過他做皇帝；你只見了他做佃戶，你不知道他還是流氓；即便你知道了他是流氓，你卻不知道他是什麼政治制度經濟關係下的產物；你叫這種社會是奴隸社會，你曾指出什麼社會形態來？皮毛哉！望文生義哉！你叫周秦兩漢以至五胡十六國都是奴隸社會，你曾見過其間有偌大的變化沒有？真是蔽哉！瞽哉！至於以秦漢後為封建的，理同此駁。

㈣開阡陌，提封疆，在政治經濟上都是一種解放的開明的運動，猶如河水從龍門向下流一樣，猶如出幽谷而遷喬木一樣。思想方面亦復如此。所以春秋戰國時代，各家蜂起。學術界開一光明燦爛之花。因為在政治方面，需要政治制度的改善，所以出了很多的

政治家、法律家；因爲那時人民剛從幽谷跳出來，昏亂現象自所不免，弒父弒君，幾無國不有，所以就有很多倫理學家出現。厭煩這個昏亂狀態的，就有厭世的返古派出生；無所謂的，就在那裡談玄論理，作堅白異同之辯。在政治方面、經濟方面、思想方面，都帶著生氣勃勃少年氣，都在啓蒙而未成定型時。總之，在這個時代，一切都是私的、自我的，一反從前的公的、死板的。政治方面集中獨裁，經濟方面私有獨佔，思想方面自成體系，這三方面的特性即凝結成一個專制主義的商業資本主義社會，而定型有秦漢的大一統。

(二)商業資本主義

1. 從秦漢以後直到現在，我將叫它是商業資本主義社會。商業資本主義在現在好像公認爲不能成一獨特的時期。我以前也曾這樣想，但從社會的發展，及整個社會形態的轉變這方面，仔細考究起來，卻又未必眞然。庫西涅（Kushner 亦譯庫斯聶）之主張並非完全率然的。胡秋原說：「在封建主義與資本主義之過渡期無疑形成一種特殊的社會形態，在西歐十五─十七世紀，俄國十八、九世紀，中國自周末秦初至清末之大部分，這一個階段，究竟是什麼社會呢？最初，許多學者名之爲商業資本主義時代。無疑，商業資本不能獨立地構成一種生產方法。」（《讀書雜誌》論戰第三輯〈亞細亞生產方式與專制主義〉）他又引坡克羅夫斯基的話說：「商業資本主義的表現是可笑的。資本主義是生產之組織，而商業資本什麼也不生產。」可是你慢點笑，你如果從歷史的發展上注點意，你便覺得你的笑又是可笑的了。

2. 說商業資本不能獨立地構成一種生產方法，說商業資本什麼也不生產，這都是皮相之見。這個皮相之見就是只注意於「商人通有無」這個純粹的表面的概念，他並未注意到整個社會的全體。如果只注意「商人通有無」，則商業資本除去古代社會及非商品的生產時代而外都是普通的現象，所以也就不能特成一個時期。可是如果從整個社會看來，從歷史發展看來，從本質上看來，則所認商業資本主義實有其特性的。而這個時代名之爲商業資本主義社會，實又比其他名稱爲尤妥。

3. 我們在本段上節曾提出兩個基礎形態爲這個時代之所以然的本質，這兩個形態是：㈠農業與手工業的直接結合；㈡商人兼工人的生產關係。如果你說商業資本不能獨立地構成一種生產方法，吾當說這兩個基本形態就是一個特殊生產方法，而這個特殊生產方法吾就叫它是商業資本主義。如果你說，商業資本什麼也不生產，吾說這兩個基本形態卻生產什麼，而這個生產什麼的基本形態，吾即名之曰「商業資本主義形態」。這樣，商業資本主義倒不是一個泛泛的了。泛泛的乃是「通有無」這個概念，不是商業資本主義。

4. 我爲什麼以農業與手工業的結合爲一個基本形態呢？曰：自封建井田制崩潰以後，雖然由自足經濟進到商品經濟，但專門造商品的工場卻還沒有。即使有也不過是手工業的製造法，而且是與農業相結合的，這兩種情形無非是表示㈠商品生產是自給生產的附帶物，猶如「行有餘力，則以學文」者然；㈡生產商品者大半爲自給自足的自由農，這是農業國家從封建制度跳出來的必有現象，因爲它是附帶物，所以作爲商品的東西，仍不過是日常生活間的直接使用物。在二千年後的現在，你如果到鄉村的市鎮上看看，你就可

以明白這種情形。有以大白菜爲商品的，有以木料爲商品的，有以手工所織的粗布爲商品的，有以稼具什物爲商品的。這即是從自足經濟轉變出來的商品經濟，因爲生產商品者大都是自給自足的自由農，所以生產物之爲商品不過只是「通有無」而已，但是這個「通有無」卻是必須的。隨著社會的進化，人的經濟生活就日見複雜，一人不能兼百業，所以商人階段就應運而生。商人「通有無」，把社會的組織日見複雜起來，把社會的關係日見密切起來，它好似材料間的關係與條理，由它這個關係或條理，就有個新形態表現出來，因爲它負了關係或條理的責任，所以它在社會上就佔了一個很重要的位置，並且它還是對封建井田制時代所沒有的一種東西。它雖然重要而特出，但是它的「底子」或「材料」還是農業與手工業；即是說，農業與手工業把它這個關係網填起來了，把它這個條理性具體化了。它限制了關係網，而關係網又組織了它。譬如一張桌子，有是柳木的，有是槐木的。這就是材料的不同之限制。因爲有這樣的底子，所以專依「通有無」吃飯的階段所得的資本才是商業資本。而這樣的階段既是特出的又是必須的，復是關係或條理性；即是說，它盡了組織形態的責任，所以我們才說這個社會是商業資本主義社會。

5. 我爲什麼以商人兼工人的生產關係爲基本形態呢？曰：在這個社會裡，特出的商人階級如上所說是負了「通有無」的責任，可是他不是一個機器命定了只負這種責任的。他如果自造自買自賣，不比純粹販人家的較好嗎？所以這時的商人階級既不純是郵差式的傳達有無，復不能作資本主義時代的純粹工場生產。唯其如此，所以商業資本不是一個泛泛的，也不是一個什麼不生產的幽魂

淫婦，它實在是很能作事情的一個特殊生產方法。這個生產方法即是一人與工人的生產關係。而所以如此，也是由於第一個基本形態決定的。因為第一個形態決定了商品的性質，決定了商品範圍的程度；所以在這個時代，商人階級實是一身而擔負了工人、商人、資本家這三種責任的。這實在是很苦的事，但是這時代限住了他，他不能再向前走，這即是他所以獨自成一個社會形態的緣故。

6. 這第二個基本形態是很重要的。陶希聖先生的《中國社會現象拾零》第二章末附載一篇〈歐洲科學社會主義者論商業資本〉的譯文，其中就談到這層意思，且引如下：「封建生產方法的轉變，取兩條路：㈠生產者變為一個商人與資本家，而正與中世農業自然經濟及城市行會手工業相反對。這是真正的革命之路。㈡由商人以直接的手段占有生產。這條路在歷史上是一種轉變方法。例如十七世紀英國布商，把紡工收歸自己管理之下，賣羊毛給他們，且從他們買布。他們都是獨立做工的，但是這條路對於破壞舊生產方法並沒有多大貢獻，且寧可保持舊生產方法以為其事業的前提條件。例如直到十九世紀中葉以前，法國絲工業及英國絲綢花邊業，不過在名義上是一個工業，在事實上卻是一個商人。他讓紡工繼續在舊而無組織的狀態之下工作，實際上替管理他們的商人做工。這種方法都是真正資本主義的障礙，依後者的發達而當歸破壞的，它沒有革生產方法的命。他只不過破壞直接生產者的生活狀況，夷為無產者，在那比已置於資本直接支配之下的無產者還壞的條件之下收奪其剩餘勞動。」這一段話中有可靠的，有不可靠的。例如商人兼工人，這是與我們的見解相合的，可是他說這種方法是真正資本主義的障礙，則卻於我們中國社會發展上不符。說商人故意保持舊

生產方法以爲其事業之前提條件，這在歐洲社會之下容或有之，在中國社會中，卻用不著這樣解析。在中國社會之下，它決不是資本主義的障礙，它是由封建制度突發出來的一條必然的路，而且也是與以前大不相同的生產方法、生產形態或經濟關係。在封建井田制之下，無論怎樣可能，也不能馬上可能到轉爲資本主義。復次，我們不能說它沒有改變舊生產方法，就說它是保守的，它是資本主義的障礙。我在上段曾說過，人類社會到了某種時代，我們即不能完全以工具來決定社會形態。農業手工業的生產方法亦復如此，這種生產方法未變，而社會形態變了，我們不能不說這是一個新社會形態。我們此時所注重的是生產關係、生產結構或經濟形態。那怕它是同樣的生產方法或工具，它也可以在不同的關係或形態之下存在著。例如資本主義時代的機器到了社會主義時代仍是照舊用著，其生產方法也照舊的維持著，但我們不能說這不是兩個絕不相同的社會形態。所以，商人兼工人的生產關係決不是資本主義的障礙。它確是一個新形態。如果我們明白了這一層，則所謂「過渡」、所謂「半」、所謂「前期」、所謂「後期」等形容字完全是用不著的。至於形容字下的那些「名詞」，更是枉然的了。

7. 由以上所說的商業資本主義這個特殊生產關係，可以孳乳出好多概念來。有專依貨幣交換於中取利的，從此所得的資本，便即是「貨幣資本」。這種貨幣交換純粹是流通現象，它倒是泛泛的；但亦爲封建井田制時所未有。它是由商業資本主義引申出來的。它只要有交換過程就夠了。就照現在說，大而至於銀行，小而至於錢莊，再小而至於鄉間的小市。這都是貨幣資本的表現，由貨幣資本，同時也可以派生出高利貸資本、貨幣所有者，不願意他的

資本睡著，所以除流通而外，他總設法使他作剩餘價值的生產。但在商業資本主義社會裡，它的機能即止於此了，它至多不過使它的所有者再成為一個商業資本家。它不能再擴張而至於工業資本家的生產。或者，它至多不過使其所有者，成為一個地主。同時，由地主也能變為商業資本及貨幣資本。這就是地主、商業資本、貨幣資本、高利貸資本，互為聯環，互為限制的地方；也就是在中國社會裡，分業不清，階級不清的所在。這也許就是商業資本主義的特性。我們必須認清了商業資本主義，才能了解中國社會的組織與特性，才能解剖或發見它內部的關係或底蘊。

8. 在商業資本主義社會裡，從生產關係中分化不出顯明的階級關係來。這是商業資本主義的最重要的特徵。自命為革命的朋友，聽見此話必忿怒起來，以為這是消滅階級關係。其實，你如果先慢點怒，冷靜你的頭腦，切實觀察事實，必以此言為不謬。如果事實上有了階級，並非言語所能否認，怎麼無人否認近代資本主義國家中的階級的對立呢？革命的朋友所喊的階級完全不是馬克司所謂的階級，乃實是朋友們腦袋裡邊的階級，乃實是所謂閥閱。這種閥閱，這種閥閱裡的階級完全是專制主義政治下的產物。這是政治方面的東西。商業資本主義社會中有許多歪曲的現象、奇怪的現象、不合理的現象，這完全是專制主義在那裡作妖，你如果以這些現象來認識這個社會，那就糟了。不幸研究中國社會者大半從這方面立論了。所謂奴隸，所謂封建，都是上了這個大當的結論。這種作法，完全拋棄了他們的經濟史觀的見地；然而卻都自稱是馬克司的信徒，不從經濟關係方面看社會，卻從社會意識、腦袋怨氣中看社會，這是多麼無標準。惟其這樣，所以王宜昌先生才能引證《水

滸傳》來規定其社會形態論！

9. 由封建制度的瓦解，變而爲專制主義；由井田制的瓦解，變而爲商業資本主義。專制主義與商業資本主義當其初出生時，是互相爲用，互相限制，互相適應的。這種關係，據潑可諾夫斯基的見解，可以從三方面來說明：㈠官僚；㈡雇傭的當備兵；㈢貨幣租稅。官僚就是繼續著封主而來的吃俸祿的閥閱或階層身分。這種閥閱的官僚當然也是爲前代所未有，而是隨著經濟關係與政治形態的變化應運而生的。所以，這種閥閱的政治制度是與商業資本主義相適應，相限制的。雇傭常備兵更其需要商業資本的供給；至於貨幣租稅，則是封建井田制的現物租稅廢去以後必有的現象，也是商業資本主義必有的現象。專制政治的國家必須需要反乎封建制度的商業資本經濟來供給他們的一切費用。而專制主義同時也維護商業資本的發達；但在某程度之下，它也可以限制它的無限的發展。譬如漢代的重農抑商就是一個例子。專制主義在各方面，總不予人以充分的自由，而且總是保守的。這就是商業資本與專制主義相適應、相限制而自成一個獨特社會的所在。它在中國這種專制主義的淫威之下，是不能發展到資本主義社會的。還有一個原因就是地理環境的自然封建。據有這樣豐厚的大陸的國家總是時處是自足的、保守的。

10. 這種商業資本主義的時代到現在止，還是依然故我，人人都說自鴉片戰爭以後，中國已入資本主義社會，其實何嘗如此！鴉片戰爭後，如果政治修明，提倡商業，富國強兵，未始不能達資本主義之路；然而中國的政府沒有這種自立心，因之，帝國主義的進攻也日甚一日。可是，如果戊戌政變能成功，爲時也不算晚；但戊

戍政變也失敗了，自此益發不可收拾。民國元年起能奮發有爲，也可以是資本主義發達的好機會；但我們所見的只是戰爭，而沒有建設。不幾年，民主政治與振興商業，一點未作，而又隨著十三年的北伐成爲過去了。國民黨的口號顯然已成了社會主義的論調。但是，自十七年北伐成功的國民黨，到現在止，民治未作到，資本主義亦未作到；黨治變成了家治，社會主義更丟在十萬八千里以外去了。所以中國社會，到現在止，還是那種傳統的商業資本主義社會，它沒有機會進展到資本主義社會。現在的上海、天津，你要知這是帝國主義的商場，體面是人家的，連日本貨都不能抵制，資本主義在那裡？

11. 中國的社會至現在既未有資本主義，則我們要問是否還需要非走資本主義一路不可？曰：不必。復次，如果中國現在爲資本主義社會，其爲資本主義必在初期；如是，按著馬克司的推測，則中國還需要走資本主義之路，而所謂無產革命全是枉然的了。現在既用不著無產革命，又用不著走資本主義之路。然則，我們的路向是什麼呢？這在下段將論之。在此，我們的結論是：如果不是資本主義社會，則無產革命用不著，而也用不著再走資本主義之路；如果是資本主義社會，則早期的資本主義社會，無產革命仍是枉然的。結果，無產革命在中國沒有意義。江西的紅軍其實不過是天災人禍逼出來的流氓爭天下而已，與中國以往之政變無以異，決不是資本主義社會內的無產革命。此點要認清。而現在之仍爲商業資本主義，其因如下：㈠二十年來的混亂狀態，㈡帝國主義的宰割獨占與拘禁。本來自鴉片戰爭以後，中國很可以隨世界之潮流走向資本主義社會；但因內部的腐敗，外部的制裁，成了次殖民地的中國，

便沒有資格言資本主義社會了。

㈢封建、封建專制、與循環或反復

1. 本節願意把謬見略加以指摘以結束本段，我們先說封建。郭沫若說：「我們不要為文字所拘泥了。周室在古時雖號稱為封建，但事實上在《周官》有鄉遂縣鄙之分，並不是全無郡縣。秦以後雖號稱為郡縣制，但沒有諸王。唐有藩鎮，明末有三藩，清初有年羹堯，就是一般的行省總督都號稱為封疆天子，並不是就不是封建制度。」照這樣說，中國社會史都當為封建史，周朝之號稱為封建，當然也是封建社會，但是郭先生卻叫它是奴隸社會！這是按照什麼標準而立論？此非頭腦昏昏望文生義而何？郭先生以《周官》為證，但《周官》一書，若照今文家的說法是漢劉歆偽造，此固未免太甚。可是，就據錢穆先生有力的考證，此書也是戰國末年的產品，正在公田制崩潰以後，爰田制實行時創造出來，怎見得周朝有郡縣？又怎麼能以《周官》證明周之不為封建？至於以諸王、藩鎮、三藩、年羹堯、行省督軍為封建社會之證據，這又是望文生義得可笑了。如果照這樣推起來，省主席是封建，縣長也是封建，資本主義社會裡資本家各有其市場也是封建！這還成什麼說法？

2. 隨之，王宜昌先生以為中國的封建社會開始於五胡十六國。五胡亂華以前為奴隸社會，五胡亂華後，異族佔據中原，中原世家南遷，成為氏族社會，由此氏族社會在奴隸經濟的廢墟上建立起封建制度，封建制度起於此。這種見解實沒有絲毫道理，其所以這樣主張的動機，無非以中國社會屈就西洋社會，故不惜曲解歷史的真相。王宜昌先生說：「中國的封建制度，由於異族的侵入中

原，和中原人民的南遷，氏族制度在奴隸經濟廢墟之上，重新組織
著經濟，於是建立起來了，這好似羅馬帝國底衰亡，日耳曼蠻族移
入南歐，以其氏族制度在奴隸經濟廢墟上建立起歐西底封建制度一
樣，〔……〕更可怪的，中國和西歐封建制度起源底時代，都是在
第四世紀。」其實這完全不足怪，乃是你王先生曲解歷史胡湊附
的。不然，在古代也有氏族社會，也有奴隸經濟，為什麼不能建立
起封建制度？在五胡亂華以前，也有氏族社會，也有奴隸經濟，為
什麼就不是封建制度？而特經以五胡亂華，就算是封建制度？難道
五胡亂華，重新組織，氏族南遷，是封建制度的必然條件嗎？這猶
之乎說一個人在此校為教授，到了彼校教書，即不為教授，一樣地
不通。以後王先生即以僧侶、寺院、門閥、莊園、行會等現象為封
建之論據，其望文生義與郭沫若同。所以他們這種分期，不用從積
極方面加以批駁，即從消極方面加以質問，亦足自亂其步驟，自潰
其藩籬。

　　3. 復次，王宜昌先生以中國自有史以來直至西晉都為奴隸社
會。秦漢以前且不論，因為已有明顯的封建制度在那裡擺著，用不
著多說。至於以秦漢至西晉亦為奴隸社會，也是同樣地望文生義。
在公的方面，他以秦始皇的築長城、造咸陽、建阿房、修馳道為奴
隸社會；在私的方面，他以「布韋家僮萬人」，「嫪毒家童數千
人」，「張良家童三百人」為奴隸社會。這實在是豈有此理的胡
鬧！以這種情形為奴隸社會，這好像西晉而後，國家沒有大興土
木，私人沒有家童奴婢一樣！王先生將何以處此？

　　4. 朱其華先生從剝削方法而不從社會表面形態上斷定秦漢而
後為封建社會。此觀點已比郭、王的望文生義好得多了。但觀點雖

對，而事實卻不同。秦漢以後的剝削方法完全不同於封建井田制時代的剝削方法。讀者只要細讀以往的討論，便可明白。官僚不是封主，地主也不是封主。其爲剝削同，而所以剝削則不同。我們不能割去社會的有機之整體，而單抽表面上的一點以概括全體。我們當從生產關係、生產結構之整體、以及政治制度之形態上，合觀社會之形態。如其不然，不但秦漢以後可以爲封建，即資本主義也可爲封建，這又犯望文生義之病了。本來，從這種剝削方法或生產關係上看社會形態，是本之於馬克司的意見的。據馬氏的意見是，表示社會形態的諸種發展階段之決定的目標，是生產方法及作爲其結果的階段之根本關係，而不是剝削之現在的形態。馬氏用這種觀點規定封建的剝削關係說：「這種所有關係，同時必致表現爲直接支配與隸屬的關係，因而直接生產者又必致表現爲非自由者。這是明顯的事。這裡所謂非自由，是包含從徭役勞動的農奴制到漸次低緩了的單只貢賦義務而言〔……〕他作爲一個獨立的生產者，以經營其農業以及附屬於農業之下的農村家庭工業。〔……〕在這種條件之下，爲的使他們替名義上的地主作剩餘勞動，無論是怎樣的形態，都不外是用超經濟的強制。」（《資本論》第三卷第二分），又說：「力役地租向實物地租之轉化，在經濟學上沒有引起地租本質上的什麼變化。」（同上）。這個界說與我們前面所論的封建井田制並不違背，他這段話，我們所注意的是：㈠非自由的獨立生產者，此所謂「非自由」其實就是一種自由農；㈡封主的超經濟之剝削，此所謂「超經濟」即指不參加生產關係而言。這是封建井田制的妥當的認識。至於他說力役地租與實物地租沒有本質上的變化，這也是對的。不過就是如此，也不足以證明秦漢以後是封建社會，

也不足以證明秦漢而後的剝削方法同於秦漢以前的封建井田制。秦漢以後的剝削形態在本質上起了變化的，不能以力役地租與實物地租之無異，而證明此亦可無異。

5. 所以，如其要按此類比而證明秦漢以後為封建社會，還不如按此類比而證明其為資本主義社會，並於每一時期，以不同的政治形態冠其上。此仍可引馬克司的話作證：「並不是資本發明了剩餘勞動。在任何地方，只要那裡社會上是某一部分人壟斷了生產工具；那麼，勞動者無論是自由的或不自由的，於維持其自己之生活所必要的時間以外，還必須附加一部分額外的勞動時間，以為生產工具之所有者生產生活資料。故無論這種所有者是雅典之貴族、埃特魯之僧侶、羅馬之自由民、荷蘭之領主、美國之奴隸主人、瓦拉旗之莊主、近代之新式地主與資本家，都是沒有區別的。」（潘冬舟譯《資本論》第二分冊第三篇第八章〈工作日〉）。我於提筆寫本文之前，曾想按這段話把周朝以後統名之曰「資本主義」，而以「封建的」、「專制的」、「民主的」等政治形態冠其上以區之。後經細想，實是不妥；但卻比那統名之曰封建社會的，又強得多了，合理得多了。因為封建論者，純屬望文生義，掛一漏萬，取捨無標準，政治與經濟混淆。若以資本主義論之，則純從剝削形態上說，這是劃一齊同之處；而以政治形態別之，這是表示其各有不同。但實想這個不同，卻並不只是政治形態足以盡之；而馬克司所謂同，實不過只是就剩餘勞動或額外勞動這個單純的抽象的概念而言，並不能舉盡了生產關係之特性。所以斷然擯棄此說，而形成了本文的分期。

6. 剝削同，而所以為剝削不同。關於此點，仍可以引馬克司

一段話以證之：「假定一個工作日是由六小時之必要勞動與六小時
之剩餘勞動所組成的。在這種情形中，自由勞動者每星期所供奉於
資本家的剩餘勞動時間等於六乘六，即三十六小時。這就等於在一
星期中，爲自己作工三日，白白地爲資本家作工三日，但是這種對
勞動時間分配的方法並不是這樣可以很顯地看出來。剩餘勞動與必
要勞動是混淆在一起的。因此，我們對於同此一樣的關係可以換一
句話表示出來，就是工人於每一分鐘之間，有三十秒鐘是爲自己工
作。三十秒鐘是爲資本家工作，在徭役勞動中不是這樣。譬如瓦拉
旗農民爲維持自己的生活而作的必要勞動，與他爲其莊主所作的剩
餘勞動，在空間上是彼此隔離的。必要勞動是他在自己土地上所作
的工作，剩餘勞動是他在莊主之土地上所作的工作。因此，這兩部
分工作，時間是彼此獨立存在的，兩者成爲前後次第分開的。在徭
役勞動中，剩餘勞動及必要勞動是嚴密地分開著。很顯然地，這種
在形態上所表現的差異，當然不能改變此剩餘勞動與必要勞動之間
之數量下的比例，一個星期之中三日剩餘勞動總還是三日的勞動，
對於勞動者自身總是沒有得著代價的，無論它叫做徭役勞動或叫做
僱傭勞動，這是一樣的。但是，資本家對於剩餘勞動之貪求，表現
爲盡可能地無限制地延長工作日，而莊主的辦法較爲簡單，直接增
加工役的日數就是。」（同上）。馬氏這段話是從不同以說明同；
但其所表示的不同卻不只是表面的，其同卻有點似。資本家的貪求
爲無限，而莊主則爲有限；資本家的榨取在同時同地，而莊主的榨
取，則在異時異地。這都不只是表示表面的泛泛的不同，而實是一
種有機的凝結的組織，各有其互不相同之特徵的，這種有機的整體
乃是政治經濟的內在關係所凝成的。每一政治制度之下，必有一種

經濟形態與之相凝結。我們可以分而解之，不可以湊而合之，封建井田制有其特殊的不可分的內部結構，商業資本主義也有其特殊的自成一整體的組織，推之資本主義亦復如此。

7. 由這個原則，我們可說像俄國杜布諾夫斯基（S. Dubrovsky）那樣因徭役地租與實物地租之字面上的差異而分別出農奴制真封建制之不同實在是多事的。但是，像胡秋原那樣根據著列寧的見解而在封建制與資本制之間（即秦漢以後）列出一個封建專制社會以與亞細亞生產方法相應，也是犯了同樣多事不正確的毛病。最近聽說胡秋原要出一本《亞細亞生產方式與專制主義論》，專門討論這個問題。但尚未出版，詳細論據不得而知，但據其廣告上所揭示的結論與《讀書雜誌論戰》第三輯中〈亞細亞生產方式與專制主義〉一文相同。所以現在就本他這篇文章而批駁之。胡先生本著列寧與坡克諾夫斯基的封建制與資本制之間的理論而得出他的封建專制主義社會。茲簡述如下。

㈠胡氏引列寧的話說：「農奴社會到處比奴隸社會更複雜。在其中，有商業發展之更大要素。這在當時已導入資本主義。」「在農奴社會，隨商業發達，世界市場發生；隨貨幣流通的發達，新階級即資本家階級出現了。」（〈國家論演講〉）。胡氏接著說：「這是說封建主義與商品經濟結合，發生農奴制度；然而農奴制度之基礎依然是封建主義。」

㈡「然而，商品經濟侵入了。地主不為自己而生產，為出賣而生產穀物，於是強化對於農民之榨取。後來分有土地的制度，日益困難，〔……〕農民狀況日益惡劣了。〔……〕於是農奴制度崩潰。」（列寧〈民粹主義經濟內容與斯徒福（Struve）氏著書之批

評〉）。胡氏接著又說：「這是說農奴制度因商品經濟而發展，又因商品經濟而殁落。」列寧以奴隸制及農奴制歸於封建制，其實也是望文生義的辦法。這且不提，至於隨著農奴制度崩潰後而來的商業資本主義是否也以封建主義爲基礎呢？

㈢在此胡先生又引了坡克諾夫斯基的話以證明仍是封建制度：「在大彼得政策上演精神之任務者是商人階級。軍人階級是肉體，是物質力，是充實商業資本之要求的。」「但商業資本主義經濟，自然不能成立。在其中要有一種組織（system）。商業資本主義在農奴制度中看見這組織了。」（《俄國文化史概論》）在這裡，問題發生了。列寧說農奴制度因商發發達而崩潰；但坡氏卻說商業資本又建基於農奴制度上。胡先生沒有看出這個矛盾。胡先生是藉著坡氏的見解而建設其封建專制論，與列寧的意見並無關係。

㈣胡先生引列寧是證明亞細亞方式爲一種封建專制主義。但列寧的話卻並不足以證明秦漢以後爲封建專制主義，並爲亞細亞生產方式。列寧說：「只要莫斯科公國時代，有土地國有，則其經濟基礎是亞細亞生產方式。」（《列寧全集》第二版第九卷）。列寧所謂亞細亞方式，即指中國的井田制或印度的小公社而言。胡秋原說他並不主張有什麼特殊亞細亞生產方式，這當然是對的，但他卻並不主張農奴制崩潰後，商業資本亦爲封建制，亦爲土地國有，亦爲亞細亞生產方法。這個亞細亞是指某時某地的，並不是指一切時一切空的亞細亞而言。列寧又說：「領主爲其支配及權力之維持，必須在對於他的服從上結合莫大的人群，有使他們服從一定法律規則的機構，以維持領主對於隸農之權力。這實在是在俄國，在至今日農奴制所支配的完全落後的亞細亞諸國，所存在的農奴制的國

家。」但是，中國社會至秦漢，農奴制已經隨著商業資本的發達而崩潰了，並不是農奴制所支配的國家了。須知列寧所謂奴隸，所謂農奴，即指封建時代的耕戶而言。名之曰奴隸或農奴，不過是無產階級的怨恨，並不足為法，與郭沫若等人之望文生義，同一作用。所以由這段話，也不足證明秦漢以後為封建專制主義，為亞細亞生產方式。

㈤胡秋原完全本坡克諾夫斯基的見解而立論。坡氏以為商業資本不能有其特殊生產方法，它必須在農奴制上找其體系或組織；但它又與專制主義相應，所以名之曰封建專制主義。這完全是名詞的瞎湊合。試問你以農奴制代表封建是什麼意思？是指封建時代的生產工具而言呢？還是指那時代的經濟關係而言呢？是指政治制度而言呢？如果純指生產工具而言，則吾前面已經說過，社會發展到某程度，不能純以工具決定社會形態。如果指經濟關係而言，則商業發達後的經濟關係完全不同於封建時代的經濟關係。如果指政治制度而言，則封建制度早已變質而為專制主義了。這樣，坡氏所謂農奴，所謂封建，也完全是捕風捉影，不足為據的了。然則，封建專制主義還有意義嗎？如是，胡秋原的結論完全倒塌了。

㈥胡氏說：「所以，如果要應用亞細亞生產方式這名詞，那末就是指中國或印度之先資本主義制的複合方法（農村公社與封建農奴制之結合），就是指亞洲的專制主義。」可是，如果我們證明了列寧的話與胡先生的意見脫離關係，則這個結論完全無用。又說：「中國東周的封建主義，因商品經濟之分解，發生變質而為專制主義，自秦至清末，就在這一個階段。」「因此，中國現在社會是帝國主義統治下的先資本主義社會，殖民地化的專制主義社會，而這

社會的基礎剝削是封建式的榨取形態。因此中國現在社會是半殖民地化的封建專制主義社會。」可是，如果坡克諾夫斯基錯了，這個結論當然也是錯的。所以，胡先生的見解仍是封建論者的濫調。不過有一點我們同意，即他不承認現在是資本主義社會。但是，我們也不贊成他所謂「先資本主義」這個名詞。如果我們認淸中國社會是有機的發展，則即不當用「先」字、「半」字等給西洋史作奴隸的名詞。

封建專制論者開銷了，我們再略提一提循環論者。這是王禮錫先生的主張，他把秦以後這一階段，稱爲「謎的時代」。可是，他的解決法，除了提出專制主義以外，再也不見得有什麼了不起的見解；而對於專制主義與其經濟形態之出生關係及特徵，亦並未指出。他的反復或循環論是見之於他的〈中國社會形態史上兩個反復現象〉（《新中華》第一卷第五、六兩期）一文。這反復論是解答秦漢以後，這一段歷史爲什麼這樣長久不變這一問題的。這一長段歷史究竟是什麼形態，王先生的結論還未得出（也許可以走到胡秋原的結論上去），在此只批評他的停滯不變的反復論。他說：「秦廢封建，成集權專制主義後，商業資本發達。直至五胡亂華，恢復了現物交換而造成了封建之迴光。是爲第一反復，是爲秦漢專制主義之第一段。自五胡十六國的北朝至宋末爲一段，此亦爲商業資本發達時之專制主義。到遼金元之侵入，在中國形成奴隸制度的大帝國，是爲第二反復。一直至淸鴉片戰爭，是第三段。中國竟沒有走上純資本主義社會的道路。」這樣，中國之所以反復，是由於游牧民族的侵入，是野蠻征服了文明。五胡亂華是封建制度的反復，元之侵入是奴隸制度之反復。有此兩反復，所以中國的社會形態，才

會停滯而不進。在此我們要指正的是以下諸點：

㈠王先生所說的反復是現象，不是原因。

㈡所謂反復，其實就不是反復，乃實是混亂，一切暫入停頓狀態、無政府狀態。

㈢因此，五胡亂華並沒有恢復了封建制，乃只是混亂而已。戰事熾然，萬事卻步，徒有現物交換，不足以證明其為反復為封建。封建也是望文生義的想當然耳。

㈣遼金元之侵入也不能算是奴隸制之反復。奴隸制根本不能成立。名元之侵入為奴隸時代也是秦始皇築長城之類的奴隸論。

㈤混亂可以阻礙社會之進步，野蠻民族之混亂更足以阻礙社會之進步，但不能說這是反復。反復是某種制度之重新出現。五胡亂華與元之侵入實在不能說是他們在組織著什麼制度，王莽如果成功了，我們可說他是井田制的反復，此外則未之見。

㈥所以，中國之所以停滯不進，決不是由於反復，乃是由於專制主義之壓抑及大陸地理之自然封建。在這種閉關自守的亞洲天下內，在這種無為而治的專制主義下，社會的經濟生活是笨牛式的演化著。經過一次混亂，則即卻步一次，豈止五胡亂華、遼金元之侵入而已哉？近數十年來，中國社會並未見進步，混亂故耳。帝國主義之文明，雖遠勝於游牧民族；但他們並不以文明來化你，卻以商品來吸你的血。都市肉化，而鄉村破產，這並不是中國社會的進步。

㈣依然故我

1. 在本段二節之末，我曾提到現在的中國仍是商業資本主義

社會；近數十年來的混亂，並未使中國向外前進一步，趨於新形態。現在再繼續著，稍說一點。有一部分人主張現在還是封建社會。帝國主義維持中國的封建勢力，永不使其統一，此亦有然；但封建勢力不同於封建制度，我們不能以勢力當作制度，自然不能說現在仍爲封建社會。有一部分人主張現在是資本主義社會。帝國主義要扶助中國向資本主義路上走，以便銷售他們的商品，此意或然，但與結果相反。所以，帝國主義的扶助只是向奢華路上走，只是一天一天地向畸形的發展的路上走，所以中國永不能到資本主義之路，焉有關稅不自主、國家不獨立而能爲資本主義乎？焉有只消費而不生產之國家能爲資本主義乎？焉有受帝國主義之保護、扶助、離間而能成爲資本主義乎？中國不脫離次殖民地或半殖民地的地位，不能言資本主義，中國當前的急務是在統一政府，修明內政，不受一切帝國主義的離間與扶助，即便有所藉賴，亦得有個我在。關於此點，讀者可參看本誌二卷一期張君勱先生論外交政策一文。

2. 吾論中國的社會形態發展史至此止。對於以前有正確的認識，對於現在始有眞確的行動。封建制度崩潰後，商業資本主義社會完全是多方面的，並且前後也總有聯繫，藕絲不斷似的遺傳下來，不能截然分明，但是於每一時期，在政治經濟諸方面，總有其前後不同的特徵在。我們必須認識這個特徵。我們不能以那些藕絲不斷、餘音嫋嫋的殘留現象爲規定時代之標準。這即是我所以選定「商業資本主義」這個名目的所在。

3. 復次，我們必須認淸專制主義的特性：㈠它是一人之下，萬民平等；㈡有平權而無自由；㈢無爲而治，安居樂業；㈣保守性

大，進取性小，禁止的而非放任的；㈤在某種程度下，允許你的自由，但不能無限，自己不爲，也不許人家爲。必須認淸這點，始明白中國爲什麼始終停滯不進，要走資本主義的路，非打倒專制不可。可是，中國專制也推倒了，商業競爭也提倡了，民治提倡了，黨治也實現了，結果還是一塌糊塗，依然故我！這不能不說是一切提倡全是虛僞，這也不能不說近數十年來是在混亂狀態，是在內憂外患的狀態。

4. 從專制主義之推倒，本可走上資本主義之路；但混亂了數十年，機會也失去了。我們現在著手建國，當然用不著再走資本主義之路。但中國又必須走到生產的路子上去才可。所以現在的問題是怎樣造產的問題。下段再提示。

5. 復次，我們研究中國社會必須把中國社會看成是一個活的有機體，它有它自己的發展不能以西洋社會史爲標準，也不能以西洋的社會形態之名目的意義來解析中國社會。《讀書雜誌》論戰中諸君子完全犯了此弊。就是馮友蘭著《中國哲學史》也不免此弊。他不承認中國哲學有近代，這就是以人爲準的劣根性。（此意見他的《哲學史》下卷講義稿，尙未出版。）

6. 最後，本文用了以前發表過的新原則解析社會之出生長成與特變，如不迎刃而解，馬克司之經濟史觀只可當作一種方法（as a method）看，始稍有意義；若當作根本原則看或曰「社會元學」原則看，那完全不中用。此意賀麟先生常提及，其意是從經濟方面看社會可，以其爲唯一的基礎或決定因子則不可。所以本文也完全注意經濟形態之不同，凡一概念弄明白了，必有其範圍與界限；決無容視爲神秘，視爲萬能。

丁、計劃經濟時代的國家社會主義

㈠縱的衝破橫的

1. 在本段裡不想多說話，因爲這種主張與計劃在本誌第一卷諸期上已有張東蓀與張君勱兩先生的詳細論列，我這篇文章的目的在從歷史的發展上規定出我們的使命，只要我指出以往的社會非向這條路發展不可，則目的算已達到。所以現在只簡單的提出幾個特點以使前後銜接即可。

2. 數十年的混亂不是無益的，因著它，中國不走資本主義之路，因而也用不著無產革命。而唯一的出路卽是國家社會主義，以國家冠之，卽是縱的衝破橫的。現在的國家無一不以民族或國家爲單位，卽蘇俄亦莫能例外。無祖國，無國界，雖成爲無產階級之心理，但此心理亦必爲有條件的，這種心理是抵不過民族心理的；雖或在遙遠的將來許爲高明的理想世界，但現在的事實──尤其是中國的事實──不允許這種有害無益的言論出現。

3. 因爲中國未走資本主義之路，所以產業落後，當前的急務在造產，而造產又非資本主義國家的造產，乃是以國家的力量進而免去資本主義的流毒；卽是說，乃公造非私造，這就是國家社會主義的必然性。卽按之蘇俄，亦何嘗不是國家社會主義，不過他是一黨專政罷了，所以，凡產業落後的國家而不走資本主義之路的，則必然是走國家社會主義之路。中國不欲脫離次殖民地的地位則已，欲要脫離，則此爲必然之路。

㈡計劃經濟

1. 這種國家造產即是計劃經濟。中國到了這步田地，必須有一種大智慧、大計劃、大人工來改造，決不能純任其自然。這個大智慧即是建國的有機的大系統，在這個有機的系統之下，一切都有其中的一個內在因子。凡此種種，張東蓀先生在第一卷第一期中有詳細的論列，計劃經濟的形態如下：

(1)大規模的產業，非個人所能辦者，由國家經營，免去資本主義的剝削形態。

(2)在某種制度之下，承認土地私有，耕者有其田。反對一切收為國有，不然，則與封建井田制有何差別？

(3)在某種程度下，承認自由營業。

(4)取締不造產的遊離分子，此遊離分子包含流氓、僧侶、鄉紳、紈絝子弟等而言。

㈢政治系統

1. 這種經濟形態完全是一個整個的政治系統中的產物。這種政治形態不是一黨專政，但並非不承認政黨之存在。政黨與階級不同。中國的階級根本不清楚，尤其從經濟方面分化不出顯明的階級來。產業落後的中國，根本找不出階級政黨來，亦找不出階級革命來。所以現在所需要的還是一種民主政治，但不同於近代歐洲所流行的民主政治。民主政治的本性即是自由平等，但結果卻適得其反。所以現在必須免去此病。中國的現狀非需要一種整重嚴肅偉大猛進的政治系統不為功，歐美式的那種浪漫個人肉麻的風氣完全用

不著。此計劃經濟、政治系統之所由來也。詳細情形亦當參看張先生之文。

㈣革命問題

1. 現在國民黨的政治之壞是無容否認的，國家不統一也是顯然的。革命的舉動當然也不能反對，但怎樣革法倒是問題。敵對最顯然的是共產黨，共產黨在反對政府上我們並不反對；但㈠他們的革命是否就是無產階級革命？㈡他們這種革命是否能成功？這兩個疑問，我們都以否定答之，即㈠不是無產階級革命，乃不過是陳涉、吳廣之流亞耳。這種革命之發生，半由於政治不良及天災人禍為其原因，這是機會好，革命的對象並不像資本家那麼顯然。因此㈡革命就不一定能成功，即便成功也不過是政權的取得，步蘇俄的後塵，步國民黨的後塵，或甚至步劉邦、步朱元璋的後塵也都可能，而決不是革資本家的命的勞工階級專政；因為中國這種機會造出的流氓革命是很有轉變的可能的，假若機會一失，他們這種革命集團便馬上成為茫然的而消散了。所以，如果他們成了功，從好的方面說，能替國家造產，不實行資本主義，而實行國家社會主義；從壞的方面說，步國民黨的後塵，投降帝國主義，無論白色或紅色，而結果仍是混亂。

2. 須知現在的國際（蘇俄也在內）仍是爭商場的國際，而資本主義仍未到山窮水盡之時，同時，中國又是帝國主義控制下的不獨立的民族。所以**現在的急務是在求獨立的政府、健全的政府，而不在無產階級革命。無產階級革命，無論在理論上、在事實上，都是不合於中國的。**一切的運動或主張，表面上無論怎樣不同，只要

它是進步的、有爲的，在骨子裡，它總要走到國家社會主義這條路上。

3. 以上是就政治經濟方面的改造看社會的形態，這是政治經濟方面的革命，至於遺傳的或後天的不正當的思想或意識，如所謂封建意識、封建腦袋、依賴心性、浮淺誇大、失去自主等亡國現象，皆須根本剷除，而另造成一種風尙。這種風尙的革命，一方面固須政治力量之轉移，但思想上的宣傳與認識亦足成一時之風。此屬另一問題，將專文論之。

二十二年十一月十二日

原載《再生》第2卷第4、5期　1934年1月1日／2月1日

復興農村的出路何在？

一、夾攻中的出路

1. 中國的政治與經濟，現在都到了不得了的時候了。對付這個不得了的局面，有好多的主張與路線，大約可分爲四：㈠革命的路線。此派以革命的行動奪取政權，主根本推翻徹底改造，共產黨即爲此派之代表，當年之國民黨亦走此路線。㈡政黨的路線。此派以歐美式的政黨活動作選舉上之競爭以參加政權或奪取政權，此種路線比較是消極的，在現在的中國恐怕不易發生很大的影響。㈢君子的路線。此派多爲知識階級或士大夫階級，他們多到鄉村作實際的建設工作，作移風易俗的社會事業，例如定縣的平敎會，鄒平的鄉村建設，以及風起雲湧的合作社等都是。㈣政府路線。這是自上而下的一種舉動，年來甚囂塵上的統制經濟就是這種路線的表示。由此四條路線，我們可以看出不論朝野人士都注目於這種危亡的局面了。作法雖然不同，然而目標則一。可是就因爲有此紛歧的路線，所以才容易引起無謂的紛爭與犧牲，我現在很願意就現在的局勢作一種批評的研究，決定出一條比較可靠的合理的路線。

2. 現在先批評革命路線。革命這件事本來不是件經常的事情，而現在卻造成了一種不斷的革命或循環的革命。即便革命，也不必定訴諸武力、疆場相殺而後可，然而現在卻以為非用武力不足為革命。結果展轉相革，內戰頻仍。那裡是革命！簡直是爭權奪利。對人而不對事的同歸於盡的瞎吵鬧。我們怕同歸於盡，所以我們在現在的局勢之下不主張作軍事革命的行動。㈠照現在中國本身的情況而論，它沒有力量再容許你們破壞下去，這是全國一致的要求。不論你主張什麼，國家的力量到了最後一著時，總不允許你們唱「由破壞而建設」的高調子。因為此時破壞已超過其限度了，再破壞就是消滅建設的可能，斬絕建設的基礎。所謂同歸於盡，就是指此而言。㈡就革命與被革命的勢力上而論，現在的中央軍好像不是李自成時代的中央軍所可比，至少在力量上中央軍是雄厚於赤軍，操對打的勝算是有把握的。即便消滅不了赤軍，赤軍也難突圍而出。在此局面之下，為赤軍著想，最好是解甲歸田，作隱而不顯的組織民眾建設鄉村的實際工作以休養斯民，培養將來作進一步的建設事業之基礎。**這是由建設而破壞，卽建設卽破壞的策略。**如果硬著頭皮死拼下去，則唯有同歸於盡，徒苦斯民而已。社會主義的目的恐怕一變而為資本主義的宰割，亡國而後要想再作復國運動，那就更難上加難了。不要認為這是危言，試問中國有幾個東四省？㈢就各帝國主義而論，他們為商場起見，他們不允許你長此混亂，他們雖然不允許中國成一個在政治經濟上完全獨立的國家，但是他也不允許我們成一個無政府的混亂國家。其所以如此，目的就在使中國永遠成一個次殖民地的國家。唯其如此，所以紅軍才不容易出頭露面。你罵他帝國主義也好，你罵中國的軍閥與他勾結也好；但

是事實總是如此。如果我們不肯認清這件事實而永遠作相持不下的混亂，作循環不息的革命，則明末時代的滿清是會進來收拾殘局的。「殷鑒不遠，其在夏后之世。」革命衝動的志士，最好是醒悟一點吧！

3. 由上述三方面來論，無論是從內看，還是從外看，循環革命的路線都足以使中國同歸於盡，因此我們在現在不主張亂嚷一氣，作無理性的衝動行動。須知這種革命主義的行動，實在就是揭竿而起替天行道的心理在那裡作祟。揭竿而起在當時未始無其揭竿而起的原因；但是他起來了以後，他又種下了下次揭竿而起的種子了。揭竿而起的時候就是胡鬧混戰的時候，各人心目中都是天子，都是替天行道，都以為非我不成，於是亂殺一氣，殺到最後，剩下了誰，誰就是天子。到了這時，筋疲力盡，於是與民休息的無為政治便出現了。我常想中國這個民族從來沒有有為過，有為的時候是胡鬧的時候，無為的時候是疲倦的時候。胡鬧疲倦，倦醒了再胡鬧，這就是中國的政治史。這就是替天行道的表現史。一直到現在的革命主義還是在作繼續這個鍊子的夢，國民黨當年是如此，現在的共產黨還是如此。須知人之好為天子，人之好替天行道，誰不如我？照此下去，不混戰胡鬧而何？胡鬧而後，不疲倦而何？我們為打斷這個胡鬧疲倦的因果鍊子，所以必須反對革命主義。須知這種革命主義還是一種野蠻行動，中國不能成為現代式國家就是為此。革命主義與人才主義正相反。只要能革命能胡鬧就是好傢伙，什麼知識、道德、學問都是無用的東西，都是資產階級的把戲，都當該打倒。然而蘇俄到了建設的時候，也知引用專門人才。似這等前後矛盾、出乎爾反乎爾的行動，就是十足的野蠻行動。所以這種

革命主義實在是要不得的東西。天下事那有這麼容易、這麼簡單，以為非我幹不可？國民黨就是當年革命主義混戰時剩下來的天子，我們現在因為怕同歸於盡，所以暫且讓他一步，我們不主張直接的軍事革命行動。我們要播下即建設即破壞的種子，我們要打斷胡鬧疲倦的因果鍊子，我們要組織現代式的國家，區區不顧一切而爭一時之短長，實非智者之所為。

4. 革命主義的行動我們既不贊成，歐美政黨式的行動我們也不贊成，因為這種行動是有組織有基礎的國家裡面所有的現象。中國現在就根本不成為一個國家；既然不成為一個國家，則歐美式的政黨只是以小人作君子，單成了粉飾太平的東西，於內部的組織與健康毫無補益；所以這種浮面的行動我們也不贊同。這種行動既不贊成，但是那種君子式的無所謂的行動，雖然入了內部作健康的補救，但我們也認為不能有什麼積極的效果的。可是，我們承認他們的方向是對的，因為他們能實際到鄉村作即建設即破壞的工作。現在所成為問題的是在他們是否能作積極的行動。我所謂積極有兩種含義：㈠有一貫的大聯絡；㈡有一貫的自覺政策（政治主張與經濟主張），這兩者之中尤以後者為最重要。因為有了後者才容易聯絡，不然則所謂聯絡只是社交的門面話，其效力是非常之式微的。我們看現在作鄉村運動的大半是缺乏這種足以成為積極的因素，因為缺乏這種東西，所以其行動的動機還是窮則獨善其身，在莫可奈何的情況之下作一點人生天職的事業。這種事業是發於不忍之心的慈善家的事業，因為是慈善的事業，所以所作的事情都是那種遲緩迂闊到萬分，然而卻在某種意義上說來，又是百年大計的根本辦法。這種百年大計的根本辦法就是教育救國論。然而在我們看來，

這種百年大計根本則根本矣，其如無限年不能奏效何！這種工作只能在天下太平時為滋養的預備事業，於處變則不足。所以這種路線到底是君子路線，其本身之精神雖可佩，然而其效果則微。

5. 要想使這種運動成為積極的，則必須把那種足以成為積極的因素加上去才可，近來主持定縣平教會的晏陽初先生以及主持鄒平鄉村建設的梁漱溟先生都有見及此。晏先生提出聯合的主張，梁先生提出路向的認定的問題。這都是百尺竿頭進一步的表示，可是這種表示也只是表示而已。晏先生在〈農村運動的使命及其實現的方法與步驟〉一文裡曾說：「中國的農村運動，要實現『民族再造』的使命，其方法非從『實驗的改造民族生活的教育』下手不可」，而這種教育「其目的不光在增加生產，而要在輸入科學知識，造成科學頭腦，啟發人類可以贊化天地，征服自然，人定勝天的觀念。這正是在改良實際生活的實驗中，培養民族的新生命，振拔民族新人格。又如在農村裡提倡辦合作社，其目的不僅在增加農民的收入，而要在養成他們的合作精神、合作習慣、合作技能，以促成民族的新組織新團結。」（參看《民間》第1卷第11期原文）。這種使命與「實驗的改造民族生活的教育」的方法都是十足的君子氣，其使命其方法是如此，那末其所謂聯合當然也是向這種使命與方法去聯合的。他們藉著什麼東西來作聯合的方法，來作分工合作的線索呢？據晏先生的意見是：1.研究實驗；2.訓練人才；3.表證推廣。這種聯合的方法當然沒有什麼不可的地方。只是在這種使命與教育方法之下的農村工作的大聯合，實在也只是聯合而已，於國家社會必不能作一有力的推進。定縣諸君十年如一日的吃苦掙扎，結果還是免不了定縣農村的日趨破產。這種破產的情形可

參看《民間半月刊》第1期及第7期李景漢先生的〈定縣農村經濟現狀〉及〈定縣人民出外謀生的調查〉兩文，便可明白。我們固然不能以農村破產與否爲一種運動成敗之估定，但是這種農村破產卻能證明教育救國論毫不能影響或改變其環境之惡劣，並也不能阻止這種惡劣環境的固有演變，如定縣之農村破產。所以，農村破產就足以證明教育運動在推動或影響國家社會上是沒有實際效力的。其所以沒有效力就在他所定的使命與方法是沒有效力的。所以他的聯合也是沒有效力的；換言之，就是他走的路是沒有效力的一條君子路線。所以如果要想有效力，則君子路向必須稍微改變一點。

6. 說到路向問題，則梁漱溟先生的路向的認定問題便發生了。梁先生說：「鄉村建設是要建設到那裡去呢？或：鄉村建設是要建設什麼樣的社會？古人說得好：『作始也簡，將畢也鉅』；『差之毫厘，謬以千里』。若非先認定方針，端其趨向，是一步亦不好隨便走的。我們今日正值一社會改造時代，不獨民族歷史固有文化，數千年相傳至此，將有一大轉變；即新興的西洋近代文明，恐怕亦要改造。今日直可說是人類歷史的一個大轉變期，世界到處都鬧著社會改造問題，許多歧路擺在面前，問我們走那一條。我們隨手拈舉一個例來說罷：鄉村建設對於工業持何態度？還是想保持淳樸恬靜的農業社會呢？還是引進現代的工業文明？若肯定要發達工業又走那條路呢？自由競爭嗎？統制經濟嗎？抑或其他？不看清了路向，怎麼舉步呢？」（參看《民間半月刊》第1卷第11期〈鄉村建設幾個當前的問題〉一文）。梁先生這段說得眞是好極了。這眞是要供一個運動發生力量的必須疑問。對於這幾個疑問，梁先生雖說「我不想在這篇文裡作答」，然而於這一段話中已含有一種政

治制度與經濟制度的追求與憧憬了。鄉村建設運動必須在政治制度與經濟制度的追求下始能發生力量，鄉村建設運動必須在一貫的政治制度與經濟制度的確定下始能發生實際的有效的聯絡。然而，現在的鄉村運動卻還沒有作到這一步，梁先生的疑問只是一個萌芽的疑問，只是一個肇端的啟示。定縣始終如一還是以平民教育為出發點，而鄒平則已有整個的實驗縣為其運用與支配，走他政教合一而最後仍歸於平民教育的路，這即是他們的殊途同歸，而為君子路線所必有的結果。在這種情形之下，梁先生的疑問若不作一個自覺的確定並將其確定作一有效的推動，則鄒平非步定縣的後塵不可。定縣的平教會不能阻止惡劣環境的固有演變，鄒平的鄉村建設也不能使鄒平不破其所應破的產，環境一變，他們是乾瞪兩眼沒有辦法的。晏先生說：「國家日日都在危急存亡之秋，國人未嘗不忙，忙學東洋，忙學西洋，忙辦這樣，忙辦那樣，結果怎樣？沒有把根本問題認清，瞎忙了幾十年，又來了一個九一八的大禍，依然是坐以待斃，束手無策。就是九一八事變，到現在也已經三年了，在這三年當中又忙了些甚忙？我看照這樣抓不著命脈，咬不定牙根，無遠大的計劃，無持久的耐力，只是一味的瞎忙下去，再過幾十年，恐怕根本就用不著你忙了。」（見〈農村運動的使命及其實現的方法與步驟〉一文）。可不是！這段話正好用以自警。若再沒有積極的認定，似這樣迂闊遲緩的百年大計，恐怕不用十年，根本就用不著我們來忙實驗了。這即表示要作鄉村運動，非確定積極的行動政策不可。確定了以後，則你從教育出發也好，從政治出發也好，從經濟出發也好，都可以得到如身使臂，如臂使手的大聯絡。不然，則所謂聯絡只是友誼上的聯歡，沒有什麼大效果的。

7. 關於確定積極行動政策這個問題，梁先生又有三點意思告訴我們，他說：「㈠關於方針路向的認定，請千萬不要逞主觀的理想，哲學的議論。因為這不是儘著我們主觀一面選擇那條路，就可以走那條路的。我們如果提出一種主張，不但要合於理想要求，更要緊的是有其客觀事實的可能。任何一件事能行不能行，都為其相關係的許多條件所規定：其相關係的各條件自又各有其相關係者在。如是，參伍錯綜，關係重複而複雜，使其可能的路愈窄，祇有我們不注意其關係的各方面，或不熟悉不週知其關係的時候，我們才看得東亦可西亦可，海闊天空，任我們走。其實是沒有這麼多的可能的。周圍形勢所在，早已隱然限定只有一條路。所以我們要是從客觀可能的機會裡實現主觀要求，所採取的方針即是將展開的前途。那麼客觀事實的分析，歷史演變的觀察，就是頂要用心的所在了。㈡鄉村建設有無可能，誠然是嚴重的問題，然天下事常是轉變不定的，逼促地只看眼前這一段，每不免為一時情勢所蔽。要遠從過去推測未來，才能看得通。那麼，仍舊是要在客觀事實歷史演變上用心。㈢總而言之，是要有遠識定見看清前途才行。今日鄉村發達所以喧騰各處，雖大半為鄉村破壞日重日急所刺激起來的。然若就以「救濟鄉村」、「復興農村」為心，那便局促短淺，陷於兩種結果：一、太偏乎應付眼前問題，沒有根本方針以事遠大企圖；眼前問題既不會應付得了，更將走錯了路，失了遠大企圖。二、繫心於眼前之得失成敗，容易短氣喪氣，失望絕望而幹不下去。老實說罷，當茲人類社會大改造時代，問題已問到深處，則計劃就要計算到遠處，有企圖便是大企圖，沒有什麼「救濟」可言，沒有什麼「復興」可言；說救濟，說復興便是錯的，今日鄉村已是救濟不

了。我們現在所向前走的一步一步，其意義原不在當前而在未來。
這未來不是空希望，而是看得見拿得穩的前途。」（〈鄉村建設幾
個當前的問題〉）。我覺得這三點意思是很重要的。每個有志的青
年都當在腦裡玩味一下，這三點意思，其實就是按照客觀的事實決
定一條有遠大企圖的唯一可能的路向。現在是社會大改造的時代，
救濟、復興，那是政府的門面話，根本沒有興過，何用復興？何用
救濟？所以鄉村運動決不可成為「局促短淺」，眼前問題的應付，
要有「根本方針」，「遠大企圖」。這種「遠大企圖」就是積極政
策的行動，就是有政治制度與經濟行動。**這種鄉村運動就是政治運
動化的鄉村運動**。我們很希望梁先生早早認定大企圖的路向，並本
這個路向作推廣活動，作聯絡活動。我們現在認定政治運動化的鄉
村運動就是現在中國客觀事實所隱然限定的唯一可能的路，我們很
希望定縣也能作到這樣的自覺與認定，不要死守著那條「實驗的改
造民族生活的教育」的路向。如果作到了這一步，則鄉村運動便不
算得是盲然，而政治運動也不能算得是空洞。如果這兩種運動不能
結合在一起，則兩種運動都變成了局促短淺。結果小問題應付不
了，而社會的大改造也歸成泡影。所以，我們現在願本這兩種運動
的結合為自覺的目標，去作鄉村運動，去作大的聯結，與大的推
廣。這是我們所要喚醒國人的，這也是我們所要使一切作農村運動
的團體極力注意的。

8. 運動路向既經確定，則甚囂塵上的統制經濟之政府路線不
過是東施效顰的出醜路線而已：㈠效法各國資本主義之所為；㈡權
力欲之發達；㈢各省經濟割據之形成；㈣局促短淺的眼前應付。這
四種含義就是眼前統制經濟的表現在各先進資本主義的國家，有物

可統，起了恐慌，便來統制。中國根本無物可統，則所謂統制經濟不是東施出醜而何？所以，所謂統制經濟只是隨波逐流，投投時好，於國家社會之根本改造沒有什麼關係的。我們現在作政治運動化的鄉村運動有兩種使命：㈠替政府作社會之大改造；㈡抽革命主義釜底之薪。這兩種使命合起來，即是即建設即破壞的策略。

二、農村運動的方式㈠

1. 即建設即破壞的農村運動，即是組織農民的運動。組織農民的資具，最具體而有效的莫若從經濟方面著手。換言之，即是從經濟關係來組織農民，聯絡農民，比較是有效果的。經濟組織是其他方面的托命線。從經濟方面聯結再擴展到文化方面的聯結，如教育等，若只從教育文化方面的宣傳來聯絡農民，則農民本身是不容易組織起來的。我們的目的是要藉著農民運動以組織農民而達到建國改造社會的企圖，並不是傳教式的來灌輸知識宣布精神。你說中國人窮，但生計教育決不足以醫治窮。你說中國人愚，但知識階級的聰明卻只能作壞不能作好，其實農民並不一定就是愚，他心裡是雪亮，只是沒有力量來反抗，不會用文字來表達。你說中國人弱，其實農民的身體也夠強壯的了，弱只是文人的現象並不是農民的現象。你說中國人私，然公的思想決不能在教育上可以養成的，我們讀的書，受的教育，那一句話不是教我們作好，作聖賢，作偉人，作有道德的人，結果怎樣？越受教育的人越是自私的人，然則以公的精神來教育農民是並不能去掉他們的私的。所以，窮、私、愚、弱是不能以教育能改正的。這種辦法只是道學家的教訓，聽了這個

教訓，在當時未始不怦然心動，但時過境遷，仍是依然故我。所以我們認為現在的農村運動必須改個面目，決不可只從教訓式的教育方面來聯絡，我們當從經濟關係方面來組織他們。這是我們作農民運動者所當時時自覺的一點。我們記得了這一點，則出發點是可以很多的。從教育方面作下手的工具也可以，從經濟方面下手也可以，從政治方面也可以，出發點雖然很多，但必須都要作到都足以使「建設國家改造社會成為可能」的堅強才行。作到這種堅強組織的方法就是從經濟的聯結到文化的宣傳，文化的宣傳就是梁先生所謂大計畫大企圖的認定，也就是我們所謂政治制度、經濟制度的認定。經濟的聯結就是實現我們的認定的工具。

2. 經濟的聯結其方式可分為四：㈠藉金融的流通；㈡藉商品的流通；㈢藉農業的生產；㈣藉手工業的生產。現在我們先討論第一方式。中國現在的經濟狀況，都市也恐慌，鄉村也恐慌，在農工商業的凋敝之下，惟有一種事業不恐慌。這種事業就是都市的銀行界，其所以不恐慌就是因為農村恐慌，凡稍有資產的人都攜其資產而集中於都市，承受他們資產的便是銀行。近來銀行特別充實，所謂游資集中都市者就是指此而言。然而，須知銀行界的金融繁榮是必建基於農工商各實業之上的。農工商各實業不繁榮，而只是都市的金融繁榮，則這種繁榮必只是臃腫凝固的繁榮，結果金融而不融，只成了些死板板的貨幣，專為消費帝國主義國家的商品而用了。銀行界是很明白這種危險的，所以近幾個月來，投資農村的聲浪傳遍全國，銀行界大肆活動。活動的總目的，就是把由農村而集中於都市的游資再使其歸還於農村，以為繁榮農業之具。這種辦法就叫做藉金融的流通以復興農村，但在我們也可以藉這種金融的流

通以組織農民。

3. 我現在且把銀行界投資農村的運動過程，按報章上的材料略述於下：㈠上海《時事新報》本年三月二十四日載：「我國近年內地紛亂，農村已呈破壞狀態，內地現金，已漸向上海移動。此項傾向，已極顯著，京滬、滬杭甬兩路，尤爲運輸現金出入之樞紐。依據兩路運入上海或由上海運出之統計數字已極顯明。申時社記者茲據中國銀行張肖梅博士之調查，詳誌如下：(1)運入現銀數：內地現銀，經由京滬、滬杭甬兩路自十八年起，運入上海數字，計十八年九六，六三七，二八五元，十九年九三，八一八，四四一元，二十年九三，五八一，二八〇元，念一年四三，七七二，六一四元，念二年三〇，六六七，三三二元，念三年一月爲一，八九一，二〇〇元。(2)運出現銀數：本埠現銀經由滬杭、京滬兩路，自十八年起，運往內地數字，計十八年一一一，〇〇九，三五一元，十九年八四，四三八，三九五元，二十年八六，四二六，五五九元，念一年四，四六八，五六五元，念二年一六，〇三六，五〇〇元，念三年一月爲一，八九一，二〇〇元。(3)輸出入比較：依據上項數字，可以明瞭十八年前現銀由上海運赴內地，較運入滬市者爲多，十九、二十兩年，運出運入數目約略相等，但已有運入多於運出之傾向，至念一年運入數字，驟然增高至一倍以上。自去年十月以後，直至最近，內地現銀已空，運出運入，又呈平衡狀態，但數字較前大爲銳減云。」㈡《時事新報》本年一月一號載：「農村經濟破產，現金集中都市，京滬、滬杭甬兩路沿線，素稱富庶，上月份有大量現銀運來上海，而上海運至各地者，則只及七分之一。茲將三月份兩路運輸現銀統計如下：(1)各地運滬，自各地運至上海者，計

蘇州六萬二千五百元，無錫三千八百元，南京一百十三萬七千八百元，嘉興五千元，硤石一萬元，杭州二十萬八千三百元，總計一百四十二萬七千四百元。⑵本市運出，自上海運往各地者，計蘇州九萬一千五百元，無錫一千元，鎮江二千元，南京十七萬另七百元，松江五千元，杭州六千六百元，總計二十七萬六千八百元，較各地運入減少一百十五萬另六百元，約成五與一之比例云。」㈢《時事新報》本年六月十八日載：「中國銀行總經理張公權氏，年來以地方不寧，農村疲憊，頗注意內地實際經濟概況，前曾漫遊隴海路，西上長安，轉赴太原一帶視察，最近復由長江上溯巴蜀，考察歸來後，觀感頗多，覺今日農村破產，金融遲鈍。然主持政務之要人，能具改革救濟之決心，再得金融界實際之助力供給資本，增加人民生產力，則農村已往之繁榮，未始無恢復之希望。〔……〕申時社記者特探誌最近農民困苦情形，與銀行界救濟方案之不容或緩等詳情於次：⑴農產輸出減退：本市第一季國際貿易情形，輸出入數字，均較去年減退，足徵農村破產，益趨尖銳化。（甲）穀及產品，本年第一季輸出，平均指數爲二〇，六六，較去年同季之五三，四一竟減退逾半數，（乙）種子及餅類之指數，全季平均指數爲一二，八一，較去年同季之二一，三〇亦減退近半，（丙）豆及產品類之指數，爲一，二七，較去年同季之一，六九，亦見減退，（丁）茶葉類之指數爲四七，三七，較去年同季之六〇，五八，亦減退五分之一，（戊）烟葉類之指數爲一二六，〇一，較去年同季之一四七，八八，仍形遜色，（己）棉花類之指數爲四二，二〇，較去年同季之八〇，九三，亦減退近半，（庚）絲類指數爲二一，四五，較去年同季之三八，七二，亦減退三分之一以上，（申）蛋

及蛋產品類指數，為二九，二一，較去年同季之三五，五一，亦有
顯著之退步。(2)農產物價低落：貿易輸出，既逐步減退，國內農產
價格之低落，亦屬自然之結果，茲假定民十九年之農產物躉售物價
指數為一○○，去年各月平均指數五穀類降低至五四，七三，紡織
原料類降低至七九，五八，豆及子仁類降低至五七，五六，茶葉類
降低至八五，三七，畜產須降低至九五，九七，至今年各月指數，
亦無起色，但亦無急烈之下降，蓋物價已至不能再行減退之程度
矣。(3)現銀集中滬市：農產品貿易衰落，價格下降，農村不景氣之
現象，日形深刻。內地存銀以無穩固事業可做，放款亦等於虛擲，
於是有餘資之團體或私人，均集中滬市以謀安全。如中國銀行存款
已達四萬萬以上，交通銀行亦近二萬萬，上海銀行商業部與儲蓄
部，共計存款亦達一萬萬八千萬左右，四行儲蓄一萬萬以上，大陸
銀行八千餘萬，金城銀行約六千餘萬元，此外各行在一千萬以上者
尚有數家，據交通銀行某君語申時社記者稱，現全國各銀行存款約
達二十萬萬元，能有可靠放款押貸放與工商各業之現金，不過二十
分之八九而已，游資至少當在半數以上云。(4)銀界集議救濟：農村
如此瘦損，都市竟如此肥滿，此種畸形發展，原為社會上一種病
態，非急謀救濟，勢必兩敗俱傷，但救濟農村原非銀行界之責任，
如政府確有救濟辦法，社會盡其專長之技能，銀行界亦願供給資
金，以助其成。現張公權氏鑒於救濟農村之不容緩，正擬召集金融
界巨頭作詳細會議，俾與政府合作進行。預定將來之貸款種類如生
產、運銷、押款、信用放款，均須多角進行，其貸款地域，或不限
於蘇浙一帶，將擴大至西北西南及四川華北一帶，為謀雄厚力量起
見，除各行自行分別舉辦者外，或將集中銀界財力共同進行，以免

除競爭舊習，獲一致團結進行，務使數年來向滬市集中之現金，仍使之向農村移動，俾金融流通於農村，而都市亦可回復健康而得其益，共慶生存云。」㈣《時事新報》本年三月二十二日載：「據今日（二十日）各報載中國銀行經濟研究處發表上海銀行業，現共存現銀五億六千萬，這是照調查所得，未調查到的，和有拒絕調查的，更是不可勝數，其數目表內當不曾列進去。就照五億六千萬來說吧，這確是一個大的數目，我們知道，上海的現銀存得多，就證明農村經濟的不隱定，越存得多越不隱定，昨日來自江蘇江北鄉村的人說，現農村的經濟窘迫到到萬分，肥料須即予購買，因為麥已被溫暖的空氣催動，迅速地向上直長；但是要借幾塊錢購肥料，都沒辦法，甚至為借一元大洋，也要東跑西，西跑東的跑幾個莊子，植物完全靠的肥料，沒有肥料，當然是收成大減，就是麥子也是瘦瘠的，這是不是全體都是空的呢？據我所知道的，少數的富農，餘金的確不少；但因怕放出收不回，緊抱一種關門政策，只進不出，只將欠出去的，以現金收回，未借的停借，於是弄得一般窮農走投無路〔……〕蔣委員長在江西剿赤匪，關於後方製造匪的現象，一定要設法使其消滅。這是誰的責任？無疑的是我們握有巨額存款在手的銀行家的責任。」㈤《時事新報》本年五月十五日載：「近來各銀行對於救濟農村頗為注意，擬有詳細計劃，且有數家已實行，記者於昨晨往訪銀行界領袖錢新之氏，據錢氏云：欲使農村經濟安定，農民生活不起恐慌，首須提高農民智識，最好能普設合作社，使彼等有機會聚集，智識稍具則一切科學化農具都會使用。至如銀行界如何與農民打成一片，則胥賴有耐勞忍苦之人材赴鄉間去，與農民同甘苦，共生活，然後能明瞭農村確實之情況，而設法加以救

濟，故本市各銀行如中國、交通、上海等，均正在積極訓練此輩人材。」㈥上海《申報》本年五月十九日載：「中央社云前日各報刊載，本市銀行界集中力量於公債營業等云云。昨據本埠銀行界某鉅子向中央社記者聲明，此種記載，完全不確。且加以申述云：本埠銀行界營業狀況，向以地產投資及公債經營爲大宗營業，但年來已逐漸變移。蓋各銀行當局鑒於各地百業不振，農村衰落，故於一年來已將經營地產公債之資，從事於各廠商及各鄉區之借貸，一年來各銀行對各地棉紗、麵粉、茶絲等各商家放款之數量已較前大增，而各銀行分向蘇、浙、皖、豫等省，設立農民借貸所，從事於農村借貸成績，亦日見增加。本埠銀行界已具有相當金融力量，一方面謀本身營業之發展，同時一方面顧到農村金融之衰落，急待救濟，蓋從事於農村經濟救濟，即爲銀行本身前途之發展云。」㈦上海《申報》本年六月九日載：「據林康侯氏談，民國以還，國內天災人禍無時或息，致農村不振，經濟衰落，一般富戶，不堪騷擾，相率避難滬濱，於是農村更至不堪收拾，而滬市則日趨繁華。此種畸形之發展，前途實至堪慮。蓋金錢者血，滬市如頭腦，內地如四肢。四肢之血，盡入頭腦，則四肢殭矣。而頭腦中則亦將因血多而患腦充血，試如上述情形，而無補救辦法，則國家前途殆矣。目前本市銀行界，已稍有覺悟，故一部分銀行經理，已將轉其目光，投資於農村，藉圖恢復農村經濟，最近投資情形，則有西北建設之投資；西南方面，亦已派員接洽，大約不久當可成議。四川方面接洽已妥，江蘇內地現已遍設分行，而便農村之借款。他如江北、徐州等處，現亦已遍及，江西方面則有官辦之四省農民銀行，以調劑四省金融。至新疆、西藏等處，則將待之第二。」

3. 以上是述敘銀行界救濟農村之大概情形。其動機與熱情固足以蓬勃一世，然其具體的救濟方法是什麼呢？總名不外貸款機關是已。《時事新報》本年三月二十五日載：「上海銀行農業貸款部，現進行中之工作，計為運銷合作、農業倉庫、信用合作、農民抵押貸款所、及合辦事業等五種。（甲）運銷合作部分，照規定計畫，已成立七處：㈠湖南津市；㈡陝西涇陽、高陵；㈢江蘇東台；㈣江蘇江浦；㈤江蘇蕭縣；㈥浙江餘姚；㈦安徽和縣；均已有顯著之成效。（乙）信用合作部分。該行現在各地成立信用合作社之分布，計江蘇六十社，浙江七社，安徽三十一社。其農村信用合作社之辦理皆與當地社教機關，鄉村小學，或各地實驗區，合力推行，俾各鄉村改進機關施行之生產教育，因得經濟上之援助，得以推進。（丙）農業倉庫，屬於該行自辦者：㈠江陰之青暘，㈡蘇州之唯亭，㈢江寧之湖熟。其合作社營之倉庫範圍較大者，為浙省吳興之潘店村、平湖之清溪、蘇州之華興、南京之湯山等數十處。按農村倉庫之功能，以我國農民經濟窘迫，新穀登場，即須出售，故物價因大量之供給而低落，市儈多乘機壟斷致利，農村倉庫之舉辦，農民可以低利押借用款，而免貶價出售農產品。（丁）合作雖為輔助農村之根本要圖，然現時吾國教育尚未普及，農民之知識低下，鄉間之良好組織，殊不易多得，若於最短期間，欲求合作社之普遍，除辦理合作社外，該行擬辦類似典當式之農民抵押借貸所，除押農產物外，可當押衣物、首飾、用具，使農民於需要時，可隨時以低利抵借小款。現在江寧湖熟，及東台裕豐村，已進行試辦。將來擬逐漸推廣。（戊）該行農業合作貸款部，已放出之款項，計㈠運銷用款四十二萬八千六百四十二元；㈡信用放款三十萬六千四百

三十二元；㈢倉庫用款二十八萬七千五百二十一元；共計一百零二萬二千五百九十六元。所放各款，除未到期之款外，皆能如期收回，借款之農民，達一萬一千餘戶。（己）該行昨發表，對於農村貸款，因得過去一年間之實地經驗，已獲相當效果，故於本年擬定發展新計劃，擴大範圍，積極推行。棉花運銷合作社，將由現在之七社，擴充至二十五社，包括棉地十八萬畝。信用合作社，除在江浙皖舊有之八十九社外，擬增加一百社。農業倉庫，亦擬酌量情形，計劃擴充，以期更普遍之擴張云。」此外如各省之農民銀行或農業銀行辦理貸款事業，亦多仿此。《中央日報》本年十月二十一日載蘇省農民銀行辦理各縣農業倉庫儲押等事甚有成績，實情如此：「該行（指蘇省農民銀行而言）自成立以來，除以低利貸款於農民為生產上必要之資金外，當盡力從事於農業倉庫儲押，實為救濟農村重要政策之一。現該行自辦及委託代辦之儲押倉庫計九十七處，其中農行自辦倉庫計有三十九處，委託當地機關代辦計有三十四處，由合作社或農民教育館代辦者有二十四處，分設於常州、無錫、蘇州、崑山、丹陽、江陰、常熟、吳江、嘉定、青浦、徐州、鹽城、如皋、金壇、溧陽、宜興等二十餘縣，專司該縣附近農產品之儲押，以調節農產價格而利農村金融之周轉。農行各分行，自辦及委託代辦之儲押倉庫，依據二十三年六月底統計，儲押各種農產品之價量，計達三十萬元。儲押總值至六月底止，餘額為一百四十六萬七千六百一十九元。當此農村經濟破產，金融周轉不靈之時，得此巨額資金，分散於各縣。農村雖未能一舉而使農村經濟於復興繁榮之境，但農村間之金融活動，確已遠勝疇昔，且儲押事業，各商務銀行亦多有舉辦者。將來擴充各縣，全省遍設，則農村金融周

轉靈活，其直接間接，裨益於國民經濟者至鉅，又豈僅農民受益
也。〔……〕該行對於蘇省所屬各縣農產，無不盡量儲押，統計該
行各倉庫現所儲押之農產品，以米穀為多，豆麥、豆餅、棉花次
之。以本年六月底止之儲押，米麥、棉花、雜糧等約二十八萬餘
石，絲約八萬二千四百餘兩，布疋約二萬四千疋。〔……〕現該行
除盡力擴充改良已有之各縣倉庫外，決繼續增設，以謀推廣，並受
各縣農業倉庫管理委員會之委託代為辦理儲押事務，及運銷業務，
在本年內預計增儲稻穀等百萬擔，約計三百萬元，在救濟整個農村
經濟上言，其效亦未宏大。然較上年情形，當可增加不少效果。該
行本年增設倉庫計一百一十八處，分設鎮江等三十二縣。內分㈠現
已開始辦理儲押者，㈡已建築者，㈢由該行委託辦理儲押者，㈣縣
倉庫辦理儲押由農民放款云云」。此外，如閩省亦籌備農民銀行救
濟農村，郵政儲匯局亦多設農民貸款機關。

　　4. 由以上的情形，可見銀行界是急於找出路的，並也可見其
找出路之辦法，農村之枯窘與銀行之膨脹，若不相應，勢必同歸於
盡。所以農村渴望血之灌輸，而銀行亦欲找血之安放地，安放之方
式，上海銀行農業貸款部，差不多應有盡有，馬寅初先生曾歸納為
六種方式，今且簡引於下：㈠自設機關：茲以中國銀行為例，二十
二年度中國銀行就地方秩序比較安定，交通比較便利，物產聚散中
心，添設分支行四十四處，連舊有機關一百八十一處。㈡設立農民
銀行以便貸放農民款項：例如江蘇所辦之農民銀行。㈢辦理跟單押
匯：凡鐵路通行之地皆可辦理。例如內地棉花合作社售與上海商人
棉花若干包。照普通辦法，其貨價須待棉花送到上海後方可收取，
於合作社諸多不便，倘係個人農民不便尤甚。今銀行用跟單押匯辦

法，自合作社將棉花送到濟南裝上火車後，合作社可對上海商人發一匯票，連同火車提單及保險單等向濟南銀行貼現，銀行可以收受匯票及附屬票據，對合作社先行墊付價款，以後上海之事，合作社可以不必再問，概由銀行處理，銀行以提單等爲擔保，上海商人交款後，始准提貨，其匯票跟提單走，故稱跟單押匯。㈣收買內地期票：其目的蓋在使上海游資重入內地，內地金融藉以舒展，原來上海客商往內地採辦原料，旣不攜帶現款，亦非先將款借匯往內地，故客商在內地購定貨物以後，向係出立各大商埠兌現之期票，給付賣者以代現款。內地售貨者持此期票可向就地錢莊貼現。錢莊則將所收期票或賣於滬上銀行之內地分支行，或寄往上海代理店由代理店向期票付款人收款，此爲上海資金流入內地最普通之途徑。現在內地錢莊相率倒閉，此項期票無處貼現。售貨者或以能力薄弱，或以運現爲難，均不願踴躍收受，而上海客商欲往內地採辦原料亦感困難，於是上海資金流入內地之途徑爲之堵塞。滬上某大銀行有鑒於此，乃令內地分支行盡量收買此種期票以圖恢復原狀，使上海商家往內地採貨時仍可照常開出期票，內地商人可以照常就地兌取現款，如此上海資金仍可源源流入內地矣。㈤銀行委託內地著名商舖代爲收放款項：如浙江七十五縣，各縣鄉鎮皆有著名之商號爲當地農民所信仰者，對於當地情形亦甚熟習，銀行辦事處不能遍設，則可就此等商號約定代爲放款，予以相當之手續費可矣。㈥組織信用合作社：農民個人向銀行借款，因數額過少，銀行對於農民信用又不熟習至爲不便，倘農民組織信用合作社爲媒介紹機關，由合作社先向銀行借入較大款項，然後轉借與農民，農民對合作社負責，合作社對銀行負責，逐級收放，簡而易行矣。（參看《銀行週報》18

卷29期，〈如何使上海游資及外國餘資流入內地以為復興農村準
備〉一文）。

　　5. 以上六種方式中，前五種只是銀行方面的流通方式。唯第
六種即合作社才能算是農民中的團體組織。合作社的組織按照上邊
引《時事新報》記載上海銀行農業貸款的辦法分為五種：㈠運銷合
作，㈡信用合作，㈢農業倉庫，㈣農民抵押借貸所，㈤合辦事業，
此項合辦事業為上海銀行與北平華洋義賑會所合辦，所辦理者亦為
農業貸款事業，其辦法由上海銀行貸予資金，再由賑會貸予農民，
此點在前邊《時事新報》的記文中並無解說，故補誌於此。此種合
作社的組織才是聯結農民的機會，金融是血，現在農村患貧血症，
都市患腦充血，我們必須聯結銀行界，並使銀行界互相聯結，以使
集中於腦中之血散布於四肢，我們就藉這種散布的機會以組織農
民，在四肢血到之處必使各細胞成一種鮮紅自覺的有力組織。各自
覺的有力組織之大聯合便是整個身體之再造，便是新精神出現之基
礎，改造社會，建設國家必於此始。

三、農村運動的方式㈡

　　1. 我們再繼續著討論藉商品的流通以組織農民這個方式。所
謂商品流通，即是商品販賣或運銷之意。藉商品流通以組織農民，
最顯然的表示就是現在風起雲湧的運銷合作社之組織。合作就是組
織的基礎。在一般資本主義社會裡，合作也是有的；但他們的合
作，其意義是純經濟的，即是說，目的在營利，或者我們可以說，
一切的合作都是期望著成為托拉斯的。合作的目的是在對抗某某，

消滅某某，而實行自己的經濟獨佔。中國的合作社之組織，其動機也是純經濟的，其發生雖然由於援助貧農，抵抗壟斷，消滅奸商於中取利，但除此而外，也並沒有其他用意。在中國的合作是出發於消極的防範，各資本主義國家是出發於積極的發展。但無論消極與積極，都沒有含著社會改造與國家建設的意義。我們現在作合作運動，在組織農商民眾時，是要灌輸這種意義與精神的。

2. 這種商品流通的合作組織可以從兩方面著眼：一爲農業生產品之運銷，一爲商人市場之買賣，前者譬如棉運合作，後者譬如古已有之的幫行制。棉運合作，譬如上段所舉的跟單押匯，就是受了合作的恩賜。如沒有合作的組織，則許多作爲運銷障礙的不方便都發生了。豈但商人於中取利就算完事？商人能於中取利，但不能使運銷簡單化、科學化，這種不能簡單化、科學化的運銷，就是於商人的批發也是不方便的。所以從棉花運銷這方面著想，合作的組織也是必須的。有了合作的組織，不但運銷的手續簡單，即金融的匯兌流通也簡單了，敏捷了。這在上段介紹馬寅初先生論游資流入內地之方式時已解說明白了。因爲有這種便利，所以近來各省出棉花的地方，都有棉運合作的組織。最顯著的如㈠山東鄒平的鄉村建設研究院所倡辦的梁鄒美棉運銷合作社。㈡上海銀行先後與金陵大學及華洋義賑會所組織的合辦事業，二十二年與該行有經濟關係的運銷合作共計七處，其屬於棉花運銷性質者凡六處，分佈於湖南津市、陝西永樂區、江蘇東台、江浦、浙江餘姚、安徽和縣等地。屬於雜糧運銷者爲江蘇蕭縣一處。㈢河北深澤縣梨元村，由華北工業改進社幹事盧廣綿先生所指導愍患的西河棉運合作社，這個合作社是十分值得注意的。他們沒有政府機關、文化機關或金融機關的指

導與幫助，他們只是農民的組織而由盧先生個人促成的。這種辦法是我們所當極力倣效的，也是有為的青年所當極力注意的。以上三種合作社，二十二年度經合作運銷的棉花共計二萬八千餘擔，代表棉田四萬六千畝以上。現在各方面正在積極擴充與計畫，這些組織如果能有一貫的自覺的大聯絡，則不但是經濟的出路，而且也是社會改造與國家建設的出路之基礎。

　　3. 商人市場上的幫行制，在現在的中國仍然是佔有經濟組織上的大勢力。在幾個大都市上，雖然有了資本主義式的新式組織，但傳統的習慣與組織仍然到處存在著。這種傳統的組織就是幫行制。幫行制相當於基爾特制。此種團體組織不特存在於任何國家，且幾乎存在於世界任何地。中國現在的經濟機構，都市雖似漸入資本主義社會的階段，而廣大的內地經濟仍是中世紀式的。所以這種幫行制，在社會上仍有我們注意的必要。幫行的組織可以分六種來說：㈠幫。幫為留居異鄉之同鄉商人團體，他們或搬運自鄉之產物賣於他鄉之市場，或自他鄉購買貨物販賣於自鄉，或在他鄉設立店舖幫行一定的營業，從事於其所欲的業務。此等留居異鄉之同鄉商人團體便稱之曰幫，如所謂寧波幫、湖南幫、四川幫、河南幫等是；但幫不必只限於異地人之組織，異業人之組織亦稱曰幫。故幫一方為留居異鄉之同鄉商人團體，一方為同業商人團體，而職人即手工業者所組織之團體亦稱之曰幫。㈡行。行向為「行列」之意。因之用為陳列市列之意，昔時同業商店排列於市之一定場所，不特其組合稱之曰行，即其街亦曰行；又因一定之商品列於一定之店舖，商店亦稱之曰行。此風至今猶存。蓋亦本於「方以類聚，物以群分」之理故也。以後「行」又逐漸分而為兩種意義：㈠行家。以

買賣米爲業者曰米行，以買賣茱爲業者曰茱行，他們或爲他人買賣貨物，而以自己名義經營，或全爲自己買賣貨物，或爲客戶設備倉庫，或爲客商運輸貨物，或爲客商辦理通關手續，或爲客商收付代金。現代的客棧、驛馬店或其他類似的莊號，即由此脫化而出。

㈡牙行。牙行爲媒介營業者，現在所叫做的經紀人便是。其發生甚早，因時代之推移而名稱亦各異；呼曰「馲儈」、「牙儈」、「牙行」、「牙店」、「牙紀」。馲爲駿馬，儈爲會員，馲儈向指以買賣馬爲業之批發商，後遂用於一般批發之義。牙向指天子之居處或一般官府而言，因之「牙儈」應視爲官設馲儈之意，後應用於一切事業，不必指馬而言，故曰牙行，曰牙紀，曰經紀。牙行之職務，爲奉官設立以調劑商業價格之平衡，向係立於買賣兩者之間，估定貨物價格，按照其額而收牙錢。官設之意，無非欲明悉來往客商之姓氏籍貫、數目、以及貨物質量等情，免掉偸關漏稅之作弊。以後其業務逐漸擴張，不僅居間作批發事業，且兼詢問所業，更或受商人之委託自行買賣貨物，或代商人收付貨金，或搬運貨物，或代行通關手續，或設倉庫而保管貨物，或備客室而使商人寄宿；於是其所行之業務愈形廣泛，而牙行因有多數買賣寄宿，恰若爲此等商人之合宿交易所。如是，牙行因盡其力之所及企圖客戶便利，不通異地情形之客商亦得安全往來各地市場而經營商業，此種職務已與第一種「行家」之意漸相合一，並與現在之運銷合作社亦一般無二。

㈢會館。此爲留居異地之同鄉人以圖互相親善及救濟爲目的所組織的一種基爾特。㈣公所。此爲工商業者爲增進其本業之共同利益所組織的同業組合事務所，亦稱公會。㈤公議會。爲中國舊式工商業者團體之一種，會館爲一都市同鄉客商之基爾特。公所爲同業工商

業者之基爾特，公議會為包括此兩者之一都市全工商業者的基爾特。其稱呼亦各不一定，曰公議會，曰商會局，曰商務公所，大半因地而異。其組織之動機，對內作異鄉異業之聯絡，對外為維持自己之利益，譬如參加市政，干涉內政外交等。㈥商會。即商業會議所組織的一種公法人之商政機關，與公議會之作用大略相同。（以上詳情可參看《復興月刊》3卷1期葉樂羣〈我國幫行制史的發展〉一文）。統觀以上幫行之組織實為商品運銷之聯絡線，其在各方面之效用與勢力頗大，我們要合作運動，不妨參與其中，即以之為合作組織之基礎，改組之，運用之，支配之，以成為合理的一貫的組織。他們的公議會可以干涉市政，加以堅強的聯絡，獨不可以改造社會建設國家嗎？這要看我們活動的怎樣了。

4. 我們再進而說明藉農業的生產以組織農民。中國現在的合作社大半還是偏於信用合作、運銷、消費合作，至於生產合作社則實不多見，農業生產為數猶少。這是因為牽涉到土地問題的緣故。土地在私有制之下，合作生產不易作到。國民黨以平均地權相號召；但只注目於平均，結果空嚷了一氣不兌現的平均宣傳，而未注意到生產，所以他不能藉生產合作以促成平均。平均地權、節制資本的民生主義完全是受了共產黨潮流的影響，以為共產是時髦的，所以我們也主張共產；以為打倒資本主義是時髦的，所以我們也主張節制資本。他並沒有觀察到社會的裡邊去，他並沒有認真想著去作經濟的建設以促成社會的改造。他們只想打天下奪政權而隨聲附和共產黨的經濟破壞以平均地權，節制資本，其實他何嘗作到了一點？破壞也未作，建設更談不到，只作了些殘酷的內戰，鬧成了現在的局面。這是他們的成績，我們現在作社會改造，必須注目於經

濟建設。要達到經濟建設，必須從生產合作著手。我們是要藉生產合作以促成平均，以達到公道的社會，以建設社會主義的社會。但是前邊說過，在土地私有制之下，是不容易生產合作的，更加上土地分配的零碎，尤其不易集合起來，而我們的政府又不能下一道一紙風行的合作命令，困難就在這裡。但是困難只是困難，卻不是不可能的。從另一方面著想，我們可以說，有了金融的合作、運銷的合作，不愁沒有生產的合作。只要前兩種作好了，引起了農民的興趣，則自然會引他們入生產合作的門，因為誰不願增加生產？誰不願事半功倍？而這兩種好處，又除非合作不能辦。所以生產合作並不是不能辦的。其辦法由其他合作開導而轉入，其種類或由自耕農自動的組合，或與地主合作而集中佃農的組合，或承辦官產，或耕種廟產，組一以試驗，由試驗而推廣。藉生產合作以組織農民，至若地主官方則在現在的出路上，是免不了作表面上的互利的。這就是我們辦生產合作的具體線索，現在定縣已有成例。《天津益世報》本年五月十一日載定縣通訊云：「本縣一區小陳村合作社，近鑑於耕種合作之利益，特召集村人集合私田，辦理集團農場，俾利用科學生產方法以增加生產，解決農村經濟之恐慌，當經村民全體同意，遂正式組織一合作農場委員會，議決耕種合作辦法，由村中租地百畝為農場根本地畝，其餘私人可自由加入。現已向中國銀行借款一千五百元，以備該農場購置生產工具之用。現該村私人參加者，已達二十餘戶，少數富庶農家，因不詳其利害，尚持觀望態度。聞該農場，先定實驗種棉，且開養豬場及粉房以為副業，苟本歲辦理有成績時，來年必有空前之擴充與發展云。」這實在是一個可模範的辦法。農業生產的合作，就是集合農場的成立。集合農場

一成立，就是建設社會主義國家的基礎。蘇俄能做到，我們獨不能做到嗎？唯於此，始可言平均，始可言經濟建設。像國民黨那樣空喊平均地權，節制資本，實在是未用過腦子的隨聲附和。

5. 我們再說明藉手工業的生產以組織農民。所謂手工業，是指農業耕種而外的一切副業都包括在內。作這種合作提倡的，現在也頗為興盛。其目的無非欲藉此以維持農村經濟自給自足的局面，減少農村的破產性。現在中國的農村，天災人禍區不算外，大部分在衣食住的生活資料方面是可以自足自給的；那種不能自足自給的，只是表示著他是資本主義商場的消費員，並不能表示著中國經濟已進入了分工合作的工商業資本主義社會；只表示著中國經濟的日趨破產，鬧成只消費不生產的局面，並不能表示著中國社會真正到了資本主義式的物質生活。在這種局面之下，第一步的自救便是發展鄉村手工業以維持自給自足。第二步便是作合作的組織以期達到集團的生產而成為機器化的工業。這便是即建設即破壞的過程中的蛻變政策。我們決不甘於只作自給自足的維持，也不甘於讓資本主義的傾銷吞噬下去。楊慶堃先生在《大公報‧鄉村建設》第14期（23年7月19日報）上發表了一篇〈市集現象所表現的農村自給自足問題〉，這篇論文的觀察對象是山東的鄒平。他證明鄒平仍維持著自足自給的結構，他在結語說：「根據上面的事實，可以觀察到水陸交通運輸都有相當便利的鄒平縣中，許多貨物，尤其是機制品，是依靠著別的社會經濟單位去供給；而縣北每年輸出大宗的棉花，縣南輸出生絲，有時縣的北部和中部也輸出糧食，去交換外來的貨物。機械工業和現代的運輸，令它和三百里以外的社會經濟單位發生互倚的關係。自給自足的局面，可謂發生了重要的搖動。但

在別方面，在研究貨物種類的時候，我們觀察到鄒平仍然自己供給著自己大部分的衣食住，和生產的工具與原料。洋布雖然開始從外輸入，而它的人口大部分在穿著土織的大布。縣北雖然輸出大量棉花，但所產的糧食，還大部分留下來供給地方上的人口。在交換的組織上，零碎分隔的活動的單位，仍然保持自給自足的結構，這是一個將散而未散的，參雜錯綜的殘局。這是魯中農村現階段的一個實況。」實在說來，不但魯中如此，即魯東、魯西亦莫不如此。其實那種與外部的互依，遠不如自給自足的勢力佔著主要的支持的地位。我想內地各省更是如此吧！至若有些地方受各種的影響，鬧到不能自己維持的情形，也有好多地方已實行提倡農村工業，發展農村經濟了。最顯然的，譬如無錫江蘇省立教育學院，即努力此項工作。陳一先生在《中國經濟》2卷7期上發表了一篇〈發展農村經濟提倡農村工藝概要〉的文章，即在說明提倡手工業的重要。他在無錫鄉村的調查裡，得著了好多事實，以證明無錫四鄉許多農村，賴著農村工藝確能免除流離或破產的慘狀。如弓弦、打席、線麻、剝燈草、裝簧衣、削竹品、泥玩具、花邊、竹掃帚等，皆爲農村手工業之品名，賴此皆可以維持生計，不至流離失所。並可藉此，再加以擴張與訓練，則可由自給而出售多餘，漸進爲商品化，由商品的動機可以進而爲集團的經營。「集合全村鄰村所有人力、經濟、信用、物質，共同合作，公設生產場，以村人的公產供村人的需要，並可使農業與工業者，以共存共榮的觀念，互相提攜，達產業復興目的。」由集團經營，便可以由手工業轉而爲機械工業。集團經營的成立，也必須有合作的組織，始可倡導與推廣。這就是我們組織農民的憑藉之四。

四、計劃經濟的基礎

1. 以上是我們組織農民的方式。在這個組織當中，一方面是運動的策略，一方面也就是計劃經濟實現的基礎。可是說到活動的策略方面，就有兩個疑問。第一便是治安問題與政權問題。內地不安靖，國家不統一，合作的建設能作得穩嗎？政權不到手，合作的建設能作得通嗎？這固然是疑問。但我們既認爲這是運動的策略，所以我們並不夢想這一運動就可以馬上脫民衆於苦海。我們的目的是在喚醒國人，是在使國人有自覺，是在藉著運動找得建國的本錢。我們在這種目的之下，當然希望當局能修明政治，永息干戈。萬一不能到此，我們也仍是埋頭作下去，自然會有民衆自覺地出來制裁他的那一天。所以統一更好，不統一我們也不必懊喪，我們自然有我們的一貫做法。至於政權問題，更不必介意，我們不能因爲得不著政權就不作事。我們的目的是在作事，是在遠大的計劃的實現，並不在一時的官欲的滿足。若只想滿足一時的官欲，則根本就說不上是一個運動。第二問題便是共產黨所常喜歡唱的大而無當的高調。他們常說中國所以到此地步，其原因一是軍閥，二是封建勢力，三是帝國主義，所以問題是在如何打倒此三種東西。唯一有效的辦法便是革命，便是暴動。你們現在不如此作，便沒認識問題，便是勞而無功。對此疑問，很易答覆。須知天下聰明並不盡中於共產黨。姑勿論這三種東西不必是根本問題，即便是根本問題，也未必就非對此三種東西拚命不可。譬如殺人者固然是甲，但你卻不必即以殺還之于甲，你可以訴之於法庭；私相殺殺，兩敗俱傷，訴之

於法庭者我們能說他沒認清問題嗎？所以天下之蠢莫過於共產黨，每日空喊打倒這個，打倒那個，結果一個未倒而自己倒了。

2. 這種組織農民的運動，為什麼是計劃經濟實現的基礎呢？此點我們要借鏡蘇俄的合作情形說明之。蘇俄在十月革命以前，是一個農業的國家，與現在的中國極相似。農業國的特徵之一是小規模的手工業在全國的生產制度中佔重要的地位。小規模手工業之所以發達，原因有二：一、大規模的工業不發達，二、交通不方便。因此，在農村中有從事手工業的農民，在都市有從事手工業的工匠。革命以後，手工業曾經一度衰頹，然而仍佔重要的地位，因為代之而起的東西尚未產生。一九二二年以後，手工業逐漸發展；一九二四年大規模工業正在改進之中，還沒有恢復它們原有的地位。所以手工業的生產竟佔全國工業生產總額的百分之五十，一九二五年以後，手工業雖然繼續發達，然而在蘇俄生產制度中，則已一落千丈，因為大規模工業一天一天的發展，生產能力一天天的擴大。一九三〇年時，手工業的生產還不到總額的百分之十。手工業的勢力只限於幾種生產日常消費品的輕工業。手工業雖然失其重要的地位，然而在計劃經濟方面卻是一個重要問題，因為㈠手工業是私有性質的企業，㈡手工業本身是一種不經濟的生產事業，㈢手工業生產人大半是小資產階段，至少也是準小資產階級。不過，手工業對於計劃經濟雖有這許多的障礙，然而蘇俄政府並不能立刻把它消滅。因為日常的消費品的輕工業還須仰賴於它，並不能一旦把它殺掉。解決這個問題的兩全辦法，就是把個個獨立的手工業工人聯合起來組織生產合作社，使手工業由私有企業變為由政府統制的國有企業。既由政府統制，便不妨礙計劃經濟的發展。在這種新的制度

之下，手工業的資本大部分由政府供給，資本增加，手工業可以漸次採用機器，改良生產方法，慢慢地進化爲機器工業。私有企業的勢力範圍又被政府克服了一部分。合作組織的基本單位曰阿特爾（Aatel）。在手工業方面有阿特爾的組織，在農業方面有集合作場的組織。集合農場的組織之動機同於阿特爾之動機，其目的皆在建設社會主義的經濟制度。（以上的述說可參看黃卓先生的《蘇俄計劃經濟》一書，世界書局出版。）

　　3. 其目的與動機既是如此，然則其合作運動的經過如何呢？此亦有稍微述說的必要。在大戰和布爾什維克革命之前，合作運動在俄國已有了很深的根基。在一八六四年，中產階級已經組織了消費合作社。後來勞工也組織了消費合作社，但他們的發起人卻是雇主階級。共產黨得了政權之後，便和這些合作社立在仇視的地位。一九一八年四月十二日，蘇維埃政府公布了第一道關於合作運動的法令。這法令雖則還保持著合作社的獨立，卻將權力授與國家經濟機關，讓它利用合作社來購買和分配他們所需要的貨物，一九一八年十一月二日，又公布了一道法令，迫令各個消費者都需加入蘇維埃商店或合作社。一九一八年十一月二十九日，又公布了法令，終於禁止一切反革命者以及中產和雇主階級被選爲管理或主持合作社的人。一九一九年，政府又決定一切合作運動都須作爲無產階級整個活動中的一個輪子，不能只追尋他自己的合作的目的。以上是純粹共產主義時代的合作社。但是，到了各國武力干涉和內爭時期停止以後，合作社又逐漸的得著了獨立的、不受國家機關管轄的購買或銷售的權利。一九二一年四月七日公布的法令，雖然繼續將合作社當作國家貿易的輔助機關，雖然仍舊保留著強迫入社制；但卻把

權柄授與合作社，讓它們公開地在市場上經營商業，並替政府購買定貨。最後，在一九二二年十一月十七日，政府將收歸國有的財產又歸還了他們，並且此後不許再收歸國有了。在一九二三年和一九二四年中尚有其他政策的變更，如強迫入社制的廢除，舊日的合作社的分類（消費、農業、工藝、信用）之重新採用，政府維持費的終止給付，在組織上和活動上合作社的獨立權之取得。凡此等等，皆在質上起一大變，合作社將不是純粹共產時代的合作社了。（以上的述說參看魏學智譯的尼亞林哈代合作的《蘇聯的經濟組織》。）

4. 由以上的情形，我們可知合作社的組織在建設社會主義的程度中是如何的重要，並也可知蘇俄的合作社政策是怎樣的漸合於人性。其初是絕對的國家管理，後感覺到無謂的濫管，實無多大的利益，隨又予以獨立的自由，到此我們可知絕對的共產是辦不到的，而且也實在是無意義，不過是權力欲發達的無事忙而已，忙到結果也終會感覺法令滋繁、盜賊日多的毛病。共產黨其始懷著推翻一切的念頭，無論是合理的、不合理的，值得的、值不得的，一齊打倒。到了感覺到這種辦法實在是無謂的白費力氣，隨又恢復原來狀態。所謂蠻幹，其實就是盲動，即指此而言。此風一成，流到中國來，還是不知殷鑒，真是無理性之極。所以我們現在的合作運動，決不可存著這個念頭。現在中國的情形，和蘇俄革命以前的情形一樣，都是農業與手工業的國家。共產黨以無產階級為去取的標準，然而須知在農業與手工業的國家裡，根本就不易找到無產階級。普天之下，大半都是小資產階級，你把它先根本推翻了而又扶起來，這有什麼意義？所以我們決不同於共產黨，先去攪一番，然

後再恢復；我們是以扶助他們造產爲念頭，以指導他們去組織爲動機，以漸進於生產方式的蛻變爲目的，而達到最後的國家建設與社會改造的企圖，這是即建設即破壞的路向。唯此路向，可以抽共產黨的逼上梁山政策的釜底之薪。

5. 須知社會主義乃是爲挽救資本主義的病態出的。資本主義，從根本上說，也是基於合理主義的：個人的、自由的、比賽的，各竭所能，各享所得，並沒有作土匪搶劫得來；不過比賽的結果，時有不合理的現象發生，然而所謂不合理也只是不合道德之理而已。鄉間人把日子過去了，只能忌恨人家富，並未怨恨富人把他的田產搶去了，只能埋怨自己不好好過，卻從未埋怨說人家叫他窮了。所以窮的結果只有鋌而走險去搶劫的心理，卻沒有奪回財產去復仇的心理。古人云：「匹夫無罪，懷璧其罪」，就是基於這種合理主義之上的現象。就是現在的資本家也是如此。按著道德法律說，你總不能把資本家拉來審問說：因爲你是資本家，所以你犯罪，所以我要判你死罪。窮人因搶他可以打死他，法律卻不能說出他有死罪的話來。說到這裡，共產黨們又可以說：你須知道德法律是統制階級的工具呵！但是我說，設立道德法律之本意並不是專爲資本家而設，它乃是一切都可應用的。你不能把賄賂舞弊當做是法律道德的本性。共產黨善於造似是而非之論，就在乎此。所以結果，我們可說，那種不合理只是那種合理主義的流弊，只是那種制度的流弊，並不是資本家個人的罪過。偉大的政治家當該創設一種補救的制度，不當偏狹的對個人煞氣。至於捏造謠言，強編謬論，那更是罪不容誅。

6. 根據以上的討論，我們可以說資本主義的合理主義是自然

的合理主義，社會主義的合理主義是當然的合理主義。前者是合科
學之理，後者是合道理之理。前者是自然的趨勢，後者是發自於不
忍之心。前者是獸性，後者是神性。前者是無所謂的，後者是有所
謂的。前者是放任的，後者是拘束的。社會主義就是來拘束的，社
會主義就是來拘束資本主義放任之流弊的。這個時代就是拘束的時
代，也就是一切都要人的理想來管一管的時代。所謂獨裁，所謂統
制，就是管管的表示。社會主義固然是管管，資本主義也正在極力
的絞腦，不過資本主義之管是藉著管以維持資本主義，社會主義之
管是藉管以推翻資本主義，這樣說來，社會主義是管中之管了。不
過羅素最近有句話說：「思索這東西並不是人的一種自然的活動，
它乃是一個病的產物，就同病中的高溫度一般。」思索是如此，絞
腦的管管又何嘗不如此？盲從的中國人有誰肯認真地去認識這個特
徵？

　　7. 根據這個原理，我們可以規定國家社會主義下的計劃經濟
之特性：㈠所謂計劃也是為對付自然活動之病態而產生的。㈡因為
自然的合理主義之發於人性而不可磨滅，故確定資本主義之限度；
凡在均富或均貧的狀態範圍之內而無可以造成特殊之富與特出之窮
者，皆允許其在資本主義的合理主義之下活動，㈢因為**當然的合理
主義**之發於人性而不可壓抑，故確定社會主義之限度：凡在均富或
均貧的狀態範圍之內，有可以造成特殊之富與特殊之窮者皆收回使
其在社會主義的合理主義之下活動；㈣凡個人所不能辦不宜辦，並
足以妨礙社會公道的，皆在社會主義的範疇之下活動；凡人所能辦
所宜辦而並不妨礙社會公道的，皆在資本主義的範疇之下活動。㈤
無論在資本主義之下活動，或是在社會主義之下活動，都須按照國

家的一貫計劃去發展。需要計劃的當然要計劃，不需要計劃的當然也不必無事忙白費力氣。需要計劃與不需要計劃都在自覺的一貫的狀態之上活動，這便是計劃經濟的特色，這個特色總名之便即是理性的。㈥在資本主義與社會主義兩範疇的合作情形之下，再加上國家的計劃與整理之運用，則公道的社會便即出現。至若所有權與使用權的問題，在此毫不值得注意，可以說毫不成問題。成問題的是在怎樣的運用所有權與使用權，即是說，在什麼方式之下，運用所有權與使用權給地主作奴隸與給國家作奴隸。在人類文化上說，並不見得有什麼懸殊的差別，所以我們現在並不注意「所有」與「使用」這種看不見摸不著的權利觀念之移動，而只注意於計劃方式之運用，好像物質的化合一樣。同一物質，在這樣的布置之下則是這種結果，在那樣的布置之下，則又是那種結果。我們對於經濟的計劃也是如此。不妨把所有權與使用權都賦予人民（在可以施行資本主義的範圍之內），然而把佈置的方式之有利與否，這種理智上的計劃運用之權，歸之於國家，宣之於民衆。民衆明利之所歸，必樂此而興起，這又是計劃經濟之特色。我想國家所能作所當作的只能止乎此，過此則為權力欲之濫用，結果無事忙白費力氣。共產黨本即如此而今則知過而返；不及此則為放任，國家等於虛設，資本主義，可以說以往的一切政府，通犯此病。至此，國家又需要新解析了。然此為另一問題，非本文所能論。

8. 以上六條是計劃經濟之特性。實現之策略在農民運動，即組織農民之運動。組織農民之憑藉在乎經濟合作之組織。經濟合作之聯絡一貫，如輪齒之契合，即是我們建國之本錢，即是計劃經濟實現之基礎。抽軍閥與共產黨釜底之薪，端賴乎此。全農民合作運

動者，其速自覺！

中國土地分配與人口分配之原則

　　組織社會的基本團體是家庭。在中國祖傳的觀念是很重的，所以每一家庭必有其遠祖代代相傳，一線相穿。每一家庭的遠祖的來源都是由男女的血統關係的氏族社會造成的。在原始，每一氏族社會的分子共同組織起來去佔有，去分配，去生產。每一分子各將其佔有的、分得的、生產的物質產業傳給他們的嫡傳兒孫。每一男的兒孫或女的兒孫結合起來便成一個家庭，這個家庭便要繼承他的祖先的遺產。每一個繼承其祖先遺產的家庭便是組織社會的基本單位。這個基本單位可以說是經濟關係中的組織細胞。

　　在經濟關係不複雜、生產力生產方法不擴張的時候，這些組織細胞間的經濟關係常是十分外在的、表面的。他們只與自然的土地發生密切的關係，以期達到生產收穫的目的。目的一達，他們便可以掩柴扉，不出頭，各掃門前雪，老死不相往來。這是簡單的農業社會必有的現象。這種現象在黃河流域更其顯然持久。所以黃河流域與長江珠江流域其經濟狀況是有顯著的差別的。這差別將就在這個單純的與土地發生關係，以及不只單純的與土地發生關係，這方面去認識。認識了這個特點，方可以了解其餘的現象，方可以認識現在是什麼社會，以及其現在崩潰的原因，以及其必須改造的焦

點。

土地的供給，於人們是公的、無偏向的；只是經過了各家庭的祖先的佔有開墾的勞動的施與，它才成了私的、特屬的。各家庭的祖先將其由勞動所變成的、私的、特屬的土地，按其子孫之多少，均勻的分配之。勞動力大的祖先，耕種力廣的祖先，其所屬的土地將也比較的多。但是，人們的勞動力有限度的並且是相若的，其耕種力也是有限度的並且是相若的。超過了他的勞動力，超過了他的耕種力，那土地便成為無用的。因此在原始土地的佔有將是不差上下的。以此不差上下的土地均勻地分給他的子孫，將也是不差上下的。這叫做自然的分配。只是在有些子孫只消費不生產的時候，才有懸殊的情形發生。只消費不生產的子孫，雖有地租的供給，也會坐吃山空的。窮了，把祖宗的遺產轉賣給另一部分人。另一部分人富了，其子孫也會給他坐吃山空的消解了，而另轉賣他人。這種轉來轉去的分配法便叫做盛衰的分配法。鄭板橋因此便發生了一種定命的思想，他說：「爾祖宗富貴矣，今當貧賤；爾祖宗貧賤矣，今當富貴。」這種貧富的定命論就是盛衰的分配法的表示。而盛衰的分配法與自然的分配法結合起來，即造成現在的土地分配的局面。

除去自然分配與盛衰分配而外，還有兩種屬於社會範圍內的勢力能影響到土地的分配的懸殊：㈠社會變亂造成的分配，此可曰社會力的分配；㈡政治作用造成的分配，此可曰政治力的分配。

關於社會變亂造成的分配，我願藉《食貨》半月刊第1卷第2期武仙卿先生〈魏晉時期社會經濟的轉變〉一文中的第二段「莊園的形成」來說明之。他說：「這時大集團的形成，有三種原因：一是因為稅役煩重，自由農民離村避役，離村以後成為流民，流民或自

相屯聚而成部落，或投靠豪強以作佃客。二是奴隸欲得身體的解放，脫逃主人而爲流民，再依庇於豪強保護之下。三是因爲社會的紛亂，弱小的地主，自己不能防禦暴亂以保護自己的財產，不得不依大族與有力團體的庇護，同時無地可耕的貧民，也願向大土地所有者要求土地耕種，有力者之得到貧弱的依附，遂形成大集團組織的形式。這集團的組織，造出貧弱對富強的附屬關係，在身分一方面成爲部曲或佃客，在生產一方面，小土地歸於大地主支配之下。依附的人民由自由的地位淪爲半自由的農奴，被依附的豪強就變成了封建領主。所謂大集團的形成，不外四種形式：㈠流民之相聚，㈡宗族之相聚，㈢部曲之招引，㈣貧弱之依附。」此四種形式，武先生俱有史書所載的事實作例證，讀者可以參看原文。這四種形式所形成的大集團即表示土地權的集中，而耕種權的分散。這種形成的方式在現在不必能發生，但遺留下來的土地分配的現狀，由這種形式卻很能說明其形成的原委。換言之，這也是支配中國土地的分配原則之一。

　　關於政治作用造成的分配，也可有四種形式：㈠帝子神孫的皇莊，㈡官僚的食田，㈢宗教的寺院（譬如佛）與祭田（譬若孔），㈣行軍時的屯田。這四種形式也是支配中國土地的分配原則之一。皇莊之名雖創始於明代，然其一線相穿之歷史背景則貫穿了中國的整個歷史。據《中國經濟》第2卷第7期鞠清遠先生的〈皇莊起源論〉說，則春秋時代的「公室」，兩漢的「少府」與「水衡」，北魏的「太子田園」與「宗子稻田」，唐代的「宮」與「內莊宅使」，五代的「宮莊」與「後宮田產」，兩宋的「御莊」、「奉震莊」、「后妃莊田」及「標充御前的莊田」，金朝的「宮藉監」與

「監戶」，元代的「宮田」與「財賦總管府」，這些名目都與明代的皇莊同一性質的東西。這些皇莊隨著時代的變化也能變成土地權的集中與耕種權的分散的對立。官僚因爲俸祿或賞賜的關係在在也皆足以成爲大量土地的擁有者。寺院的廟產也是國家的賜予，這種田產在中國佔很大的部分，革命以後漸漸減少了。不過，這也要看黨國要人的性格如何。戴院長修廟唸佛，這至少於寺院的除消上有很大的障礙；近來的尊孔，於聖裔的祭田又給了法律上的保障與維持。劉珍年治膠東時，拉了不少的寺院，和尙道士曾經一度恐慌；至韓復榘手裡，和尙們又重新雙手合十了。開明的國家當把這些東西根本除消。至若行軍時的屯田自然在戰亂時最宜發生，不過一經平靜，則屯田便可變成國家的佔田，屯兵便成爲給國家種地的佃農。這種形式在現在即所謂國家開墾者是。不過近來打了二、三十年的仗，開墾的事業卻十分少見。這四種政治力造成的土地分配，在現在還是或多或少或變形的繼續存在著。所以這種政治力的分配不但是過去，就是現在也可適用。

以上是社會力與政治力所支配的土地分配。這兩種情形當然不只足以說明華北，整個中國都可用來作解析。不過歷史上華北的戰亂比較特別多，所以社會力的分配容易在華南出現，故華南的地主佔成數比較的多，而政治力的分配中的屯田，容易在華北出現，故華北私人地主佔成數比較少，而國家莊園在已往卻常佔比較多的成數。

所以，家庭單純的對於土地發生關係、土地的自然分配、土地的盛衰分配、社會力的分配、政治力的分配，這五個原則便是認識中國（尤其是華北）的農村經濟的主要關鍵。

　　中國的農村經濟關係的基本單位即是家庭，而家庭又是男女血統關係的支網脈絡。所以每一家庭便是以男女夫婦為中心的一個小集團。有成為夫婦的資格，便有成為家庭的資格。夫婦譬如是一個主座，環而拱之的譬如是附庸，附庸與主座的結合便是一個自足的排他的自成一系的整體。這個整體每欲自成門戶而獨立，即是說，其離心力非常之大。每自成一系而獨立的整體便是一個小家庭。因為他最容易自成一系，又因為他最富有離心力，所以中國在倫理上雖贊美大家庭，然而事實上，一關於利害的經濟關係，則又最易于分居，而小家庭幾成為普遍的事實。這種家庭的分化便叫做自然的分化。由自然的分化而成立的小家庭，其人口自然不能很多，平均為五口之家。然而，事實上每不如此整齊單一，四五口、五六口、七八口，總是錯綜著。然無論如何，人口總不能很多。

　　由家庭的自然的分化與土地的自然的分配，便造成小農場的普遍存在。所以我們在此可說：由自然的分化與自然的分配為條件，則家庭愈少，其土地將也愈少。家庭的分化愈利害，土地的分配也愈零碎。中國小農場為什麼這樣的普遍，唯如此始足以得其解析。

　　除去家庭的自然分化而外，還有一種受禮俗影響的倫理分化。這種分化即是禮俗所讚美的大家庭的維持。大家庭即是好多自成一系的小整體的合作。支系愈多，人口亦愈多。人口增加便隨著也必須增加土地，不然便不足維持。鄉間老人常言，出生一個人便須買地一畝。看起來，這一個家庭，土地很多，牛驢駱馬成群，其實它乃是好多支系的集合，它有好多支系在背後預備著來分它。所以鄉間有句俗話說：「大日子分小了，小日子分了了。」大家庭因為禮俗的關係，總是喜歡維持著這一個紙老虎，及至農場經營出入不相

抵，消費多，生產少的時候，便不得不分化而成為各顧自己的小家庭。於是大農變而為小農，小農變而為非農。所以在此我們可說：按倫理的分化，家庭愈大，其土地也隨著愈多；農場大的家庭便是人口多的家庭。

有人必須要有地，不然則這些人便要落而為佃農，為僱農，為流氓，為土棍，這些人便很難組成一個家庭。這些人不是永過那佃農僱農的悲慘生活（當然，在鄉間，佃農僱農也時常因為勤儉而變成自耕農），便是為土匪，為兵，為公侯將相，為帝子神孫。這是站在一極端的一階級。有地必須要有人，人口不與土地相稱，則這部分人便要成為地主，成為富農。這又是站在另一極端的一階級。

這兩種極端的形成都是在常態之下自然演化成的，在變態的人為力之下也可以形成兩極端階級的分野，這便是前面所述的支配土地分配的社會力與政治力。這兩種力把土地弄成所有權的集中與耕種權的分散，隨著也是把家庭弄得非常小，或甚至只用了些單人獨馬集合起來，耕種地主們的地。在這種情形之下，各個小家庭都是對土地所有者的地主負責，並不像在倫理分化下的大家庭中的各個分子間的對立關係。並且在這種情形之下，大家庭固然不易出現，即小家庭也不易健全。中國人口分配之零碎與不健全這種情形也可解析一大半。

社會政策就是如何對付這兩極端的階級而使之消滅，並發展安定那按常規走的一般自耕農。開明國家應當怎樣安定社會的秩序，並措施合理的政治舉動，以期消滅社會力與政治力所造成的懸殊分配。

以上是說明了土地分配與人口分配所遵守的幾個原則。今為醒

目起見，再簡舉於下：

(1)家庭單純的對於土地的關係：因此關係，不易有其他經濟上的條件使窮富過於懸殊，使土地分配超于極端。

(2)土地的自然分配原則：按此原則，無窮富之懸殊。

(3)土地的盛衰分配原則：按此原則，有窮富之懸殊。

(4)土地的社會力的分配原則：按此原則，易造成私人地主與莊園。

(5)土地的政治力的分配原則：按此原則，不但能造成私人地主或莊園，而且也容易造成特殊式的公有地主或莊園。

(6)家庭的自然分化原則：按此原則分化，則家庭每不易大。

(7)家庭的倫理分化原則：按此原則分化，每有集合各系之大家庭出現。

(8)家庭的社會力的分化原則：按此原則分化，許多小家庭為同一地主的莊戶或佃戶。這種莊戶或佃戶在人格上亦是隸屬關係。

(9)家庭的政治力的分化原則：按此原則分化，則許多小家庭可以獨立地互不相關地同為或兼為某一寺院、某一皇莊、某一公田的耕戶。

(10)土地與人口之正比例關係：按(6)(7)兩分化原則，則家庭小土地少，家庭大土地多，反之亦然。此種比例關係不易發生窮富懸殊的現象。

(11)土地與人口之反比例關係：按此種關係，則土地多人口少，土地少人口多。前者變而為富農，為地主；後者變而為佃農，為僱農，為土棍，為流氓。兩極端階級由此關係發生。但此極端卻不必由前所云社會力及政治力而造成。

原載《再生》第3卷第1期　1935年3月15日，署名「光君」

民族運命之升降線

這個古老的民族，眞將要隨著自然的運命而衰老死亡了。總之，其生命線是由升而下降，並且是降至盡頭而至奄奄待斃。其將無聲無臭而沈沒呢？還是轟轟烈烈死亦死個痛快呢？還是老樹著花降而復升呢？這三個可能不可不有所認取。最可怕的是無聲無臭的沈沒，但是事實上所表現的恐怕是難免乎此！

有形的危機，不容說了：外交沒有辦法，只有投降；沒有理智手段，只有感情訴苦。訴苦的外交，自李鴻章《馬關條約》起即已如此。祖宗傳流，到現在止尤其加甚。李鴻章父子哀訴一次，伊藤博文駁斥一次。一則曰：「非精確論駁，先使彼豁然悔悟，並覺醒其迷夢，則彼不能了解彼我之地位，將始終繼續哀訴，徒延長談判。」（《六十年來中國與日本》307頁）再則曰：「尙望中國使臣熟慮現今兩國之形勢如何，即日本爲戰勝者，中國爲戰敗者是也。」（317頁）三則曰：「蓋議和非若市井買賣，彼此爭價，不成事體。」（345頁）吾每讀此言，輒覺啼笑皆非，氣不好，不氣又不好。中國人始終不明白有所謂權利與責任，只知誇大吹牛，眼珠瞪在天上，誰也看不起；及一旦跌下來，又不肯明白認輸，只知哀求看面子，從未有是是非非的男子氣。不長進的兒孫還是如此。

他不知自己，復不知他人，不曉責任之重大，復不曉權利之誰屬。唯有如此，故事來也，則馬虎應之；事敗也，則馬虎了之，沒有志氣，沒有決心，只有面子哀訴。一直到今，哀訴到不可收拾。哀訴復何用哉？日本何曾打動過一點心？《易》曰：「知至至之，可與幾也。知終終之，可與存義也。」中國的政府全不知幾，全不知義。自九一八以來，不知失掉多少良機，一誤再誤，乃至於無窮誤；然而還仍是持著那種面子哀訴的政策，既不敢和，又不敢戰。他始終不敢負起這個明白的責任來；然而他還是戀棧，有勇氣壓迫國人，我亡國也不准你救國。試想想，你雖聲言不負亡國之責，然而國家究竟亡於誰手？事至如此而不可收拾，雖有聖人，莫能挽回。此可怕者一。

至若經濟，更是枯窘可憐，無論都市農村，皆未逃得殘酷命運的宰割。鄉間已到了豐收歉收皆不得了之時。以農立國而衣食不足，坐致只消費而不生產。並非不欲生產，勢不能也；並非實給不足，不准足也。資本主義的商品傾筐倒篋而來，沛然莫之能禦；戰爭苛稅如雨後春筍，一波未平，一波又起。層層剝削，集於農民一身，如之何其不停滯而殆也？農業不能繁榮，都市工商亦難期乎有生氣。金融由臃腫而不通，由不通而外流，只作了消費之工具，未曾作生產之媒介，如之何其不枯窘而竭也？金融枯竭，動力不足，購買力日見貧弱，商家倒閉者日有數起，相顧而言曰：「這年頭！這年頭！不可作也！不可作也！」個個瞪目，家家嘆氣。層層剝削不只見於農民，亦且見於工商。一二銀行界大腹便便，積血過多，欲投資農村，作滋養根本之計；然而政治不上軌道，杯水車薪，無濟於事。而況財政機關私心薰天，既無理財之術，又作飽私之舉。

操縱銀價，藉機大買金條。一杯水快完了，既不能徧潤四萬萬同胞，不如吾一人得而飲之，尚可活吾一人之命。至如民族，至於國家，管它去吧！橫豎完了！財政既到山窮水盡，將何以立國？此可怕者二。

政治始終是家天下。吾誠不知中華民族犯了何罪，汝必須狠心亡之？黨外不准有黨，黨內亦互相排斥。本來一黨獨裁了，無識之流還要以獨裁相號招；本來黨中有人獨裁了，無識之流，還要以擁護唯一領袖相告語。午夜自思，豈不是床上架床、無的放矢之舉也？中國歷來之大病，不患不獨裁，而患不民治，不患無領袖，而患無政制。政制不立，好者野心生，壞者無所忌，任所欲為，規矩蕩然。今之人不唯政制建立是急，而唯擁護獨裁是務，病至膏肓，尚不知反。此可怕者三。

政制不立，組織必不統一，其弊一也。人在國上，行在法上，來去不由定路，無公共之標準，其弊二也。人所恃者唯武力耳。而武力又各有武力，各不相屬，各不相同。此猶拳術之在個人，為己有非為他有，為人有非為國有。武力個人化，非梁山泊造反而何？軍事武器不如人，不可怕，唯無統一之組織與公共之制度則可怕！立國之道，對外曰外交，對內曰經濟、曰政治、曰軍事，此皆為基本物事，而鬧得一塌糊塗，以致不可收拾。尚自命為保母，施行其所謂訓政！

有形危機固可怕，無形危機更可怕。本來，國不成國，誰還有好心情？哀怨載道，一團憂憤慘淡氣。你罵我為亡國之音，我罵你為亡國之象。都負亡國之責，都不負亡國之責。在這交互相罵之中，可以看出以下幾個陣營來：

　　一是激昂慷慨派。此派中人言非馬克司之言不言（其實未必然），行非列寧之行不行（其實未必然）。言哲學必唯物辯證法，其他皆在打倒之列，皆爲資產階級之走狗。哲學有階級，科學亦有階級。科學可以不讀，唯物辯證法不可不在口頭上掛著。因爲唯物辯證法是科學的方法（其實未必然），所以科學家費九牛二虎之力得出一點結論來，不值辯證家哂然一笑。他說你這是形式邏輯的思維法，你這是形而上學的機械論（其實不成辭），天下事無不是對立物之統一，無不是否定之否定，沒有絕對是，沒有絕對非。你科學家雖然是以爲煞費苦心，然而在我辯證家看來，卻是妄費氣力。如是萬事皆休，而對立物之統一卻誦不離口；一切可不作，而否定之否定卻不可不唸。放之四海而皆準，一切皆入彀中矣。這是他們的哲學。言社會科學必唯物史觀，知有唯物史觀而不知有科學。政治、經濟諸專門科學可以不讀，而上層、下層卻不可不知。因爲經濟學是時代的科學，政治學是階級的學問。過去了！崩潰了！吾何必再讀？如是階級、崩潰、經濟基礎、社會條件等，滿不離口，津津有辭，這是他們的社會科學。言文學必普羅文學。其他皆爲資產階級文學。文學必歌詠普羅階級，且必歌詠普羅階級勝利。凡非如此皆在打倒之列。什麼「基」，什麼「夫」，琳琅滿紙；諸如血，諸如殺，觸目皆是。其實他們住在什麼地方呢？原來住在租界的高樓上！不亦幽默也哉？至於日常言論則必血口噴人，某某爲小資產階級意識，某某爲封建腦袋，某某階級意識不清楚，某某搖擺不定暴露了他的原形了，某某不能持久暴露了他的階級意識了。其實他自己呢？也是小資產階級，所以也說這也是命定如此，無可奈何！如是小資產階級使命定了，無一可爲！至於形諸筆墨，則必極肆詆誣

蕘，潑婦罵街，亦不至此。然而他們說：這是我的熱情，我是一個革命戰士，不如此不足以洩吾之憤。這叫做罵陣。然而這部分人結果怎樣呢？言不由衷，唯利是圖，看風轉舵，最善投機。轉過來則罵彼，轉過去則罵此。他說這是走曲線呵！然而在我看來，這卻是變節，故最易變節者莫過激昂慷慨派！林語堂〈思孔子〉一文云：「我以爲最能表出孔子之幽默態度者，在於《史記》『溫溫無所試』五字。顏習齋講此字甚好，謂：溫溫無所試甚佳，若窮居而慷慨悲歌，上者爲屈賈，下者悲歌久則變節矣。此語非深達人情者不能說。吾又贊曰：若慷慨悲歌便不幽默矣，惟其溫溫，故不卑不亢以終身。若屈原、賈誼不幽默亦不變節，若下焉者如今日之激昂派，則不幽默而變節矣。」（《論語》第58期）

　　林語堂先生既罵了激昂派，我們再回來看幽默的《論語》派。此派中人似亦有激而發。其意蓋曰：你們唾沫噴人，開口天下國家，閉口世道人心，我們偏要冷眼看人，玩世不恭，專以吃飯拉屎爲正經。語堂先生雖稍不失於正，以爲每天苦喪著臉，氣破肚子，亦不能算救國，倒不如該作事作事，該閒談閒談，於板面孔擺架子而外，來點幽默，倒足以生趣盎然，於救國上也有氣力。這話甚對，但其成爲派以此號召天下，專以言不及義好行小惠作丑末角色，博得一聲喝采，這不算是幽默，這乃是喜皮笑臉。喜笑怒罵俱成文章，但不見得喜笑怒罵俱有深意。若如打鼓場中之說相聲，徒以逗引顧客一樂爲快，則無論低級或高級，皆失幽默之本意，而與商品無異矣！幽默可也，專以幽默相號召，則非如林語堂先生所羨慕的孔子之「溫溫無所試」，而直是拘拘有所試！蓋幽默非同一物，它乃伏於人之性格，伏於文之結構的氣味間，發其所不得不

發，無扭捏作態。如若單提而出之以鼓吹，引明人小品以作證，以外道自居而與所謂正統相對抗，雖欲不謂之爲亡國之音得乎？夫所謂正統者，即溫溫無所試之謂。發於情，止於義。該激昂則激昂，該悲憤則悲憤，該歌唱則歌唱，該讚嘆則讚嘆。審思明辯，方寸瑩徹，是無往而不幽默，是無往而幽默矣！那有《論語》派出西洋幽默專號，並出中國幽默專號，拉古今人才盡入幽默一域乎？不求幽默而自幽默，此所以孔子、孟軻、昌黎、香山、杜甫、李白之有幽默也。專求幽默而失幽默，此《論語》派諸公不盡幽默也。孔子、孟軻雖有幽默，但不專以幽默爲能事。我雖不反對幽默，但卻反對以幽默相號召。《論語》派諸公其亦知其影響之大乎？激昂派雖足變節，而幽默派亦不見不爲亡國之音！國家多難，這總是哀怨所致。我們也不能把九一八之變歸咎於幽默派；亡國之音也不是說因此音而亡國。幽默派自不必有所曉曉，推諉責任，徒證明國亡不干己事也。然事實至此，此種音調實足象徵國之不可收拾，無人敢出負責。幽默派豈眞可以國亡不干己事而已乎；若眞如此，便是國亡不可救，便是無聲無臭沈沒下去。幽默派也許以爲這國亡的太幽默了！

　　激昂派與幽默派無一而可，至若飢而食，飽而嬉，頭腦昏昏，無所用心，若不復知大難之將至者，更不足論；苦夫悲切切，以至於頹廢墮落，只求速死，以了此債者，雖亦無濟於事，然且尙不多見。國人試閉目一思，華夏民族不已沈悶如此乎？曰激昂，曰幽默，曰淫樂，曰頹廢。民族至此，其命運還不算盡頭嗎？長此下去，不但不能復生，而且悲壯之死亦不可得。老病至此，豈不可懼！閒常談及，每朝亡國，必有幾幕壯烈悲劇表演，若宋若明，莫

不如此，遂以爲中國之壽命尙不至盡，因尙未演絲毫悲劇也。九一八之變不能算悲劇，一二八之戰、喜峰口之戰、熱河之戰皆不能算悲劇。一個人殺豬宰羊，不能說豬羊演了悲劇。寶玉與黛玉之婚姻慘變算是悲劇，罕謨賴特算是悲劇，陸秀夫、文天祥是悲劇，崇禎帝、史可法是悲劇。今之中國曾有此一幕乎？鹽澤剖腹是悲劇，中國之將官有此乎？中國尙未演悲劇，是以知尙有其命也。然照以上所論而觀之，中國之悲劇將永無表演之可望。激昂派能充此角色乎？幽默派能充此角色乎？抑淫樂、頹廢者能充此角色乎？皆不能也。此其所以爲可懼！

　　中國現在所有者只是私情私欲、小智小慧。現在欲要復生，或者死得悲壯，非痛改此弊不可。人之性格與生活各自成一單一體。許濮郎革（Spranger）有生活基型（types of life）之說，人性何莫不如此？狂者成其狂之基型，狷者成其狷以基型。伊尹之任、伯夷之清、柳下惠之和，各自成其一基型。孔子之聖之時爲集大成，亦並非兼此三者而調和之成爲不三不四之雜拌，乃實有其超此三者而上之，另成一「循道彌久溫溫無所試」之整全的生活基型。豈得如激昂派所痛惡之騎牆投機者乎？騎牆投機乃是鄉原之流，爲孔子所深惡；然則所謂中庸，所謂集大成，所謂無可無不可，皆不可以騎牆投機目之矣。「白刃可蹈也，中庸不可爲也。」孔子於不得已而求之狂狷，以爲狂狷雖不至中道，然猶勝鄉原多多地。今之激昂派以中庸爲鄉原，遂根本否定中庸，以爲不歸於左，必歸於右，是根本自居於不長進之途矣。須知中庸可以成一基型，鄉原不足成一基型。鄉原譬則數學上之零，中庸譬則基數一，這兩極端本屬分寸之差宜乎人之易混也。今之中國幾乎全成一零，即有型可成者亦爲零

以下之負型，至於正型則百不一見。變節之激昂派幾何而不成鄉原也？若幽默、淫樂，若頹廢，又幾何而不成負型也？

今之所需唯在培養正面的基型。林語堂極能認識孔子矣，然孔子卻非幽默派中人。孔子雖溫溫無所試，然一旦大事臨前卻又能發於情止於義，來兩下拿手好戲，成績斐然，是又無往而不試也。幽默派能如此乎？是以吾人急需各本其性而發展之完成之，以成一正面之基型，為狂為狷亦好，為任為清為和更好，為集大成最好。完其自然而歸於必然，歸於必然即所以成其自然。成其自然即是成其基型。基型一成，方寸瑩徹，則心自公，則理自明。如是任重道遠，各奔前程，幽默自見於字裡行間，而國家始有上升之機。事之成也，則物競天擇，適者生存，吾盡了人事，吾應得報酬。一旦不成，則知其不可而為之，盡人事以聽天命，也要死個轟轟烈烈，充當悲劇之演員。這都只能求之於正面生活基型，非所云於零與負也。唯有正面之生活基型能致民族運命於上升，吾甚願以此昭告國人也，願國人其深辨之。

原載《再生雜誌》第3卷第2期　1935年4月15日

任重而道遠

　　孟子曰：「昔者禹抑洪水而天下平；周公兼夷狄，驅猛獸而百姓寧；孔子成《春秋》而亂臣賊子懼。《詩》云：『戎狄是膺，荊舒是懲，則莫我敢承。』無父無君，是周公所膺也。我亦欲正人心，息邪說，距詖行，放淫辭，以承三聖者；豈好辯哉？予不得已也。」夏禹、周公、孔子，皆功在斯民，劃時代之人物也。此猶拉斯基論當代人物，而特指羅斯福與斯泰林，餘則不與也。當仁不讓，艱局自任，無論成敗如何，要不可不爲此中流之砥柱。孟子欲正人心，息邪說，中流之砥柱也；韓昌黎排佛老，亦中流之砥柱也。推之如顧炎武、黃宗羲，何莫非夏禹、周公、孔子之徒也！夫所謂聖人之徒，決不在行聖人之行，言聖人之言，而乃在排衆議，挽狂瀾也。有我則世界變色，無我則江河日下。我若出，則夏禹、周公、孔子也；我不出，則洪水氾濫矣，則猛獸充斥矣，則亂臣賊子無所懼矣。顧亭林曰：「有亡國，有亡天下。」亡國者易名換姓已耳，亡天下則率禽獸而食人也。「鳥獸不可與同群，吾非斯人之徒與而誰與？」變禽獸而爲人，其任不可爲不重。若神州扳蕩，滿目罔兩，則撥亂反正之責，寧能旁貸也？

　　吾人居此世，大似孟子居戰國。吾人之大任，則爲繼承文化與

創造文化。共產黨有說也，然其為說，乃孟子時之楊朱、墨翟也。雖或稍有所當，然其為詖行淫辭則無疑。草澤英雄，盜竊神器，斯國斯民不斷送其手不止。吾人居此兩大魔鬼之間，將何以自拔也？于此而不出，將待何時？

　　共產黨之主張雖實繁有辭，然概括分之，不外兩端：一為對於文化之看法，一為對於行動之看法。其言文化也，先設有社會形態之轉變。有社會形態之轉變，斯有社會形態之截然不同，而決定社會形態之不同者則為經濟關係之不同。舊經濟關係一變，新社會形態即至。夫所謂社會形態者，其內容不止經濟關係而已也。除此而外，將有政治焉，將有法律焉，將有道德、藝術、宗教、哲學焉。自彼輩觀之，凡政治、法律、道德、藝術、宗教、哲學，皆為某一社會形態之內容，而群集於經濟關係之上以為其附庸。經濟關係譬則中樞也，政治、法律等譬則四肢也。中樞變，四肢無不隨之而變；中樞停其運用，四肢無不隨之停其運用。如影隨形，而形不隨影。無不變之經濟關係，斯無不變之政治、法律；推之，道德、藝術、宗教、哲學亦無不變。如是，社會形態一變，附集于其上之內容，將無不變而成歷史上之陳迹。百年老物，束諸高閣，徒增人憑弔已耳。是文化必隨皎日而西沈也。皎日西沈，將復東來，然東來者，未必是西沈之日。推之，過往之文化，必有新興者起而代之，然新興者未必是過往之物。共產黨於此，而有打倒一切，重新創造之口號焉。夫其所謂重新創造未必有重新估舊之意也，蓋自彼觀之，舊者直無用之物，何待於重新估價也？循此而論，其文化觀乃文化之生死觀，經濟之定命論也。然歷史如瀑流，未有如一刀兩斷之兩面論也。文化如水銀，蓋無孔而不入也，未有絕對生絕對死之

說也。文化基於人性，人性中雖或有隨時代而變，然于變中要有不變者存焉。文化爲人性之客觀化，基于變之人性之文化可隨時代而變，基於不變之人性之文化可永遠而常存。縱或社會形態變，而此人性亦將不變也。蓋人性者自然之物也，社會形態者人與人之關係所呈顯也。人類繁富與時俱增，人類智慧與日同明，其關係之變蓋爲自然而必然之事，吾人自無置疑；然伏于一切變化中之人性，決將不變焉。中西從未通氣也，風俗習慣各不相同，然其人性則未謀而同也。是非之心同此心也，羞惡之心同此心也。雖或所是所非者屢有所變，然是非之念不變也；雖或所羞所惡者屢有所變，然羞惡之念不變也。而況二加二不等于五，盜竊爲人類之奇恥，雖所是所非，所羞所惡亦有不變者焉。共產黨雖能拚死生以爲鬥，然人也，究非天也，其能將人性而變乎？然則文化之經濟觀蓋亦決無之事也。

對於文化之看法既若此，對於行動之看法又如何乎？曰：其行動論蓋即基於文化論也。文化爲經濟之定命論，行動亦爲經濟之定命論。以經濟定命文化，雖無所當，然猶是非之辯也，其影響之惡尚不甚大。唯是以經濟定命行動，其影響將有不堪設想者矣，不使天下盡變禽獸不止，故不得不辭而闢之。其言曰：一切文化階級之文化也。桀犬吠堯，各爲其主。一切思想言論莫不各爲庇護其階級之偏見。法律爲統治階級之法律，道德爲制裁民衆之工具，國家爲壓迫民衆之機關。推之文藝、哲學，莫不各有其立場。循是而論，無作則已，苟有作者，其心將不可問矣。是以，各階級欲得政權，必先打倒一切敵對階級之文化，欲行革命必親自出馬，他人鮮能爲之代庖者。共產黨即以此而打倒一切焉，復以此而擁護唯一焉。其

對無產階級曰：「汝必須自動也，他階級不能爲力也。經濟條件各不相同，命定汝必須自動也。」一傳百，百傳萬，流風所及，天下靡然。各相告曰：「今吾所動，爲經濟所定，不得已也；爲階級所限，勢難逃也。吾之惡非吾惡也，經濟條件使吾惡也。吾之非非吾非也，階級條件使吾非也。」如是，盡天下人而可不負一切責任，將責任盡推而納諸階級經濟之域，夫而後吾可以逍遙法外，爲所欲爲。誰惡也？惡誰也？惡你我，你我不受也；惡經濟，經濟死物也；惡階級，階級空名也；惡天，天不應。天網恢恢，疏而不漏，而今竟漏之矣！十手所指，難逃天地之間，而今竟逃之矣！夫天下至於惡無所指，罪有所逃，是成何人間也？禽獸而已矣！是以經濟定命論，雖其初爲應付民衆之心理，爲鼓動民衆之利器；然其影響所及，竟有如此之惡果，每一思及，不寒而慄。其爲有志之士所應闢，不待是非之辯而後明，觀其結果亦足痛恨人心也。此非理想之推論，事實之昭著已見于世矣。中國之無產階級何在也？然宣揚經濟定命論者已不遺餘力矣！是其利未有所見而害先已佈滿天下矣！國人對此宜作何感想也？

　　從上所論，其文化觀無實據也，不科學之觀也；其行動論，皆邪論也，人盡禽獸之論也。吾將以科學之文化觀代其經濟之文化觀，以意志之自由論代其經濟之定命論。夫科學云者，是則是之，非則非之，有則存之，無則去之。有變承其變，無變承其恆。有因果關係者，循其因果而解之；無因果關係者，不必強辭以奪理。有隨時代爲因果而變者，吾則認其有；有不隨時代爲因果而變者，吾則認其無。若曰一切不離社會，牛頓亦在時空；吾則曰此遁辭也，無意義之辭也，說則等於無說，不可以爲法。至若意志自由云者，

實踐之論也。不承認人有自主之志，則一切行動皆被動矣，皆唯命是聽矣。然於此有矛盾焉，試問能動者誰乎？發命者誰乎？若不歸之于天，其爲人也必矣。是自由意志爲人間必許之理，否認之者將永居于矛盾而不自拔也。人常論曰：「若云自由，其必離群絕俗而已矣，然人何能離群？故自由爲不可能。」此解也，出于俗人之口久矣，有告其非者，仍不之信。吾每于此而大悲今之學風矣！夫如解者之所謂自由非自由也，直所謂死滅而已矣，莊子所謂無倚無待之逍遙而已矣。道德家之所謂自由，固若是乎？此亙千古所未聞也。今人每好造是非，妄加罪名，此誠數見而不一見也！夫所謂自由者，即此千牽百累之實際生活中之自主之意也。意即意志，故康德云：唯意志始有自由。然則，豈眞有如解者所謂離此千牽百累之超然自由乎？今人不知于此千牽百累中尚有所謂自主之意在，遂以爲實際生活無自由，自由必離群絕俗，此誠皮相之尤者矣！自由必于千牽百累中見；而于千牽百累中能明是非，審處舍，以期合于理合于義，此則自由意志之實現也。合于理，合于義，道德中所有事也，故自由意志必于道德界始能言。實踐也，行動也，皆道德中之事也。道德中事而言經濟定命論，是自潰其軍也。經濟定命論是順物界之動而言也。意志自由論是順人界之動而言也。人亦物也，順物界之動而立論，本或可鼓舞無識無知者于一時；然必欲打倒意志自由論，是將殉人于物也禽獸也。吾不知此種喪心病狂之言，竟何投國人之心如此其深也？

吾主張科學之文化觀，故有客觀而公共之眞理；彼主張經濟文化觀，故無客觀而公共之眞理。夫客觀而公共之眞理，不可輕易抹殺也。如其無也，吾雖愛客觀而公共之眞理，然亦止愛而已矣，究

無實據而質諸人。如其有也，而必強說其無，屈天下之公以為己說，是真喪心病狂者矣。有客觀公共之真理，斯有探求此真理之人。斯人也為知而求知也，求知以蓄能也，制裁自然利用厚生也。專知也，專能也，夫所謂專家而已矣。社會進化如此其繁，將何事不需專家，就從政而言，亦有所謂專家政治矣。否認客觀真理者，將容專家於何地也？無專家，人類將安有所謂進化乎？豈進化只應限以暴易暴乎？是必不然矣。以暴易暴之階級獨裁無進化也，無專家也。進化與專家之成立，必在民治原則之下。或曰：無以暴易暴之階級專政，社會形態將永無轉變之望矣。曰：是誕辭也。社會形態之轉移不必以暴易暴也，單視乎社會之需要與政府之運用如何耳。民主政治決無不可轉移社會形態之內在本性，轉移社會形態與以暴易暴亦決不必發生連帶關係也。唯狂妄者始造作經濟定命論以欺世惑俗耳！

　　專家既容於民主政治之下，而民主政治決不容經濟定命論之行動觀。茲再言意志自由論之於領袖。吾前不云乎？經濟定命論者只用之以鼓舞無識無知之民眾耳。至若鼓舞者、創發者，如列寧，如馬克司，皆未曾受此經濟定命論之限也。是經濟定命論不攻自破，能立不成者明矣；意志自由論不立亦成，確乎不拔者亦明矣。夫然則經濟定命論之不能解析領袖，其不可以質說者而首肯乎？意志自由論者非必盡天下人皆領袖也。為其可以解析領袖也，為其可以相勗勉也，為其可以使天下人負道德之責任也，為其可以尊重天下人之人格也。殺身成仁，捨生取義，意志自由為之也；三軍可奪帥，匹夫不可奪志，意志自由為之也；知其不可而為之，意志自由為之也；不以物喜，不以己悲，亦意志自由為之也。凡此種種，經濟定

命論能解之乎？吾豈不可以此種種勗勉天下人也？然而，經濟定命
論者不如此也。吾聞之，以善相勗勉，未聞以惡相勗勉也。然經濟
定命論者幾何不至以惡相勗勉也？或曰：衣食足然後知禮義，古有
明訓，理實有據。如之何其可破也？今民眾轉徙溝壑而猶以意志自
由相加責，勿奈太殘酷乎？曰：此言是也，然亦不背於意志自由
也。足衣足食，是在上者言之以自勉自警也。其意若曰：「衣不
足，食不飽，雖教之亦無所措，欲其不亂得乎？故必先富後教。」
此實情也。然要不能因此以至經濟定命論也。為政者順其勢而富
之，掌教者因其理而當之，此本風馬牛不相及，如何可以經濟定命
論昭告天下也？是意志自由，本無礙於富國裕民，然經濟定命則將
率獸而食人矣！

是以專家民治，民眾領袖，皆在吾之文化觀與行為觀而得其解
矣。經濟定命論者不與也。由專家而有人才主義，由領袖而有道德
主義，至若革命主義則可有可無，當隨機而變。共產黨排一切而鼓
動革命主義，至若國民黨特師故智而效顰耳，皆非吾輩所當取也。
今天下曉曉之際，非仁且智不足以挽此頹風。其任不為不重也，其
道不為不遠也，有志之士將何以處此也？其亦可以深思也已！

廿四年二月十一日

原載《再生雜誌》第3卷第2期　1935年4月15日，署名「光君」

中國農村生產方式

生產方式就是如何去生產的問題。此又與制度稍微不同。制度可以是知識階級的理想，可以是政府的策劃，可以是關于地權分配的整頓、分配的形式，而不關于生產問題，尤其不關于生產方式問題。如是，生產方式只限于生產方面的如何生產，其範圍稍側狹而具體。如是，在歷史上，耦耕的藉田制，換土易居的爰田制，一畝三甽的代田制，可以表示出一種生產的方式來，而井田制（或有或無，都無須論），董仲舒的限田制，王莽的王田制，西晉的占田制，後魏的世業口分的均田制，以至宋之不能行均田藉均稅以均田，直至王安石的方田之均田制，至最近等等制度，都是關于私有下的土地分配問題的，都不能看出一種生產方式來。它們是土地制度而不是生產方式。土地制度可以愈行而愈遠，名目百出，而生產方式則常握在實際耕種的農民手裏，它總是頑固的爲能力爲時代所支配，急也急不得，快也快不得的。土地制度縱然當其生效時能影響了生產方式，但其對于地權的分配，人與人的關係有直接的影響，而對于生產方式卻無直接的影響；即是說，有時土地制度改變了，而生產方式卻並不能隨之而改變。同樣，生產方式改變了，土地制度也不一定隨之而變。生產方式與生產關係並不相同。生產關

係是法律政治所表現的生產制度，如地權關係、僱傭關係等便是。而生產方式仍純是經濟上的範疇，它是凝固在活動的生產過程中的。我主張生產工具與生產方式不能決定社會形態，其原故就在這裡。而馬克司的經濟史觀卻恰恰正以這兩個東西決定社會形態的，吾未見其對。須知縱然有石器時代、銅器時代、鐵器時代等名稱，但是這些工具與社會形態之間究無直接的必然的因果關係。在以往如此，在現在亦復如此。你從這些工具來看社會形態可，你說他決定社會形態則不可。

我們現在藉藉田制、爰田制、代田制的生產方式來看現在的生產方式。

一、藉田制：是曾謇先生提出來的。他在《食貨》第1卷第7期〈西周時代的生產概況〉一文裡曾陳說這個藉田而耕的生產方式的存在。無論他的理由充足與否，證據確鑿與否，然而看起來也算近情。他說西周的農業是承繼著殷代的。這時是使用青銅器的時代，鐵尚未被使用著，器具的供給是很稀少的。他們用的耒耜是兩人用腳蹈踏而入土的。這種情形就叫做「耦耕」。「耦耕」即兩人共用一具而耕。所謂耒耜是一器的兩部名稱，並非兩件器具。「入土曰耜，耜柄曰耒。」（韋昭《國語》註）京房云：「耜，耒下釪也。耒，耜上勾木也。」可見耜是入土的部分，耒是兩人把柄的部分。兩人蹈耒而耕，故耦耕皆從耒旁。其形似與今之鐵鍬相類。每見農夫用腳踏鍬而取土，蓋一踏則力大，力大則鐵鍬入土快而深。當年蹈耒而耕，恐亦是此種情形，不過兩人耦蹈而已。所謂藉田之「藉」，據云即係像人蹈耒而耕之形，故曰「藉田」。

這種「蹈耒而耕」，亦叫做「舉足而耕」或「舉趾而耕」，其

生產方法是勞而少功的。一人耒就夠笨的了，何況兩人蹈耒？然而當時工具缺乏，便不得不採取這種方式。既笨，耕種的面積又少。這是一種生產方式的記載。

及至人口漸漸多了，社會的組織漸漸的複雜了，鐵的使用已經普遍了，工具的種類已經繁多了。這種耦耕的藉田制，便可以消滅。繼之而起的便可謂井田制。井田制至現在還是爭論的問題：有人承認它有，有人承認它無。錢穆先生對於井田有新的解析。他以為孟子所說的「方里為井，井九百畝，其中為公田，八家皆私百畝，同養公田」這種整齊的豆腐塊式的土地未必有，但是幾家共耕著一塊土地，並從中取出一塊來為公家耕種，這種情形確可以存在。他這見解，我覺得很可取。藉田制可以符應著氏族社會及家族社會，即氏族共有制與家族共有制下才有藉田制的發生。井田制則符應著封建制，即由家族共有轉化而為國家公有，在這種國家公有下，共耕種一塊土地的家族或家庭便是井田制。

井田制以家庭為單位，耕種者想不必兩人蹈耒而耕，一人可有好多工具。但也不必一夫可耕百畝，不過生產力比以前大就是了。

井田制自然有其生產方式，但因為「井田」這個名詞，乃是代表著一個政治制度，所以前邊論生產方式，並未有把它列在裡邊，而只把它當作一個土地制度看。若說這時沒有生產方式，那便錯了。這時的生產方式，工具雖然多了，耦耕雖然廢了，但恐怕還是蹈耕（一人蹈）居多數，其耕種的種類想亦不能十分多，耕種的技術想亦不能十分高明。我不知牛耕起於何時，犁之創造起於何時（當然可以考究出來），也許就在此時亦未可知。牛犁的使用是中國農業上劃時代的一個時期，因為到現在還是用牛犁呵！

二、爰田制：藉田制，我們從工具的使用方面看出生產方式；爰田制，則可以從耕種的方法上看出生產方式。

爰田制（亦作轅田制）是繼續著井田制而來的。井田制還算是國家公有，至爰田制乃漸成為私有制的雛形了。爰者換也，爰田即是換田。換田制即是輪耕的辦法。在爰田制的名目之下，有兩種情形發生：㈠爰土易居，即又換土又換居的辦法。譬如地分三等，上等百畝為不易之地；中等二百畝為一易之地，即每年耕百畝，二年而遍；下等三百畝為再易之地，即年耕百畝，三年而遍；此謂爰土。爰土三年而遍，便行易居，即前耕百畝者，今易居而耕二百畝，二百畝者耕三百畝，三百畝者耕一百畝。如此易法可得其平。這種爰土易居的辦法，或在井田制之下施行，或在井田制之後施行，皆有可能。但總比爰土不易居的辦法在前。㈡爰土不易居，這種制度是成立於商鞅。爰土易居又笨又麻煩，爰土不易居便可各安其處。商鞅提封疆開阡陌，以盡地利。提者決也，開者廢也（非開建之意）。把以前井田時代的封疆阡陌盡行提廢，使其成為可耕之地。這是商鞅的第一步工作。第二步便是改爰土易居為爰土不易居。爰土不易居即是只換田不易廬舍，令民自在其田不復易居。這個換田的辦法，也與爰土易居之爰土一樣；上田百畝，無須易換；中田二百畝，每年百畝，二年耕遍；下田三百畝，三年耕遍。土地之分配按地質之上下而多少之，得田者亦不必易居。這是又穩定又公平的辦法。

這個辦法自然進步了，但卻把以前的國家公有制度而為固定的個人私有制了。照上述的發展線索，私有制即起於這個「爰土不易居」的制定上。由此我們可知佔有欲固然是人類的本性，但「所有

權」這個概念卻是歷史發展上的一個範疇，即私有公有常隨著社會組織的發展而有所固定與改變。常由不自覺變而為自覺，由自覺變而為不自覺；由不神聖變而為神聖，由神聖變而為不神聖。譬如在氏族公有與國家公有的時代，「所有權」這個觀念便不是自覺的，便不是神聖的，發展到某種程度便自覺了，因而便神聖了。可是將來的社會組織若日形社會化，則爾我分明的「所有權」觀念便又可薄弱下來，由自覺變而為不自覺，隨之亦成為非神聖的東西。社會改革家，若發見了公有或私有，或隨便什麼制度，有了毛病，若不從根上撤消了或建築起它所依託的具體基礎，而只空嚷打倒剷除，由制度的毛病變而為對付個人的仇視與殺戮，那便是不智，那便是所謂唯心。

話說得遠了，我們再回到本題。我所以要注意這種爰田制，就是因為他表示著一種生產的方式。這種方式就是輪流休耕的辦法。輪流休耕可以養田，這已感覺到土地的報酬遞減現象了。或許，這時還不知使用肥料，所以才換土休耕，但至人口繁多了，社會複雜了，換土休耕便不容易維持，肥料也知使用起來。所以爰田制的成立，不但私有權因之成立，即生產方式與工具也必隨之而日形繁雜了。但是，中國歷來制裁自然的力量總屬微薄，只能對付自然，而未能幫助自然，制裁自然。照耕種方面言，換土的對付方法便是西漢時代的「代田制」。由這個「代田制」，我們也可以看出一種生產方式來。

三、代田制：代田制也是從耕種方法上看出生產方式。代田制比休耕的爰田進步得多了，牛犁也早使用著了。代田的辦法是這樣的：「〔趙〕過能為代田，一晦三甽。歲代處，故曰代田。」

（《漢書·食貨志》）徐光啓《農政全書》卷四〈田制〉云：「古者耜一金，兩人並發之，其隴中曰甽，甽上曰伐。伐之言發也。甽與伐高深廣各尺。一畝之中，三甽三伐，廣六尺，長六百尺。以此計畝，故曰終畝，曰竟畝。」

他這段話還是指古者耦耕而言，但是一畝三甽的解析可適用於代田。代田所謂一畝三甽，照徐氏的解析，即是一畝之中，三甽三伐。伐者其高陵處，甽者其低平處。甽同於畎。一畝之間，廣尺深尺曰畎，高尺曰伐。徐氏所謂「高深廣各尺」，即言高伐一尺，廣一尺，深一尺。廣深之甽為耕種之處，高陵之伐為不耕之處。歲代處，言今年耕種的甽易為明年不耕的甽，今年不種的伐易為明年耕種的甽。這種甽伐代耕的代田雖亦有爰田休耕之意，但所換者乃是甽伐更換，並不是百畝更換。並且這種甽伐更換，除去休耕之意，還有一種好處，就是能耐風旱。

《漢書·食貨志》：「苗生葉以上，稍耨隴草，因隤其土，以附苗根。〔……〕言苗稍壯，每耨輒附根。比盛暑，隴盡而根深，能風與旱。故儗儗而盛也。」此言苗長大後，鋤去隴中之草，將其土隤下以附苗根。每鋤一次草，輒附一次根。《詩·小雅·甫田》：「或芸或芋，黍稷儗儗。」芸指除草而言，芋指附根而言，附根即指將隴伐之土隤下培植而言。這樣芸芋下去，比至盛暑，隴土已盡，而根亦深，便能耐風耐旱，故禾苗儗儗而盛。這種遞相甽伐的更代辦法實在是很進步的一種生產方式，比爰田休耕經濟得多了。

至於耕種的工具也比以前大見進步：「其耕耘下種，田器皆有便巧。〔……〕用耦犁二，牛三，人一。歲之收常過縵田甽一斛以上。善者倍之。」（《漢書·食貨志》）「縵田謂不為甽者也。」

（師古注）言代田以前之縵田決不能如現在收穫之多，而代田一興，其收穫能過縵田所收一斛以上，善者且過縵田二斛以上。生產方法進步，生產力當然也進步。收穫多，人樂為，故天下人莫不耕種，但這是新興之法，故須教民耕種：「過使教田太常三輔，大農置工巧，奴與從事，為作田器。二千石遣令長、三老、力田，及里父老善田者，受田器，學耕種，養苗狀。民或苦少牛，亡以趨澤，故平都令光，教過以人輓犁。過奏光以為丞，教民相與庸輓犁。率多人者，田日三十畮，少者十三畮，以故田多墾闢。過試以離宮卒，田其宮壖地。課得穀皆多。」（同上）

作田器，教耕種，人輓犁，宮壖地，真是極一時之盛。「民皆便代田，用力少而得穀多。至昭帝時，流民稍還，田野益闢，頗有畜積。」（同上）代田一興，中國農業的生產方式便漸趨於完備，一直至今未稍變。猶如政治，自秦漢大一統後，便算成了定型，農業亦是如此。吾嘗謂漢朝最偉大，中國二千年來之所以為中國皆定於此：思想系統定於此，政治格式定於此，經濟形態定於此。思想、政治在此不論，專論經濟。

農業生產方式雖然漸趨完備，但是在現在，一畮三甽的代田制恐怕早已不存在了。這是因為人口日漸繁多，社會日見進化，土地的使用也日見窮盡，可耕的地都耕了，未開墾的都開墾了。爰田、代田的辦法自然無形中要消滅。所以代田以後的土地政策，便都在分配上用工夫，而農夫自己也不再能用爰代的辦法來休耕，而專注意於加人工，施肥料，趨向於細緻以抵抗自然了。所以代田以前的生產狀況是佔有，是開墾，是向外，總之是擴展的耕種法（extensive method）。代田以後的生產狀況是分配，是施肥，是

向內，總之是密緻的耕種法（intensive method）。以代田到現在止，其變遷的方向大致如此。要明白現在，看看漢朝的生產狀況，便可得一比較。

漢《四民月令》一書即表現著漢代的生產狀況：

正月：糞疇可種瓜，可種瓠，可種葵，可種䪥韭芥、大小葱蒜、苜蓿及雜蒜，可種蓼，可種芋。正月盡，二月可種春麥、豍豆。

二月：可種藍，可種大豆，可種胡麻，謂之上時。可種稹禾，可種苴麻，可種瓜。

三月：可種稹禾，可種苴麻，可種瓜，可種胡麻，可種黍穄，可種稉稻。

四月：時雨降，可種黍禾，謂之上時，可種胡麻，可種大小豆。

五月：可種胡麻，可種黍，可種牡麻，可別種稻及藍。

六月：可種小蒜，可種多葵，可種蕪菁。

七月：可種蕪菁，可種大小葱，可種苜蓿，可種小蒜，可種芥。

八月：可種大小麥及穬，可種大蒜，可種芥，可種苜蓿，可種乾葵。

在這幾個月的作物裡，除去在現在看來那些已不是主要的雜物而外，有很多是和現在的播種時間相同的。譬如四月時雨降可種大小豆，八月可種大小麥，這都和現在的北方相同的。至於其他菜蔬之類，播種時間亦大致相同。惟無穀子、高粱之類。也許那時尚未發見出這些東西。至其他工作休息時日與現在亦大致相同。這不能

不說這二千年間，其生產狀況是已定了的了。

　　現在的生產方式是：㈠春、秋兩季耕田用一個犁，一牛一驢，或一騾，或二驢，或一騾一驢，或二牛。一人扶犁，耕完以後，再用杷以扒疏，凡大土塊皆揉碎，畜工與人工與耕同。㈡下種用漏斗，一畜拉，一人扶，一人牽引畜，不使偏斜。㈢小農場，牲畜不便者，亦用人工輓漏斗，與漢時稍同，不過挽犁者則卻無。㈣從下種到收穫之間的或芸或芓亦與漢時同，惟無耡伐之制就是了。㈤收穫時或用鐮，或用小鑯，或用人手。鐮割麥割穀，但有時亦用人手拔麥拔穀，此不但小農場為然，即大農場亦常見。這在吾鄉為最普遍之事。這固然由於麥根與穀根入土之淺，但也有合農民的經濟之處，即可以多得燒草是也。小　是用來拔高粱一類入土深的作物。㈥補充地方的方法是用肥料，以人畜之排洩物為主。防旱，園地可用灌溉，耕種之地灌溉者甚少，唯有禱天降雨而已。防潦，則簡直無辦法，亦只有禱天晴霽而已。

　　這就是現在的生產方式，我看不出與漢時有什麼大不同。所不同者在㈠耕種的細緻一點，㈡土地的區分零碎一點，㈢工具完備一點，三者而已。

　　再要細徹的了解現在的生產方式，我們再看生產的勞動與生產力之大小即可。

原載《再生雜誌》第3卷第3期　1935年5月15日

中國農村經濟局面與社會形態

一、簡單的前提

　　據我研究農村的結果，我可以從三方面來規畫農村經濟的大體輪廓：㈠從土地分配方面看，㈡從農業生產方面看，㈢從副業的生產與流通方面看。

　　從土地分配方面，可得以下幾個結論：㈠小農場的普遍存在，㈡土地分割的零碎，㈢大農場經營的日見稀少，㈣土地所有權集中，而耕種權卻分散。

　　從農業生產方面，可得以下幾個結論：㈠生產的工具還是舊式的，㈡生產的方式與以前也無大別，㈢生產的動力還是人工與畜工，㈣生產的收支範圍，平均在三百元左右。

　　從副業的生產與流通方面，可得以下幾個結論：㈠副業的量日見其多，㈡副業的界限效用日見重要，㈢舊副業的範圍日見縮小，但卻不能消滅，㈣新副業應運而生，但卻不能消滅舊副業，㈤新副業的生產方法與工具，與舊副業同其程度，還是手工業的、零碎的，㈥農業產品與副業產品的流通，採取兩種形式：一是牙行經

紀，一是合作社，前者的勢力遠大於後者。

二、自足自給

　　由以上幾個簡單的前提，可以暗示出兩個問題：㈠中國經濟的程度問題，㈡自足自給問題。說到程度問題，我們可有兩個斷案：㈠中國經濟還未到充分利用自然與制裁自然的程度，還是在盡人事以聽天命的，仰望自然的狀態之下過活。㈡農業的生產還是在舊式的工具與方法之下施行，它並未有進步。

　　說到自足自給問題，可有以下兩個斷案：㈠中國經濟的現局是破壞的，不是發展的；換言之，中國經濟並未有進步，但只是被破壞了。進步是自發的蛻變，趨於新形態；破壞是被動的割裂，攪成畸形的並存。㈡因為這個緣故，所以中國經濟一方可說是自足自給的，一方可說又不是自足自給的。以下即討論這兩個斷案，至于程度問題中的兩個斷案，看第一節是簡單前提便可明白，似不必重複。

　　中國經濟是破壞的，其原因是在：㈠中國不是一個獨立的經濟體。㈡為資本主義的商場，而資本主義並未扶助我們，使我們前進。㈢中國內部的政府也並未維持這個遺留下來的獨立體，更說不上發展它，扶助它。因此，中國的經濟局面便成了一個停頓割裂的狀況。它成了周圍環境的犧牲品，並成了寄生內部之蠹的腐臭品。

　　我們可以從各方面來證明這個破壞而不發展的局面：㈠從土地的分配上說，零碎的小農場依然是小農場，而且江河日下，從前所有的富農經營，現在日見減少；生產的工具依然是祖宗傳下來的原

始工具，並未加以變化或現代化；生產方法也並未改進，也仍是在原始的狀態之下，並未合理化、組織化。㈡從副業的生產上說，舊式與新式並存，生產工具與方式也都是手工業的、零碎的、非組織的；生產的目的，舊式的爲鄉村農民日常生活所使用，新式的爲資本家生產商品之原料。

經濟的生產與消費，並未互應起來。都市與鄉村也並未聯繫起來。停頓的農業生產，使著農民過舊式的生產與舊式的享受，自成一個局面而在那裡潛伏著。游離階段以其不勞而獲的不生產的金錢，住在都市裡作資本家的商品之消費者，這又是自成一個局面在那裡點綴繼著。產生副業者並非爲自己之消費而產生，亦並非爲自己製作而產生原料，他乃爲資本家而產生原料以制作商品，以備都市游離階級的享受；產生副業者卻無力來享受，縱然這種享受品的前身是出之于他們之手而且是便宜的，但現在卻不便宜，與他們無緣了。這又是自成一個局面在那裡幽禁著。這種種不統一不諧和的畸形並存，就是不發展而割裂的局面。這個局面不能不說是中國政治之腐敗與帝國主義之拘禁所造成的。

我既證明了這個不發展而破裂的局面是中國經濟之本相，我即可以再進而決定自足自給的問題。

自足自給有兩個意思：㈠內部物產足夠自給，不必假借外人，㈡內部物產雖不足自給，然以有易無，亦足出入相抵。普通以前一個意思爲自足自給之本意，就是說，閉關自守，可以閉得住，守得住，便是自足自給。不過，隨著社會的進化，人類是在關係中存在著，閉關自守成爲不可能之事，則自足自給的意義也不得不隨之擴大。如是，第二個意義現在亦可稱爲自足自給。

　　按著這兩個意思說，中國本是可以閉關自守，自足自給。但是現在並不如此，不但不足自給，而且仰賴外人；不但與外貿易，而且入超成爲家常便飯，年年如此。從這方面說，中國不但不能閉得住守得住，而且出入亦不相抵。自足自給的第一個意思與第二個意思，在中國皆不存在。

　　但是，從潛伏在舊式生產與舊式享受的那一個局面方面著想，則中國又是自足自給的。這個自足自給就是農村裡邊的農民生活。他們無力與資本主義的商品打交道，他們不得不自成一局面。縱然這個局面，因著資本主義的商品的輸入，而範圍日形縮小，但卻不能蛻變而消滅。縱然在鄉村裡邊，靠著交通方便的地方，有幾種使用的機器是外來的製造品，然農民的日常生活、衣食住之所需，卻總是自足自給的。那種外來的製造品並不是必須的，縱然有一部分人消費資本家的舶來品，那也只是某一部分人是如此。必須或使用是相對的，農民這一範圍裡是不必須的。因爲在他那個階段之下，這種外來製造品是可有可無，而力量不足過問，遂使之爲不必須。所以這個自足自給不是如普通所謂是在將散而未散的，參雜錯綜的殘局。摻雜錯綜則有之，然而說是一個東西的將散而未散，卻未必然。因爲本著不發展而破裂的局面，則這個自足自給是永遠存在著，決不會消滅而蛻變。所以中國的自足自給，是範圍並存的問題，不是消滅蛻變的問題。長此下去，也許會消滅，即所謂死亡，但決不會蛻變。若要蛻變而前進，則必須有其他條件加入。這便是一個政治問題。

　　有些人不明白這個重要的差異，遂說中國經濟趨于資本主義、半資本主義、或封建主義等等無謂的爭論。其實都是望風捕影之

談。要想了解中國的社會形態，非了解這個不發展而破裂的局面不可。于是，我們轉而討論社會形態。在討論社會形態之前，關于自足自給問題尚有餘義，茲附注于次。

附註一：關于自足自給問題，楊慶堃先生有一文，名曰〈市集現象所表現的農村自給自足問題〉，說的很具體。他以山東的鄒平縣爲根據，最後下結論說：「根據上面的事實，可以觀察到在水陸交通運輸都有相當便利的鄒平縣中，許多貨物，尤其是機制品，是依靠着別的社會經濟單位去供給。而縣北每年輸出大宗的棉花，縣南輸出生絲，有時縣的北部和中部也輸出糧食，去交換外來的貨物。機械工業，和現代的運輸，令它和三百里以外的社會經濟單位發生互依的關係。自給自足的局面，可謂發生了重要的搖動。但在別方面，在研究貨物種類的時候，我們觀察到鄒平仍然自己供給着自己大部分的衣食住和生產的工具與原料。洋布雖然開始從外輸入，而它的人口大部分在穿着土織的土布。縣北雖然輸出大量棉花，但所產的糧食，還大部分留下來供給地方上的人口。在交換的組織上，零碎分隔的活動單位，仍然保持著自給自足的結構。這是一個將散而未散的，參雜錯綜的殘局。這是魯中農村現階段的一個實況。我希望留意本問題的人，也詳盡地用客觀的眼光去觀察各國內地的事實，令本問題得到一個較清晰的解白。現在流行著的『農村自給自足已完全崩潰』，或『中國農村仍然完全地保持著自給自足的局面』等論調，祇等于哲學式的想像，而對于問題本身是不能有很徹底的解決的。」（民國廿三年七月十九日，《大公報·鄉村建設》第十四期。）

他這個結論有幾點須注意：㈠他所謂自足自給是只限于一個經濟單位而言，這種自足自給的事實，我們也承認，即我前邊所說的舊式生產與舊式享受，自成一個局面，無力與資本家的商品打交道的鄉村農民生活。不過在我們看來，自足自給不必限于一個經濟單位，與三百里以外的社會經濟單位發生關係，不必不自足自給，而且與三百里以外發生經濟關係，也不自今日始。不過有一點須注意，即如果這種外來品是來自海外的資本家，便顯示出不自足自給。如果來自內部的其他經濟單位中的特產，即屬外來，也仍屬自足自給。自足自給不必限于一個經濟單位。當然，各單位本身間的自足自給，我也並不否認。㈡他說自足自給是一個將散而未散的殘局，以反對完全自足論者與完全崩潰論者。這個見解，表面觀之，也無什麼錯處。不過，仍有斟酌之餘地。完全的絕對論者，固然是哲學式的想像，但這種相對的殘局論者也未必恰如事實。試問這個殘局，殘到幾時？它原因在那裡？它將來的結果如何？死亡還是蛻變？在一個單位內的衣食住之自足自給，究竟是漸趨于總崩潰，還是不漸趨于總崩潰？這些疑問，殘局論者都未解答。在我們以為在現在中國地位之下，這個自足自給的局面不是將散未散的殘局，它只有縮小範圍，不會趨于崩潰或蛻變，因為我們看中國經濟是割裂的，不是發展的故也。我們看自足與不自足決不同于時論，非絕對論亦非殘局論，乃是範圍論，即割裂的、畸形的範圍之並存。一方絕對的不自足，全靠外人（商品大量輸入，入超為司空見慣）；一方絕對的自足，全靠自己（停頓的舊式的生產與享受，自成一無力向外的局面）。這種自足與不自足所造成的種種現象，交互錯綜，于是便把人們的眼睛撩亂了。

附註二：外貨的輸入不能扶助中國經濟的發展，不能使中國經濟成一獨
　　　　立體。因爲中國的生產與消費，並未與資本家的生產與消費齊
　　　　平起來，聯繫起來。資本家商品的傾銷，徒增加其割裂與畸
　　　　形。所以，雖有大量的輸入，並未使中國經濟消滅與蛻變或進
　　　　步。不要看東方的巴黎，不要看五花八門的繁華，這只是表面
　　　　的臃腫與虛榮。

　　　關於農村裡邊輸入各國貨物的調查，不很多見。《民間半月
刊》第一卷第廿一期有李景漢先生的〈定縣輸入各國貨物之調
查〉一文，頗可代表一般鄉村各國貨物之比例數。茲錄于下：

「各國輸入貨物，定縣輸入貨物總值內，國貨計二百六十九萬
餘元，佔百分之八十四，英國貨佔百分之七，美國貨佔百分之
四，日本貨佔百分之三，德國佔百分之二。

「若將國貨除外，則英國貨佔第一位，共計二十一萬八千餘
元，其中捲烟一項爲最多，全年共銷二百餘萬盒，值十三萬餘
元。煤油次之，共銷五萬六千餘箱，值四萬八千餘元。白碱又
次之，共銷三十一萬四千餘斤，值一萬八千餘元。其他爲人造
靛、金屬製品及棉製品。

「美國貨佔第二位，共計十三萬七千餘元，其中以煤油爲最
多，共銷一萬二千餘箱，值十一萬二千餘元。人造靛、靛藍、
煮紅、煮青等染料次之。其他爲紙、電料、照相材料及藥品等
類。

「日本貨佔第三位，共計九萬二千餘元，以棉製品爲最多。食
品類次之，包括海帶、糖等物。紙類又次之。其他爲金屬製
品、磁器、玻璃、藥品、衛生品、電料、照相材料、染料等
類。

「德國貨佔第四位，共計三萬七千餘元。其中以人造靛、煮

青、品紅、鵝黃、粉紅等顏料為最多。棉製品之陰丹士林布次之。其他為金屬制品、藥品、食品、電料、照相材料、化學品等類。

「此外洋貨有俄國之煤油與印花布，法國之菜品與飲料，荷蘭之紅糖，瑞士之鐘表等類。

「總起來講，定縣購用之洋貨中，英國貨佔百分之四十三，美國貨佔百分之二十七，日本貨佔百分之十九，德國貨佔百分之七，其他各國貨佔百分之三。

「洋貨總值約計五十萬一千餘元。定縣每家，在一年內，平均購用洋貨七元三角四分，每人約合一元二角六分。」

在定縣全縣，國貨佔百分之八十四，其餘各國只佔百分之十六。這百分之十六即是舶來品。各國間之比例數，雖不必全同于此，然而輸入之貨物與成數，卻大概不離乎此。

百分之十六的舶來品，其從數量種類與效用上說，皆不足以蛻變或解體中國農村之停頓的舊式的局面，與自足自給的局面。只不過是割裂摻雜而已。整頓這個割裂，統一這個摻雜，不能不著手於國家的建造與政制的確立。

三、社會形態

說到社會形態，現在有資本主義與封建主義之爭。我覺得爭者都不是為求知而爭，所以也都不抓癢處。我現在要本著我對於農村的理解，來解答這個問題。

「封建」一詞，近人無確定的界說，用的時候，又不知何所指。然一般人心目中所指的，似乎既不是經濟，又不是政治，乃是

人們的腦袋，或生活的樣式。這部分人即以這種腦袋的意識，生活的樣式，來規定社會的形態。這方法甚不可靠。一般說中國現在是封建社會者，大都根據時下人們的腦袋而立論，或根據時下中國因為尚在與西洋資本主義的生活相反，所以說中國社會是封建社會。根據前者而言，則軍閥是封建餘孽，腐敗官僚是封建餘孽，古籍讀經是封建餘孽，家族觀念是封建餘孽，舊禮敎是封建餘孽，因此種類餘孽，所以中國是封建社會。根據後者而言，則凡不看電影而看舊劇，不穿西服而穿大褂，不穿皮鞋、高跟鞋而穿千層底，不燙髮，不跳舞，不袒胸露臂，不能不要臉等等，皆是封建意識。中國現在這般人佔勢力，所以中國是封建社會。

這種看法即是從腦袋方面看，從生活樣式方面看。但是，這種看法卻大背於看者所信奉的唯物史觀。即我們對於唯物史觀持批評態度的人們亦不能從這方面來看社會形態。其唯一原因，即是禮俗不是決定社會形態的主要特徵。從禮俗方面看，經濟史觀便變成禮俗史觀了。

不從腦袋禮俗方面看，而知著眼於經濟方面的，則說凡是部落的、自封的經濟局面都是封建社會；凡勞役地租、超經濟剝削的關係的，都是封建社會。中國現在還脫不了這種局面，所以還是封建社會。這個看法，從農村經濟方面著想，並非不代表一部分事實，但「封建」一字卻甚不妥。並且又忽略了他方的種種事實。爲正名起見，不得不予以指正。

社會形態與經濟形態並不相同。社會形態是整個的，經濟形態是部分的，認識整個與認識部分當然不能同日而語。現在一般人第一個錯誤即在以經濟形態當作社會形態。封建是政治方面的一個範

疇，是歷史上的一種政治制度，本不是指示經濟形態的。所謂封建經濟只是封建時代的經濟，或者說，與封建時代的經濟形態相似的經濟。與封建時代的經濟相似，但卻不必是封建社會。近人第二個錯誤即在某與某相似，遂即認某為某。政治形態與經濟形態，隨著社會的總進程，每有相應的關係。在總進程的某一階段上，它們倆相融洽，凝結而成一個特殊的時代。認識某一特殊時代的形態即是認識該時代的整個社會形態。社會形態中的政治形態與經濟形態只是巧合，並沒有必然的因果關係，也沒有上層下層決定的關係。政治形態變了，經濟形態或不變，然而卻另是一個新社會形態；經濟形態變了，政治形態或不變，然而亦不得其為另一個新社會形態。譬如，說現在為封建經濟的人們，必是以為現在的經濟有些與封建時代相像，但是封建政制卻早過去了，蛻變了。這是政治形態變，經濟形態不變，而社會形態變的證明。再如，資本主義的生產方法與工具，雖然可以在社會主義時代同樣地存在，然而經濟關係已不相同，一為私有財產，一為公有財產。經濟關係雖不同，然而政治形態卻仍不礙其為民主政治。在民主政治之下，既可以建立資本主義又可以建立社會主義，縱然在轉變時期，或許需要一次革命。這是經濟形態變，政治形態不變，而社會形態變的證明。這兩個證明都足以表示政治形態與經濟形態無必然的因果關係，但只有相應巧合的關係。近人第三個錯誤即在不認識這個關係，以為經濟形態是什麼，政治形態社會形態亦必隨之是什麼。現在的經濟形態有些與封建時代的相似，遂斷定現在是封建政治、封建社會。這完全錯誤，至于上層下層的決定關係，在此不必討論。讀者可參考《再生》第1卷第11期我的〈社會根本原則之確立〉一文。

　　封建論者既不足解析現在的社會形態，我們再看資本主義者如何解析。資本主義者以為自鴉片戰爭而後，中國已入資本主義的初期，已成為資本主義的生產方法。這見解甚屬籠統。他們也沒有指出生產方法是關於什麼的生產方法。我看，他們不過是看見中國已有了水陸商埠了，交通也發達了，也有什麼工廠、什麼機器，並也有東方的巴黎、有汽車、有電車、有舞女、有金迷紙醉、電燈的照耀、肉的鼓惑等等，遂認為是資本主義社會。不過，我以這種看法，與以禮俗或腦袋看社會的封建論者，不相上下，同是一種表面的見解。我對於此等論調，不願多所批評。我以為這些把戲不是資本主義的生產方法，倒只不過是資本主義式的消費而已。因為這些不是我們的生產，即或是出自中國人之手，也不能認為是中國經濟的發展，只不過是為虎作倀而已；不是發自於自己的充實之內部，而是為人作嫁衣裳。

　　有一部分人進步了，覺得中國是以農業立國，生產方法當然是農業的生產方法。於是便從農業的生產方法上，斷定中國已入資本主義社會。他們斷定其為資本主義的根據，是在富農的經營與商品生產。他們以為富農的經營即是大農場的經營，大農場的經營即帶有資本主義的性質在內；牛驢騾馬，僱傭勞動，都是大農場經營的唯一特徵。資本主義與商品生產，即在這裏得其朕兆。

　　不過，我以為這個看法並不可靠。富農雖然可以達到資本主義的生產方法，然而現在中國的富農卻擔負不起這個責任。換言之，資本主義雖可由富農經營得其朕兆，然而在現在的生產方法、生產工具至土地分配之下，卻不容易達到。在這三個條件未改變之前，富農縱然有好多馬匹、好多耕牛、好多佃農，也不能算是資本主義

的生產者。在以前，驟馬成群，呼奴喚僕的富農多著哩！爲何不是資本家，到現在便是資本家呢？何況近來富農日形減少，他們的使用畜，由驟變成驢，由驢變成人工（原因是怕丘八的強佔）；他們的佃農由多變少，由少變無（原因是大農場分爲小農場）。這種事實，在許多農村調查裡都表現著。所以富農即便有牲畜與人工，在現在狀況之下，也不能變成資本主義的生產方法，而何況牲畜與人工日形減少？

復次，農業的資本化必須地主、資本家與勞工三者結合而爲商品的生產始可成立。但現在投資農村的卻還很少，謂之爲絕無亦無不可。有錢的人存銀行，住租界。誰還肯冒險投資於農業生產？近來所謂銀行投資，不過是信用借貸而已。金融資本家並未投資農業作大規模的商品生產。金融集中都市，爲的是消費；富農日形減少，怕的是兵匪；沒有辦法的老實百姓才死守田園哩！稍有出路，便不耕種。此即所謂民不欲耕。到了民不欲耕之時，那有所謂資本主義的生產方法？

資本主義者所以錯誤，即在誤認中國的經濟尚是一個獨立體，尚是能自行發展的。須知並不如此。他們沒有認識它是一個破裂而不能發展的局面。封建主義者沒有顧到全體，而只著眼於一部農村經濟，見農村經濟有些與封建時代的經濟相似，遂斷定中國是封建社會。資本主義者也沒有顧到全體，而只著眼於一部農村經濟，見農村經濟有富農可以發展到資本主義的生產方法，遂斷定中國是資本主義社會。前者只注意了經濟的停頓，忘記了社會政治以及國外環境；後者只注意了經濟的發展，也忘記了社會政治以及國外的環境。其失同在不認識這個破裂而不發展的局面。

　　而我們的見解則以為：本著這個破裂而不發展的局面，從政治方面說，中國究竟是民主國，所以還是民主政治式的（縱然有所謂獨裁）；因而在經濟制度方面，定義上或形式上總是自由經濟，隨之也是資本主義式的；從經濟方面說，都市的消費，表面的虛榮，是資本主義式的；而在農業生產上，如果以西洋的現存經濟為資本主義生產方法，則中國便不是資本主義生產方法。如果以前有那末一個封建時代的經濟，倒與現在的中國農村經濟有幾分相似；那末，也可以說中國的農村經濟是與封建時代的經濟相似的經濟，但卻不可說是封建社會或封建經濟。這是我們最後的解剖。

　　於是我可斷定說：中國的經濟在形式上或定義上是資本主義式的；在實際上或內容上則是與封建時代的經濟相似的經濟。如果避免「封建」一詞，則可說是原始的、自然的（不能充分利用自然，克服自然的）經濟形態。在此，經濟形態與政治形態不必一致共變，只是相應契合。換言之，經濟形態雖然帶有原始性，但是政治形態可以是開明的。縱然現在的政治無政制可言，亦不必引以為憂。

　　這種局面自然是破裂而不發展造成的。如果要想整頓破裂，促其發展，不能不在政治上努力，不然便祇有如此停頓而至於死亡。在現在局面之下，經濟本身是很難自行發展的。政治上的努力，如果走資本主義的路，便可以使我們的經濟，在實際上或內容上也變成了資本主義式的；如果走社會主義的路，則我們的經濟，在實際上或內容上，也可變成社會主義式的經濟。無論資本主義或社會主義，總期以達到經濟獨立自行發展為目的。卻達此目的，必在政治的努力。

原載《再生雜誌》第3卷第4、5期合刊　　1935年7月15日

國內兩大思潮之對比

近年來國內思想中，其能自成系統者，厥有兩支：一為共產主義，一為國家社會主義。其精神，其主張，始終皆不相同。其對比之點有四：曰文化觀，曰行動觀，曰政治觀，曰經濟觀。茲一一簡述于次。

一、文化觀之對比

共產黨之言文化也，先設有社會形態之轉變。有社會形態之轉變，斯有社會形態之截然不同，而決定社會形態之不同者則為經濟關係之不同。舊經濟關係一變，新社會形態即至。夫社會形態者，其內容不止經濟關係而已也。除此而外，將有政治焉，將有法律焉，將有道德、藝術、宗教、哲學焉。自彼輩觀之，凡政治、法律、道德、藝術、宗教、哲學，皆為某一社會形態之內容，而群集于經濟關係之上以為其附庸。經濟關係譬則中樞也，政治、法律等譬則四肢也。中樞變，四肢罔不隨之而變；中樞停其運用，四肢罔不隨之停其運用。如影隨形，而形不隨影。無不變之經濟關係，斯無不變之政治、法律；推之，道德、藝術、宗教、哲學亦無不變。

如是，社會形態一變，附集于其上之內容，將無不變而成歷史之陳
迹，百年老物，束諸高閣，徒增人憑弔已耳。是文化必隨皎日而西
沈也。皎日西沈，將復東來，然東來者，未必是西沈之日。推之，
過往之文化，必有新興者起而代之，然新興者未必是過往之物。共
產黨於此，而有打倒一切，重新創造之口號焉。夫其所謂重新創造
未必有重新估舊之意也。蓋自彼輩觀之，舊者直無用之物，何待于
重新估價也？循此而論，其文化觀乃文化之生死觀，經濟之定命論
也。然歷史如瀑流，未有如一刀兩斷之兩面論也。文化如水銀，無
孔而不入，未有絕對生絕對死之說。文化基於人性，人性中雖或有
隨時代而變，然于變中要有不變者存焉。文化為人性之客觀化，基
于變之人性之文化可隨時代而變，基于不變之人性之文化可永遠而
常存。縱或社會形態變，而此人性亦將不變也。蓋人性者，自然之
物也；社會形態者，人與人之關係所呈顯也。人類繁富，與時俱
增；人類智慧，與日同明；其關係之變，蓋為自然而必然之事，吾
人自無置疑；然伏于一切變化中之人性，決將不變焉。中西未嘗通
氣也，風俗習慣各不相同，然其人性則不謀而同也。是非之心同此
心也，羞惡之心同此心也。雖或所是所非者屢有所變，然是非之念
不變也；雖或所羞所惡者屢有所變，然羞惡之念不變也。而況二加
二不等于五，盜竊為人類之奇恥，雖所是所非，所羞所惡亦有不變
者焉。共產黨雖能拚生死以為鬥，然人也，究非天也，其能將人性
變更乎？然則文化之經濟觀，蓋亦決無之事也。

其所謂道德之變，非道德也，乃一時一地之風俗習慣也。其所
謂法律之變，非法律也，乃一時一地之具體條文也。其所謂藝術宗
教，亦非藝術宗教，乃維護某階級之宣傳品也，乃寄託藝術宗教之

象徵品也。其所謂哲學亦非哲學，乃某一集團之私見。其所謂科學亦非科學，乃科學發明之結果也。此一錯誤之混淆，宿于彼輩之心理，遂煞有介事焉，殊不知此皆瞎卻耳目，泯滅良心之言也。吾人固亦不否認此諸科目之有變，但其為變，不與經濟發生因果關係，其自身自有因果線索可尋，此其一；其為變乃真理之逐漸發見，此其二；其為變乃吾人之陳說與見解常有所不同，此其三。即與經濟不無相當關係，亦不可說與經濟發生因果關係也，更不當說與經濟發生偏面決定關係也。若曰一切不離社會，牛頓亦在時空。吾則曰此遁辭也，無意義之言也，說則等於無說，不可以為法。

從上所論，其文化觀無實據也，不科學之觀也，乃經濟之定命論也。吾人之見則恰相反。此恰相反之見，直名之曰「科學之文化觀」，亦無不可。夫科學云者，是則是之，非則非之，有則存之，無則去之。有變承其變，無變承其恆。有因果關係者，循其因果而解之；無因果關係者，不必強辭以奪理。有隨時代為因果而變者，吾則認其有；有不隨時代為因果而變者，吾則認其無。如數學，如邏輯，斷難言其隨時代而變，更斷難言其隨經濟關係之變而變；如物理、化學諸自然科學，亦難言其隨經濟關係之變而變也。寄託道德之風俗習慣雖常因時地而不同，然道德理念決是不變；寄託藝術宗教之象徵品雖常因時地而不同，然審美之念，宗教之情，決不因經濟關係之崩潰而崩潰。吾人主張科學文化觀，故有客觀與公共之真理；彼輩主張經濟文化觀，故無客觀與公共之真理。夫客觀與公共之真理，決不可輕易抹殺。如其無也，吾雖愛客觀與公共之真理，然亦止愛而已矣，究無實據以質諸人。如其有也，而必強說其無，屈天下之公以為己說，是真喪心病狂者矣。有客觀與公共之真

理，始有標準；無客觀與公共之眞理，幾何不至彼亦一是非，此亦
一是非！青年乎！今界線分明，其究何所適從乎？有理性之青年必
將有所決定也。

　　附註：關此，尚有歷史觀，即社會形態一問題，吾人亦有特見。可參看
　　　　　《再生》第1卷第11期，第2卷4，5兩期，第3卷第4，5兩期。理
　　　　　繁，茲不贅。

二、行動觀之對比

　　共產黨對於文化之看法既如上述，對於行動之看法又如何乎？
曰：其行動論蓋即基於文化論也。文化爲經濟之定命論，行動亦爲
經濟之定命論。以經濟定命文化，雖無所當，然猶是非之辯也。其
影響之惡尚不甚大。惟是以經濟定命行動，其影響將有不堪設想者
矣，不使天下盡變禽獸不止，故不得不辭而闢之。其言曰：一切文
化階級之文化也。桀犬吠堯，各爲其主。一切思想言論莫不各爲庇
護其階級之偏見。法律爲統治階級之法律，道德爲制裁民衆之工
具，國家爲壓迫民衆之機關。推之，文藝哲學莫不各有其階級之立
場。循是而論，無作則已，苟有作者，其心將不可問矣。是以各階
級欲得政權，必先打倒一切敵對階級之文化；欲行革命必親自出
馬，他人鮮能爲之代庖。共產黨即以此而打倒一切焉，復以此而擁
護唯一焉。其對無產階級曰：「汝必須自動，他階級不能爲力。經
濟條件各不相同，命定汝必須自動也。」一傳十，十傳百，流風所
及，天下靡然。各相告曰：「今吾所動，爲經濟所定，不得已也；

為經濟所限,勢難逃也。吾之惡非吾惡也,經濟條件使吾惡也。吾之非非吾非也,階級立場使吾非也。」如是,盡天下人而可不負一切責任,將責任盡推而納諸階級經濟之域,夫而後吾可以逍遙法外,為所欲為。誰惡也?惡誰也?惡爾我,爾我不受也;惡經濟,經濟死物也;惡階級,階級空名也;惡天,天不應也。天網恢恢,疏而不漏,而今竟漏之矣!十手所指,難逃天地之間,而今竟逃之矣!夫天下至於惡無所指,罪有所逃,是成何人間也?禽獸而已矣!是以經濟定命論,雖其初為應付民眾之心理,為鼓勵民眾之利器;然其影響所及,竟有如此之惡果!每一思及,不寒而慄!其為有志之士所應闢,不待是非之辨而後明,觀其結果亦足痛恨人心也!此非理想之推論,事實之昭著已見於世矣!中國之無產階級何在?然宣揚經濟定命論者已不遺餘力矣!是其利未有所見而害已先佈滿天下矣!國人對此宜作何感想?

吾人對此經濟定命論以意志自由論代之。意志自由者,實踐中所有事也。不承認人有自主之意志,則一切行動皆被動矣,皆唯命是聽矣,皆不負責任矣。然於此有矛盾焉。試問能動者誰乎?發命者誰乎?設不歸之於天,其為人也必矣。是自由意志為人間必許之理,否認之者將永居於矛盾而不能自拔也。人常論曰:「若云自由,其必離群絕俗而已矣。然人何能離群絕俗?故自由為不可能。」此解也,出於俗人之口久矣,有告其非者,仍不之信。吾每於此而大悲今之學風矣!夫如解者之所謂自由非自由也,直所謂死滅而已矣,莊子所謂無倚無待之絕對逍遙而已矣。道德家之所謂自由,固若是乎?此亘千古所未聞!今人好造是非,妄加罪名,此誠數見而不一見!夫自由者,即此千牽百累之實際生活中之自主之意

也。意即意志，故康德云：惟意志始有自由。然則，豈眞有如解者
所謂離此千牽百累之超然自由乎？今人不知於此千牽百累中尙有所
謂自主之意在，遂以爲實際生活無自由，自由必離群絕俗，此誠皮
相之尤者矣！自由必於千牽百累中見；而於千牽百累中，能明是
非，審處舍，以期合於理合於義，此則自由意志之實現也。合於
理，合於義，道德中所有事也，故自由意志必於道德界始能言。實
踐也，行動也，皆道德中之事也。道德中事而言經濟定命論，是自
潰其軍也。經濟定命論是順物界之動而言也。意志自由論是順人界
之動而言也。人亦物類，順物界之動而立論，本或可鼓舞無識無知
者於一時；然必欲打倒意志自由論，是殉人於物，禽獸也，將復何
人間之可言？吾不知此種喪心病狂之言，竟何投國人之心如此其
深？蓋亦欲卸卻道德之責焉已耳！

　　茲再言意志自由之於領袖。吾不云乎？經濟定命論只可用之以
鼓舞無識無知之愚民耳。至若鼓舞者、創發者，如列寧，如馬克
斯，皆未受經濟定命之限也。是經濟定命論不攻自破，不能成立者
明矣；意志自由論不立亦成，確乎不拔者亦明矣。然則經濟定命論
之不能解析領袖，其不可以質說者而首肯乎？意志自由論者非必云
盡天下人皆領袖也。爲其可以解析領袖也，爲其可以相勗勉也，爲
其可以使天下人負道德之責任也，爲其可以尊重天下人之人格也。
殺身成仁，捨生取義，意志自由爲之也；三軍可奪帥，匹夫不可奪
志，意志自由爲之也；知其不可而爲之，意志自由爲之也；不以物
喜，不以己悲，亦意志自由爲之也。凡此種種，經濟定命論能解之
乎？吾豈不可以此種種勗勉天下人也？然而，經濟定命論者不如此
也！吾聞之，以善相勗勉，未聞以惡相勗勉也。然經濟定命論者幾

何不至以善相勗勉？或曰：衣食足然後知禮義，古有明訓，理實有據，如之何其可破也？今民眾轉徙溝壑而猶以自由意志相加責，毋乃太殘酷乎！曰：此言誠是，然亦不背於意志自由，蓋立論不同，標準先異也。足衣足食，是在上者言之以自勉自警也。其意若曰：「衣不足，食不飽，雖教之亦無所措，欲其不亂得乎？故必先富後教。」此實情也。然要不能因此以至經濟定命論。爲政者順其勢而富之，掌教者因其理而當之，此本風馬牛不相及，如何可以經濟定命論昭告天下也。是意志自由，本無礙於富國裕民，然經濟定命則將率獸而食人矣！率獸食人，雖富亦奚以爲？而況萬萬不至富乎？

經濟定命論之行動觀復有一結果，即革命主義是也。革命主義之行動首在有勇氣，能搗亂，是以凡知識階級皆可殺，而專鼓動愚民爲能事。凡用理智運思考者皆斥之爲反革命；能盲從，能衝動，皆認之爲好分子。孫中山有不知不覺者之利用，其目的即在此也。其亦知此種專尙衝動之有百害無一利乎？夫天下事如是其繁，如是其專，豈專尙衝動之革命主義所能治乎？今之國民黨步共產黨之後塵，既用革命主義奪取政權矣，然試問政績則如何？華北將步「滿洲國」之後塵，此爲中國歷史以來所曾有乎？是以知搗亂有餘、成事不足者，革命主義也。黨人之腐化在此，中國之興亡在此。國人尙不知深思乎？於此抑又有注意者，即革命與革命主義不同是也。革命不必需革命主義，而革命主義決不能革命，只搗亂而已矣！

故吾人於此，以意志自由之能動代替經濟定命之被動，以理智主義代替衝動主義，以人才主義代替革命主義。無意志、無理智之衝動是暴氣耳，焉得謂之爲情感？眞情感惟在有理智、有意志之能動的精神。衝動之革命主義是搗亂耳，焉得謂之爲革命？眞革命惟

在有理智、有意志、有知識之創造。

三、政治觀之對比

此兩大思潮之政治方面的對比集中於三端：一曰民主與獨裁，二曰法治與人治，三曰造國與毀國。共產主義站在獨裁、人治、無國之地位，國家社會主義則站在民主、法治、有國之地位。請詳論之。

無論人獨裁、黨獨裁或階級獨裁，吾人皆絕對反對；而此三者亦實一而三、三而一者也，名雖異而實則同。階級獨裁，騙人之辭也，故循而必至於黨獨裁；黨獨裁亦不可能之事，故循而必至人獨裁。國家事至於人獨裁，則是非利害不亦曉然可喻乎？今請論共產黨之所謂階級獨裁。何以言階級獨裁也？曰：此仍本其經濟文化觀而來也。彼輩以為國家法律皆統治階級壓迫被統治階級之工具。資產階級之國家法律於資產階級有利，於無產階級有害，故無產階級欲奪取政權，必須盡毀資產階級之國家與法律。既得政權，必須使國家與法律盡為無產階級所有，使其於無產階級絕對有利，於資產階級絕對有害。欲作至此，又捨無產階級獨裁莫由。故無產階級欲維護其利益非獨裁不可。且其所謂無產階級又特指勞工階級而言。是以，除勞工無產階級而外，其他一切皆不得享有政治之權利，即農民亦在內，不特資產階級然也。復次，不能全階級出而獨裁也，必有代之者矣。代者為何？共產黨是已。共產黨常罵民主政治為虛偽之代議，今竟恭身自蹈，又將何說？此猶不足論。共產黨亦不能全出而獨裁，只不過一二人獨裁而已。由階級代全體，由黨代階

級，由人代黨，朕即天下，以一人之私見強作天下之公見，是剛愎獨夫而已！吾故曰此三者名雖異而實同。凡云獨裁，未有不至人獨裁者也。意大利集中於莫索利里，德意志集中於希特勒，蘇俄集中於斯塔林，此非天下人所共見乎？是故以階級獨裁者僞也，以黨獨裁亦僞也，惟人獨裁乃眞耳。其國家法律諸理論，儼若有重大意義者，其實乃爲打天下所造耳。蘇俄之成功乃共產黨人之成功，非無產階級之成功。不然，無產階級革命宜發生於英、美，今獨發生於落後之蘇俄，從可知蘇俄乃共產黨之打天下，非無產階級得政權也。信從共產主義之共產黨不必是無產階級，共產黨打得天下實行其主義而使社會有所改變，以至造成某一新形態，與無產階級推翻資產階級完全兩事，不可同日而語。從亦可知蘇俄之成功乃信奉共產主義之一部分人成功，並非如其理論所陳述之某一階級推翻另一階級之成功也。資產階級固被推翻，但推翻者不必是無產階級。是故其階級反覆獨裁之理論即在蘇俄亦未實現也。既非階級之反覆獨裁，則必爲一部分打天下；既爲打天下，則蘇俄共產黨之成功乃爲可遇而不可求之事。不然，請證之於中國。黨國要人之理論何嘗不冠冕堂皇，然打得天下而後，竟至於家破國亡！中國之共產黨所信奉雖與蘇俄同，然誰敢必其必有蘇俄之結果，誰敢必其不腐敗？從可知獨裁之極必至於打天下，打天下之路決不可走也。二千年來之歷史皆爲打天下之歷史，至今之國民黨復如此，潛伏之共產黨更如此。汪精衛宣告國人曰：「國民黨之政權由革命得來，大家不滿意，請革命好了！」此其打天下之情，與夫預伏打天下之機，不覺溢於言表！其無賴無恥之態又不覺溢於眉宇間也！而身居要衝，說此潑婦之話，吾人認爲乃對於國民之絕大污辱！蓋與以往之君主視

天下之異己者爲大逆不道無以異也！是吾人反對獨裁，不獨以其不公而已，乃以其影響其結果將有不堪設想者也！階級反覆獨裁之理論不可能，黨人獨裁是打天下之路。打天下之路爲人類之奇恥，故吾人斷然反對！吾人之顯明主張爲治天下，不爲打天下。治天下以天下爲公物，打天下以天下爲私有。以天下爲公物，爲民主；以天下爲私有，爲獨裁。是非利害，不亦判若水火乎？

　　復有一顯然之結果，即打天下者爲獨裁，必爲人治；治天下者，爲民主，必爲法治。何以言其爲人治也？以其以天下爲私有也。何以言其爲法治也？以其以天下爲公物也。人治之惡果若何？曰：人存政存，人亡政亡，人善政善，人惡政惡。政隨人走，法以人定。人之壽命不過數十寒暑，暫而不久，變而不常，是政治亦無百年大計，定常之軌明矣！此人所共知也。尙有甚於此者，即立法以繩人而有不繩於法之人是也。有站在法外者，獨裁者是已；有屈在法內者，民衆是已。在外者不啻以超人視己，在內者不啻以奴隸視之。此尙得爲法治乎？凡獨裁必人治，必反法治，不亦彰彰明乎？或曰：人治豈無一貫之法律乎？豈無守法奉公之士乎？此皆皮相之見。吾人以爲法治決不只在守法奉公之精神。吾人反對獨裁，亦並非謂其全無守法奉公之精神。守法奉公只是政德，非政制也。法治乃政制，非政德也。政德乃先驗條件，亘千古而不變，吾人自無置疑。而法治乃在有一普遍而超然之制度基礎，爲人人所必由之路，其中決不容許有超人存在也。其職權無論如何大，其地位無論如何高，要必來有來路，去有去路，循一定之制度軌範而出處，此之謂法治。非守法奉公之爲法治也。此其一。來也去也雖由定軌，然一切行動可以超然法律之外，只以法律律人而不被律，此仍不得

謂之爲法治。故法治必爲人人能在法律之下施行活動而無或例外，決不在有一貫之法律也。此其二。試問獨裁者能如此乎？其來也由打天下而來，其去也由被打而去；其動也在法律之外，其位也在超人之域。是故獨裁決無法治，法治惟在民主政治之下始能施下，此固一貫之論也。

此法治之寄託何在乎？民主政治固亦其一，而民治之活動，要必有公共之國家始可施行，是法治之最後寄託必在國家之承認也。然獨裁系統又決不容國家之存在。國家既被認爲階級之物，自不能超然存在，此其一；獨裁必人治，人治亦決無國之存在，此其二。吾人以爲國家乃公共之物，決非階級之物。即爲階級所利用之工具，然要必設有其存在，始可爲工具；要必認其爲客觀而公共，始可爲榨取者所憑藉。如是，國家之超然存在無疑矣！反對者無非達其獨裁之野心已耳！有國家之存在，民眾始能活動于其中；國家爲法制所在地，有國家，民眾始能來去有定軌。共產黨根本反對國家無論矣。而現今之黨國行獨裁，取人治，亦欲談建國，始眞欺人之談！彼輩以爲以黨建國，以黨治國，黨在國上，國由黨出，即爲建國。然吾恐國未建而先亡矣！蓋以黨治國，循至有黨無國；以黨獨裁，循至有人無黨。黨且無矣，何有于國？更何有于建？黨在國上已爲千古未有之怪論，而復云以黨建國，其誰信之？故獨裁政治，國家必等于零。甲來，甲即爲國；乙來，乙即爲國。其初也以黨爲國，其繼也以人爲國，其終也人國俱亡矣！吾人之建國不如是也。吾人先承認國家爲客觀的、公共的存在，一切政黨皆活動于其中。于此前提下始可云建。建者，建一普遍之制度基礎也。以此制度基礎賦與國家，使其作超然之存在，國家不爲零而爲一矣。既爲一，

則甲來不等于甲，乙來不等于乙。吾人所建者此也。建而爲一，始可爲建；建而爲零，尙得爲建乎？吾人日夜奔走呼號于國人者，即求國人速建國家爲一也。而乃打天下之流專以叛逆視吾等，以吾輩爲搗亂，爲大逆不道，爲與政府爲難。噫！何不諒之甚也！吾人何仇于政府？只求政府速建國爲一而不爲零以共赴國難已耳。國既爲一，政府諸公自爲活動中之一分子，吾人焉得而去之？今也不然，必欲高高在上，以使國家人民皆伏首于其下。如是則國難非國難也，乃政府諸公之難也。因其心中根本無國，其作事根本未嘗爲國，亦未允許全國人共同赴國，如何能共同抗日？此而亡國，吾民衆如何能服？今就一民衆而問之曰國亡乎？彼必曰：「國未嘗亡也！只是政府諸公亡之，而不允吾等救之耳！吾未救，焉知其亡也？」話雖如此，然而竟亡之矣！不亦大可痛憤乎？今至死仍抱私天下之心，有心人能默然以死乎？吾人之建國非以黨建國，乃以制度基礎建國。建此基礎投諸外使其客觀存在，吾人居其下，亦作一活動之分子。非有別于他人也，非以超人視己也。吾之活動盡可以失敗，然而尙有他人也。是以國人之來來往往，無論其久暫，然而國家制度則屹然常存，是則吾人之所謂建國。

如是，吾人以民主代獨裁，民主之精神在于政黨之公開活動，公開活動之根據在于有制度基礎之法治，制度基礎之法治寄託于公共而客觀的國家之存在，此固線索一貫井然條理之論也。此系統可名之曰治天下之系統，不猶愈于獨裁、人治、無國家之打天下之系統乎？吾人之系統成立，則任何理想皆可比賽競爭于其中。或成功或失敗，則有視于社會之趨勢及人心之向背。或共產，或共妻，或私有，或復辟，皆可競爭，只看社會勢力允許與否耳。社會勢力與

政治勢力不同。社會勢力之淘汰使人無所怨,而政治勢力之干涉則有害於自由。雖可承認復辟之競爭,然試問今之社會人心尚能允許其存在否耶?從可知社會勢力及人心向背之足決定政黨理想矣。于是,再進而論經濟觀之對比。

四、經濟觀之對比

對于經濟觀之對比,吾人可集中兩點討論:一曰私有公有問題;二曰計劃經濟問題。共產黨之主張為沒收一切財產,盡廢除私人所有權。無論實際情形如何,凡彼之所至必先大攪一番,是之謂破壞一切,再造一切。蘇俄之革命,其初得政權之時,即如此行動也。然此實盲目之威嚇,及事態靜定,則又幾經多變。自革命成功至現在止,其共產制之變更,有五次之多。其中大變三次,小變二次。戰時之絕對共產,其開端也,此為大變者一。及至危極臨迫,為應付實際情形計,又放棄戰時共產制,採用新經濟政策,此為大變者二。新經濟政策本為對農民讓步而設,及至列寧死後,斯塔林柄政,又繼續允許轉佃僱耕二事,此較頒行新經濟政策時又進一步,是謂新新經濟政策,此可謂第二大變中之一小變。新新經濟政策,若逐漸實行,必足以孳乳富農,與資本主義無稍異,于是為剷除富農計,又一變而為五年計畫,此為大變者三。五年計畫之對農業也,目的在以集合農場與國營農場代替一切私人農場而取消私有制。然農民有斬其牛馬,毀其農具,甚至全家自殺者。苛政之下,舉國騷然。為緩和民心計,于集合農場、國營農場而外,又承認私人農場之存在。于是時至今日遂並前兩者而為三矣。此又為第三大

變中之一小變。由齊變魯，由魯變道，逐漸消滅私人農場，使其自
然向化。此皆可能之事也。于蘇俄之多變，吾人于此不可借鏡乎？

　　私有公有乃一權利問題耳。吾人不注重此權利觀念之移轉，最
要者乃在如何運用，如何計畫耳。私有財產，在無害于社會公道之
時，除之與不除等耳。盲目毀滅，是乃猝然加之，未有不驚變者
也。是故與其直接轉移此所有權，不如置之而另有運用。蘇俄集合
農場國營農場之廣爲施設，即釜底抽薪之一種運用。私人農場感其
不便，必漸加入集合農場，由勉強而自然，無形中私有制毀滅矣。
此其一。集合農場，國營農場，必爲大農場，其生產力亦必大；私
人農場必爲小農場，小農場之生產力亦必小。相形之下，未有不擇
利而趨者也。集合農場普遍之日，即是組織化、科學化實現之日。
在組織化、科學化之時，私人所有之觀念必日形薄弱。人既淡漠視
之，則私有公有自不成問題，而私有之除消，亦決無驚變之虞。此
其二。是以私有權決不成問題，成問題者在如何運用而使之釜底抽
薪。大農場不普遍，小農場林立，無組織，不科學，生產力不加
大，私有制決不能除消，即除消亦無大效，亦其存在無大害也。中
國之實情即是如此。在目前而言分配，言除消私有制，言共產，直
盲人瞎馬之談。蘇俄既有前車之鑑，國人其未之見也？共產黨人其
未之聞也？不然，何竟如此之囂囂？馬克斯曰：「凡物質條件不足
之時，決不足言變；凡問題之解決，必在其物質條件足以使之解決
之時。」此言也，誠知幾知至之言也。私有公有之轉移，亦作如是
觀可也。

　　私有公有之關鍵在運用在計畫，如是可轉而論計畫經濟。資本
主義由自由經濟而來，自由經濟亦合理主義也，亦基于人性也，吾

可名之曰「自然之合理主義」。凡基于人性，有合理之根據，必不能完全消滅，故自由經濟與私有制亦必不能完全除消。資本主義雖由自由經濟與私有制而來，然與自由經濟私有制乃截然兩事。自由經濟與私有制可以到資本主義，亦可以不到資本主義。設能使其與資本主義絕緣，則私有亦復何傷？自由亦復何害？于此種條件之下，吾豈不可承認私有與自由乎？是故自由與私有不能完全除消，亦不應完全取消也。社會主義由拘束而來，拘束節制亦合理主義也，亦基于人性也，吾可名之曰「當然之合理主義」。自然之合理是合科學之理，當然之合理是合道德之理。前者是自然之趨勢，後者是發于不忍之心。前者是利性，後者是義性。前者是無所為，後者是有所為。前者是放任，後者是拘束。放任而有流弊，必須拘束以轄制。社會主義之計畫經濟即基于此拘束之轄制，然拘束而過當，必有害而無益。蓋人不能純理而無欲也。于是，可與論計畫經濟矣。

㈠因自然之合理主義，基于人性而不可磨滅，故確定自由與私有之限度；凡在均富或均貧狀態範圍內，而無可以造成特殊之富與特殊之貧者，皆允許其在自由與私有的範疇之下活動。

㈡因當然之合理主義，基于人性而不可壓抑，故確定公有與拘束之限度：凡在均富或均貧狀態範圍內，有可以造成特殊之富與特殊之貧者，皆收回使其在公有與拘束的範疇之下活動。

㈢凡個人所不能辦不宜辦，並足以妨害社會公道者，皆在公有範疇下活動；凡個人所能辦所宜辦，而不妨害社會公道者，皆可在私有範疇下活動。

㈣無論在私有範疇下活動，或在公有範疇下活動，要必按照國

家一貫計畫而施行而發展。當計畫則計畫，不當計畫不必無事忙。需要計畫與不需要計畫，皆使其在自覺而一貫之狀態下活動，此為計畫經濟之特色。此特色即在理性二字。

　　㈤在除消私有制，或使私有觀念日形薄弱，而運用計畫或組織，以至生產科學化、機械化時，私有制固已消滅無餘，然在享受上、使用上，仍可承認其私有與自由之權利。此可見私有與自由屹然常在，而不必產生資本主義者明矣。不必在均富均貧，各個獨立之勢均力敵時，可以存在，即在極度發展而組織化、科學化時，亦仍可存在也。

　　常聞人言：私有公有如何可以並存？此皆一孔一刀之見。觀上之所論不亦曉然明乎？于是，在吾人計畫經濟之下，公有私有可以並存，私有之除消可以合理，經濟可以發展而無阻無害，不注目於靜態之分配以共產而注目於動態之生產以共產。凡此種種，不又較共產黨盲目毀滅之共產為愈乎？而吾人計畫經濟之施行又必以治天下之政治系統為基礎，而不以打天下之政治系統為基礎。此又一貫之論也。國人二千年來，皆未作事，只是對人，故經濟故步自封，依然故我。今欲作事而有所發展，亦必在治天下之政治系統下始可能，打天下之系統無與焉。因二千年來，皆為打天下之政治故也。今人不知速醒亦可悲矣！此打天下之循環圈子，必不使其再繼續，此吾人努力之所在也。

原載《再生雜誌》第3卷第8期　1935年，署名「光君」

中國政治家之兩種典型

一、中國文化在那裡？

記得蕭伯納曾說過中國沒有文化的話，這在我們有四千年的文化的大國民聽來確實有點刺耳，但經仔細一想，卻也並非無道理。試問中國的文化在那裡？胡適之說是在抽鴉片、打板子、纏小腳，這固然有點開玩笑，不能負確指文化的責任；但就像梁漱溟那樣說中國的文化在乎人生態度之高明，見解行事之圓融與透闢，這也未免失之太玄，不能具體指出。而且，這樣講法只是讚美人生的實踐態度，而卻未指出由這種態度所作出來的成績，這不能算是講文化。講文化總得有所指，總得指出那所指的對象是什麼樣的性質。因為文化的流出雖然離不了他背後的態度，然而總是流出的才算文化。梁漱溟不于文化所在處著眼，而只知歌誦那人生態度，這已是離了題，而何況所歌誦的人生態度又不見恰如國情。所以他對於文化的討論，雖然費力不少，卻並未簡易通曉。他所討論的倒是一種理想的人生哲學，不是擺在眼前的文化；是理想的聖人態度，不是實際的凡人態度。

　　胡適之所指的是壞風俗，算不得是文化；梁漱溟沒有指出，只指出了人生態度。然則中國有沒有文化？若有，究竟在那裡？觀一般討論中國文化的人，常無所指，然則中國的文化實在是在虛無縹緲之鄉，蕭伯納所說的話竟是不幸而言中了。因為文化若是人們的精力改造環境的總成績，豈能無所指？而今竟無所指，豈不是沒有文化嗎？豈不是沒有改造環境嗎？中國的民族竟是沒有用他的精力改造環境，創造環境，所以蕭伯納說中國沒有文化。

　　然則，中國人的精力都用在那裡去了？一在民性的懶散與享受，一在政治上的官僚之縱橫捭闔與秀才之迂腐無為。中國人的精力全耗在這兩方面，而這兩方面便造成沒有文化的原因。我在旁處曾說過：中國的文化是懶散的文化，是享受清福的文化；他的成績與結果是懶散的結果，是享清福的成績。這種結果成績便形成中國的文化，中國的文化就在這裡。這種文化之所在，具體指出，便是八股的文化，文章的文化，吹牛誇大，浮而不重，虛而不實，總之是詩的、文學的，而不是科學的。當然，這話並不是說詩文沒有真實性；不過其本身之真實性，與品茗賞花之真實性一樣。未見這種懶散的享受能有什麼凝固的結果產生出來！這種品茗式的文化便是所謂精神的文化。我承認中國的文化是精神的，其意也即是指此。中國人對於這種精神的涵養與薰陶，確實高明美妙，為西方所不及，或者至少也不能下于西方，所以精神文明可以單屬東方。有些人不明白這個道理，以為精神與物質是分不開的，有精神便有物質，有物質自然有精神；中國人沒有物質也沒有精神，西方人有物質當然也有精神。須知這話最屬籠統，毫無道理。縱有道理，也是籠統的道理，對原題毫不對稱。若說精神與物質分不開，這話也

對。中國人有其品茶式的精神，自然也有其品茶式的物質。其物質
為何？曰八股，曰文章，曰詩詞，曰線裝書。只是這種物質不是改
造環境、創造環境的結果，不能利用厚生，不能巧奪天工，所以也
不是西方的物質文明。既然不是物質文明，當然可說是精神文明。
這種沒有凝固的物質為厚生之具，其享受也只可說是享清福，不是
西方的享濁福。而這種清福也只有懶散才能得到，像西方那樣猴子
似的亂跳，是決不能得到這種福分的。

　　本文不是專講文化問題，所以不願多說，只是這點也不可忽
略。因為這是後文無為主義的基礎，政治家也是脫不了這種懶散的
範疇的，以下便討論政治問題。這即是耗費精力的第二所在。

二、歷史的循環

　　中國的歷史可以說是一治一亂的循環史，是胡鬧與疲倦的循環
史。治的時候是無為的時候，而無為是疲倦；亂的時候是有為的時
候，而有為是胡鬧。未見胡鬧與疲倦的循環史能作出什麼結實的成
績來！

　　這種胡鬧與疲倦的政治是建築在兩個特殊階級之上的。一是知
識階級的秀才，一是豪俠階級的俠士。一是文，一是武。文的以筆
與口，故亦稱辯士，儒家、法家是這類，縱橫家亦是這類。武的以
劍與手，故亦稱遊俠，墨家是這類，儒家的子路也是這類（關此，
可參看馮友蘭的〈說儒墨〉一文，載在今年的《清華學報》，卷號
忘記了。）這兩個特殊階級，不事生產，專門「學成文武藝，賣與
帝王家」，即是說，專靠政治活動來吃飯，不靠經濟生產來過活。

動搖三寸舌，縱橫捭闔，專以攪天下，打天下，治天下爲主業。你說他們是賣與帝王家，其實帝王也是從他們隊裡出。當著他們疲倦夠了，精強力壯，無處發洩，在上的便荒淫無度，無惡不作，在下的便三群五隊，蠢蠢欲動。聰明的便說弔民伐罪，以天下爲己任，直率的便乾脆打天下，希冀作皇帝。在大家都想作皇帝的時候，便各爲其主，胡鬧起來，你來我往，戰個不休。及到最後，漸漸疲倦了，生民也塗炭了，到了不能再鬧的時候了，剩下來的那一個，便老實做起皇帝，是之謂統一天下。

統一了天下，疲倦到了，人民厭亂，便不能不與民休養。無爲主義就在這個時候出現。百姓本來莫名其妙。只知你們荒淫，爲害百姓；只知你們胡鬧，塗毒百姓。現在不胡鬧了，疲倦了，百姓自是以手加額，連呼我佛不止。于是便是太平之世，在此無事之秋，打天下的武階級，個個公侯，處處將相，便養尊處優，擺官僚臭架子，爭豪比強，一個勝似一個，有誰把百姓掛在心上？勢力一經衝突，便各自結黨，玩弄手段，什麼慘酷的事情都鬧出來。這是他們自己自相殘殺，表現好身手的時候，這也是胡鬧的時候。在這胡鬧之時，有誰把百姓掛在心上？

於是，攪天下是他們自己攪，打天下是他們自己打，治天下是他們自己治。他們自成一個世界，在那裡胡鬧疲倦，而步步影響百姓那個世界；但卻從未替百姓作一點事。他們的表現是他們互相間的縱橫捭闔，而不是用他的精力改造環境與創造環境。所以他們的表現是風馬牛的表現，是向內表現，而不是轉移物質的表現，不是向外表現。向外表現是再造世界，不但是理解世界，還得要改變世界。改變世界是我們的精力之凝固於物質，物質人工化，物質變了

樣。這種物質變形便是人間的文化，便是環境的創造與改造的成績。這種成績是可以利用厚生的。政治是由社會關係中孳乳出來的。社會關係是人們組織起來而從事經濟生產、制裁環境的結果；政治便是助長這種關係，調劑這種關係，扶持這種關係的機構作用。這種機構作用是補個人所不能為的缺陷的。但是中國的政治卻並未向這方面前進，所以他也沒有向外表現，他也沒有成績，他只是在那裡胡鬧疲倦，徒留興亡之感於後世。興亡陳迹之記載，汗牛充棟，固也算是文化；但這種文化究竟是文章的非結實之凝固體。世間豈有以文章利用厚生的？文章的文化只是感受的，清風過耳而已！

　　這種只能胡鬧疲倦的政治表現即是所謂官僚政治、秀才政治。在這種政治之下，只有無為主義得勝利，事功主義、表現主義是非失敗不可的。以下我們便論兩種政治家的典型：一是無為主義的道學家，一是事功主義的政治家。

三、事功主義之失敗

　　事功主義亦稱功利主義，其實功利不如事功來得確切。事功以辦事為主，辦事或有利或有害，然不辦事必無利，故欲利用厚生，必以辦事為先決條件。若功利則專趨謀利，於作事一意反覺其次。西洋人始終是作事的，中國人始終是不作事的。以作事為主，大家目光都集中於事上，以事為公共對象，故為不對人而對事，人與人之間的縱橫捭闔少，人與物之間如何對付多。中國人則反是。目光不集中於事，而集中於人，專以造謠中傷為能，以互相殘殺為事。

不以事爲對象，而以人爲對象。於是變成人與人之間的對付，而非人與事之間的對付。在好的方面，講道德，說仁義，這是對付人；在壞的方面，玩手段，設陷阱，這又是對付人。國家原是興公利除公害的機關，原是作事變物的機關，而今不然，成了宰割小民的機關（美其名曰治人），成了縱橫捭闔的機關。在這種情形之下，習久成風，自然不容易更移。有一二人想著以作事爲主，必有許多攻擊、許多反對發生出來。事未作好，而性命隨之。如商鞅，如王安石，如張居正，皆不得好結果：或自身遭殘禍，或身後遭殘禍，或不遭殘禍而被人唾罵。諸作事之政治家的遭際如此，其故蓋可思矣！

事功主義者在精神上必綜核名實，賞罰果信，在作事上必多所更張，多所興創。然這兩點都不利于中國人之脾性。前者不利于中國人之馬虎與講面子，後者不利于中國人之懶散與無爲。如商鞅是中國史上一個畫時代的人物，他的設施與作爲足以使古舊的社會入于一個新時代。廢封建，置郡縣，是政治上的一個轉變；提封疆，開阡陌，是經濟上的一個轉變。把封建的政治形態改成專政政治，而形成秦漢的大一統；由經濟上的轉變，把封建時代的自然經濟、公有經濟，改成自由經濟、私有經濟。這個轉變實在是社會形態的轉變，不只是政治現象的起伏而已，內包含著政治制度與經濟制度的大改革，一味因循懶散的人如何不討厭？有大改革必有大刺激，有眞成就必有眞行動，馬虎講面子的官僚政客如何不恨他？所以一有機會，馬上便把他殺掉，而後人的評論還說他刻薄寡恩。其實這是作事，如何講得情面？這是辦公，如何可行私恩？「恩情」兩字不是政治上的事情，如何能說他刻薄寡恩？須知辦政治不是交朋

友,政治關係不是朋友關係。政治關係是寄託在事與事的關係上,朋友關係是寄託在性格情感的契合上。後人明此不理,將政治同于朋友,遂認眞正之政治家爲不近人情之大奸慝,浸假而使人專以因循馬虎爲能事,曲順人情爲賢吏,敷衍無爲爲聖治,抑何其不思之甚也?這話並不是敎人不近人情。須知人情有可以近有可以不近者,「食色性也」是人情,吾人固不能專以「餓死事小,失節事大」相號召;但自私自利亦人情,吾人豈能皆順之乎?所謂近人情,必以道德之制裁爲條件。有道德者必能作公事,辦政治,而專以曲順人情爲能事者,始眞爲不道德,大奸慝之尤者也。說者謂中國政治道德化,吾則謂非道德化,乃鄉原化,此不可不辨。

等而下之若王安石,亦有爲之人,宋神宗亦大有爲之君。君臣性格甚相融,皆欲以事功易天下。然而君臣二人的命運太壞!宋朝的社會不容許這兩個怪物出現,宋朝的所謂君子,也不允許他們有所作爲。君臣際遇雖好,然社會勢力不扶助他,民性的懶散看不慣他,臭名士的風雅卑視他。這種種都足以使著他一籌莫展,抑鬱而終!

青苗法是農村經濟之救濟,然韓琦、司馬光、文彥博、蘇軾、蘇轍,因循無爲,竭立反對,一任其自然之消長。募役法是差役法之改革,利民順情,莫過于是,而迂腐秀才亦必反對。均輸法、市易法是商業政策之改進,而俗濫聖人說是與民爭利,非天子所宜爲。農田水利是農業之救濟,而三家村學究說是騷擾生民,荼毒天下。此外如保甲保馬,外交用兵,一有設施,必遭反對。而反對者亦復無理由可說,只是懶散無爲,反對振作有爲而已。反對之結果一無所成,而元祐諸秀才可以彈冠相慶矣。然不復知天下國家竟致

誤于是也。明人章袞〈《王荊公集》序〉有云：「諸臣若能原其心以議其法，因其得以救其失，推廣以究未明之義，損益以矯偏勝之情，務在協心一德，博求賢才，以行新法，宋室未必不尚有利也。而乃一令方下，一謗隨之。今日闐然而攻者安石也；明日譁然而議者新法也。台諫借此以賈敢言之名，公卿借此以邀恤民之譽。遠方下吏，隨聲附和，以自託于廷臣之黨，而政事之堂，幾為交惡之地。」讀者試思，新法之不行，天下之塗毒，宋室之覆亡，誤國家，誤生民，誤天下後世，誤當時皇上，在安石乎？在元祐諸君子乎？後之論者，其不可以已乎？總之，中國民性不允許事功主義之存在。王安石之失敗，是事功主義之失敗。一切爭論皆有為與無為之衝突也。安石不幸生而為中國人，若生於西洋，不亦早被歌功誦德為大政治家乎？

安石因事功主義而失敗，是抵觸民性之懶散與無為；張居正因綜核名實而失敗，是抵觸民性之馬虎與講情面。張居正知道變法是最刺激人的事情，所以他以遵守祖訓為原則；他也知道講事功，盡地利是最費手腳的事情，所以他不走安石的出力不討好的路子。他的目光轉向于吏治。他的大業是安內攘外。安內不是安內之蠢蠢者氓，而是安內之議論秀才。這一點是他的政治手段高于安石處。安石的目光是注意于經濟，他沒有法子運用或制裁當時的士大夫，所以他一令方下，一謗隨之。居正是很有縱橫捭闔的手段，他的事功之表現完全在對付官僚間的傾軋。所以他所作的事情是綜核名實，賞罰必果，統一號令，期其必行。他是挾天子以令諸侯，實行其總攬內外之大權。他是黨派鬥爭的最後勝利者，然而他的禍機也即伏于此。他之得禍與商鞅之得禍同一原因。就是太認真了！認真與馬

虎講情面是不相容的。所以他死後不到三月便遭了抄家削職的慘
禍。王安石因爲注意經濟問題,在事上用力,雖遭反對,然還不是
專對付人,所以尚不至有殺身之禍。若張居正之吏治政策,便在人
上用力,其得罪人處自然不少,人之報復他自然也更甚。王安石是
事功主義之失敗,張居正是法治主義之失敗。這是有爲主義中的兩
個形態。這兩個形態皆不容于中國。隨之,政治始終不上軌道,經
濟從未有所建設。這兩步作不到,文化如何出現?所留下的文化不
是八股文化、文章文化是什麼?于是我們轉而講基于民性的無爲主
義。八股文化,即在事功主義之失敗與無爲主義之勝利間孳乳出
來。這是中國文化之具體的認識。

四、無爲主義之勝利

　　無爲主義基于黃老之術,黃老之術打動民人之心,遂造成胡鬧
而後慰人疲倦的無爲政治。所以與其說無爲,還不如說疲倦,無爲
是一般士大夫的粉飾語。這種「無爲」,在道學家方面便是不識不
知,順帝之則;在文學家方面便是飲酒賦詩聊充風雅。若司馬光、
程伊川等人,皆是前者;蘇軾、歐陽修等人,便是後者。當然這種
區分不是截然的,他們都有詩人味的閒情逸致。歐陽修〈豐樂亭
記〉有云:「修嘗考其山川,按其圖記,欲求暉鳳就擒之所,而故
老皆無在者,蓋天下之平久矣。」當年宋太祖打天下,曾極一時之
熱鬧,而現在天下承平,四海無事,正是高人雅士弔古賦詩之時。
一般呆傻之人不知享此清福,偏欲有所作爲,興波起浪,當然爲時
流所不許。王安石之失敗即坐于此。高人雅士之反對,並無特別理

由，只為足以使清風不安耳。清·楊希閔曰：「夫熙豐行新法，主之者，神宗也。荊公相止八年，新法行十九年未改，豈能獨罪荊公？且閭閻無揭竿之擾，遼、夏無責言之及，黼黻憂勤，倉庫充實，洶洶者獨在朝廷，是亦不可以已乎？〔……〕公之受誣有虛構者，有疑似者，有變白為黑者。嗟呼！宋世諸賢，有幸而得美名者，有不幸而得惡名者。無孟子辯匡章、陳仲子之識，殆難語于知人論世也。」可見一切反對，並非為民，並非為事，只為于高人雅士不利耳。不利於飲酒賦詩，不利于懶散無為。所以造謠生事，洶洶獨在朝廷，豈不可恨！王安石固不得行其志，然高人雅士亦曾慮及天下之混亂，國家之覆亡即伏於此也！

當差役法改為募役法時，蘇軾便站在取樂的立場反對募役法：「士大夫捐親戚棄墳墓以從官于四方，宜力之餘亦欲取樂，此人之至情也。若廚傳蕭然，則似危邦之陋風，恐非太平之盛觀。」這只知道飲酒賦詩粉飾天下之太平，不復知天下之混亂即伏於此！又如文彥博與宋神宗之問答，更屬無恥之甚。彥博曰：「祖宗法制俱在，不須更張，以失人心。」神宗曰：「更張法制，于士大夫誠多不悅，然于百姓何所不便？」真是好皇上，一針見血！然文彥博卻牛脣不對馬口，離題而言他曰：「為與士大夫治天下，非與百姓治天下也。」此何言哉！神宗說是于百姓有利，何嘗說是與百姓治天下？彥博何糊塗無識一至于此！像這種反對直是無理取鬧，精明老鍊之安石，如何不以流俗目之？然後人竟以君子加之，君子固當是乎？又如司馬光更屬意氣得可恨。「元祐初，司馬溫公更新法殆盡，遂欲幷棄熙河路。」熙河路是王安石打出來的，為國家恢復失地，有何不可？而司馬光竟因安石之故而幷棄之，何私人之意氣，

一至如此！今有人將東四省收回，若如司馬光其人者，因個人之故，復將東四省送給日本，此成何心腸？豈止漢奸而已乎？君子固當如是耶？吾欲無言！所謂洶洶獨在朝廷者，其反對大略如是，是尚得謂之為反對乎？直胡鬧而已矣！

　　吾實不願睹此反證事實，罵盡天下所認為的元祐君子。今姑從無為主義的立場上，以觀他們的言論。司馬光〈與王安石書〉云：「自古聖賢所以治國者，不過使百官各稱其職，委任而責成官也。其所以養民者不過輕租稅，薄賦歛，已逋責也。介甫以為此皆腐儒之常談，不足為，思得古人所未嘗為者而為之。於是財利不以委三司而自治之，更立制置三司條例司，聚文章之士，及曉財利之人，使之講利，孔子曰君子喻于義，小人喻于利。樊須請學稼，孔子猶鄙之，以為不知禮義信，況講商賈之末利乎？」又云：「夫侵官亂政也；介甫更以為治術而先施之。貸息錢鄙事也；介甫更以為王政而力行之。繇役自古皆從民出；介甫更欲歛民錢雇市傭而使之。此三者常人皆知其不可；而介甫獨以為可。非介甫之皆不及常人也；直欲求非常之功，而忽常人之所知耳。」凡此所言，不過兩點意思：一是任自然，當無為；一是卑事功，鄙興利。關於第一點，書中引《老子》的「我無為而民自化，我好靜而民自正，我無事而民自富，我無欲而民自樸」，以及「治大國若烹小鮮」等話來反詰王安石，藉以證明聖賢治國不過輕租稅，薄賦歛，已逋責而已。這便是無為政治。須知這種無為政治，其實就不是政治，不過是胡鬧而後與民休養的一種睡眠狀態。睡醒了，又胡鬧起來。無為主義者如能永遠無為而治，相安無事，那才是聖賢手段，我也自是佩服；一般的卻也只是疲倦而後又胡鬧，兜那一治一亂的循環圈子，所謂聖

賢白瞪眼沒有辦法。世上何需於這樣的聖賢？聖賢政治固如是乎？
無為主義者何以對於飽食終日無所用心的聖賢如此垂青，對於有所
作為欲興非常之利、立非常之功的王安石便如此詆毀？輕租稅，薄
賦斂，只是消極的安民；除公害，盡地利，是積極的建設。無為主
義者何以如此短見，竟只以消極為至善，而不使百姓登充足富裕之
境乎？至於老子那種無聊的自然主義，實不值一顧，不必多說。關
於第二點，是直飽漢不知餓漢之飢，擺臭名士的架子而已。為民興
利，如何是卑鄙？替民講利，如何是小人喻於利？須知自私自利與
利民不同，利民與講禮義不背，作大腹賈為鄙事，利民生不為鄙
事。司馬光連此尚分不開，與文彥博之糊塗何異？孔子何嘗不致
富？先富後教不是聖賢所說的嗎？司馬光將何以解？總之，一切無
理取鬧之反對，皆非為事為民，直是「懶散無為，聊充風雅」作祟
而已！所以王安石一切政策，常人皆知其可，獨臭名士以為不利於
己，始謂為不可耳！

　　然無為主義自有其理論的與心理的根據。理論的根據就是官僚
政治的腐敗。官僚政治，每有興作，起初必先攪擾一氣，往往利未
見而害先生。這是無為主義最足藉口的地方。這種事實在現在還是
流行。然這只是官僚政治的毛病，與事功主義不可同日而語。我們
不能因此便不作事，問題是在如何剷除官僚政治。然而無為主義者
卻不有此同情心，卻只是沾沾自喜，以為這是最好的口實。所謂元
祐諸君子，如果真是君子，便當與人為善；如果不至以政治為打
坐，便當興利除害。然而他們不能也，他們只是拆台，不合作！君
子云乎哉？

　　心理的根據便是閒情逸致，飲酒取樂。當疲倦之時，天下太

平,飲酒觀山,是多麼洒脫!臨流賦詩,是多麼雅致!農夫耕地,汗滴下土,然他們以爲日出而作,日入而息,是多麼無憂無慮,他們過膩了都市生活,聊充田園詩人。用那生花之筆,粉飾寒傖世界。於是一般後起秀才,便熏陶這種習氣,一代傳一代,遂認無爲而治爲至樂之境。稍有作爲,便認爲俗流,便認爲多事。於是裹足不前,無一人敢有作爲,無一人願有作爲。無爲主義勝利了!胡鬧疲倦的循環造成了!八股的文化也出現了!

五、再造文化

所謂再造文化即是去充實享清福背後的物質基礎。有了這個物質基礎,享清福便變而爲享洪福。由洪福裡邊再孳乳出清福來,豈不更好?

要建設物質基礎,第一步必須先打倒無爲主義。無爲主義是一種社會勢力。社會勢力之轉移不是一朝一夕所能成功的。可是經過近二、三十年來的變化,這種無爲的心理已不復是社會的主力了。老莊的哲學亦同樣當著是古董看待,其實際之影響已幾近于零或近于負,不復當年晉宋時代之新鮮有效了!所以在現在無爲主義可以說不成問題。

現在所成爲問題的便是官僚政治。欲對付官僚政治之對人不對事的習氣,必須實行以下幾個主張:㈠在心理方面,我們提倡表現欲、創造欲;㈡在實現這種欲望的實際活動方面,我們提倡(1)法治政治,(2)政黨政治,(3)國家建造。這兩方面都有細說的必要。

我所謂表現欲,乃是指向外表現而非向內表現之謂。何謂向內

表現？曰吹牛、拍馬、出風頭是也。這三種表現社會上，以很幽默的名詞名之，曰風馬牛主義。此雖詼諧，然實含至理。凡風馬牛之表現，無不爲己；表現其自己，有利而歸之于己，所以此種表現的「利」乃是自人而加之于我，非如利刃之利，由我而至于物也。此種表現因其向己而不利外，故曰向內表現；又凡向內表現無不虛空，只是滿天打雷，地不見濕，鬧的社會烏煙瘴氣，而他們卻于中取利，鬧的百姓頭昏目眩，而他們卻在道旁暗笑；及至鬧的不得了，他們一走了事，乘桴浮于海，作富翁，作寓公，任你天翻地覆，他卻自行取樂。所以結果毫無作爲留于人間，毫無成績獻給百姓，只是他們互相胡鬧之間所維繫的一個紙老虎，揭穿了以後，煙消雲散，徒留興亡之陳跡以備後人喟嘆而已。這是向內表現的結果，也是向內表現唯一的成績，除此而外，並無別的。中國的政治史，從古至今，大半都是這種向內表現的記載，而所謂官僚政治也就是最好的向內表現之標識。以往的歷史是如此，試想近廿年的政治又何嘗不如此？都是向內表現，都未想到事情如何作，如何辦，所處心積慮的乃專門是在如何對付人。這是中國沒有文化的所在，也是中國文化的特性的所在。

試問何謂向外表現？曰：其表現之「利」如利刃之利，由我而加於物者即爲向外表現。凡向外表現無不實在。實在者，四度凝固體之謂也。由我之精力施於外物，凝固於外物，融化於外物，使外物變形，使外物爲我用，使外物成爲人類精神的表現物，使外物成爲表現人類的紀念碑：這種表現即叫做向外表現。在藝術上說，若雕刻，若建築，皆可以實存於人間而永垂不朽。所以，凡物之心化、心之物化，即現實理想化、理想現實化者，皆得謂之爲向外表

現。在社會上說，足以表示這種向外表現者，莫若社會的經濟生產之顯然。人們在其對付外界上互相參加一種關係，連絡起來以從事生產，這便叫做社會的生產。這種社會的生產可以改變物質，並可以再造物質。這種物質的改變與再造便是經濟的生產，或曰經濟的表現。須知這種表現不是容易的事，不只是力的聯絡，還是智的運用。倍根說知識是權力。沒有知識是不容易制裁自然的。人們的精力與智力若用在如何克服自然上，則人類的悲劇必日見其少，官僚政治必日見衰微，風馬牛的表現必將絕跡。人們常說西方的科學，東方的殘忍。東方之所以特別殘忍，實在其根本原因即在向內表現的官僚政治。西方之所以有科學，也實在其向外表現之故。他們是在作事，他們是在對付自然；他們能運用理智，所以比較合理。因為對付自然，所以不暇對付人；因為比較合理，所以他們的實際道德比較高。中國人講的道德最高，然而其行為最不道德。原來最不道德的人最善於講道德呵！

只是說對事不對人是不行的，必須造成一種機會使人們集中目光於事，然後才可以對事，然後自然才可以不對人。我們教他不暇對人，不只是說教他不當該對人。不當該只是道德的禁止，是空的，是形式的；教他不暇才可以忘卻，這是轉移，這是釜底抽薪。我現在以向外表現代替向內表現，便比當不當的道德律進了一步，並更具體一點。這是一個方面的轉換。方面轉過來了，我們用什麼樣的活動引導它向前走，使其不致再轉過去呢？這是上邊第二方面的問題。

第一、我們先討論法治政治。所謂法治，並不純指法家所說的賞罰必信的法治。這種法治只是一種守法奉公的精神。守法奉公是

行政官吏的基本道德，是必須的條件。不只是法家能作到，儒家也可以作到；不守法奉公，不只是法家厭恨，儒家也何嘗不厭恨？所以守法奉公的法治還只是一種政治比較修明的現象，算不得一種主張或學派，更算不得一種制度。因此，中國人以往的政治沒有真正的法治，純粹是一種人治，或說賢人政治；不過這種賢人的所謂賢，常因環境的不同，性格的差異，而常異其方面而已。譬如弛緩之時多尚嚴，極嚴之時多尚寬；性格柔者主仁道，性格剛者主義道。柔、剛、嚴、寬，隨時隨人而異，然不能說嚴者、剛者為法治，柔者、寬者為人治。可是，在以往及時下的流俗見解，都總以為這是人治與法治之分。然而，在我們看來，這都是人治。

中國的政治純粹是人治，無論是法家或儒家皆然。表現修明的時候，即是聖君賢相自定法、自守法、自行法的時候；這一部分人過去了，法也倒塌了，政治也腐敗了，人們也可以不守法了。於是便天下大亂，於是便希望聖君賢相出現。可見中國的政治始終是君子小人的人治，而不是法治。我們現在所要求的法治乃是於守法奉公而外，還需要一個制度的基礎，法律的典型。在這種制度的基礎與法律的典型上，運用統一的政治，施行守法的精神。人可換，此基礎與典型不可變；運用的手術與步驟可以因人而異，而此基礎與典型不能因人而異。我們只認守法奉公是一種國民的道德，行政的道德。這是一個先驗的假設，用不著討論，因為它不成問題。所成問題的，便是這種合理的百年不變的制度基礎與法律典型。這種基礎與典型確立了才是真正的法治，在這種法治之下，那種流浴的人治、法治之爭才可以消滅，才可以成為無意義。

這種基礎與典型在什麼樣的政治形態之下才能確立呢？曰：惟

有在國家民主政治之下才能確立。照中國說,在以往的歷史,這種基礎與典型是決不能確立的,就是說,在君主專制的政治形態之下是不能確立的。我們說它沒有制度基礎與法律典型,並不是說它沒有政治形態。我們可以說:這種政治形態就是不能確立基礎與典型的形態。所以,在君主專制的政治形態下決無法治出現,法治惟在民主政治形態下始能施行。推之,現代所謂獨裁政治無論是蘇俄式或是義大利式,皆是人治而非法治,所以皆非民主政治。有人說蘇俄漸趨向民治,其實這只是共產黨的禮讓,即是說,他讓它民治。他可以讓它民治,他也可以不讓它民治。主權在彼而不在民,猶之乎在君而不在民一樣,這不是真正的民主政治,因為他非法治故。

因此我們可說:人治與專制或獨裁相適應;法治與民主相適應。

民治形態下的法治,其制度的基礎與法律的典型表現在什麼地方呢?曰:政黨政治。國家先得承認國事由國人管,此其一;並須承認國人有自由發表意見的權利,此其二;並承認其有宣傳其意見、實現其意見的運動權利,此其三;最後,並得承認有施行其意見的選舉權與被選權。表現這四點權利的中樞或樞紐在乎政黨。政黨一方帶來了人民的權利,一方鼓動了民眾的運動。人民能夠自動的運動(當然有運動的、有不運動的,此不必問),並能有那四種權利,則便是法治下的制度基礎與法律典型,也就是真正的民治,真正的法治。現在有一部分人提倡無黨政治,並以為由黨的統治可以達到無黨政治,實在是荒謬之極。須知無政黨的運動,便無民眾的運動,民眾始終是無聲無臭任人宰割的,而政治也始終是自上而下一紙風行的。這樣一來,必復返於人治的狀態;以往的君主專

制，現在的獨裁，無論是黨的或個人的，皆是無黨政治的反民治主義。所以政黨的運動是必要的。

而且政黨的運動又必須是多元的。因為社會生產的分工，各階級皆有其特殊之利益，是以其實際意見也並不能盡同。所以多元的競爭與比賽也是免不了的。今日風行一時之獨裁，是以黨治國，黨在國上，不允許他人的存在，是直不知有國，更不知有民矣。這種政治是變相的君主專制，是變相的朕即天下；是黨治，不是政黨政治。黨治不知有國，政黨政治必須先有國；黨治不知有民，政黨政治根本是發自於民。

於是，我們轉而論建國。我們必須有了國家，然後才能有權利。大家須知我們現在是無國家的，所以也沒有權利。我們只有個南京政府，卻沒有國家。南京政府只是不好意思說我們不是中華民族的人民而已，只是不好意思不讓我們在這塊土上穿衣吃飯而已。此外，恐怕皆好意思禁止干涉了！我們頂名為中國人，卻沒有享得中國的權利，豈不冤枉？於是，我們先得建國。說到建國，南京政府何嘗不建國？只是它的建國乃實是滅國消國。其所以然之故即是它完全以人的私見為基礎，而不以國家為重。既以人為主，則何有於國？此猶之乎既在父上矣，則何有於父？所以它的建國完全是以人建國，以人的私見建國。所以，他們的建國是欺人之談！

我們的建國不以人建而以制度建，不以黨的政見建而以公共之制度基礎與法律典型建。循前者則國為主，人為客，國為公，人為私；循後者則國為先，人為後，國為不變，人為常變，國為一物，人動於中。如是，人們先承認有國家，我們於其中取得權利，我們人活動於其中，施行政見於其中，我們自居政黨一分子，自居民眾

一分子。我們把國家客觀化，投出去，使著成一個公共的普遍的存在物，而自居於服從的地位，以從事不離其宗的活動。這便是眞正的建國。這樣國家便是一個正數"1"，"1"是常數，政黨是變數，如果以式擺出便爲1＋X＝Y。在此式中，X代表政黨。如果X爲1，則此式便變爲"1＋1＝2"，如果X爲2，則爲"1＋2＝3"。國家總是其中的一個有效數，決不會附庸於政黨、消滅於政黨中而成一個零，結果只剩下了政黨，以政黨爲國家，國家即政黨。但是君主專制，以黨獨裁等卻是以國等於零了。其式如下："0＋X＝Y"。如果X爲1，則"0＋1＝1"；如果X爲2，則"0＋2＝2"。結果國家等於零，毫無實效。我們的建國與南京政府的所謂建國，就在這個"0"與"1"上區別。

我們相信一切罪惡都在國家之等於"0"；而國家之等於"1"至少能免去許多殘忍的悲劇。

我的討論至此止。我相信官僚政治的消滅、文化的再造、事功的表現、經濟的生產、社會的開明、人類的理性，都在我們這條路上發見。

原載《宇宙旬刊》第3卷第10期　1935年12月15日

政治家如何養成

《中庸》有云：「非天子不議禮，不制度，不考文。今天下車同軌，書同文，行同倫。雖有其位，苟無其德，不敢作禮樂焉；雖有其德，苟無其位，亦不敢作禮樂焉。」偶讀及此，頗有所悟。有位無德，仁智不至也；有德無位，權勢不加也。而興禮作樂乃國家之大典，非德位兼全者難語于興創。德位兼全，可為哲王。儒者固以哲人政治為理想，世必有哲王，乃可制禮作樂。然哲王每不易得，有位無德之昏君比比皆是，有德無位之儒生亦比比皆是。諸此不齊，將何以為？泛觀歷史，不出以下三種：

（一）爭奪權位之革命家；

（二）投機而行之官宦家；

（三）獨立特行之政治家。

中國之歷史，蓋無所謂德位兼備之哲王，故每朝之政治制度大半皆非哲王之興創，只混亂而後與民休息時所沿習之成風。故二千年來之歷史只道古之歷史。零星之處，非無各異，然根本精神，究無二致。其故何哉？革命家、官宦家多，政治家少故也。

何謂革命家？陳涉、吳廣、劉邦、項羽、朱元璋等皆是。其發也由於天災人禍，其動也由於衝動亂為，其成也由於機會命運。故

革命家大都皆爲無理性、神經質之冒險家。此等人自然無所謂社會國家。其動機只在逃禍，其目的只在奪位，此外蓋非其所知：知識、學問、文化，一無所有。故此等人皆目之爲時代之幸運兒。一幸運兒而已，何知興禮作樂與夫國家之大典乎？推之社會之進化，經濟之推進，政治之光明，風俗道德之向上，更非其所能問。其所問者，如何保持權位而已，如何遺留子孫而已。其所謂禮樂政典，制度刑法，亦無非爲保持權位遺留子孫計而已。此意黃宗羲〈原君〉一文論之甚詳，不必吾之多言。

茲所進而論者，即投機之官宦家是已。官宦家雖貌似政治家而實非政治家。在革命家淫威之下，此等官宦家皆爲祿位之食客，主人之奴才，太子太孫之傭僕。其理智之運用，行爲之措施皆以主人之目的爲目的，非敢越此有所興創也。中國之歷史乃革命家、官宦家狼狽爲奸之歷史。革命家一無所知，官宦家將其所知賣於革命家而填補之；革命家毫無理智，官宦家將其理智受用于革命家而爲其工具。革命家之下，只能有官宦家。革命家與官宦家所造之歷史，最易發生其他革命家與官宦家。如是反覆，遂造成中國歷史之循環。而國計民生之改造與建設，遂永消沈而無人過問。是以簫伯納之來華，開宗明義即謂中國無文化。若對於環境之改造與制裁所得之成績爲文化，則中國確無文化。吾人對簫伯納菲薄之言，正無所用其恨。蓋中國歷史所表現之政治，無一爲改造環境計，無一爲制裁環境計故也。簫伯納知之而不明其所以，吾今得而言之矣。滔滔者仍不改其故轍，不爲民族國家反身一問，此大可哀也。

革命家與官宦家造成之局面，爲時日久，不免弊生。若不至生出第二革命家以革其命，則此時亦不乏悲天憫人之政治家出現。在

革命家與官宦家昏濁之下（革命家昏，官宦家濁），政治家欲一顯其身手，此誠難事。然天生聖人，其性格，其理智，其學問，皆足使其不爲革命家、官宦家，而又爲時勢所迫，又不得不出而爲政治家。孔子、管子、諸葛亮、王安石等皆是也。此四人可爲典型之政治家，其他不免駁雜，故可不提。孔子曰：「吾說夏禮，杞不足徵也；吾學殷禮，有宋存焉；吾學周禮，今用之，吾從周。」觀此數語，可知孔子不願爲革命家，而必爲政治家。革命家目的在權位，政治家目的在任事。「何事非君？何使非民？」此伊尹之任也。政治家必以「任」爲目的。孔子蓋深明此理。「哀公問政。子曰：『文、武之政，布在方策。其人存則其政舉，其人亡則其政息。人道敏政，地道敏樹。夫政也者蒲盧也。故爲政在人。』」（《中庸》）方策之政，即典章制度。是則譬猶機器，必有人焉以敏之，此機器方能運行。敏者，運機器以化俗成風推進社會也，故曰蒲盧。化俗是外王之業，人道是內聖之功。必在一方策之下，外王始可表現，內聖始有所用。儒者不喜改創制度，但在利用制度。「吾學周禮，今用之，吾從周」，是即利用制度以敏政也，故孔子爲眞正之政治家。今人惟梁任公先生識得此義，故梁亦聖人之徒也。而說者謂其反覆無常，此陋儒之執一，烏足以識任公！

　　眞正之政治家亦非無權位之思想。蓋權位者推動制度之大力也。政治家欲敏政以化俗，焉得薄權位而不用？孔子深不以素王爲滿足，蓋有大志存焉。欲有加冕者，亦必受之而不辭。文王百里而興，孔子師徒不亞於文王，使假之以土地，復興殷朝而爲後殷必在孔子（因孔子是殷人）。此楚君臣之所以懼而不予土地之故也。然眞正之政治家，以其理智學問之故，雖欲求冕王而不必冕王，退而

攝相事作素王亦可。「鳥獸不可與同群，吾非斯人之徒與而誰與？天下有道，丘不與易也。」此即悲天憫人之心而不得不利用現成制度以敏政也。「知我者《春秋》，罪我者亦《春秋》。」此乃有德無位之自嘆。政治家夫如何而可不要權位乎？後之小儒，拘謹末節，是直幾與奴才無異矣！

　　然此種政治家每不易得志。在革命家與官宦家歷史中，亦無法得志。孔子是不得志之第一人，故攝相事而後，究以教授而終。管仲、諸葛、王安石等，皆小得志。然或只及其身之一階段，身死而無聞焉。又復返於革命家、官宦家之手。或只得志於革命家而不得志於官宦家，老革命家一死，而即痛遭荼毒焉。此可悲也。政治家之所設施，其利之及於民者，亦幾希矣。非政治家之不足以利民，實革命家、官宦家之害民有以消之也。故在革命家、官宦家歷史下，惟宰相一職尚可容政治家發揮其理想；然亦唯因在此種歷史下，其發揮每多不常。宰相者亦實際之天子也，此大足以證明政治家必有權位。固有以此權位而行惡者，但行惡者非政治家也。朱元璋取消宰相職，爲其權位太重也。然亦唯因此，益使中國歷史無政治家，益使中國歷史多官宦家也。無政治家，則一切之建設改造無從談起。此中國之所以無文化，悲夫！

　　政治家於何制度下始可常久乎？興禮作樂、建設制度之哲王如何而可產生乎？典章文物，一切措施，如何而可日進合理不爲保持權位遺留子孫計乎？此吾所欲解答也。

　　居宰相職攝相事之政治家，如孔子、管仲、孔明、王安石等，皆可謂實際之哲王。惜乎，上有革命家以壓之，下有官宦家以亂之，不得展驥足而昂首天雲，此實令古往今來有心人徒喚奈何者

也。故欲使實際之哲王成爲明朗之哲王，必消滅產生革命家、官宦家之政治制度而後可，亦即必剷除專制主義以斷絕革命家之來源而後可。革命家之路斬，反覆之循環史始可停止其前進。今也自肇造共和已二十餘年矣，二千年來積習固難期其於二十年內改絕淨盡。然此種轉變實爲千載難逢之良機，時勢所趨而致此，吾人決不可輕使其復返於故轍。此則有理智有思想之知識階級所必認定而固執之者也。中國自效法蘇俄以來，成爲一黨專政，今復捨蘇俄而效法德、意。辛亥所啓發之大路，將有不可終日之勢。吾將見革命家與官宦家又接踵而來也，且尤甚於古昔。吾認此弊而爲此懼。故深願國內之輿論家立定腳跟以呵斥之。只要知識階級此心不死，則革命家與官宦家必無由常久存在，此式微之光明必可得其擴大。吾人時下之責任，即在保持此點光明。

此光雖微，然再造歷史端賴乎此。此光維何？民主政治是也。政治家如能常久存在，必賴乎此種制度。蓋在此種制度下，政治家始可保險，始可放心作事，實現其以任事爲目的之宿願。且又在此種制度之下，孔子有德無位之嘆始可不再發生。故世之欲作政治家者，必保持此點微光，始可大展驥足也。復次，在此種制度下，興禮作樂、建設制度者必爲哲王，亦即哲王必於此始能產生，而於此產生者始可謂之爲哲王。羅斯福之所措施，如能復興美國，則美國之哲王也；如其不能，便當下台，讓他人成哲王。英國亦可作如是觀。或者曰：英、美如此，德、意、蘇俄豈不可如此乎？曰：不然。德、意、蘇俄無客觀制度之保障，英、美、法有客觀制度之保障。德、意、蘇俄之保障在希特拉、墨索里尼、斯塔林之心中；英、美、法之保障在操於民衆手中之公共制度。此則爲客觀，彼則

為主觀。兩者所差，只此而已。或者又曰：德、意、蘇俄亦有成績，吾曰：漢武、唐太又豈無成績？吾人固不能以此而認專制獨裁之宜存在也。故欲哲王之產生，政治家欲為哲王，亦必保持此點微光，捨此無由。

茲再解答最後一問，即典章文物，一切措施，如何而可日進合理不為保持權位遺留子孫計乎？曰：此易答也。民主政治產哲王，由哲王而定典章斯可矣。惟此哲王，有德有位，察時勢，明變化，縱知因果，橫識當下，按眼前社會之可能，定將來前進之所趨。如此定章，必利民生，福人類，使社會日趨於光明，日趨於合理。是則不為保持權位計，不為遺留子孫計也。譬以中國為例：政治形態應如何乎？此必縱知因果，大處著眼，不注於現在，而後可定。經濟形態應如何乎？此亦必橫識當下，深明內部農村經濟之狀況，參以世界之各種思潮，而後端其所趨。此種計畫之規定要必在民治下始可成立；此種計畫之利民生、福人類，亦要必在哲王或政治家手中始可表現。孔子權位兼備之理想，唯在此種制度下始可實現，而儒者內聖外王之功，亦必在此種制度下方可發揚。此非不可幾近之空想，英、美諸邦已類乎是矣。天國不可近也，英、美總可至也。

吾何以向往英、美乎？以其近於民主也。吾何以向往民主乎？以其近於開明且足以福利民生也。其何以致此也？曰：唯在乎健康與理性。英、美民族大概為比較健康比較合理之民族。唯健康，故不神經質；唯理性，故不衝動。唯健康，故有力無畏；唯理性，故克服困難。此即所謂科學之精神。羅素有云：

　　情緒若無破壞性，很可取；知識若無破壞性，亦很可取。要

栽培根本政治情緒，當專務於建設，且當使知識受此種建設情緒之驅使。同時此種情緒並亦應爲知識用命，不可徒託空想。當夫實際世界不得人意，人即易於藏躲於幻想世界。因居此世界，不需努力吃苦，即可得意也。但此無他，即神經昏亂之表示也。亦即神學、國家主義、階級主義種種神祕思想之本淵。（《幼兒教育》，16章。）

英、美民族總屬健康合理，故此種神祕思想不很流行。羅素即英國民族之典型人物。英人所以有此種思想，亦由幾百年之民治使然，而此思想亦正足反映其國家之政治制度及民衆之政治情緒。吾民族以老大自居，實則一切舉動皆不健康。此可憂也。政論家宜如何堅認此點乎？吾朝夕望之矣！

原載《再生》第4卷第1期　1937年3月1日，署名「離中」

政治家與革命家

　　我在本刊四卷一期上有一篇〈政治家如何養成〉的論文。在那篇文章裏，我說明了革命家、政治家及官宦家在中國傳統歷史中的作用。我說中國傳統歷史是革命家與官宦家狼狽爲奸的歷史。又說在中國傳統歷史上不容易有政治家出現，或偶一出現，也不容易持久。又說因爲不容易有政治家出現，故中國的建設事業無出路，亦即物質文明無出路。政治家是作事的，革命家與官宦家是治人的。革命家與官宦家狼狽爲奸的歷史是治人的歷史，在治人的歷史下，不會有物質文明出現。在我那篇文章裡，革命家不是好字眼，但卻是高抬政治家的。在現在「革命」頂時髦、頂流行、頂普遍的時代，我說這話，一定是不投時宜的。粗心者流，可以罵我是反革命；有腦筋的人也可以對我的意思起懷疑，以爲革命家不就是政治家嗎？凡革命的是好的，這思想入人之深，吾豈不知？所以對我的意思起懷疑的人，是很自然的。就因爲是很自然的，所以我更有進一步說明的必要，以徹底釐清了這個問題。現代的青年人若認清了這個問題，時代的思想必轉換一個新面目。新面目的到來，就是中國文化有出路的一天。

　　中國有傳統的革命家，因而對於「革命」一詞亦有傳統的意

謂。中國革命的第一著是湯武革命。以後的革命大概都離不了這個
樣式，無論是文革或是武革。他們來回所革的是當時擁有政權者的
「命」，把擁有政權者的「命」革掉了，他們便亦有了「命」。這
種新陳代謝的革命叫做「天命」。他們生理的命早已有了，但是還
沒有得到「天命」。沒有「天命」，就是天尚沒有將庶民與土地託
付給他，因而他也就是尚未得到政權。當然，天命之給與不給，還
是有待于他們的奮鬥。當時擁有政權者，若能奮鬥，沒有被革掉，
這表示他們尚有命——天命。若被革掉了，即表示他的天命已完，
即所謂天數將終。革人之命者，若奮鬥的結果，未能成功，便表示
他們沒有命——天命，即沒有福應天之數，執掌政權。這只好自認
晦氣而已。所以爭奪政權者，即革命與維持命者，一方固需奮鬥，
但也得有天命之照應。因此，天命所照應的人即是有了命的人，這
有了命的人的政權于是便算是有了一定時期的保障。中國傳統的命
是應天而得政權的命，故革命的人也是革這種得政權的人的命，即
是說，不讓他有這種有政權的命。革命者所希冀的也是這種應天而
得政權的命，即是以新天命代替舊天命。換言之，即是以新的擁有
政權者代替舊的擁有政權者，以**新人**代替**舊人**。這種代替法，或說
這種革命法，有兩個結果是必然的：㈠是「**命**」**的革不是「事」的
革，是人的代替不是事業的興創**；㈡**這種革命法必永遠是循環下
去，革命者人亦革其命**。這兩個結果是很自然的，其影響又甚大。
中國的歷史即是這種命命相革的循環史。這種循環史自然具有一種
特殊的文化面孔。如是，我們于此又可以進而認識中國的文化。由
這種**命命相革的循環史**，中國的文化可以是這樣的：㈠**不作事的文
化**；㈡**對付人的文化**；㈢**有文化而無文明的文化**。這樣的歷史，這

樣的文化，合而觀之，才算認識了中國。我以為這個認識是很具體而切實的。這樣認識下去，才能談將來的文化。

我在他處曾有過下面一段話：

然則，中國人的精力都用在那裡去了？一在民性的懶散與享受，一在政治上的官僚之縱橫捭闔，與秀才之迂腐無為。中國人的精力全耗在這兩方面，而這兩方面便造成沒有文化的原因。我在旁處曾說過：中國的文化是懶散的文化，是享清福的文化；他的成績與結果是懶散的結果，是享清福的成績。這種結果與成績便形成中國的文化，中國的文化就在這裡。這種文化的所在，具體指出，便是八股的文化，文章的文化，吹牛誇大，浮而不重，虛而不實；總之，是詩的、文學的，而不是科學的。當然，這話並不是說詩與文沒有真實性；不過其本身之真實性，與品茗賞花之真實性一樣。未見這種懶散的享受，能有什麼凝固的結果產生出來！這種品茗式的文化便是所謂精神的文化。我承認中國的文化是精神的，其意也即指此。中國人對于這種精神的涵養與薰陶，確實高明美妙，為西方人所不及，或者至少也不能下於西方人，所以精神文明可以單屬東方。有些人不明白這個道理，以為精神與物質是分不開的，有精神便有物質，有物質自然有精神；中國人沒有物質也沒有精神，西方人有物質當然也有精神。須知這話最屬籠統，毫無道理。縱有道理，也是籠統的道理，對原題毫不對稱。若說精神與物質分不開，這話也對。中國人有其品茗式的精神，自然也有其品茗式的物

質。其物質爲何？曰八股，曰文章，曰詩詞，曰線裝書。只是這種物質不是改造環境、創造環境的結果，不能利用厚生，不能巧奪天工，所以也不是西方的物質文明。既然不是物質文明，當然可說是精神文明。這種沒有以凝固的物質爲厚生之具的民族，其享受也只可說是享清福，不是西方人的享濁福。而這種清福也只有懶散才能得到，像西方人那樣猴子似的亂跳，是決不能得到這種福分的。（〈中國政治家之兩種典型〉，《宇宙旬刊》第3卷第10期）

這段話的意思即足以表明中國是有文化而無文明的文化。這種不能產生文明的文化即是詩的、文章的、玄學的文化，而不是科學的文化。中國在詩詞歌賦、玄想冥思方面很有特長，但這些只是文化型，而不是文明型。表現這種文化型的文明乃是線裝書，汗牛充棟的《四庫全書》。除此而外，便是皇帝享樂所的宮殿。至于關于國計民生的經濟建設，則從無人過問，只好讓它自生自長，自消自滅。有線裝書與宮殿，不能算文明。必須社會生活與社會關係有平均的發展，社會生產與社會消費有日趨人間味，而日遠自然味的進步，這才算是文明。中國在這方面，大是損色，所以只好讓我從權說一句「有文化而無文明」的話。

有文化而無文明，這表示中國人沒有作過事。故在消極方面說，中國的文化又是不作事的文化。中國人大家都想做主子老爺，事情讓天作去！作官的人專門想擺闊，專門想如何享福。但是，事情他們卻不作。可是，集天下之精英供養一人，即不作事亦仍可享福。但這只有苦了老百姓。政府不爲民衆作事，民衆的經濟生活只

好聽其所止而休焉。在這種狀況之下，大家只好享清福。物質的供給太缺乏了，他們的飯吃的並不甚飽。在太平無事之秋，大家粗茶淡飯而後，仍可品茗賞花，聊充風雅。若一旦遇了天災人禍，粗茶淡飯亦不得飽的時候，那風雅的面孔全變成了猙獰的面孔，野蠻的尾巴便于享清福中露出來。我曾有一段話與此處意思正是一幅說法。茲節錄於下：

> 這種清福甚玄妙而風雅。故表面觀之，瀟洒之至。受這種文化陶冶的民族理當是最文化的民族了。孰知不然。因為這種清福背後的形而下的根據，實是簡陋不堪故。簡陋就是不足。徒享清福，不足以延殘喘，必有藉于形而下的具體物。具體物既不足，簡陋不堪，所以一關涉到具體物，便露出那風雅的尾巴來，便醜態百出，便你爭我奪，便殘忍刻薄。中國人一方最文明，一方最野蠻，于此可得一個真正的解析。文明風雅的時候，便是品題享清福的時候；野蠻的時候，便是爭口腹的時候。品題只是一種對外之感受，並沒有一種理智的運用。並沒有一種通天人、馭外物，一貫的開掘外物、制裁外物的理性人格，並沒有理性的站得住。所謂理性的站得住，就是以理性變物、造物、取物、用物，而發展一貫的人格，而豐富我們的生活。（〈中國人的具體感與抽象感〉，《宇宙旬刊》第5卷第2期）

這一段話即說明了不作事的文化的流弊。

既不作事，他們的精力耗費在那裡去了呢？曰：在對付人。關

此，我也有一段話：

> 西洋人始終是作事的，中國人始終是不作事的。以作事爲
> 主，大家目光都集中于事上，以事爲公共對象，故爲不對人
> 而對事。人與人之間的縱橫捭闔少，人與物之間的如何對付
> 多。中國人則反是。目光不集中于事，而集中于人。專以造
> 謠中傷爲能，以互相殘殺爲事。不以事爲對象，而以人爲對
> 象。于是變成人與人之間的對付，而非人與事之間的對付。
> 在好的方面，講道德，說仁義，這是對付人；在壞的方面，
> 玩手段，設陷阱，這也是對付人。國家原是興公利除公害的
> 機關，原是作事變物的機關。而今不然，成了宰割小民的機
> 關（美其名曰治人），成了縱橫捭闔的機關。在這種情形之
> 下，習久成風，自然不容易更移。有一二人想著以作事爲
> 主，必有許多攻擊、許多反對發生出來。事未作好，而性命
> 隨之。如商鞅，如王安石，如張居正，皆不得好結果。或自
> 身遭慘禍，或身後遭慘禍，或不遭慘禍而被人唾罵。諸作事
> 的政治家之遭際如此，其故蓋可思矣！（〈中國政治家之兩種
> 典型〉）

這是對付人的文化。政治上的縱橫捭闔是對付人，理學家的講道德
說仁義也是對付人，革命家的命命相革更是對付人。中國人的精力
即耗在這對付人上。所以中國的歷史是相砍史，《廿四史》是治亂
興亡之陳跡，所遺留下的是令人發嘆息的慘酷，而不是國計民生的
建設。大家除了**對付人而外**，便只有**懶散與享受**。對付人的時候是

龍虎爭鬥，及至敗了下來，退出戰場，便只好吟風弄月，聊充風雅了。**這兩種生活型是造成中國傳統歷史特性的基本原因。**這種生活型的歷史，就是革命家與官宦家的歷史。這種歷史有什麼值得留戀處？造成這種歷史的革命家與官宦家有什麼值得羨慕處？這種革命我是反對的，這種革命家我不願意作。如其于蒼生無補，雖反之亦不可惜。（當然，我反對這種革命，並不是反對某一**特殊時代的革命**，及某一**特殊時代的革命家**。在一整串的歷史中，指出某一時代或某一人，大概都有他們不得已的苦衷，即所謂逼出來的是也。我們不能從這一點上來反對，也不必這樣去反對。我們所反對的是這**種命命相革的循環路子**。這種循環的歷史是要不得的，造成這種循環歷史的革命方式也是要不得的。我們的反對是在此處著眼。這種看法就是**純粹的整個的因果關係的看法**。看歷史所表現的**因果關係之全面**，並看這種因果關係所表現的法則之特殊性，不局于某一點或某一瞬上來看因果關係。若局限于一點或一瞬上作文章，決不會跳出傳統歷史的圈套。因為你自己就是落于那個圈套中的一分子。**你的是非就是那段歷史自己的是非，你的好惡也就是那段歷史自己的好惡。**這樣一來，你只能因襲歷史，明白歷史，而不能批判歷史，改造歷史。譬如你若站在明亡清興的階段上看他們興亡的因果關係，你就只能限於明所以亡與清所以興那本身的因果關係，這就是所謂歷史本身的是非與好惡。你若局限于一點上看歷史，你所得的是非與好惡，充其量就是那歷史本身的是非與好惡。所以你只能因襲與了解，而不能批判與改造。因襲與了解乃學究之所為，批判與改造非思想家不為功。本文統篇立言的立場是**整個因果關係的看法**，不是**一點一瞬的看法**。我要了解中國傳統的因果法則之特殊

性，我要拆穿在此法則下所產生的流弊，並要創造另一種因果法則來代替它。）

中國傳統革命的因果法則既如上述，既不可羨，試問現在的革命方式又如何？現在的政黨雖然多至不可名言，然真正稱得起革命的，恐怕只有共產黨最顯明。這話卻並不是說共產黨最好。因為照我的意思說來，革命的並不一定是好的，而那些不顯然耀武揚威作革命宣傳的政黨，也許是真正的改進了社會。但無論如何，共產黨總是最顯然革命的政黨。如果他們的理想實現了，他們也真能改變了社會。站在這一點上說，我們承認他是最革命的。如是，我討論共產黨的革命。

共產黨最大的缺陷就是太理論了，太不察實際。這個毛病，用通俗的話說，用他們常用之以罵人的話說，就是太觀念了，太唯心了。他們雖然主張唯物，雖然極罵唯心，但唯心、唯物，在學說上說，總都是一套概念。死咬著這一套概念，不察實際，縱然主張唯物，但主張總究是主張，不會是實際，故所唯的乃是物的概念，不是物本身。結果還是唯心。這種太理論的毛病是由于他們對于社會的**一刀兩斷的看法**。他們的看法太抽象了，太概括了，太懶了，太神經質了。這種看法是不會健康的，是不會有批判性的。他們只能鼓動無識無知的人，不能鼓動有思想、有理智的人；只能鼓動人類的情感一方面，不能鼓動人類的智慧一方面。人類的活動不能永遠是情感的，情感需要智慧的指導。社會的中堅亦常不在缺乏思想與理智的衆人，而倒在理智健康的知識分子。一種理論若只能專事于鼓動，而不能批判地改進社會，則決不會有顯著的成功。縱然有所鼓動，能興風作浪，但到作事的時候，還是不能不一步一步地前

進，更其**不能不與事實相磨鍊，相交涉，相遷就**。這個道理，證以今日之蘇俄，便可瞭然。蘇俄，在現在是怎樣的遷就事實，是怎樣的變質前進，下面再論。現在我只說明，作社會運動，**不當用一刀兩斷的看法與作法**。共產黨，因為是兩刀的看法，所以一方雖顯然是很革命的，但他方他這種理論，事實上，又是不會實現的，或是隔實現還需要好多步驟。因為他不能繼承歷史，不能與社會的各種頭緒（縱的與橫的）接縫。好像切一個瓜，一刀兩半，便不容易再黏起來。既然黏不起來，還成一個什麼東西？還有什麼改進？既不成東西，又無改進，還成什麼革命？這種舉動要它作什麼？這種革命既不能與各種頭緒接縫，則結果他的事實必不能與他的理論相合。理論與事實既不相合，則他那套一刀兩斷的理論便算無用，而隨著這套無用的理論來的行動也是妄舉。于此，我們對于一刀兩斷的革命論可作以下三點觀：㈠**理論只當著一種醱酵劑，醱酵了以後，卽革命了以後，可以完全不管那套理論，而只逐漸與事實相磨鍊，相遷就，而繼續與各種頭緒相接縫。**㈡**理論與事實合一，說到那步，作到那步，作不通便同歸于盡。**㈢**以那套兩刀的理論為行動的煙幕彈，而事實上對于社會無改進，無興創，只從事于有我無你的把持政權，搶奪政權。**這三個路數，蘇俄現在正走第一個，托羅斯基派歷來走第二個，中國恐怕是只有走第三個。

蘇俄于革命初成功之時，本想理論與事實合一，走上段所說的第二個路數。但是，事實上不允許，所以斯塔林竟可以放棄理論而與事實相遷就，相磨鍊。（當然他們的那一套基本理論還是照舊宣傳，只不過不去實行或簡別實行罷了。）我曾有一段話說明這個磨鍊的過程，今抄於此：

共產黨之主張為沒收一切財產，盡廢除私人所有權。無論實際情形如何，凡彼之所至必先大攪一番，是之謂破壞一切，再造一切。蘇俄之革命，其初得政權之時，即如此行動。然此實盲目之威嚇，及事態鎮定，則又幾經多變。自革命成功至現在止，其共產制之變更，有五次之多。其中大變三次，小變二次。戰時之絕對共產，其開端也，此為大變者一。及至危機臨迫，為應付實際情形計，又放棄戰時共產制，採用新經濟政策，此為大變者二。新經濟政策，本為對農民讓步而設。及至列寧死後，斯塔林柄政，又繼續允許轉佃僱耕二事，此較頒行新經濟政策時又進一步，是謂新新經濟政策，此可謂第二大變中之一小變。新新經濟政策，若逐漸實行，必足以孳乳富農，與資本主義無稍異，于是為剷除富農計，又一變而為五年計畫，此為大變者三。五年計畫之對農業也，目的在以集合農場與國營農場代替一切私人農場而謀取消私有制。然農民有斬其牛馬，毀其農具，甚至全家自殺者。苛政之下，舉國騷然。為緩和民心計，于集合農場、國營農場而外，又承認私人農場之存在。于是，時至今日遂並前兩者而為三矣。此又為第三大變中之一小變。（〈國內兩大思潮之對比〉，《再生》第3卷第8期）

這是經濟方面的磨鍊。除這方面以外，于政治、外交亦均有磨鍊與遷就。本刊上一期有李光忠先生一篇文章，介紹美國人最近對蘇俄的觀念。他說：

蘇俄駐美大使托落亞洛夫司基（Troynanovsky）于一月二
十八日晚間宴會上藉著「蘇俄新憲法」的演講題目做了一點
宣傳。他說蘇俄現行的是社會主義，並非共產主義，甚至蘇
俄新憲法中並無共產主義字樣。共產主義是各盡所能，各取
所需；社會主義是各盡所能，各酬其勞。他說司塔林是在社
會主義之下推進民主政體，願與海外民主國合作。現今世界
不是資本主義與社會主義鬥爭，乃是法西斯主義與民主主義
鬥爭。而蘇俄是站在民主主義方面。（〈美國人最近對蘇俄的
觀念〉，《再生》第4卷第2期）

托落亞洛夫司基的話是對的。在政治方面，他們宣揚他們是站在民
主主義一方面。政治既趨於民主，外交自然也傾向于與民主主義國
家合作。經濟方面，他們承認是社會主義，社會主義當然不同于共
產主義。他們現在又傾向于民族主義，這與無產階級的世界革命又
不同。這種種相反都表示他們是在與事實相磨鍊，都表示他們的實
施與他們一刀兩斷的理論不相融。從此看來，蘇俄是走上邊所說第
一個路數的。或者有人要說這都是策略，他們的目的還是在實行那
兩刀的理論。吾說，策略排長了，便變成了步驟，便也都成了目
的。如果把目的放在幾千年以後，這達到那個目的的一串步驟，我
們能說它都是些策略嗎？在沒有這些步驟以前，我們現在看他們的
理論是一刀兩斷的。但是放在幾千年以後，有了一串步驟以充實
之，那時也許就不是一刀兩斷的。所以我們現在不能純以策略目
之。縱然他們心目中有策略的影子，然而事實逼迫得這些策略成了
實施上的步驟，因而也都成了目的。我們于此可有兩個結論：㈠以

後革命是可以有的，但是**一刀兩斷的看法與作法我們不讓它有，我們要堅決反對**。因為這種理論是不合事實的，事實上沒有這種兩刀情形。理論既不合事實，便成了一套概念的把戲。由此把戲而引出的行動都是些盲動或妄動，因為他們行動的對象是並不存在的。㈡一旦有了兩刀的看法與作法，他們**這種看法也會完全沒有用**，他們**的作法也會覺得是胡鬧**，或是白犧牲——犧牲自己或他人。他們**于實施上必會逐漸變質，必會逐漸遷就事實，與事實相磨**。既然要變質，則那套兩刀的看法與作法有什麼理由是必須的？為什麼必造那麼一套與事實不合的理論？革命有什麼理由必與這套理論結合？可見兩刀的理論必須廢掉。廢掉了以後，我們就有辦法。

托落斯基派歷來是言行合一的，想固執地實現他們那一套兩刀的理論。他們主張世界革命，他們主張絕對共產，他們主張工人獨裁。他們罵斯塔林派為官僚為反革命。這都表示他們很固執他們的理論。但孰知這是行不通的，所以他們失敗了。可是他們現在據說也想變質。他們的變法又不同于現在的蘇俄。他們以為共產主義不能一國單獨施行，所以要造成世界革命。現在世界革命既不成功，俄國仍當回復資本主義。要達回復資本主義的目的必須造成戰爭使蘇俄大敗，推倒斯塔林，否則不能有望。如果這個意向是真的，則托派的變質，老實說，不如斯塔林的變質。因為現行的蘇俄還是社會主義，若照托派而言，則簡直成了資本主義了。又斯塔林派宣傳托派勾結法西斯主義國家。如果這也是真的，則托派的勾結又實不如斯塔林的勾結民主國家，因為民主政治總比法西斯開明些。我們由托派的絕對變質，可知他們是走我上邊所說的第二個路數。即到行不通的時候，理論與事實同歸于盡。兩刀的理論不要了，革命的

事實也完全不要了。不過，他們這種變法，我們是不贊成的。因為他們變來變去總脫不了那兩刀的情形。當初是非革命不可，現在是非不革命不可。這都是兩刀情形。但是這種情形最壞，因為它足以造成類乎中國的循環因果法則。這種**法則足以使人們只是不斷的革命，不顧得作事**，所以最壞。

現在再看中國的革命。中國人是有傳統的，所以中國的革命還是免不了**命命相革的傳統味道**。而共產黨的兩刀理論與行動又最足以使革命成為虛空的命命相革。**理論是兩刀的，事實上又沒有這種兩刀的斷象，革命的對象先不存在。既沒有所革的對象，則理論完全失掉了指導的作用。既失掉了指導作用**，則他們的行動就會覺得是**罔然與盲然**。在罔然與盲然的情況下，就會使他們無意中**因襲了歷史，只作官完事**。中國的傳統，加上兩刀的理論，最容易得到這種結果。所以一般人說中國共產黨的革命表面是穿了時髦的洋衣，而骨子裡還是國粹。這不是無道理的，不但共產黨的革命是如此，國民黨的革命又何嘗不如此？試觀近十年來中國的氣象是向那方面傾向呢？那裡還有點革新進步的意味？現在的中國共產黨隨著世界共產黨的轉變而也轉變。我們自然也不能說中國共產黨純粹是國粹。新的意識不能說沒有。但是**革命的對象既不存在，則革命的行動是罔然的，卻無容疑**。革命既屬罔然，而仍剛愎下去，便是命命相革的爭天命。現在中國共產黨是轉變了，那就是說是變質了。如果是真的，這是中國之福。我們希望他們能如蘇俄那樣逐漸變下去。我們不希望他們像托羅斯基派那樣變。但這只是希望而已，事實上能否如此，還是問題。

由以上的說明我們可以斷定：**中國傳統的革命法則是不可靠**

的，這種革命家是不可羨的。現在的兩刀革命論是不合事實的，所以革命行動是罔然的，以後終須變質。這種革命家仍是不可羨的。我們現在爲顧全事實起見，爲避免罔然與變質起見，我們需要政治家，不需要那兩種革命家。

政治家以作事爲目的。經濟不調，政治不調，總之有了時弊，皆是他們行動的動機與目的。趁著大家在變質，在與事實相磨鍊的時候，我們當極力利用這個機會，宣傳政治家，鼓勵政治家。世界成了政治家的世界，然後我們可以再造歷史：㈠以對付事的因果法則代替對付人的因果法則；㈡以事的革代替命的革。在英、美諸有定規的國家，我們不能不承認他們似乎是近于這兩個法則的。在現階段的蘇俄中，我們也承認斯塔林是在作事。希特拉與墨索利尼都在爲祖國而奮鬥。「對事」與「革事」的法則，他們都是遵守的。這是西方文化不同于中國處。他們在政治方面，雖然是獨裁，然而他們是在作事，人民也就樂于給他這個大權了。如果像中國這樣命命相革的鬧下去，意、德國民恐亦未必允許他們獨裁。獨裁，于別方面的缺陷，暫可不論，然要必以作事爲前提，始能進行其獨裁。中國傳統歷史是不作事的，今乘此機會，我們宣傳作事。于共產黨變質的時候，我們還進一步勸其根本放棄那種兩刀的理論，而將目光集中于事，而將力量用之于爭奪作事或參加作事。共產黨若肯放棄兩刀的理論，而與政府奮鬥，必可得國民的同情，必可減少人民的疑懼，必可降低政府的敵視，必可接近于事實而容易成功。同樣，國民黨站在作事的立場上，亦當放棄一黨專政，取消黨在國上，從速向憲政路上走，讓大家有公開競爭的機會。本來，在同一環境之內，對付同一眼前事實，其所允許解決問題的方法與策略是

有限度的、有範圍的。惟在理論上，大家都有一套兩刀的理論，都存著有你無我的心理，都向著命命相革的路上走，遂使敵視的程度愈日加深，方法策略距離愈遠。其實若把這些兩刀的理論去掉了，事實上是相差不遠的。這證之以蘇俄之遷就事實即可明白。若以英、美、法、日諸政黨的競爭來證明，更其顯然。他們都是互相競爭的，然各在本國內，又都是差不多的。無論如何，美國的共和黨與民主黨不是共產黨與國民黨的對立。這就因為他們沒有兩刀的理論，我們這裡有兩刀的理論。友人錢九威先生以為黨爭可以亡國，所以他反對政黨政治。兩刀理論的政黨固足以亡國。其實唯偏狹的中國人有此病態。中國人把政黨看的太嚴重了，好像大家都是應運而生似的，都想爭天命。這種爭法不但可以亡國，而且任何什麼都可以亡掉。本文所反對的就是這個東西。但若把政黨看的平凡一點，溫和一點，政黨也不要專門說那兩刀的理論，而將目光集中于事，則政黨不但不能亡國，且足以興國。這樣看來的政黨，一方說，雖然互相競爭，但他方因為大家相差並不遠，又大家都以對事為目標，故遇困難問題又最易于集中與合作。在這種情形之下，獨裁也可，舉國一致也可，特權也可。歐美政潮恐怕就很近乎這個樣子。你不要以為意、德鬧獨裁。他們實沒有中國這種兩刀理論式的革命。沒有兩刀理論的革命，將無論如何總是好辦。

　　照以上所說，只要政治家，不要革命家了嗎？政治家不革命，其作事的機會如何得到？這是一個很自然的疑問。但我以為**革命是容許有的，但不必與兩刀理論相聯**。沒有兩刀的理論仍可以革命，此其一。沒有兩刀理論的革命，其革命容易成功，大家容易遷就（英國的《大憲章》是一個例子），此其二。政治家的革命是事之

革，是對事，不是命之革，不是對人，此其三。（西安政變是很有意義的，大家須注意。）在事事相革的法則之下，革命可以逐漸減少，此其四。在事事相革的法則之下，革命之慘與持久不如命命相革那麼利害，此其五。

蘇俄駐美大使托落亞洛夫斯基宣稱：現今世界不是資本主義與社會主義鬥爭，乃是法西斯主義與民主主義鬥爭。這話很有義蘊。文藝復興以後，有宗教革命、政治革命，最後是經濟革命。現在托氏這話又證明**經濟革命又必在某種政治機構之下始能進行**。蘇俄傾向民主政治是很高明而且開明的。然則民主政治，又如何能反對？在民主主義之下推進社會革命，總比在獨裁之下容易。我們的事事相革的因果法則又如何能脫離了民主政治？我們願站在事事相革的法則之下，民主政治的範疇之內，進行革命，避免革命。這種革命不是兩刀理論的革命。如果這種思想影響了中國，中國的文化與文明始有出路。

原載《再生》第4卷第3期　1937年4月15日，署名「離中」

革命家與責任

　　說話與作事不同。說話可以求個筆下痛快，作事則不能不負實際責任。中國民族歷來是在口頭上用力的，又是最神經質的。所以結果只能坐而論道，或是胡亂行道。求一臨事而不懼，好謀而成，切實作一番事業的人則很少。中國人不知什麼是權利，什麼是責任，什麼是義務，因此，也不知什麼是理想。他可以隨便放棄權利，也可以隨便侵佔人家的權利。好像他們的行動一方都是任性亂為，一方又是被動逼迫。他們不知何謂意志與理想。任性亂為或者即是縱欲的結果，被動逼迫或者即是不能遏止的結果。任性亂為與被動逼迫實是一而二，二而一的。在這種任性與逼迫的情況下，大家都沒有權利、義務與責任，也沒有意志與理想。大家都是聽天命：或者被人殺掉，或者殺掉人。這大概就是中國式的革命。

　　現代的革命家大概也都是相信命定主義的。他們雖然有了個時代上的理想，但其行動還是不負責任的。中國共產黨隨著蘇俄的轉變而轉變，就事論事，我們是予以嘉許的，我們當然也歡迎。但回想起來，卻不免令人發疑懼之嘆。數年來的暴動為的是什麼？殺了多少人？耗了多少元氣？這些受無妄之災的無辜犧牲者，又上那裡呼冤去？革命家，于此，究竟還有責任沒有？但是，共產黨卻一聲

不響了！如果爲理想而奮鬥，認爲殺人放火是必須的手段，能夠繼續下去，不爲貨利威武所能屈，那也不失爲一個有責任的政黨。一切的犧牲我們都能忍受，輿論都可原諒。若至勢窮力蹙，因著貨利的引誘，即抛棄了向來的一切，以爲過去是應該如過去那樣的，現在又是應該如現在這樣的，則便毫無責任可言。因爲這樣以來，他們是無所謂錯誤的。無是非，無誠心，無責任，這還能算個什麼革命政黨？我們想起數年來的犧牲，我們有點徒然的冤枉。失掉人民的同情與信仰，還不是應該的嗎？

但于此我們卻並不是不原諒悔過的人。有過能改，便算無過。我們在此所需要的乃是一個責任。既往不咎，但期將來。在改過的時候，能負責任的改，能有誠心的改；對于以往，能承認是錯，對于現在，能承認是對，而不認爲都是策略，無所謂錯，這便算是有了責任。我們就事上說，是歡迎共產黨的轉變。但我們考往察來，對于共產黨的責任心與是非心，卻是極其懷疑的。所以于此我願以責任與是非來催促他們。依照共產黨的哲學而言，他們是無所謂是非的。他們的行動是經濟定命論，受物質條件的逼迫。這與中國的傳統革命，在某種意義上，是極其相似的。我們現在以責任加勸他，他如接受，他必須放棄那套不通的理論。唯物史觀若當作看歷史的一個方法，亦未始不可，唯用之于行動，則卻大糟。共產黨如果高看自己，必須不要把唯物史觀應用于行動上，而這兩方面亦無因果連結的必要。老子說：「天地不仁，以萬物爲芻狗。」天地如此，人卻不能如此。人而如天地一樣，則即無責任，無是非。我們希望共產黨們認識這個事實。

原唯物史觀，在行動上的指示，只在「問題的解決必須在其物

質條件足以使其解決之時」這一句話的意思。共產黨們，對于馬克司這個意思卻未明瞭，但只無出息的認識了不負責任，將一切行動諉之于經濟定命。這只是耳食之輩，道聽塗說，以訛傳訛，遂使靑年思想界中其毒而不覺。難道這個責任也能推給馬克司嗎？中國共產黨，數年來的革命，吾竟不知是什麼革命？是經濟革命？抑還是政治革命？如是經濟革命，則中國實未有馬克司所說的物質條件。既未有那種足以引起革命的物質條件，則共產主義的革命不是失掉了對象嗎？如是政治革命，則數年來農村的破壞與殘殺，這又是爲的什麼？難道政治的腐敗是在農村的農民身上嗎？這又不免令我替農民們呼冤！

中國共產黨的革命只是不察事實，不認識對象，不明白問題，但只抄了那麼一套不相干的理論，來橫衝直撞。撞得無意義，便是盲動；動得不成功，便認晦氣。一般人向來對他們的看法，我認爲未免又過高了。以後的行動，我們希望他們察事實，負責任。

原載《再生》第4卷第4期　1937年5月1日，署名「離中」

時論之一：縱與橫

　　觀察事物要看到事物的裡面，就是說，要握住它的本質。論一個時代的精神亦是如此。本質就是一件事物所以如此的必須條件。譬如三角形，三條直線而成的三個角，就是它的必須條件，也就是它的本質。至于三角形內三角之和等於二直角，這點按亞里士多德講便不是它的本質，而是它的撰，言由推撰而得。其他或爲直角三角形，或爲鈍角或銳角三角形等等，皆非三角形之本質，只不過是它的些變相或暫態。我們如果只認識這些變相，而不認識它的本質，必以爲銳角三角形打倒鈍角三角形，而鈍角三角形又打倒直角三角形。因爲，顯然，銳角不同於鈍角，而鈍角又不同於直角。如果直角過去了，它就是過去了，而不復有所遺留；如果鈍角來了，它就無牽掛地來了，而不復有所繼承。如果是這個看法，則就是只認識變相而不認識本質。我們以爲直角三角形過去了，而三角形並未過去；同樣，銳角或鈍角三角形過去了，而三角形仍未過去。三角形之未過去，就是三角形之爲物的本質之持續性。這種持續性就是我們所謂「縱」之根據。「橫」是自一件事物的各種變相或暫態方面打洞似地向裡看；「縱」的看法，不只如此，而且由所打出的或剝落出的本質著眼，看其在各階段的作用與關係。大家說歷史是

繼往開來。其實所繼的往是什麼，在一般人心目中未必是清楚的。我們所繼的與先人所留的決不是各時代的特殊現象。特殊現象就好似開的花一樣。它開了，它落了。它不會留給我們。所能留給我們的是那棵能開花的樹木與夫生成這棵樹木的種子。花過去了，凋謝了，但看來樹木與種子未過去。這種子與樹木在某階段開某種花，結某種果，在另一組環境或關係裡，它又另開一種花，結另一種果（此所謂「另一種」不是說杏的花可以變成桃的花）。這就是說，種子與樹木在各時代各環境有不同的關係，所以有不同的作用。我們所繼的是這個種子，先人所留的也是這個種子。這是去不掉的。所謂繼，所謂歷，所謂縱，就是在這個種子的持續方面看。如果看不出這個持續，而只從橫的觀點，向各種變相方面追求，勢必只有點或段，而不能成線。這就無所謂歷，無所謂縱，亦就無所謂繼。如果我們只看見了點或段，則一個點過去了，又來了一個點；一個段過去了，又來了一個段，而段與段或點與點之間，就很難找出什麼關係來。當然，事實上是有關係的，不過這個「點」的看法足以抹殺或隱蔽其關係。這也就是抹殺事實。不認識事實，其理論必為歪曲的理論，而孟子所謂「生心害政」的結果也就難免了。

這個道理，我們可以應用到歷史上去。我們觀察一個時代的精神，須得看到它的本質。在這個本質上所發生的種種特殊現象，是可以須臾變滅的。它過去就讓它過去了，也無所用其留戀或恢復。這種時代的時尚殊不能認為是該時代的本性。譬如纏足、辮髮，乃至今日的旗袍、燙髮，這都是時尚。它過去了就是過去了，對它無感情的，不能算冷淡；對它有感情的，也不能算有價值。推之對於燙髮、旗袍亦然。對它有感情，這個人未必因之而開明；對它無感

情，這個人也未必因之而腐敗。它來了，就讓它來了就是。我們不能認為它過去了，與它相繫的也一起都隨之過去了；我們也不能認為它來了，與它相繫的一切也都是無端而來，可以與以往全無連係。這個道理，人人皆能言，但未必能知其所以然。

一個時代的特殊現象，自然有其所以然之道。要了解它，須照其道而了解之。它有它成立或存在的根據。我們須依其根據而承認之，而解析之。我們不能盲目地抹殺它，或站在自己的立場而詛咒它，也不當站在自己的立場而譏笑當時承受那種現象的人們的愚蠢。其實照個人而言，有上智與下愚之分；照一個時代、一種時尚而言，是無所謂愚不愚的。書同文，車同軌，及其同也，那時便無所謂好或不好。好與不好是參加上另一個成分而有的比較；是後人的論，而不是當時的事。當時的事是無所謂好與不好的，承受那種事的人也無所謂愚與不愚。因為那種事之存在是有根據的，承受那種事的人也是有道理的。我們如果能明其有道有據，我們自然有承認它的雅量，有了解它的同情。這種雅量與同情，自然比那種隨便譏笑與反對高明得多了。可是如果我們的見識止於此，還是不夠。如果我們只能同情它、承認它，同時又承認它只在那個時代有道理有根據，現在那個時代過去了，所以它們也當隨之過去，我們雖然同情它，可是現在不能贊成它。如果只是這種態度，則還是只見時尚不見本質的看法。這種態度對付時尚可，對付本質則不可。實則以這種態度對付時尚，不是很艱澀的事，而隨便譏笑與反對不過只是頭腦簡單的人以及隨人瞎哄的人始如此罷了。

凡只承認時尚而不認識本質的人，我就說他是以橫的觀點看歷史。這種看法，歷史不過是花開花謝，一堆不相連不相傳的死象而

已。我們以為歷史不是如此，事實上亦不是如此。在此種看法下，所謂繼往開來，所謂持續過去，都是一種空話，不過說來敷衍這個當然的道理而已。因為在此種看法下，他只知道這一時代有一群事象堆在那裡。這一群事象有它的道，有它的據。但同時事實逼著他來承認又有一群事象擺在他的眼前。這一群事象也有它的道與它的據。這兩群事象，各不相同。也就表示各有其道，各有其據。這一群事象來了，當然那一群是去了。如是去了那一群，便全去了。我們雖然同情它，了解它，但是現在它不能存在了。它只是歷史上的陳跡。如是我們覺得眼前全都是新的。這一群新的不知其與以前有若何關係，但不能說它是從虛無生，也不能說它是無端而來。所以只好說它是突變，是革命。實則此皆不相干，而這一群與那一群斷絕了關係是真的。如是，歷史是堆了一堆不相連的點，而並未成一條線。而過去的文化與成績也都是無用之廢物，可有可無，因為它們與自己不相干。其不相干猶如不相干的欣賞一枝玫瑰花一樣，既不能利用它，而它又不能被利用，只是好玩而已。世固有讀遍兩千年的典籍而並未受其影響，而典籍亦未影響他者。此不足怪。因為他根本讀左了。他所了解的就好像過去的時尚一樣。它過去就是過去了。我雖然能同情它，但我不能贊成它，因為現在沒有它存在的根據；而我又用不著它，因為我有一群來代替它。這就是我既不受它的影響，它亦不能影響我。如是，它們都是廢物。這是唯物史觀以及類乎唯物史觀的人們的看法。

這個看法對付時尚是對的，對付歷史則不對。因為它不能使歷史連續起來。用這種方法的人，他們只注意時尚的來來去去，未注意到內部的本質。所以他們以為凡過去的就都全過去了，不復有所

遺留。譬如忠臣孝子，他們以為在封建時代為臣當忠、為子當孝，這是不容或疑的。然而他們有他們的道理，有他們必如此的根據。可是現在不用了，他們都當完全過去，而且是封建殘餘，他們都當被打倒。如是現在沒有忠臣了，沒有孝子了，因為現在的時尚是不忠不孝。如是過去的，都全過去了。如是，我們的時代遂變成人吃人、人騙人的混沌局面。其實，不必如此悲觀。這不過是按理而推（按：橫的看法而推是如此），事實上未必如此壞。現在的人未必強似古人，但亦未必定是壞于古人。這其中有個道理。這個道理是橫的觀點所看不出的，也是只注意時尚所不能了解的。關鍵是在：雖然沒有忠臣了，但仍有忠人、忠友、忠官、忠心；雖然沒有以前那樣的孝子了，但仍有現在的孝子、孝心。這個忠心與孝心就是忠臣孝子的本質。忠臣孝子的時尚雖然過去，而忠孝之心仍舊持續下來凝成現在的忠臣孝子。我們現在就靠這部分新忠臣孝子以抵抗暴日。「求忠臣于孝子之門」這句話仍然是對的，因為打爹罵娘者必不能抗日。

所以事實總是事實。人們的偏見只能造成理論上的遺漏，而不能抹殺那活現的事實。所以我們不只從橫的觀點上給過去的時尚以同情的了解，還要進一步從時尚中剝落出時尚的本質以繼續歷史。這是縱的看法的根據。

或以為縱的看法不能解析革命。實則此易解答。橫的看法所謂一段一段過去式的革命，吾人亦贊成。吾人早說過，過去的就讓它過去，毫無用其留戀。但須知此只是時尚。如果革命即指一群一群的時尚之來來去去而言，則我們自無異疑，而革命亦毫不值得誇耀。因為天象運四時，功成者自退。沒有人能挽住時尚叫它不過

去。至於它過去的原因，現在暫且不論。照橫的看法看，一群時尙到完結它的責任，生老病死的大限到臨之時，它自然會崩潰，會讓位。這是一種事實的逼迫。人們的思想不過站在旁邊加以鼓吹，助它速死而已。至於它崩潰的原因，據說是由於經濟結構內部起了矛盾。這點我們亦未能贊同。這且不論。現在我只說，革命所革者只是某一時代之時尙，其本質是革不掉的。於是，我們從時尙上建立革命，從本質上建立持續。當革者，不用革，它自過去；不當革者，雖革亦不去。人力之所能革只是革其所能革。所能革者物，所不能變者理。理學家言：爲學之功，有事於習，無事於性。習即時尙，性即本質。性上不能有一毫增減，而習則可變更以從善。歷史亦是如此，人類能於此看得分明，則可主宰時代而不爲時代所牽累。如是方可言從政。

　　縱的看法，不但能說明歷史的持續，還能說明鼎革之意義。照橫的看法，一群時尙過去就過去了，而無所遺留；來了就來了，而無所繼承。來來去去都是一段一段的事象之呈列，何以如此，何以不如此，皆不得而明。我們對之只能順承其然，而不能董理之以當然。這只是事之轉變，而不是組織之加善。但是縱的看法，則可以明鼎革之意義。因爲時尙變，而本質不變。有此不變以爲我們評衡的標準。此不變者在某一組環境裡成某一種表象，在另一組環境裡，又成另一種表象。當某一種表象有了破綻或弊病，我們就必須調整那不變者與環境的關係。我們這種調整對以前的表象而言是有意義的，是一個進步。事實上究有進步否當然有問題，但是價值觀念在此起則無疑。所以有價值觀念，就是因爲有不變者爲我們的標準。我們的是非之心可以藉之以評衡。譬如經濟組織發生弊病，我

們不是把經濟組織整個消滅了，乃是重整其組織之方向。方向是變的，而組織則不變。我們有此不變者以衡量今日之方向與昨日之方向之孰是孰非。昨日之方向未達目的，今日之方向達到目的。是今日之方向優于昨日之方向。若照橫的看法，則便無所謂是非，無所謂優劣。革命究竟有何意義，就實在難言了。實則革命家亦會說今日如何如何壞，將來如何如何好。否則他不能宣傳。我們以爲就在這種宣傳上已經顯出一個不變者存在。可以說過去的是時尙，而本質則不變。如是，我們不說革命，而說重整組織之方向。

原載《再生》第33期　1939年11月30日

時論之二：贊封建

　　封建而值得贊，人必大爲駭怪。其實封建時期對于人類文化的貢獻甚大，它又代表了人類精神的一面。這一面是永遠值得寶貴的。

　　封建，在時間上說，就是中世紀。我們如果說中世紀，只不過表示時間上的一段；如果說封建，則能表示中世紀的意義或色彩。近人多咒罵封建，其實大可不必。封建，自其成型上言，它是政治上的一個制度；自其過程方面言，它是經濟上屯田殖民的政策。據蔣百里先生言，周公是第一個施行這種政策的。管仲、商鞅亦都能繼其志。由這種政策的進行，一方面可以開疆拓土，一方面可以保國衛生，遂造成了生活條件與戰鬥條件的一致。現在戰區難民之開墾又何嘗不是這種精神之繼續。所以封建，無論在政治上或經濟上，都是人類演進上的必有階段。我們現在看封建時期，當看其如何生活，如何開拓，如何抵抗，如何維繫。從這個路數上去看，不但可以見出生活條件與戰鬥條件的一致，而且可以看出生活條件（經濟）與維繫條件（政治）的一致。從此你可以看出封建時代的人民如何充實而有力。蔣百里先生云：

我于民族之興衰，自世界有史以來以迄今日，發見一根本原則，曰生活條件與戰鬥條件一致則強，相離則弱，相反則亡。

又曰：

生活條件與戰鬥條件之一致，有因天然的工具而不自覺的成功者，有史以來只有二種：一為蒙古人的馬，一為歐洲人的船。因為覓水草，就利用馬；因為營商業，就運用船。馬與船就是吃飯傢伙，同時可就是打仗的傢伙。因此就兩度征服世界。有費盡心血用人為制度而成功者，也有兩種：一為歐戰時才發明，十年來纔實行，西人的國家動員；一為中國三千年前已經實施的井田封建，他的真精神就是生活條件與戰鬥條件之一致。

接著又說：

封建不是部落割據（近人指割據部落思想為封建思想者，係用名詞的誤謬），是打破部落割據的一種工具。封就是殖民，建就是生活（經濟）戰鬥（國防）一致的建設。井田不是講均產（在當時也不是一件奇事），是一種又可種田吃飯，又可出兵打仗（在當時就是全國總動員）的國防制度。懂得這個道理的創制的是周公，繼承的是管仲（《左傳》：「齊之境內，盡東其畝。」就可證明田制與軍制國防之關

係），最後成功的是商鞅。井田制到商鞅已是八百多年，一定是同現在的魚鱗冊一樣，所以開阡陌正是恢復井田。這是我發見出來的華族的眞本領。諸公若能系統的敍述出來，使青年感覺到我華族固有的本領之偉大，從前可以統一亞洲大陸，將來何嘗不可以統一世界，或許於現代銷沉的士氣有點補救。（《國防論》，58-59頁）

這幾段話太好了。其中敍述商鞅，容或未必盡對，然亦不礙對於封建認識之正確與生動。不容說我華族本領之偉大可以統一全世界，就拿英國來說，商業是三島健兒的生活條件，同時也就是其戰鬥條件，所以他的殖民地能遍全球，這就足以證明百里先生所發見的原則是對的。至於那些罵封主如何如何壞，述封民如何如何苦，則我無暇與之爭論。因爲這種罵法，大概只有到除消了組織，恢復到原始，人各一天，飲風吸露之時，才可以停止。

關於封建時代的事業，暫置不論，現在且說封建時代所代表的人類精神。

在這一種政治經濟的狀況下，在這一種沒有機器工具的人間裡，人類所表現的是自己的力與理。我們看見了大長城，我們感覺到一種莊嚴偉大的力；我們看見了北京的宮殿，我們又感覺了一種莊嚴偉大的力。這一種力是雄厚，是勻整。它是整千整萬的體力或手力所凝聚的力，它不是機器的力。火車是機器的力，飛機是機器的力，大砲也是機器的力。這種力令人所發生的感覺就隔一層了，輕鬆得多了。試想，我一動手，多少重的馬力就會自己運動，這還能算是我們的力嗎？荀子曰：「眞積力久則入。」這是中世紀人的

精神，這是一種笨勁，為現代的人所不能有的。他們沒有機器，所以就用自己的力；他們沒有機械的組織，所以就有理性的組織。理性將他們的力組織起來。一座宮城，那樣雄厚，那樣勻整。雄厚是它的力，勻整是它的理。「力」與「理」是封建時代的人所代表的人類精神。

封建時代的人，對內在思想方面是系統的、邏輯的；對外在事物方面是型式的、構造的。這是理性主義的表現。《紅樓夢》那樣大的部頭，現在的人能產生出來嗎？寫的那麼瑣碎細膩，而又井井有條，趣隨理生，這是現代的人所能辦得到的嗎？《水滸傳》就是寫到火雜雜間不容髮之時，而不感覺到急促忙迫，這是現代的人所能冀及的嗎？這是力與理的表示。

或者說，中世紀是最黑暗最迷信的時代，如何能說是理性主義？這話也對，但亦有故。中世紀沒有現代的開明（只是事實上沒有，不是一定不能。如果它有，它就是現代了），他們是喜歡秩序、信仰秩序的。因為他不忙迫，他能從容。在從容切實中自然生出秩序來。他們有力，但是他們的力是體力，不是機器的力，所以自然秩序的威嚴，他們不能衝破。他們只好在這個威嚴之下從容的奮鬥。有一個秩序式的命運支配著他們，籠罩著他們。所以他們不怨天，不尤人，能下學而上達。他們在行動上是照顧著旁人的，因為他們的個性不像現代人的發達。他們有向外看的心思，在忠恕絜矩中相關照地生活著。但是在過錯或不得志上，他們又是向裡看，看自己，怨自己，因為他們相信有個秩序的命運支配著。這一個向裡向外的方向，正和現代人相反。現代的人在行動上是只顧自己不顧他人，因為它們開明，他們有個性。但是在過錯或不得志上，則

怨天尤人，卻向外看，不向裡看。到了無辦法時，他們馬上自殺，因為他們不相信命運，不受秩序的支配。這就是所謂慷慨赴死。但是中世紀的人卻從容就義。這其中的難易就十分不同了。中世紀的人，從其不重個性、信仰秩序方面看，我們說他是黑暗（迷信）；從克制情欲、愛好秩序方面看，我們說他是理性。這種理性主義我們叫它是形式的或邏輯的理性主義。現代人的開明，我將叫它是情感的或物質的理性主義。

在這種形式的理性主義之下，人民對於個人自己的生活是不善于處理的，至少是不如現代人的善于生活。他們不會懷疑，只會按照一定的程序去生活。他們認為這是當然的，所謂「不識不知，順帝之則」者是也。大家只是幌悠悠地在一個大系統之下去進行他們的勞力生活。他們的實際生活很髒很簡陋，有時很希奇古怪，荒唐可笑。到過蒙古去的人，必會感覺到那些喇嘛在一個大廟宇內，什麼都不知道，只知道咕咕嚕嚕地念經禮拜。他們似乎很以此為安，沒有想到如何改進它，他們似乎不必要知識，他們要行動要信仰，當時的知識在專門家手裡，在經院的學者。而這些學者也儘有餘閒去研究古籍，去創造他們自己的邏輯系統。這些知識也只是知識，他們同樣不會處理自己的生活，只不過比一般人富態些、高貴些罷了。羅馬法與教皇是這個時代的代表，而漢朝的陰陽五行與夫讖緯無稽之言，也是這個時代所有的精神。他們仰觀俯察，總覺得冥冥中有個主宰，有個秩序在那裡安排著。王莽的革命可以不用流血就可移漢世之祚，這是五德終始的鐵則所注定的。大家不能懷疑。無可投巧，無可閃躲。理性的鐵則是硬的，人們也只好用硬的力去應付。這叫做硬碰硬。用林語堂先生的話講，這時代的生活當是男性

的生活，因爲他們不會生活。現代人的生活是女性的生活，因爲現代人會生活。據說女人是比男人懂得生活而且會生活。中世紀的人是不懂得生活且不會生活，當然是男性的了。

在一種死八板的鐵則下，而不會生活的時代中，雖然有理有力，而其理與力，在我們現代人看來，常不免有些是虛幻不經的。在西方，上帝的傳統證明就是無根據的；然而他們的邏輯系統卻是甚爲整齊。這是一種虛構。在中國，鄒衍的五行，談天說地，也是無根據的。然而他的勢力很大，浸潤日久，日事蔓延，竟成了一套無所不包、無所不解的大機括。說它有根據，經不起科學的試驗；說它無根據，它又能發揮打動人心的威力。中世紀的人，就在這一套一套的似有根據、似無根據的系統下生活著。漢代的套數更多。五德終始是一套，爻辰律是一套，十二辟卦是一套，卦氣配方位配星宿又是一套。他們配合的天衣無縫，上自天文，下至地理，中及人事，無不織於其中；富麗堂皇，莊嚴法界，嘆觀止矣！然而這些東西能夠證明嗎？回心一想，亦不禁啞然失笑矣。可是中世紀的人，沒有現在的機器，沒有現在的交通，沒有現在人的開明，他們認爲這是眞的，這是天則。現在的人是赤裸裸的，無有遮蔽，故實；中世紀的人是冠冕堂皇，上有天蓋，故虛。然而實則虛矣，虛則實矣，究竟如何，亦難斷言。（見下〈虛實篇〉）

現代的人把一切遮蔽與束縛都給剝淨了，所剩下的只是個體，只是情欲。這是可以由耳目之官所能證明的。在現代人看來，這是最眞實的，這是科學的唯一根據。除此而外，再無可以令人起信的了。這是剝蕉的辦法。我亦承認這是科學精神的一面。然而它也就只是一面，而不是全面。有人說，現在的科學精神蘊藏在中世紀。

現代的人聞之，便大不高興，以為中世紀如何能有科學精神。實則中世紀的形式的理性主義亦是科學精神的一面。因為科學精神是起于散殊，而終于會通。科學知識是系統的知識。徒有散殊，而無組織，不得謂之為知識。散殊不過是知識的起點，而非其終點。中世紀喜歡秩序，信仰秩序，說它蘊藏科學精神，如何不可？而且是科學精神重要的一面。現代的人蔽于耳目之官，而不肯用其心思，自然無所理解。須知科學精神是一種普遍的流露，其流注所及而有所成，是進化的、常變的。中世紀之所流注，其為知識，固可令現代人發笑，然而現代人之所流注又焉知不為後人所笑？今人視古人，名之為不高明的科學；後人視今人，又何嘗不可名之為不高明的科學？高明與否，是進化的、比較的，然而其普遍之精神卻是亙萬古而如一。科學知識起於經驗而成於理性。中世紀代表理性，現在則代表經驗。故中世紀實代表人類精神之重要的一面。這是可寶貴的。中世紀過去了，此種精神所流注而成的系統亦過去了，但此種精神本身並未過去。我們不但寶貴它，而且發揮它。此中世紀精神之所以值得贊。

封建時代的時尚過去了，而力與理未過去。

原載《再生》第34期　1939年12月10日

時論之三：箴現代

「現代」普通說爲摩登。現代是時間上的一段，摩登則有豐富的意義。摩登，從正面說，是開明的意思；從反面說，是不邏輯的意思。

說到開明也是有來由的。封建時代的文化，用蔣百里先生的話說，其本身是含有毒素的。這叫做文化中毒。久而久之，它自己會有毛病出現。任何型的文化皆如此。一個人正常的發展著，他有死的一天。其原因是在那裡？恐怕不易固定地指出。封建就是開墾殖民。但是事實的步驟限制住了它。它沒有現在的交通。日久天長，到了擴張到無可再擴張時，它漸漸會臃腫的。臃腫得化不開，就出毛病。把它所有的力與理都向壞的地方發展。這是它本身的毒素。十字軍東征是挑破這個毒素的針灸。經過這一挑，它的毒越顯明，所以也就瓦解得越快。在這一挑中，市府與商人都脫穎而出，由之而建立近代的國家，與現代的文化。如是封建過去了，摩登時代到來。但這卻未必由於經濟結構起了矛盾。

同時，封建時代的不開明與摩登時代的開明也未必隨著經濟結構走。思想上的開明是很早的。十三世紀有一個威廉奧坎，他是頂開明的。他把封建時代一套一套不足徵信的邏輯系統都給拆穿。他

只相信個體與經驗。凡不能證實的假設都當剔去。所以有奧坎刀之稱。他繼承了中世紀唯名論的主張而擴大之。他的流風餘韻一直傳到現在的羅素，可是他的時代還是封建時代。嗣後有一個培根出來，提倡歸納法的新工具，反對演繹法的舊工具。他使我們面向著現實，遂有了現代的自然科學。由培根而拉克而休謨而今日的羅素，都是向開明的路上走。所以一部英國思想史就是開明史。這是英國的一個傳統。這個傳統都未見得與經濟結構有何因果關係。

日耳曼的開明史，起始有路德的改革宗教，繼之有康德的《純理批判》。康德也是頂開明的。他的開明不但破壞而且建設。他以為不但中世紀的理論系統，就是在他之前不久的理性主義，也都是經不起批判的。就是說，他們所想望的理念都是不能證明的，他們的證明都是沒有根據的。譬如上帝，無論是本體論的證明，或是宇宙論或物理神道學的證明，俱是不可能的。他把他們的迷信一起掃清。在這一方面說，他是頂開明的。他開明的破壞力不亞于培根、休謨，可是他又有建設的開明。上帝（絕對存在、真宰）、永生、自由，在以前所不能證明的，他都在道德上找到了根據。這個建設是非常合理而有力的。他從這方面，把中世紀的理與力，換一個方向，保留下來。這點是英國傳統所未夢想得到的。所以人們說，康德是開明而有中世紀風的哲學家。康德以後的哲學家便不成了，開明而加上浪漫，鬧得一塌糊塗，這叫做日耳曼精神。希特勒就繼承這個精神。

中國民族是世界上最開明的民族。梁漱溟先生說中國民族是早熟的民族，這話有道理。先秦時代就是很開明的。當時的社會固然有一種混亂，但未必是經濟結構的問題。就是孔子那樣開明的人，

任何時代都是須要的，他也足以影響任何時代，所謂萬世師表者
是。封建文化十足的是漢朝。但是魏晉又開明了，開明得不像話。
李唐、趙宋是中國文化史上的黃金時代。宋人的理學，後人雖罵他
吃人殺人，但就哲學上說，他們的說統是並不迷信，並不荒唐。這
些都不能不影響吾人的心思與生活態度。我們可以總括一句話說，
中國二千年史，人民的生活態度不能說不是開明的。不過時尚不同
就是了。因為一開明，則到處逢原。所以中國的思想自成一套，可
以歷千古而不變，是即所謂道統。蓋人之「見」有變，而道固始終
如一也。能見此道，則先聖後聖，其致一也。這種思想上的承續亦
未見與經濟結構有何關係。因為儘有經濟組織變而此道（思想）不
變者，亦儘有在某種經濟組織以前，此道即已存在者。所謂「先天
而天弗違，後天而奉天時」，可以說明這個意思。

在政治上，英國的《大憲章》與巴利門是整個社會開明的表
示，然而它發生得最早，並不是經濟組織變了，它才有的。十五、
六世紀的英國，不是現在的工商業的英國。它那時還在手工業時
代。它只能供給原料給人家，如我們現在供給給它一樣。然而它已
經是很開明的了。所以人類的生活之開明與否與經濟狀況雖時有巧
遇，但未必有因果關係。這就因為人總是人，思想、自覺等等人的
成分的力量亦很大。這些成分也可以發酵，也可以傳染。現代的開
明文化，老實說，是商人的力量造成的，而商人階級的出生卻並不
因經濟結構與生產力起了矛盾。據說，商人的出現是十字軍東征所
孳乳出的。如果社會上沒有變亂，則還是教皇、武士、藝人、農民
的天下；商人播遷有無，一定是在社會動盪的時候。孰知這一動盪
就不可遏止，商人遂大發其威力。他把封建時代的臃腫通了電流，

一直向外擴張，就好像物理學上所說的「張大宇宙」一樣。在商人的流通與張大之時，把封建時代的一切障蔽都給剝落淨盡，比奧坎刀來的都徹底有效。從前是抽象的，現在是具體的。從前看天，現在看地。從前信理，現在縱欲。從前講忠恕，看他人；現在講個性，看自己。思想上的開明徒足以養成一種合理的態度，而商人的流通卻使人實行了生活上的開明，而思想上的開明又給了商人的生活一個自覺的肯定。

可是流通到極點，終須趨於穩定。好像瀑布一樣，捲天挾地而來者，終須漩一個潭而均勻明淨地靜止在那裡。我們將來的文化是一個迴漩的潭，現代的文化是一匹瀑布。封建時代的文化是蘊藏在琉璃石裡的一股熱水：它有力，有熱，有毒；變成瀑布，它淨化了；變成漩潭，它舒坦了。我們這個時代是將近潭而未至潭的時代，所以有急劇的變化。但其影子已漸漸趨向于潭了。像瀑布樣的商人流動，複雜衝突是免不了的；否則，它不能起浪花。吉凶悔吝生乎動，一動就有問題。現代的文化是動的文化，如何能沒有衝突？而馬克司卻藉之以發揮其經濟結構與生產力生矛盾之理論。這種解析也只是一種解析，我們尚不能過分重視。執一隅一窺全體，是名橫通，亦即培根所謂「個人蔽」是也。（培根的名詞普通譯為偶像，實則即是荀子所說的蔽。）

何以說將來終須趨于穩定？何以說其影子已漸漸趨向于穩靜的潭？茲可舉例以明之。蘇俄的五年計畫、計畫經濟，是想藉社會組織的改變，以謀自己成一經濟單位：自己生產，自己分配，自足自給。義大利的組合國家、勞資協作，是想藉民族國家的理想（縱的）以穩定商人流通所起的浪花。德意志因條約的束縛而向人工製

造方面以補外來之缺。戰時既可被封鎖，平時就得設法能謀自足自給。此種趨勢，一是求穩定，二是自成單位，三是工業農業合一。此是新農業文化的胚胎，新封建文化的剪影。其所有之特性與封建時代同，即生活條件與戰鬥條件一致。

在思想方面，十九世紀極端唯物主義已不復存在，即在自然科學亦傾向結構與條理，那種棵粒性的物質觀亦不復有人主張。在生物學方面，則注重諧和與均稱，以機體反應系的發展代替以前的遺傳單位。即最重物觀的行爲主義心理學，亦純以「行爲系」解析一切心理現象。格式心理學表現此種精神尤爲顯明。凡此種種，皆表示現代科學所發現的眞理是傾向於系統、組織、結構，乃至全體、諧和與均稱。故近人綜和此種發現的哲學原則，亦無不以關係、條理等表出之。又十九世紀的浪漫主義現在亦大見衰頹。近人之傾向中世紀精神，即可表示此種趨勢。近年來邏輯、數學之盛行與進步亦足表示理性主義之抬頭。林語堂到美國宣傳孔子，幾乎洛陽紙貴。這豈非馬克司、希特勒等等皆不足以解決其心靈上之急促與慌恐之所致嗎？大家對於道德、宗教與理性，不似以前之鄙視。這即表示現代人之希求穩定與條理。青年會是摩燈的，幾乎變成流氓。所以有識之士，總是高看天主教，而鄙視青年會，其故蓋可深思。我可總括說一句，現代的趨勢是傾向勻稱的理，而反對以前偏激的情。這就是將來文化之剪影。

原來開明本是很好的，它可以剝奪封建時代的一切虛僞與遮蔽。故當文藝復興之時，人亦謂之爲理性抬頭，即自覺、懷疑與合理。在封建時代，大家都可以不識不知，順帝之則，屈服於一個大系統下而生活著。現在大家都要有識有知，他們不在一個客觀系統

下屈服著，他們站起來了，各人都是赤裸裸頂天立地的好漢。這種
自我的發見，當然亦是一個進步，也不能說不是理性的。不過與封
建時代的邏輯的或形式的理性主義不同罷了。所以我名之曰惟情的
或經驗的理性主義。這種開明固然是很徹底的，大家也都站起來
了。但是赤條條無牽掛，若無大慧，必有一天會感覺到孤獨與茫
然。大家固然自己要站起來，但也須一個站的根據，如地；大家固
然自己要向前看，但也須一個向前看的目標，如天。如無根據與目
標，而只是要站，則向何處站？是必茫然矣。現在人的苦悶就在這
個無根據、無目標的茫然上。所以個體的眞實一定是在一個系統
中。我們須要剝落封蔽而顯自己，但結果還須把自己織於封蔽中。
人是須要一點遮蓋的，穿上鎧甲，才可以打仗。眞實的個體須套在
虛映的系統中。若只有實而無虛，則實亦是虛。故孔子曰：「興於
詩，立於禮，成於樂。」現代的文化只知興於詩，而不知立於禮，
更無所謂成於樂。禮與樂是條理，是虛文。任何事物須在其中，始
能立，始能成。現代人的開明以爲只要興於詩即可站起來，實則相
差很遠。須知所謂茫然，就是無立無成的表示。「立於禮」一語，
義蘊無窮。現代人空虛、急促、忙迫、煩燥、衝動、肉感等等皆無
立無成之徵象。古人能從容就義，有所立也；今人慷慨自殺，無所
立也。現在的人已有所覺悟，想有所立與有所成，所以傾向於理
性。我們未來的文化型將是興於詩、立於禮、成於樂的一個大圓
滿，就是吾所謂瀑布下的一個漩潭。

　　但是這種時代精神，現在的中國人似乎還未有認識；現在各科
學的趨勢，亦未見有了解。他們還仍在作開明的迷夢。在此迷夢中
可有兩派主潮：一、唯物主義，他們眼巴巴死盯著物質與個體，離

開這種具體的東西，他們一無所見。這種人是很可憐的。二、個人
自由主義，他們保持著虛無浪漫的情調，瑣瑣碎碎地作那精巧玲瓏
的小把戲。這種人是很可鄙的。吾將一一評之于後。現在的問題是
怎樣講虛與實，是怎樣講物與理。

原載《再生旬刊》第35期　1939年12月20日

論現實主義

現今各國莫不以現實主義相尙。張伯倫有現實外交。希特勒人皆以流氓嘲之，而其現實精神更大。斯塔林負擔共產主義之理想，而現實精神又遠在張伯倫、希特勒之上。讀書人咬文嚼字，遊心於概念系統之中，人以不通庶務譏之。此不足怪。蓋以「任」爲職責者，無不注意現實。作事非他，以吾之心力整頓環境之謂也。環境即現實。不注目於現實，其所謂任事，將何所安頓？所以目光不能透澈於事之表裏者，即不足以言治事。戰國趙之趙括，兵法非不熟也，讀書非不廣也，然而其母即不信其能任事，故上書趙王以母子不得牽連請。果也，長平之坑，趙兵瓦解，而趙亦不久而亡。然如趙括者不過一笑話耳，安足以例？故現實主義非是一奇特之物，乃任事之常軌耳。

天下事不過兩系統：一爲主觀之邏輯系統，一爲客觀之事實系統。書呆子則只有主觀系統，鄉愿與一般庶民則只有客觀系統。唯大人物或大政治家能以自己之心力將主觀系統運用於客觀系統而統馭之、主宰之，按步驟實現其理想。

英國人之現實主義是本其經驗主義之精神而來。此種精神含有二特性：一曰批判，二曰功利。總歸之曰科學。日耳曼民族本是極

端唯心論，玄想力大；但它有系統，有理性，此亦是科學精神之一面。惟希特勒的現實主義卻是流氓型的。大斯拉夫民族是極端、殘酷，而斯塔林的現實主義則是典型的陰謀家。墨索里尼是古代英雄主義與羅馬法的繼承者。而中國的現實主義是耳目之官的唯情主義。此種種現實性，皆是其民族所以自存之道。

現在對於斯塔林統治下的蘇俄都莫測高深，引爲神祕。實則很簡單。理論系統有永久性、固定性，而應變則不主故常。共產主義是一個前途的理想，而事實之步驟不能不受時間空間的限制。斯塔林很明白這個道理。蘇俄既能不畏艱險而獨行政治經濟大革命於前，處於羽毛既豐之今日，又將何所懼？所謂有主乎中，無待於外者也。

有自主者始能講現實，有常始足以應變。共產主義不可以幾及也，乃從國家社會主義起慢慢實行。世界革命，非其力之所能也，乃參加國聯而與世界集團相周旋以自固。此種不變者貫注于其中，則忽而聯英，忽而聯德，無足怪也。近復進兵波蘭，侵攻芬蘭，不安其位而搖搖欲試。說者謂其爲救主。此不爲書呆子，即爲昧卻良心之胡說。世間寧有此公道而無人味之上帝乎？吾之不信。

德國受困特深，此非日耳曼人所能堪。同一優秀民族，英、法享受何如此之厚？德人何如此之薄？多年來處心積慮，無非爲衝此天羅地網耳。希特勒應運而生，非偶然也。惟此公實不學無術之流氓，乃一奇特反常之人物。處變固需非常反常之士，然必根于常而後可。暴燥急促之人，常有所揮擴，使人眼花撩亂，莫知所措。然久而久之，遇有力者，必可將此餓虎打死無疑。《水滸傳》描寫武松打虎，可作例解。猛虎扑人，據云不外三套本領：一撲，一翦，

一掀。平常人是經不起這三套來路的。然遇著武松，則虎殆矣。故暴燥之人，常演悲劇。日耳曼民族是悲劇民族，亦殊可痛。此次戰爭若衝不出去，則其悲慘必勝於前。然其衝出去，亦甚難。蓋餓虎遇著武松也。到此境地，則現實者亦不現實矣。希特勒的現實是餓虎撲食的現實，必須漸足於中，始可成功到底。若三套本領，一起施展而不知變，則必至死而後止。東鄰倭寇，將亦不免此悲運。

英國處境之困，固為從來所未有。然其根底厚，勢力大，民性沉靜多謀。據此以應餓虎，自有餘裕。靜以禦動，守以為攻。與不足於中者不同。凡有自主而能把得定、站得住者，罔不有成。惟此老大帝國，亦有悲運存在。即其所負之時代使命漸成過去是也。將來文化之趨勢是農業、工業合一之文化。商業開闢疆土，故使英人支配全世界。然擴張不已，均勢不常，一切衝突，俱由之而起。雖可以應付今日之難關，而將來之難關無有已時，遲早必有改換面目之一日。將來的文化是區劃文化，各人須自成一自足自給之單位。英倫三島若不足以成一自足自給之單位，則其所須於外者亦必須縛繫之，使成一自足自給之單位。否則，必瓦解而後已。以英人現實主義之傳統，必有其所以適應之之道。

墨索里尼有學問，有知識，正好繼承了羅馬精神，變成了新羅馬主義。黑衣宰相以羅馬法的精義調解勞資的衝突，以民族國家的血統綜和各個分子的反背。他使他們超越了自己，向著一個理想前進。今日的世界是衣食問題，大家都向經濟、鬥爭、階級方面著眼，問題的解決常在超越問題而引用一更高者。在墨索里尼，更高者是男女，是民族，是創造。衣食問題由之而得一小康的解決，是謂方圓並用。圓的籠罩方的。他能成功到若何程度，吾人不敢斷

言。可是他有一股精神貫串著則無疑。他的主觀系統浸潤到客觀系統裏面去。先立己而後攻他，有本者之謂也。

英之憲法與經驗，義之理想與現實，俄之峭刻與陰謀，皆各有其立國之道，皆各成一文化型。革命是各國自己之事，建設亦是各國自己之事。斯塔林很明白這個道理。若日若德是沒有什麼前途的，除非找得一個根據。中國有前途而未必有希望。她還沒有找得根據，亦沒有把握著一個正當的傳統。而一種極壞的現實主義卻留在個個人的心坎上。

中國人之現實主義最不可靠，因為中國人之現實太具體，太直覺，太肉感。中國為一最摩燈最開明之民族。沒有虛，只有實；沒有理，只有事。人人為其物欲生活而徵逐，無有能越此一步而超過之者。此種精神最宜於個人主義之自由生活，最不宜於普遍的公眾生活。因為他看不見普遍，只看見特殊。故中國人最能吸收唯名論、唯物論，而不能理解理性論。此是好處，亦是壞處。古先聖哲，亦能見到「理」。惟此理太內在，又屬道德。此只可為上智說法，不能為凡愚說法。孟子講理義之悅我心，講殺身成仁，捨身取義；講義之所在，毫無假借。此理此義，最實最真。然而凡愚，無或能承。故中學於道理，無有虛幻，而於實際，則多流弊。反不若彼之講上帝者，於道理縱有虛幻，而於實際，則多生效。孟子曰：「耳目之官不思，而蔽於物。物交物則引之而已矣！心之官則思，思則得之，不思則不得也。」若理若義，非思不足以得。然而一任耳目之官的中國人無有一人能思，亦無有肯思願思者。所以無有大人，只有小人。夫小人，非必自道德上言之也。所見者小，即為小人矣。得其大者為大人，得其小者為小人。孟子蓋早已如此界小人

矣。中國是有辦法的。然而此種耳目之官的現實主義不去，則終無得法。吾年來只識得此意是要緊關頭。

故有自主者，始能講現實；有主觀系統者，始能應現實。若一往向外，心逐物轉，則實亦不實矣。特撰此文以為講現實者告。

原載《再生》第36期　1939年12月31日，署名「離中」

時論之四：究天人

　　我們說現代人的開明可以啟發出兩種思潮：一是物質論；二是個體論。前者我們可以說是「蔽於天而不知人」；後者我們可以說是蔽於曲而不知全。本文先論前者。

　　何以謂蔽于天而不知人？物質論的主張是以物為本，他皆後起。物質既是根本的，則其他即皆可以物來解析。行為主義的心理學用物觀法以測度心象，將心象歸於行動之物象，便是一個例證。不過這裡有一個問題，就是解析是一會事，事實之有無又是一會事。如果你承認它有，並說我們這種化歸法是站在科學的見地上的一種解析，我們並未否認它，則此種態度亦無過。因為科學所能施行處只是經驗所行的境界。此境界康德名之曰現界。在現界中，因緣生起，各有條件。一言以蔽之，不離乎因果關係。凡因果法則所到之處，皆無不可以質測求，皆無不可以量度論。科學的根據必在此，而亦只能適於此。外此非科學所能問，離此亦即無科學。故站在科學的立場上，如此化歸，自無過患。但若如此化歸以後，遂以解析的問題當作存在的問題，以為凡解析所能明者便是有，凡解析所不能明者便是無，這便是大過。蓋科學自有科學之領域與能力，以為只此一領域而無其他，則是以一孔為整全，以為非吾能力所及

者，便不存在，則是掩耳而盜鈴。能分「解析過程」與「存在過程」之不同者，則不於封于所見而輕言有無。能懂此義者，始謂眞正的科學家。科學家常以其解析之所見而斷言有無，此是最輕浮者。

此種道理亦可同樣應用到物質論上去。物質論者亦常犯科學家所犯的毛病。他們以物質爲最根本，以物質解析一切。凡耳之所聞，目之所見，皆是物質。此是最可靠者。吾人亦實處居其中而受其制約。故凡物質外的當皆不可思議。心是看不見的。他們亦並不否認心，只是認爲心不能離開物質（這個命題是對的），心須是被動的，故心須由物質來解析，心須化歸於物。你以物爲根本，心爲後起，則以心爲被動，自無不可。你以物解心，心歸於物，這是你的解析亦無不可。因爲這是你的看法、你的解法，而事實上亦實可如此看，如此解。惟可如此看，亦可不如此看；可如此解，亦可不如此解。而事實上亦實允許我們不如此看，不如此解。譬如從另一個觀點看，心雖不離物，然心卻非被動。心即寓于物之中而爲其主宰。如是，心又是能動。心固須受環境制約，但心並不一味逐俗而轉。逐俗而轉者無心肝之人也。即捨去價值判斷而只看事實，則即極惡之人，其心（或精神力）亦必常處於能動地位而施行其對付環境之手段。必以心爲被動，可由物來解析，且可化歸於物，則此所謂心必是麻木無覺之人的心，或白癡之人的心。但此實不得謂之有心，直與下等動物等耳。如此看心，如此解心，亦爲事實所允許。然則物質論何以必是唯一的眞理？所以吾人決不可以解析過程當作存在過程。現在的唯物論者卻即以其解析上如是者當作存在上亦是如是者，此不過照常識而論。若在哲學上或形而上學上，則此種爲

解析一切現象之本的物質是否能為經驗所及，還是問題，只不過是一個假設而已。這個問題，現在可以不討論。現在我只說即承認物質論者所主張的物質是根本的，也決不可認解析過程為存在過程。如以為解析如是即存在如是，則即是蔽於天而不知人。在此，吾意物是天，心是人。一切化歸於物即是一切化歸於自然。科學的看法或解析可以是如此，但以為存在上亦是如此則不對。荀子評莊子為「蔽於天而不知人」，佛弟子評莊子為「自然外道」。吾亦可以此評奉敬唯物論者。

「蔽於天而不知人」，在哲學之物質論上，尚不甚顯；在唯物史觀上，則恰當無比，且正中要害。唯物史觀的大病亦在以解析過程作存在過程。唯物史觀本亦只是一種觀。觀即是解析或看法，即對於歷史的一種看法或解析。須知當看法或解析看，必是有所對的。即對什麼東西而言，譬如對政治或文學而言，我是從某方面以觀之或解之。史觀即是對社會歷史而言，我以經濟觀點以觀之或解之。有所對而言，即表示它本身不是一個絕對的原則。主唯物史觀的人若採取這個觀點，自亦無弊。因為我們為什麼不可以經濟看歷史呢？錯處是在他們把看法上的解析過程當作存在過程。原來不過只是一個解析上的原則，現在倒轉而為存在上的一個原則。由經濟而政治而法律而文化而道德宗教等，這本是一個解析上的抽象系列，而不是存在上的過程。這個系列只有主觀的作用，而無客觀上的作用。用康德的話說，它只是主觀的紀綱原則，而非客觀的構造原則。若當作構造原則看，則於事實便無所應。主張唯物史觀的人，不但把它當作紀綱原則看，且把它當作客觀的構造原則看。錯處就在這裡。解析過程固不能說永不能與存在過程相合，但這兩種

過程不同是無疑的。而唯物史觀的解析過程與存在過程不相合，亦是無疑的。

唯物史觀的根據是在馬克司的經濟學。他的《資本論》的出發點本是正統派的。正統派視經濟學爲一純粹的科學，看經濟現象爲一種物的關係，把其他成分都行抽去。這在科學的立場上是對的。因爲我們早已說過，科學有它特殊的領域與特殊的能力。它可以照其能力所及的，隨便限制自己。在經濟現象上，它把人的成分從中抽去，只當作物的關係看，而施行解析。這並沒有什麼不可以的。因爲我們也早已說過解析過程與存在過程不同。而正統派的經濟學也並未以解析是如此即當作存在亦是如此。即是說，他們祇當作科學來研究，並未推進一步，以其所研究的當作一個社會的構造原則或社會哲學看。到了馬克司便不然了。他起始是正統派的觀點，把經濟現象看成是物的現象而施行解剖。所以他解剖的經濟系統可以完全是超人間的，即毫無人的成分在內。這個，若認爲是研究上的方便是可以的，若進一步，將此解析過程轉變爲存在過程，看爲一個社會構造原則或社會哲學，則是不對的。馬克司的目的正是向這個不對的路上走。他就把這個純物的觀點所看的經濟系統認爲是構造社會的下層基礎，由此而決定政治法律以及其他意識型態，並名此種種爲上層建築。這一構造系統全是物的關係，故下層基礎一變，上層建築亦遲早必隨之而變。這種關係就叫做歷史的必然性。在這種生長變化的過程中是沒有人的成分的。即下層基礎之變動亦是物本身的問題，無關于人事。所以這完全是一種物勢，概不由己。這種情形就叫做「蔽于天而不知人」，同時亦就是「蔽于勢而不知用」。雖是系統整然，卻與事實毫無所應。

　　研究一組客觀現象固須將自己跳出圈外，即不把自己參加在內。這是一種層次上的分明，不可混擾。但若事實裡就有自己的成分在內，則亦必須把自己算在內，方為應實。事實上，本來就有事實裡的我與事實外的我。事實外的我是我看事實的一種客觀態度；事實內的我是我研究的一種對象。前者是一種立場，後者是一種存在。如果事實上有我，就得把我參加在內。如果為研究方便起見，我固可將「存在」分為若干類，用抽象與捨象的辦法，隨我所欲而定去取。我取的是我所要研究的，我捨的是與我不相干的。相干與不相干是科學研究規定領域的根據。我研究經濟學，我固可將經濟現象看為純物的關係，這是一種態度。但若經濟現象不是純物的關係，尚有人的成分在內，則即須把人的成分參加在內而綜觀之，我們不能把它捨去而不提。古經濟學與新經濟學之不同，即在前者是純物的觀點，後者則加上人的成分。若站在科學的研究上，純物的觀點也是一種看法，我們對之尚不能多所苛責，至多不過說它不圓滿而已。但若當一個社會構造原則或社會哲學看，則即必須把人的成分算在內，我們不能用科學上相干或不相干的辦法把它抽去。現代的經濟學如制度學派，即在此點上是超過古經濟學的。亦即在此點上，足以使我們建立一個如實的社會哲學。這不是偏見，這是一個進步。在此觀點上，人的成分是在內的，所以像唯物史觀那種抽象的系列是不能存在的。站在一個社會哲學的立場上說，經濟結構不是純物的關係。任何一種經濟組織必有政治法律與人的意向維繫於其中而為其所以可能之條件，否則即無所謂組織，無所謂結構。經濟行為是實在的。我們可以說它是一種物的關係。但此種物的關係，不是自然的物理系統。它必須在政治法律與人的意向的制度性

中始可能。我們可以說此種制度性足以維繫而曲成此物的關係。我們不能把政治法律與人的意向抽出於經濟系統之外，視之為一種上層建築。我們可以說如果沒有政治法律與人的意向這種制度性，經濟關係就不能存在或不能實現。所以這種制度性是它的實現或存在或可能的必須條件。必須者，「離它不行」之謂。馬克斯把經濟系統看成為純物的關係，可以獨立於人間之外，本已乖錯，復由此錯的觀點所成的解析過程變為事實上之存在過程，尤其謬誤。此種謬誤，我已駁之屢矣。若於此不知自反，是甘於認謬誤為眞理。司馬遷〈自序〉云：「究天人之際，通古今之變。」天人不明，不足言變。

我們已經說過，注重物是開明而後的一種現實態度。這種態度本是好的。及至演變成一種思潮，愈離愈遠，往而不返，遂乖眞而罔覺。其於事實上的影響，又不止乖眞而已。開明本是從天上回到人間，即向人的自覺的路上走。孰知走到只認物不認人的時候，則又從人間回到天上，直成得毫無人味存在。本求開明，如今又回到不開明。這種不開明不是中世紀的迷信，乃是開明而後的盲目。人人都看物，但是物與物之間的連繫看不見。因為物是實的，連繫是虛的。但是沒有連繫就沒有系統，沒有系統就沒有歸宿，沒有安頓，所以現在的人橫衝直撞只落得一個茫然。開明的結果，竟是中毒。心逐物轉，無主於中。整個的人類是在朝不保夕。我們現須進一步開明，從天上再回到人間。中世紀的理仍是必須的。我要攝物於理，納之於軌道。政治法律與人的意向，理也；經濟行為，物也。物須在理中方可成物。這叫做物隨理轉，天逐人成；勢中起用，用以運勢。如是社會方可有主宰，人類方可有安頓。

物是實的，理是虛的。然物無理不成。故理雖虛而亦實。不但實，而且爲物之主宰。理於物中顯殊勝，故吾人不言唯物，而言唯理。一堆物質明擺在那裡，唯它便無意義。這種無意義，我們叫它是廢話，即妥沓邏輯是也。譬如吾要測量的是距離之遠近與物理之大小，但對測量而言，吾須定一個座標。此時，座標有超越的作用，殊勝之機能，故吾特重座標。因無座標，便不能測量。孔子曰：「自古皆有死，民無信不立。」信是吃飯所以成功之條件，也就是座標。如無信，有飯吃不成。吾敢告國人曰：勿謂有口有飯即可以吃成也。

原載《再生》第36期　1939年12月31日

時論之五：辨虛實

　　我們說現代思潮有兩個趨勢：一是物質論，二是個體論。前者我們已說過是「蔽於天而不知人」；後者我們叫它是「蔽於曲而不知全」。曲者部分，全者全體。個體論只知部分，不知全體；只認部分是眞的，不認全體是眞的。他們說全體不過是部分的加和，或者說不過是抽象的概念或類名。它本身沒有獨自的存在，或說它不是事實上存在的。中世紀的唯名論是這樣主張的，後來英國的經驗主義亦是如此主張。在個體與類名的對比上，誠然可以說部分的個體是眞的，事實上存在的，全體的類名是虛的、抽象的，不是事實上存在的。但這種思想推而至於其極，成了一種趨勢，它可以使我們只認識個體，不認識全體，也就可以說只認識實（個體是實的），不認識虛（因爲他們以爲全體是虛的）。再進一步，他們連個體與個體之間的關係或律則也不承認。因爲照感覺主義或個體主義說來，律則的存在也是無根據的。他們只承認感覺的聯合或習慣的成例，而不能承認事物本身所有的律則。休謨就是持這個態度的。這種思想影響到作學問或行動上就有點滴論或社會改良派出現。他們以爲作學問是要小題大作，是要一點一滴的去研究去考證；他們不承認歷史是有法則的，他們以爲研究歷史只是整理材

料，而歷史亦不過是東一堆西一堆的雜料預備我們去整理；他們也不承認思想與系統，只承認零碎的事實與證據，所以他們一時的口號是「拿證據來」。作事或作學問，須得一步一步前進。普通說「大處著眼，小處著手」，這是對的。大處著眼就是要看得全，小處著手就是按步驟來。我們承認作事或作學問是要有步驟，但我們不承認這些步驟是零碎盲目的。我們以爲一點一滴是在一個系統中，不是一堆零碎的東西，讓我們東抓一把西抓一把，就可組成事實的系統與合乎事實系統的眞理系統（理論系統）。我們以爲事實或歷史是有法則的。考證古書，明其眞僞，不能算是盡了研究歷史之責。我們以爲思想與系統也是有作用的。不合情理，不合事實，而單憑零碎的證據，結果是證而不據的。譬如顧頡剛主張堯、舜禪讓不是實有的，乃是墨子尚賢主義的理想。他證明的根據是墨子以前的社會是封建社會，在封建社會裏，不能尚賢，因而也就不能禪讓。帝王貴族，公、侯、伯、子、男，依次遞補，決不會憑空把天下讓給一個白丁的賢人，所以禪讓在古時候是不會有的。這種證明顯然是沒有理論的根據的。他要使他的結論妥當，他須把墨子前的封建社會拉得無限長，使其佔滿了過去的一切社會史，使其不會有另一種出現方可，否則這個結論是站不住的。我不須考證歷史，亦不須發掘甲骨，我就可以推翻他的證明過程。我所憑的是什麼？是理性，是思想，是情理。如果不是點滴的零碎論，能承認法則、思想、理性的全體大用，則至少這種不合邏輯的證明是不會有的。

　　在行動上，他們從社會問題上著眼，一點一滴地去改革。如纏足、如婚喪、如男女、如家庭、如鴉片、如打板子等等，都須要我們一點一滴地去改革。作一點小事，總比說一句大空話好。如能改

善風俗，作點社會事業，自是善事。當作個人的行動看也是對的。但若以此說教則不對，以此法可以改良社會亦不對。所以這種點滴的改良法常是徒費精神，不收實效。縱然在一時一地開一小花，結一小果，時過境遷，它是會被人遺棄或消亡的。因為寄生之草總是有所依附。貴於人者非良貴也。趙孟能貴之，趙孟亦能賤之。凡點滴的社會改良派都是不貴於己而貴於人的。他們認識實而不認識虛，認識曲而不認識全。他們是個體論、零碎論，也就是感覺論。感覺是從耳目之官的，耳目之官不思而蔽於物，物交物則引之而已矣。流連忘返，江河日下。只識小體，不識大體；不識大體，便不能立其大。大者不立，則小者無主。大者一立，小者弗奪。一成一切成，一立一切立，故貴乎有思想（心之官）有理性有系統也。大者是全，小者是分。全者系統，小者步驟。步不妄舉，必有其鵠。步驟是實，系統是虛。然步驟必在系統中始能成立，始可真實，始有意義。故社會的點滴改革，不如政治的根本改變。政治的根本改變，非必即是革命，而革命亦不必就是暴動。凡有系統的推動大業者，俱謂之為得其大。宋之王荊公即是一例。當時士大夫習於苟且而因循細故，即是耳目之官的小人（識小體為小人）。

我們說個體是實，法則是虛。其實未有個體不在法則中者，亦即未有實不在虛中者。此所謂虛，實則亦是實。不過憑耳目之官的人只看見個體的實，不看見法則的實，遂以之為虛。感覺主義者以其感覺之能得與不能得，斷定事實上之有無或虛實，其錯誤與物質論者以解析過程當作存在過程同。實則照存在而言，個體必在系統中，這是科學可能的客觀根據；照知識而言，科學起於感覺而終於理性，這是科學的主觀根據。感覺與個體相應，理性與系統相應。

我們不能說科學知識全是習慣的成例。個體論者蔽於曲而不知全，蔽於實而不知虛，與物質論者蔽於天而不知人，蔽於勢而不知用同過。

　　個體論在作學問或作事上，其影響尚屬淺近，人盡知之。其在世道人心或道德行爲上，影響甚大。直有關於人類命運與東西文化，非淺近者可比，故須重言。

　　照存在而言，個體的存在須在一個系統中，人類的存在亦是在一個系統中。但人類不只是一個社會系統中的存在，且是一個道德行爲中的存在。在一個社會系統中的存在，人類與其他物理個體並無二致；在道德行爲中，他始不同于物理個體。但就是社會系統亦是一個全，一個個體所以存在的根據。道德行爲系統是社會系統所以成的根據，所以更是一個全。人類離開它就不成其爲人類，也就不成其爲存在。所以人類是一個社會的存在者，同時亦是一個道德的存在者。社會系統的全，人尚易解；道德系統的全，則非易解，亦更不易見，簡直非耳目之官所能過問。故在一般人看來當更是虛而不實；但事實上，它是最實不過的。它的成立離卻孟子所說的思（心之官），是不可思議的，就是說，離卻理性是不可思議的。

　　道德上的「全」可有三個概念：一是自動（意志自由），二是永恆（靈魂不滅），三是絕對（眞宰上帝）。這三個概念自有人類以來，就在憧憬著，而過去的許多哲學家，尤其是理性主義者，亦在設法證明它。但是他們的證明卻是由耳目之官（直覺、感覺）上的向外理解以猜卜或推度，並未能如實證得。我們已說過，這些「全」的概念都不是耳目之官所能見得的。經驗主義者就因爲不能見得，所以才只承認個體，不承認全體；才認個體是實，全體是

虛。現在理性主義者復由耳目之官上的向外理解以推度，這如何能算是證明？其證明又如何能有根據？何以說是由耳目之官上的向外理解以推度？他們覺得眼前的現象都是有來由的，就是說，任何存在都是有條件的。條件中有條件，依次上連，他們以為最後必有一個無條件的條件，這個無條件的條件暫且說它有三種函義：一、它是自動而不被動；二、它是絕對存在而不可分割；三、它是一個大全綜和一切。依第一義，說意志自由；依第二義，說真宰上帝；依第三義，說靈魂不滅。這三個概念，誠是道德上的全。有了它，道德行為就算有了根據。這是傳統的理性主義所努力的。但孰知這種努力，竟是白費。經驗主義從另一方面又證明說這個無條件的條件是沒有的，它的出現是不可思議的。因之，天地間也沒有自動其物，也沒有一個絕對存在，更沒有一個大全綜和一切。這種反對就形成康德有名的背反論。康德解消這種背反，指出他們這種推度有兩個錯誤：一、從條件的條件向上追溯，這不過是理論理性上有這種擴張的要求，但這種要求並不能得到一個停止。所以這種擴張只是主觀上的，即只有主觀上的作用，而無客觀上的作用。現在把這種主觀上不能停止的擴張客觀化使其成為一個存在上的圓滿或完整，這是一種錯置。康德說這種錯置就是把主觀上的紀綱原則變為客觀上的構造原則。二、這種條件的條件的追溯本是起於耳目之官上的向外理解。因為起於耳目之官，所以這種追求只是在現界上，即只是在用上。但是那種「全」的概念卻是體上的，它不是耳目之官所能接觸的。現在以耳目之官所見的現象或用當作事物本身，即當作體，這也是一種錯置。這種錯置，康德名之曰以現界為體界。

　　康德的批評完全是對的。所以他說這種「全」的概念不能由耳

目之官的向外理解上求。這種求法是永遠無根據的。他在此轉了一個方向。這是一個畫時代的轉變。他說這些概念在理解上是得不著的，且直是無意義；他又說向外推度以求也是永遠得不著的，只是虛構，毫無真實性。他說必須在實踐理性上求，在實踐上，這些概念是有意義的；他又說必須向內從理性的自動上證，在此自動性上，這些概念始有真實性。這即表示說，這些概念必須是道德上的。而這些概念又是形上學中的概念，即體上所有事，所以他說這是道德的形上學。這即表示說形上學必須是道德的，體的可能也必須是道德的。離開實踐，離開內證，形上學完全不可能，體亦完全不可能。這個轉變非常重要，足以使我們認識體界，足以使我們證明虛之為實。照康德以前的說法，這些虛的概念完全沒有真實性，完全成了虛的了，即只成了假象。對個體而言，這些概念是虛的，其實它是實的。不過照傳統的講法，才真正成了虛而無實的東西。虛的能講得實才好，虛的而講成虛，那就虛到底了。康德的轉變使我們能向實的路上走，但是康德本人還未把它講得十分如實。意志自由的出現，十分實，這是無問題的。但是真宰與永生，在康德手裏並不實。它只證明了它們有意義（在道德上），並未使其成為真而實。他以為在道德行為上須有這兩個假定：一須假定上帝總攝一切，圓滿一切；二須假定靈魂不滅，保證來世。這些，在哲學上都是沒有根據的。雖在道德上說是有意義的，但仍是虛而無實。真見體者不容有此。關此，中土聖哲，方稱圓成。以下以孟子為據略明一般。

　　儒家講形上學，即講體，亦是道德的出發點。不從理解上講，不自向外求；從內證，從踐履上講。孟子第一步先證明仁義內在，

我所固有。仁、義、禮、智，是謂四端，亦即實踐理性。在中國聖哲，名之曰性，亦即是理或體。此種性或理或體，既屬內在，又屬固有，非由外鑠，其為吾身言行情欲之主宰，自無可疑。此性此理既為主宰固不物化，則其自動性亦無可疑。此種自動性即是康德所說的意志自由之根據。不過中國儒者不以意志名之，而以性或理名之（有時亦以意名之）。照康德說，道德律只能從意志上建立。按意志自動所規定的道德律而行，即是按性或理而行。這是必然的，無條件的。現在的人很少能了解康德，以為康德的說法太形式、太冷酷、太超越，其實這都是妄肆譏議。須知道德律不自性或理（意志）上講，是沒有妥當性、必然性、普遍性的。若一涉經驗，或雜有情欲，則道德律便不能放諸四海而皆準。這是康德所說的個人格言，而不是道德律。

孟子亦說此種性或理是必然的、普遍的。他說：「至於心，獨無所同然乎？心之所同然者何也？謂理也義也。聖人先得我心之所同然耳。」此種同然之理有時為情欲所纏繞不得顯露，然不得謂之為無。故孟子曰：

> 雖存乎人者，豈無仁義之心哉？其所以放其良心者，亦猶斧斤之於木也。旦旦而伐之，可以為美乎？其日夜之所息，平旦之氣，其好惡與人相近也者幾希？則其旦晝之所為，有梏亡之矣。梏之反覆，則其夜氣不足以存，夜氣不足以存，則其違禽獸不遠矣。

康德只講此種同然之理之先在性，不講其消長，而中國儒者講之。

故儒學於修養上特加反覆叮嚀，直佔理學之大半，而於道理之講求反形見少。實則其思維之路數，所嚮往，所辨明者，彼此相同也。

此種同然之理既為道德律之根據，故吾人行為即必須按理而行。這是毫無其他條件可以容我們遲疑或躲閃的。孟子曰：

> 魚我所欲也，熊掌亦我所欲也。二者不可得兼，舍魚而取熊掌者也。生亦我所欲也，義亦我所欲也。二者不可得兼，舍生而取義者也。生亦我所欲，所欲有甚於生者，故不為苟得也。死亦我所惡，所惡有甚於惡者，故患有所不辟也。如使人之所欲莫甚於生，則凡可以得生者，何不用也？使人之所惡莫甚於死者，則凡可以辟患者，何不為也？由是則生，而有不用也；由是則可以辟患，而有不為也。是故所欲有甚於生者，所惡有甚於死者。

這是極端的理性主義。康德說汝必須按理而行，汝必須按意志所規定的道德律而行，亦是此意。這不是冷酷與否的問題，這是行為的標準問題。後來程、朱、陸、王尚能了解此意，至戴東原便不能了解了。

按理而行是義不容辭，由理引福，是謂至善。理是動機，福是結果。功利主義以為能滿足大多數人的幸福，即謂之善。理性主義不如此講。由理起，理與福合一，方為至善（最高善）。孟子曰：「有天爵者，有人爵者。仁義忠信，樂善不倦，此天爵也。公卿大夫，此人爵也。古之人，修其天爵，而人爵從之。」又曰：「欲貴者人之同心也。人人有貴於己者，弗思耳矣。人之所貴者，非良貴

也。趙孟之所貴，趙孟能賤之。」由理以得貴爲良貴。良即良知良能之良。良貴由己而貴，非由人而貴。由人而貴乃貴於人，非貴於己。貴於人者，非眞貴也。權不在我而在人。理性主義講福，必自道德律（理）起。由理得福，方爲良福，方爲眞善。功利主義所講的大多數人的幸福，實不是道德的，乃是政治的。故旣爲離題，亦爲無本。

但有時由理不必得福。此點是中西學不同的所在。由理而行是無條件的，這是中西所同的。由理不必得福亦是事實。康德於此必假定上帝（眞宰）與靈魂不滅以保證來世，成爲最後的至善（天國）。但是中國儒者，則不容作此想。按理而行，不但起始是無條件的，即在將來亦是無條件的。這是最眞最實，無有虛幻的地方。孟子曰：「盡其心者，知其性也，知其性則知天矣。存其心，養其性，所以事天也。殀壽不貳，修身以俟之，所以立命也。」「莫非命也，順受其正。是故知命者不立乎巖牆之下。盡其道而死者，正命也；桎梏死者，非正命也。」「求則得之，舍則失之，是求有益於得也，求在我者也。求之有道，得之有命，是求無益於得者也，求在外者也。」到不必有福之時，儒者以「命」明之。命之義蘊甚大。西方人說東方人受命運的支配，實則命之出現但在福上言，不在理上言。福之得不得有命，在理上，則仍勸人修道爲學，並非一往命定。命雖似乎一種安慰，實不是一種安慰。它只表示赤裸裸無條件，人人皆是頂天立地的大丈夫。在此點上，儒學無有虛幻。故孟子曰：

　　廣土眾民，君子欲之，所樂不存焉。中天下而立，定四海之

> 民，君子樂之，所性不存焉。君子所性，雖大行不加焉，雖窮居不損焉。分定故也。君子所性，仁義禮智根於心，其生色也，睟然見於面，盎於背，施於四體，四體不言而喻。

此就是所性在理。只有目的，無有手段。此即是至善，亦即是天國。

孔子曰：「興於詩，立於禮，成於樂。」此是一個大諧和。金聲玉振，終始條理，亦是所性在理的全體實現。無有隱匿，無有虛幻，一理平鋪，容光必照。上下與天地同流，豈曰小補之哉？這就是體用如一，顯微無間。所性在理，理自動（主宰），理絕對，理永恆（不變）。三個「全」的概念，如此講，方可如實，方可圓成。若康德的講法，不是頑空，即是泥執。此在道體，最稱大蠹。故虛實問題（體用），必如儒學，方是到家。熊十力先生《新唯識論》，對此獨具善解，望讀者讀之。

或者說，以上所論，約道體言，固無異辭；約世間言，則有流弊。吾說西方有宗教，中國有禮教，各稱其宜。現在國勢衰頹，人心無主，妄肆啓咎，動有怨尤。實則理禮教義，約眞約俗，皆爲至上。一旦政治修明，國家富強，世人自以其是非爲是非。

原載《再生》第38期　1940年1月31日

時論之六：明教化

　　教是指教育言，化是指文化言。我們以祖先傳給我們的文化教給子孫，使我們的子孫會生活，而且會按照一種道理而生活，這便叫做教育。人是天生會做作的動物，這就表示說，人生下來就落在一種道理系統中生活著。《中庸》說：「天命之謂性，率性之謂道，修道之謂教。」從天命上說是至公無私的，所以從性上說也是純粹無雜染的。能順此純粹無雜染之性而生活，便就是道了，或者說就是合於道的生活了。但是事實上，這個性只是教化所以可能的根據。人類並不是一往就會率性的。所以必須用一種方法或道理使其復初而率性。這些方法或道理就是一套一套機括。我們人類必須在這些機括中生活著。這些機括就是我們的生活型，也可以說就是文化型。好像任何東西必有它一個樣子；沒有這個樣子，便不成其為物了。人也是如此。孔子說：「立於禮。」禮就是人類生活的樣子。沒有禮，就沒有生活，就是說，生活是立不起來的，所以人類一定要立於禮中。禮就是道理系統或機括。理學家說有事於習，無事於性。性是純粹無雜染，在這裡是用不得工夫的。習是後天的染污，我們須對它下一番工夫。用一種道理或機括啟迪它或規正它，使它歸於性。習歸於性便是善習，也就是善的生活。這也就是說，

這個人是活在他應當活的那個樣子中。在此我們可以把荀子的話改一個說法，我們不說性惡，其善者偽也。我們說性善，而善的生活偽也。實在說來，荀子所謂性不是孟子所說的性。他的性實在是指習而言，是形下的；孟子的性是指體言，是形上的。（有人以為也是形下的，我們不贊同此說，參看〈辨虛實篇〉就可明白。）可是在形下方面，習有善有惡，而自習上論性之善惡或不善不惡，都是沒有什麼道理的。荀子以為要證明教化之有效，就主張性惡。其實性如真是惡的，教化便不可能。所以我們一定得承認性善，即是說，一定得承認理性之性。孟子的性是理性之性，所以是善的，是形上的；荀子的性是情欲之性，所以是惡的（也可以不惡），是形下的。性善，教化才可能。善的生活固是由道理或機括而造成（偽），但性不善，也不是硬造得來的。簡單言之，善的生活就是用道理或機括將社會中所認為不善的情欲之性（如自私）化歸於理性之性，就是說，由理性而來的善習。所以善的生活是偽的而善性不能是偽的。

　　文化就是我們所教的與子孫所接受的那些道理或機括。性雖是普遍的、無雜染的，而這些道理系統或機括型卻是特殊的、有雜染的。我們以性或理來教人。性或理本身無雜染，以我所理解的性或理來教人，則即是以一個道理系統來教人，此時便是有雜染的。雜染不是性或理，而是這個道理系統。但是我們又不能用性或理本身來教，如果這樣教便就無文化了。老子的思想，或許就是如此。這樣教，就是無教。要有教，必是有一定的道理系統，即是文化型。文化型既是特殊的、有雜染的，所以必又是多的，可以各不相同。這種文化型的統緒，從究極上說，現在可以指出兩大類：一是西方

的宗教型，一是中國的禮教型。前者是超越的，後者是內在的。超越則有虛幻，內在則應實際。此其大較也。如果細分之，則各民族各國家，甚至各社團，皆有其不同的教化型。如西方有科學，現在大家都盛倡以科學行教。政治上又有民主與獨裁之分，亦可各自成教。經濟上有自由與計劃之分，亦可各自成教。但這些都無必然性、一定性。中國雖未發展出科學，但一定說中國人無科學本能，即無人能信。蓋科學本能是智之表現，乃人類之通性，不過其表現之方向常有不同而已。至民主與獨裁，自由與計劃，更是極隨便的，並無一定不移性。它們都是隨事態之演進而出現，亦皆為人類本性之顯發，並無特屬性。喜歡自由是人之本性，喜歡條理（統制計劃）也是人之本性。我們不能說它們一定屬於某民族，一定不屬於某民族。所以在本文，可以不向這方面討論。但是它們都是教化型是無疑的。好像一個人喜歡藝術，藝術道理就是他的教化型；喜歡哲學，哲學就是他的教化型；乃至經濟、政治、科學、宗教，都可以成為一個人的教化型。這些教化型，在一個人身上，我們可以隨著許濮朗格，名之為生活型。生活型實亦即是文化型，亦即教化型也。故文化與教育是分不開的。

本文明教化，將不指個人言，而是指民族文化言，即是說，我們將不注意那些太具體的生活型，而是要比較普通一點講。我們說西方是宗教型，中國是禮教型，這就是一個很普通的講法。這種講法可以使我們認識中國文化之特色。宗教的產生，說法很多。我現在簡單言之，其原因總是因為人類之無能或能力有限。在這個有限上，人們常是有苦惱的。要彌補這個缺陷，就必須想出一個無限的萬能來幫助我們，安慰我們。所以西方人形容上帝總是用萬能、無

限、絕對等來描述。但是這個東西能夠證明嗎？有經驗或邏輯的根據嗎？就是說，能夠從經驗上，或是從理解理性上，來證明嗎？百姓日用而不知，只是一個信仰。哲學家用道理來證明，也是經不起批判。有一個笑話是很有意思的。某教會學校，有一個學生向教《聖經》的先生說：「上帝是萬能的嗎？」先生說：「自然是萬能的。」學生問：「那麼他能造一個他拿不動的石頭嗎？」先生瞠目不能對。這位學生也可以算是佻皮了。可是這位牧師也太笨，竟解不開這個謎惑。其實「拿不動」就不是萬能，既是萬能，「拿不動」就不該屬於他。現在這位聰明的孩子，將衆生分上的「拿不動」的謂詞歸給萬能的上帝，這叫做層次混擾。這好像問上帝他能成一個不萬能的上帝嗎？同樣的混擾。如果他能成，他就不萬能；如果他不能成，他也不萬能。這是一種謎惑。這種謎惑，猝然遇之，誠然令人無法應付。可是聰明的羅素，發明一種層次說，來解決這個謎惑。從此以後，當牧師的可以得到一個理論的圓足了。可是這個難關雖過去，仍未見得就有證明的根據。這在康德手裡，完全把他們的紙老虎拆穿了。現在當牧師的還得進一步徹悟，就是要明白上帝的存在完全不是經驗上或知識上的事，而是行爲上或信仰上的事。這是一種安慰，不能算是一種實在。既不是實在，當然是虛幻的。縱然它可以生效力，也不礙其爲虛幻。西方人是在虛幻中催眠自己，所以他的敎化是宗敎型。講革命的，一定要打倒宗敎。其實這完全不相干。有宗敎未必不革命，無宗敎未必能革命。愚弄孩子可，智者瞞不過也。其實人類是很聰明的，他會須要其所須要：他用得著上帝的時候，他自然會用；他用不著的時候，他仍然會興會淋漓的去創造，去奔忙，去爲非作惡。人類就是這樣的賤骨

頭。上帝那裡管得著他？但是雖然管不著他，可是西方人仍然以宗教型的文化教化他們的子孫。

　　中國人不相信這一套。在這一點上，中國人比較聰明，也比較來得有氣魄。我們沒有宗教，而有禮教。禮是人與人之間的行為規範。為完成自己，必須顧及他人。所以自己與他人之間，一定要有一個道理，譬如說，忠恕絜矩之道。既有生，不得不完成其生。欲完成其生，不得不牽連他人。禮是既成物，又成己。我們的祖先就拿這套成己成物的道理來教化他的後人，使他們會這樣去生，會這樣去成。因之，禮教也就成了我們的教化型或生活型了。這一個教化型是十分實在的，無有虛幻。西方人看天，中國人看人。西方人我、你、他分的很清楚，而天、地、人也是互不融洽；中國人以我、你、他的連環為主，天、地、人就在其中。所以飲食男女之間，莫非天則存在，外此無天也；日常生活之中，莫非忠恕絜矩之道，外此無道也。這其中的天則或道就是絕對的、萬能的。我們須在其中受其約束，否則你不成，他不成，我也不成。西方人產生上帝，中國人產生理。理是我們唯一的希望，它可以彌補我們的缺陷。如果一個人有了理，他就心安了，他就立起了，他就圓成了。理是可以證實的。他們不相信那些不能證明的幻象。中國人一方是感覺主義，一方是理性主義。這兩方面都是極開明、極進步的表示。然必須合之，始有益處，分之則極有害處。感覺主義的好處足以使我們揭穿一切虛幻不經的東西，但推而至於其極，如無理性主義以組織之，則流於個體論，其流弊將不知伊於胡底。〈辨虛實篇〉中已詳述之。現在的中國人就是太相信感覺主義了。如自私自利，只認識具體特殊，不認識抽象普遍；只認識親戚朋友，不認識

國家社會；只認識利，不認識義。這都是感覺主義的流弊。英國人的傳統精神何嘗不是功利主義、感覺主義？但他們有理性主義、科學批判精神，以維繫之，糾正之，所以就得到一個好結果。中國的理性主義，則常流於表面的形式主義，所以就不起正面的積極作用。到現在，連這點表面的形式性也給拆碎了，越發弄得利欲薰心，神魂顛倒，大家就好像朝不保夕的樣子。所以我們現在的教化，急須把禮教的理性主義發揮出來，外此，還得提倡一個科學的理性主義，普遍到個個人的心坎中。禮教所以為人，科學所以利用。我們現在不要妄想西化。西人的宗教型，決不能為中國人所接受。只有把我們祖先所生活於其中的禮教型繼續光大起來，這是理之至明，勢之至順的。

我們這個意思卻並不是說恢復舊禮教。禮教型是我們民族過生活的一個普遍精神，也就是生活上的一種基本情調。有舊禮教，就有新禮教，新舊是禮教精神隨著時代的表現。無論或新或舊，而其為禮教則一。至於舊禮教中是否都舊，或是還有可以新的，我們現在可以不管。因為這是一個事實演變問題。打倒舊禮教，未必就是打倒禮教。近廿餘年來，大家把舊禮教打倒了，隨著把禮教也打倒了，可謂徹底矣。但是我們又不能活一種宗教型的生活，所以只好顛倒無主了。我們現在不能不把禮教的道理，重新光復起來，用以教化我們的子孫，使之過一種有道理的生活。大家不要怕迷信，怕頑固。中國人是最不迷信，最不頑固的。我們只怕他不迷信，不頑固。我們祖先所產生的理，是經過磨練的。它已經無有虛幻，是十分實在的。如果連這點碩果僅存的條理，還不加以固執，加以信從，則只有甘心過不成樣子的生活了。照現在看來，大概也只有理

足以使中國人相信，其餘虛幻不經的東西是無論如何也打動不了中國人的心坎的。這點不能不說是中國民族有氣魄的地方。所以禮教必須光復，用之以作我們的教化型。我們的教育須在這裡施行，我們的文化須在這裡鑄造。現在中國人都不把這點看得緊。他們所用的教化型都是特殊的、暫時的。某某教育是一種特殊的、暫時的，某某主義的教育也是一種特殊的、暫時的。你主張社會科學救國，我主張自然科學救國；你主張革命施教，我主張保皇施教。這些教化型都是特殊的、暫時的，五花八門，種類繁多。在此種情形下，欲使青年過一種有道理的生活，欲使國家社會有一種基本的基礎或情調，那是絕不可能的。施用這些教化型的政策，不是爲國家施教，而是爲我施教；不是爲民族立文化，而是爲個人立文化。我願意現在大家有一點覺悟才好。

我們說禮教是中國人生活上的一種基本情調，宗教是西方人生活上的一種基本情調。我們說光復禮教，卻並不表示禮教萬能。我們只說它是必須的，卻不說它是充足的。我們說不能活宗教型的生活，也不表示說西方文化中所已有成效的都必須予以固拒。譬如科學是沒有國界的，科學本能是人之天性，並不是說一定是西洋人的。工業化是隨著實際情形自然會出現的，它也是無國界的，也不是說一定是屬於西洋人的。民族國家以及民主政治也都是如此。我們把這些都作到了，未見得我們就是西化。我們如果作不到這些，而只是學那種宗教型的生活以及隨此而來的那些西方人的生活習慣，我們的國家也未見得就是能強盛。所以立言行事必須識本。大家殊不知道科學工業以及民族國家、民主政治等都不是西化，乃是人類進化上必有的實際階段。西方人在這些地方先走一步，我們遲

早也要到的。如果這些東西是現代所有事，以前未曾有過，將來也不必仍是如此，則我們爲適應環境，現代化就是了。現代化不是西化。馮友蘭先生曾說過：「我們現代化可，西化不可。」這話有道理。如果我們能不用這一套或不全用這一套而致富強享太平，教西方人跟著我們走，以我們爲現代的標準，則他們也是要現代化的，或者隨現代化而中化亦未可知。可是我們現在現代化而卻決不能西化，因爲我們不能接受那種宗教型的生活。所以我們禮教型的教化與現代化中的那些致富強的東西並不衝突。但必須有本，始能立用。如果我們把生活的基調忘了，那些東西不但不能立用，反而成害。因此，如果我們要革命，要變革經濟組織，也不必定要把一切推翻。一個人能與甲過生活，爲什麼一定不能與乙過生活？一個人能聽戲，爲什麼一定不能看電影打網球？一個人能營家庭經濟，爲什麼不能營社會經濟？難道合股公司不是集團經營嗎？你說我們革命一定要學蘇俄，但不知蘇俄是學那一個？難道離開蘇俄，其他國家就不會革命了嗎？所以我現在奉告大家，就是革命，我們的教化型也是要繼續的。因爲它們並不衝突。只有不自我而自人，才會感覺得衝突。但是這種奴性，我想就是革命，也是很難站得起的。

原載《再生》第41期　1940年2月29日

時論之七：論思辨

在〈明敎化篇〉裡，我們說中國禮敎型的理性主義須要光復起來，因爲禮敎是我們民族過生活的基本情調。西方的宗敎型是我們所不能接受的。除此以外，我們還主張須提倡一種科學的理性主義，以充實並切實我們的生活。禮敎型是人與人之間的義的表示。所謂義務，就是在對待關係上當該如此做的意思。當如此做就是義，這是無條件的；而所以如此的理由則在如果不如此就不能生活。這好像西方人的宗敎型生活，如果沒有上帝，他們就不能生活。因爲他們靠上帝，眼睛常常向上看，所以有一種上升的情緒；而我們靠理，眼睛常常向對方看，所以有一種平停酌劑的肅穆情緒。上升的情緒，我們說它是時間的或數學的；肅穆的情緒，我們說它是空間的或幾何的。中國人禮敎型的生活就是幾何型的生活；西方人宗敎型的生活就是數學型的生活。這兩種文化型都是極優美、極文明的。而究竟應該是那一種，則不是隨便可決定的，只好各隨其宜。順其本性而利導之，罔不有成，競騖新奇，鮮克有效。近年來中國人羨慕西方宗敎型或數學型的生活，對於自己的文化型極看不起，這是沒有什麼道理的。本來貴耳賤目，人之常情。但一時之好惡，終歸於依然故我。此所以競騖新奇終無實效也。著者對

於宗敎型或數學型並無惡感，且亦極端愛慕；但同時對於禮敎型或幾何型，亦並不輕視，且認爲極端崇高。讀者試就此而衡量之，豈必幾何定不如數學乎？所以喜歡愛慕是一會事，而陳習之不易移又是一會事。資本主義社會下的生活本適宜於數學型，如自我，如衝動，如忙迫，皆極與單行的時間或數學相似。我們現在正在趨向於開明或摩燈的時候，爲得不喜歡西方的宗敎型或數學型的生活？但是禮敎型或幾何型的生活一定不適宜於現代的社會組織，也無道理可言。這就是中國人現在無論怎樣摩燈，而西方的宗敎終未被接受的道理。何況我們已說過（〈箴現代篇〉），將來的文化是新農業的文化或新封建的文化，終須趨於穩定，成一個瀑布下的迴漩的潭，這就是禮敎型或幾何型的生活了。就是西方人的宗敎型，自商人文化流通以來，已衝破了他們的天羅地網，現在的上帝已不過是習慣的遺留，並不像先前那麼認眞。本來從道理上講，禮敎型比宗敎型較爲進步，亦較爲開明。梁漱溟先生說中國人是理性的早熟，這話有道理；他又說將來的文化一定是儒家的文化，這也不是過甚其辭。我們現在則告訴讀者說，禮敎型或幾何型的生活並不是可鄙的，乃是極崇高的。

禮敎型的生活是我們民族的基本情調，但是太重視我、你、他之間的忠恕絜矩之道，則不免流于過分容忍而成爲馬虎。這不是好現象。所以科學的理性主義必須提倡。這種理性主義是智之表現。它的全體大用就是深思明辨。辨不是徒騰口說的詭辨或空流于言辭之辨，而是從心官裡面所啓發出的一種思辨。先從心上思上把條理弄得很清楚，然後再宣之于口或筆之于書。如果是一個大政治家，則連宣或筆都是不必要的，他只須行就夠了。天何言哉？四時行

焉，百物生焉。大政治家能如此，就是最明辨的大政治家，如果他心裡腦裡，先顛倒惑亂起來，則不但不能行、不能生，而且必自斃。讀書明理，治事立功，皆是如此。一個民族，如果不能明辨，它必會墮落。因為此時，它只有耳目之官，而沒有心官，與其他動物相差已無幾，焉得不被宰割？我會說中國人是感覺主義，就表示說這已失掉了心官的明辨，個個人都在耳目之官的交引過程中顛倒迷惑。現在的中國越發表露無遺。禮教型的生活雖是我們的基本情調，但到了耳目之官用事的時候，理與禮俱已失效，這就是墮落。所以我們不能不提倡智的明辨。禮教型是我們生活的樣子或道理，智的明辨是使這個樣子所以可能的基本條件。使禮教型可能就是使禮教型的生活充實而切實，換言之，就是使禮歸於理。我們可以用智的明辨啓發出理來以為禮的基礎。如果沒有理，禮只是一個空架子，至多不過是一個口頭上的習慣。這是極不可靠的，遲早終會被人們丟棄。同時，如果我們不用智以啓理，則心官必停止效用，大家的本事只好在耳目之官上發洩。這種發洩確是利害。它如氾濫的洪水一樣，可以東西南北流，任何軌道都可以衝破，這就是沒有樣子或道理的時候了。沒有樣子就是沒有教化。因為人們一定要在一個道理中生活著，如果你自己不能立在一個道理中成一個樣子，則他人必來把你整治一下使你歸於條理，就好像大禹治洪水一樣。大禹治洪水而成為江淮河漢，則洪水亡而江淮河漢成。如果你自己沒有樣子，待他人來給你定一個樣子，則你便算亡已，因為你沒有主宰了。世界上那裡容得住你這個沒有道理的人呢？洪水如此，個人如此，一個民族國家亦是如此。我寫到這裡，實在有點不寒而慄。

中國民族本是不喜歡辨的。在先秦時代，儒家雖不反知，然在

禮教的名分上注意多，而於邏輯的名分上，則不甚措意。蓋儒家並不以著書立說為能事，他們是以立德立功為標準。不能立功，則以立德為己任。像孔子那樣明白人，一定是有深思明辨的，但他並不筆之於書，而見之于言行與夫出處語默之間；所以儒家最理想的人物是聖人。聖人是以內聖外王為原則，用現在的話說，就是一個最開明的政治家，柏拉圖所謂哲王者是也。如果只有其德而無其位，即不能作一番事業，則只好退而著書立說以明人倫，所謂著《春秋》、贊《六經》者是也。然就是這種著書立說，也只是格言的成分多而系統的成分少，所以在深思明辨上也是甚嫌不夠。而何況其所辨的大都又是禮教上的，而非邏輯上的？道家根本是反知反辨的，後來受他的影響甚大。到無法子的時候，就用老、莊的辦法混沌過去。名家是主張辨的，但又流於詭辨而無意義，所以後來竟成絕學。儒家的孟子、荀子則稍特出，他們倆是很能深思明辨的，而且所辨的又都有意義。孟子把自己的責任看的很分明而偉大。他的闢楊、墨就好像大禹治水，周公驅夷狄一樣。思想上的掃蕩與洪水猛獸的掃蕩是同一功效。所以他不但闢楊、墨，而且闢告子，闢許行，不一而足。他不但闢，而且立。〈告子〉章及〈盡心〉章皆是極好的系統建立。他能給他的思想以邏輯的陳述與系統的陳列。所謂系統就是有原有委，所謂邏輯就是有理有據。這就是深思明辨的表示，因為思的很通達，所以辨的很透闢。後人都稱孟子有功於聖學，但其功到什麼程度，則除王陽明外，恐無人能識得。吾近來常想，中國儒學可有兩個系統：一是《易經》系統，一是孟子系統。前者是觀物，後者是明心。宋儒大都是《易經》系統，而陸、王則是孟子系統。這兩個系統的不同，可由格物的界說來認識。朱子定

格物爲即物而窮其理，以期一旦豁然貫通，就是《易經》系統中觀物或觀變於陰陽的表示。而王陽明定格物爲於意之所發處提撕警覺以明良知，則顯然又是孟子系統中仁義內在以及性善乃至浩然之氣如何可能的表示。《易經》系統並不十分自覺，而孟子系統則十分自覺，得王陽明而益彰。這個系統所以自覺，正因爲孟子能思能辨；《易經》系統所以不自覺，正因爲有斷無辨。陰陽家的系統雖然廣被無遺，而且名相繁多，然多無據，亦正因其獨斷無辨。孟子所以能成一個分明的系統，正因其有辨，而其所以有功於聖學，亦在其有原有委，有理有據，使後學可循徑而窺，無或差錯。此所以貴乎辨也。荀子亦是很能辨的。他不但能將自己的思想辨白出，而且還能將辨本身的歷程分解出。他的〈解蔽篇〉直不亞於培根的《新工具》。他見道雖差，而思辨力極厚，所以稱爲大儒也。凡能辨的，其思無不精，其說亦較實。在中國，孟子、荀子是也；在西方，柏拉圖、康德是也，等而下之，休謨、羅素是也。有斷無辨者，雖有所見，而無必然性。在中國，《易經》以及陰陽家是也；在西方，斯頻諾薩、拉克等是也，今日之懷悌海亦類乎是。所以現在吾人欲學術昌明，見道切實，則必須思辨。

　　思辨是理性的表示，同時也是力量的表示。一個神經脆弱的人很難望其有理性的，而他的力量也顯然是不能支持思辨的艱任的。男子比起女子來，較能思辨，所以他比較有理性。現在的林語堂是很看不起思辨，而羨慕女子的懂得生活。但是一個女性的民族，純任直覺與具體感以生活，是決難維持其生存的。老、莊的浪漫思想只在壞的方面發生影響。有些自命爲通達的人，骨子裡都是極無聊賴的軟皮糖。其出言發語未始不新穎可喜，其所見所悟，驀然一

見，亦覺境界甚高。然實則此等人只是一種小聰明的油滑，只是臉皮厚，並非見解高。如袁中郎、袁子才等就是這一類的人物。他們起始也並非無激而發，對著那般僞道學僞君子，他們來一幅喜皮笑臉，也未始不是一個好對照。現在林語堂的幽默也就是這種對照的新形式。但大家相習成風，一方爲說假話之僞君子，一方爲鬧幽默之眞小人，試想這個民族還有學術文化可言嗎？袁子才曾說：「文王望道未見，而孟、韓兩公以道統自任，矜矜然或闢楊墨，或闢佛老，憂河水之濁，而欲以淚淸之，俱是書生習氣，與世無補。」似這種無力氣的軟皮糖，實是中華民族的致命傷。讀者不要隨著這般人的見解以爲中國衛道統的人多，實則一犬吠影，十犬吠聲。事實上只有一個影，而衆犬吠之，以爲影眞多矣。中國民族的潛意識大都是吠影吠聲的軟皮糖，因爲他們吠的太不堪，所以顯得眞有許多影。實則如果眞有許多影，他們也就不吠了，各人也只好去作各人的事了，那時便天下太平。所以深思明辨是各遂其生的好法子。能深思，始能通達；能明辨，始能近情。若那般罵聖罵賢，毀僧謗道的軟皮糖，自命爲通達，自命爲近情，實則乃不通達、不近情之尤者。現在社會上流行一種投機取巧、逢迎善變的達官貴人，他們何嘗不自命爲通達，不自命爲近情？然而忘仁負義、漢奸國賊，俱從此出。政治上無定見，思想上無主宰，變來變去，害事敗德，亦是此輩所爲。難道此輩人的聰明不及嗎？不然。他們是頂聰明的，而所以反吃聰明之虧者，是因爲他們純任耳目之官，而不用心之官。孟子說：「耳目之官不思而蔽於物，物交物則引之而已矣。心之官則思。思則得之，不思則不得也。此天之所與我者。先立乎其大者，其小者弗能奪也。」深思明辨，始能識理明義。理義就是大。

大者一立，耳目之官之小者便不能奪。此時感覺服從理性，利服從義。故能深思明辨的人，始能尊重道，尊重自己。天下有道，以道徇身；天下無道，以身徇道。這就是所謂思想主宰行動。若不思不辨，則即是軀殼支配行動。滔滔者，天下皆從軀殼而動，若謂社會有進化，政治有出路，這在事上與理上俱是不可能的。

　　一個不喜歡思辨的民族，訓練的法子是讀邏輯。我們研究邏輯或說明邏輯是從思辨上起。離開思辨就無邏輯。在思辨中顯邏輯。現在要訓練思辨，要引起思辨，則最直接的仍是從邏輯入手。由邏輯引起思辨，進而對於任何問題能作邏輯的思辨。在思辨中，能作最邏輯的思辨的，莫過於康德。康德的全部批評哲學是邏輯的思辨活動，所以他在哲學上的性格特別顯明。這種性格，我們叫它是邏輯的。邏輯的思辨可以使我們造成系統的統一，因爲我們人類有喜歡一貫的癖性。有許多耳聞目見的知識，我們總想把他貫穿起來。而最能表示這種貫穿的就是邏輯的因此所以（即原委）。同時，凡知識若能在一個系統中貫穿著，就是眞的知識，柏拉圖所謂因故思維就是此意。所以凡是邏輯的思辨者必表現「一」，而邏輯的性格也就是「一」的性格。表現這種性格最顯明的是柏拉圖與康德。

　　有些人雖喜歡邏輯，但其性格卻並不是邏輯的，如羅素，如懷悌海，如來本之等，其性格勿甯說是數學的。在《數學原理》上，數學雖離不了邏輯，但在普通事實上，這兩門學問確有不同。邏輯是「因此所以」的連繫，而數學是序或位的關係。所以數學的性格是喜歡多元、均稱、對待、諧和，總之我們可以說它是「二」之間的均稱。所以邏輯代表「一」，數學代表「二」。中國民族是比較偏於數學的，所以陰陽五行、河圖洛書的數學很能打動人的心坎。

數學是優美，邏輯是壯美。我們在首段裡說西方人是數學型，中國人是幾何型。彼處所謂數學，意義稍有不同。而此處所謂中國人偏於數學，實與彼處所謂幾何型相同也。此等表示法，只是一種譬喻，望讀者隨文領取。如有未悟，存疑可也。現在我只說中國人是須要訓練邏輯的。天下惡乎定？定於一。在政治上，不嗜殺人者能一之；在思想上，有邏輯訓練者能一之。思想家的深思明辨表之於知，政治家的深思明辨表之於行。知行一也。

原載《再生》第42期　　1940年3月10日

論論政

亞里士多德早已說過，談政治與道德不是青年人所應為的，乃是老年人的事。中國的老年人大部分喜講道德，而不喜論政治。這種現象是健全而不是健全。因為雖然他的年齡夠了，而其本人卻不一定有道德，又對於道德也不一定有真知灼見。所以就是談，也談不到好處，徒令人起反感。因為一個盜跖之行而談孔、孟之道，無論如何總是假的。尤其一個幹政治的人最喜歡講道德，而自己卻不道德。對於政治糊塗，對於道德自然也糊塗；在政治上無道德，在道德上自然也是背道德。所以雖是講道德，而於社會卻不生影響。結果，道德、政治俱等於不談。

道德是行的，政治也是行的。政治與道德在談方面是老年人的事，在行方面更是老年人的事。這話卻不是說青年人可以不道德。但是老年人為社會之領導，為群眾之師表，其於這方面所負的責任自然較大。現在老年人於政治作不好，於道德又不修，所以成了青年人怨恨、咒罵、批評的對象。結果談道德的是青年人，談政治的也是青年人。青年人竟成了擔負道德與政治這個重任的中堅分子。這是健全的，也是不健全的。現在誰不說青年人是純潔的？可見他們並不是不道德的。現在的青年人又誰不關心政治與參加政治？可

見在實際已經從政的老年人對於政治是有問題的。但是，青年人果真有擔負政治與道德的修養與力量嗎？中國的英雄出在少年，諸葛亮與周公瑾都是以少年而擔負國家大事。這種天才固是可喜，但不是經常的現象。在太平年間，這種情形就不多見了。在滿清時代，非翰林出身不得出將入相。民國以來，天下遑遑，以少年而出將入相的比比皆是。這固是中華民族出天才的表示，但是有一個英國人說，以二十餘歲而作總司令，這在我們英國是不常見的。國亂而後有天才，可見天才也是不祥之物。這就表示以青年人而擔負道德與政治的重任，是不大可靠的。古人說「老成謀國」，這並非迂腐之談。

談政治與行政治都是智慧事，不是知識事。一個政治家處理某一個猝然而來的問題，不是憑藉某種專門學問的知識，而是憑藉知識所變成的智慧。這個智慧的來源是多方面的。最重要的是他的知識與道德。知識變為他的智，道德變為他的仁。智是他的精察，仁是他的高明。仁且智變成他應付問題全部智慧。一個私欲滿腹的人，必不智，也決不能仁。所以他處理問題必顛倒惑亂。這就叫做害事敗德。我們說仁，並不是私愛或婦人之仁，乃是指真誠惻怛瑩徹至公之心而言。在此點上講，他的仁就是他的智，他的智也就是他的仁。這叫做知行合一。無論談政治或行政治，都是知行合一的表示。這是整個智慧生活的流露。這在發展過程上說，非成熟的老年人是作不到的。以這階段的人來行政論政，方有真知灼見，方可為蒼生謀福。因為無論論政或行政，都不是個人身邊的事，乃是全體的事，察其分殊，而又能總其全體，這如沒有仁且智的智慧作憑藉是作不到的。這是孟子所說的識大體，大體即全體。這不是容易

的事。知識不成熟、情感易衝動的青年人不能擔負這個重任。現在青年人所擔負的政治與道德的重任是不健全的，並非國之福。

如果有智慧生活的成熟者出而論政行政，則社會庶可有真輿論、真是非、真道德出現，而後可以領導社會，為社會之師表，青年人亦可以不必出而論政干政了。

青年時期在乎進取，不在乎給予。進取得豐富，始發揮得燦爛。現在的青年人，社會上自然地、不自然地都不讓他進取，而讓他發揮，結果吃得並不飽。到老年該發揮的時候，他便無所發揮，只弄得私欲滿腹，又形成下一代青年攻擊的對象。下一代青年又如此，展轉相因，而無已時。這種現象能說不應該設法停止嗎？處在現在的社會裏，要說不叫青年人關心政治，營社會生活，自然是不行的；但不應當把道德與政治的標準放在他們身上擔負。因為他們是不成熟的。

現在沒有一件事是合理的。道德與政治的標準既放在青年身上，所以一切言論都投他們的嗜好。凡不合他們的口胃的，都被認為腐敗落伍。一切都向下走，一切都投他們的機。如是，有所謂大眾哲學，大家都是哲學家、政治家，高談闊論，不可一世。在此種情形下，真輿論、真是非自然不會出現。政治是全民的事，人人都有份，自然卑之無甚高論。但是屬於一般民眾者，政治的意義只不過是爭取自己的權利，維護自己的生命財產與分內的自由，參加有關自己利害的社會組織、政治組織。這自然是平平無奇的。但是要在這個分子的爭取與維護中，而能平停酌劑其衝突，使大家成一個整個兒的向上發展，這卻不是容易事。論之以定其方向，行之而得其宜，這更非容易事。這徒投青年人的機，是難得好結果的。

原載《再生》第48期　1940年5月10日，署名「離中」

宗教與禮教

　　每當戰爭興起之時，時人輒對文化有所疑問。上次大戰，有科學破產之說。夫科學者，利用厚生之大宗。善用之，為民福；不善用之，為民賊。用之善不善，無關乎科學也。焉可殃而及之？今日歐戰又起，殺人流血之慘，當更甚於往昔。時人對於歐洲文化又呈懷疑之象，然尚未聞有罪及科學者。此次問題不在科學，而在宗教。評判之識見較二十餘年前為進步矣！

　　西方文化為宗教型文化。言乎宗教者，即言乎其生活之情調也。近閱威爾斯《人類之命運》，見其即于此而著眼。渠以為宗教實由原始人類之恐懼心而生。由恐懼而禱神、畏神，以至於依賴神。儼若人之命運盡操於神之掌握，而人之舉動亦若為神而生者。是謂神權生活，亦曰神權社會。此西方文化之根源也。人與人相與之際，與物相接之時，全繫之於禮與理。有禮則立，無禮則亡。社群靠禮以相生，萬物以禮而感召。社群無禮則背，政治無禮則亂，處事無禮則事不成。背亂不成，即謂覆亡。是則無力以自生，無力以處物也。是故自生自成，捨禮不行。或與物通，或制物變，皆由禮繫，不靠彼天。是謂以禮為本，以禮行教，以禮行權。是非善惡，裁之以義理。是謂禮權生活，亦曰禮權社會。此中國文化之根

源也。

威爾斯以爲以宗教爲生者，不求人而求天，不反諸己而歸諸神。一切福慧爲天所賜，一切罪惡以祈禱了之；行犯罪之事，禱天而可無憾。中心無志，行不由禮；好勇鬥狠，偏私執己；衝動恣慾，狂妄惑亂；此皆原始恐懼之劣根性也。及乎基督教，震于科學之進步，而日趨於開明，向之所恐懼之神亦不復有往時之尊嚴。而所以維繫人群者，仍不得其道，是以更爲恣肆泛濫，遂有今日之大戰。此種文化不變，世界問題終不得解決。威爾斯知此病源，而終未知其所缺者爲何。渠又論及中國，以爲時下中國有某型之共產主義，又有某型之基督教思想，漸傾向於西方，而不能與之有大異。是以對於人類文化及世界問題，將亦不能有若何貢獻，故以極悲觀之論調描述將來世界之慘局、文化之覆滅、人類之劫運。

然以吾觀之，威氏終未能悉人之所以爲人者何在。其觀察中國，亦極皮相。我國之文化及生活之基本態度，渠未能有一二瞭解。夫中國在此動亂之時，共產主義爲對經濟問題而發，乃外來之思想，其是否有如其在西方之宗教性，未敢斷也。彼雖以獨斷態度出之，不容懷疑，不容辯駁，視之若宗教，然中國人之習性，未能與之翕然相容也。此爲一時之社會思想，未可據之以斷中國。基督教思想固已流行于中國，然生活底蘊仍未能投洽。拾西人之唾餘，無益而有害，有識之士早視其不能入于中國之血素矣！據此以爲斷，如何其可？故威氏所觀察者，盡動亂時之假象，非中國精神之底蘊也。

中國文化恰與西方文化相翻。彼靠神，我靠人。彼不識人之所以爲人之道，而我則正以人之所以爲人之道爲社會之本。此即人類

文明之出路，世界問題之解答也。

嘗思人群之處斯世，內以固生存，外以禦外患。分合而得其宜，則健康生而文明成。舉萬物之眾，奉吾人類之使用，而不以為奢，其中必有道焉。此道維何？即由群所生之力，由禮所繫之群是已。中國聖賢，開始即明此義，故有禮教型之文化；西人始終不明此義，故有宗教型之文化。從禮教者，發人類之所固有以為社會之本，其本即內在於人群而為是非善惡之標準。從宗教者，捨人而求神以為社會之本，此本乃外在於人群以為是非善惡之標準。然外在者虛妄而難信，終有拆穿之一日；內在者理實而不可疑，乃為不易之常道。在西方文化無出路之今日，正宜反求諸己，以內在者為社會之本，以解免人類之劫運，何可謂中國文化無貢獻於人類耶？

陶冶禮教型文化之精神者為六藝之教，布滿中國典籍亦無非六藝之教。其中有歧出者，有稍變者，然不礙此主流之光輝也。《禮記‧經解篇》孔子曰：「入其國，其教可知也。其為人也，溫柔敦厚，《詩》教也。疏通知遠，《書》教也。廣博易良，《樂》教也。絜靜精微，《易》教也。恭儉莊敬，《禮》教也。屬辭比事，《春秋》教也。」六藝之教，總言之不外「興於詩，立於禮，成於樂」三語，而禮又為其總關鍵，故簡稱之為禮教也。言禮，樂在其中矣，詩亦在其中矣。不通變化之道者，不足以言禮，易亦在其中矣。《書》為政事之本，《春秋》之褒貶善惡一以義理裁之，是《書》與《春秋》亦不外乎禮也。禮者，理也義也，情理之中也。故曰：「此孝子之志也，人情之實也，禮義之經也。非從天降也，非從地出也，人情而已矣。」（《禮記‧問喪篇》）是故禮者即內在於人性，發之以為社會之本也。

太史公〈自序〉曰：「余聞之董生曰：周道衰廢，孔子爲魯司寇，諸侯害之，大夫壅之。孔子知言之不用也，道之不行也，是非二百四十二年之中，以爲天下儀表。貶天子，退諸侯，討大夫，以達王事而已矣。子曰：我欲載之空言，不如見之行事之深切著明也。夫《春秋》上明三王之道，下辨人事之紀，別嫌疑，明是非，定猶預，善善惡惡，賢賢賤不肖，存亡國，繼絕世，補敝起廢，王道之大者也。撥亂世反之正，莫近於《春秋》。《春秋》之中，弒君三十六，亡國五十二，諸侯奔走，不得保其社稷者，不可勝數。察其所以，皆失其本矣。〔……〕夫不通禮義之旨，至於君不君，臣不臣，父不父，子不子，此四行者，天下之大過也。故《春秋》者，禮義之大宗也。」莊子言《春秋》以道名分。董仲舒言《春秋》正是非，故長於治人。太史公言《春秋》以道義。班固言《春秋》以斷事，信之符也。是故《春秋》者，屬辭比事，名倫等物，權衡是非，褒貶善惡，所以發人性之隱微，啓揆道之模範，以爲政治社會之準則也。太史公曰：「察其所以，皆失其本矣。」本者何？禮義也。《春秋》者，禮義之大宗，即其所是非莫不以禮義爲標準也。禮義爲社會之本，合乎此本者予之，不合乎此本者奪之。蓋禮義爲社會所以生存之條件，不容任何人有所背叛也。是以君子小人、義利、王霸、夷夏、人禽、聖凡、迷悟，皆以合與不合此理爲斷。此即爲衡事量物之唯一標準，外此無標準也。此即爲人類社會之本，外此無本也。孔子發此隱微，然後人道明，社群立，是非善惡有所準。故孟子以孔子作《春秋》，其功不在禹抑洪水，周公兼夷狄驅猛獸之下。蓋以其立人極也，所以裁成天地之道也。

以禮義行教，即以文化行教。人群之分，夷夏而已。有禮者爲

諸夏，無禮者為夷狄。有禮，雖夷亦夏；無禮，雖夏亦夷。入中國則中國之。以文化為界，不以種族疆土為界也。以有禮義有文化為優秀，不以血統種族為優秀也。希伯來《聖經》有「選民」之說，言為上帝之選種也。此實偏鄙之我見，希特勒之種族國家由此出也。欲對治此症，舍禮教文化無由矣。文化之進展，人類之存亡，以此為關鍵。此義不但西人不明，即國人亦健忘之矣。此今日世界之所以亂也。

以上所論，皆刻指文化與人類之基本精神而言，言此為所以生存之基本條件，不專指某一問題而言。如今人以經濟為本者，此指問題言，非此所謂本也。此為所欲解決之問題，非能解決之本也。唯物史觀以經濟為社會生存變化之基礎，以客體為主體，本末倒置，亦即忘其所本矣！此種精神，足以驅人類於塵下。趨利而忘義，非中國辨夷夏之教也。須知足食求生固為重要之問題，然無論在社會在個人，俱須以禮解決之，方能得其食遂其生。貪官污吏，戕賊民生，此政治之無禮也；資本家獨佔經營，此經濟之無禮也；皆須抉而去之。就個人言，所欲有甚於生者，所惡有甚於死者，為禮也義也。嗟來之食不食，為無禮也。故無論群己，皆須在禮中求食遂生。共產主義反宗教重經濟，反諸己而求諸實，此其是也；然不知禮義（道德）為社會生存之基本條件，故斥其驅人於塵下，以其未至於本也。

或曰：中國講禮而國弱，中間且有數度亡國。然則禮義其可恃乎？曰：國之弱正因無禮也，國之亡亦因無禮之尤也。明之暴亂荒唐，寧得謂之為禮乎？宋之混沌無恥，寧得謂之為禮乎？且強國有道，有主因，有副因，而禮則其主因也。眾緣合和，始克有成，而

禮則衆緣之綱紀也。且吾人所論者爲文化之根本，爲人類之精神，不專指強國言也，而禮教亦決無害於國之強也。

　　吾族對於文化之貢獻必須保持，而其根本精神必須認識。及至政治與文化互相表裡，國□【編按：原件此處缺一字，疑作「家」】自強，其對於人類前途亦決非無貢獻可言也。

原載《再生》第50期　1940年6月20日

論派別

　　司馬談論六家要旨，班固有九流之目。此言乎派別也。派別之由來久矣。派別之生，由政亂也。自王官失守，各業專司，散而之四方，攜其技術以自鳴。或流爲術士，或發爲政論。或究天人之際，或通古今之變。制作不軌，議論橫生。是以派別者雖進步之徵象，亦不祥之物也。大勢所趨，不能遏其泛濫，而一時之假象，終須返樸而歸眞。百家爭鳴，各以其一察焉以自好；久假不歸，道術將爲天下裂。聰明睿智之士，樞機密運，大本在握。下學上達，仰觀俯察。察事實而興作，納民風於軌物。肇端雖微，垂成也鉅。停議論而止派別，唯在底流棟樑之建樹也。

　　建樹有道，在識本末。起乎至普，而成其至殊。自制作之肇始言之，至普者爲本，達遠必自邇，登高必自卑也。自制作之垂成言之，至殊者爲本，生民各有其志，國族各有其性。成其志，顯其性，發四萬萬人之蘊奧而成爲獨體，繼往古而開來世，立中區而敵四夷，此非其至殊者而何？是故至殊者爲本，而必假至普者以現之。至普者何？技也，器也。經驗之知識，物理之公法也。古者有六藝之敎，文章可聞，而天道不可聞，言上達必自下學始也。六藝之敎，器也，至普者也，而道在其中矣。孔子曰：「興于詩，立于

禮，成于樂。」立於禮，器也，至普也，而樂成其中矣。金聲而玉振，以達乎天德，自天子以至庶人，未有不自其至普者始也。至普者，爲器而可變。何者？隨乎經驗知識之日增也。是以居今日而言至普者，必曰數學也、邏輯也、社會科學也、自然科學也。此數者雖發自西方，而必視其爲吾自家事，不可外之也。何者？天下之公器也。數學理法，吾雖未之篆成，然吾已習用而不察矣。此吾自家分內事也。物理律則，不離乎官覺現象。現象中外之所同，即律則不離乎吾心身之所觸。非必外人發之，吾即謂其爲外也。舉一反三，觸處機來，吾覺之而用之，是即屬乎我而已矣！故器者，至普也。具乎吾之身邊，人人得而用之。要在能覺與否耳。數十年來，即以此至普者爲新六藝之教。雖舊習難改，效用不彰，前此途不可廢也。睿智者，創端造始，必先覺覺人，今天下人皆知此至普者即吾自家事也。蘊釀日久，必至發酵。覺于心而成習，發于外而利用。群情翕然，肇始之本立矣。然數十年來，其效未至于是，以言乎自然科學，未能發吾獨立之心思以繼長增高也；以言乎社會科學，未能就吾之社會現象而結篆統系也；以言乎哲學，未能就吾心身之妙用而啓發性能也。康德哲學吾人何以不能接受也？又何以儼若不可理解也？豈非彼之所問者皆根乎至普之器學，而吾人於此皆未能絪縕發酵乎？自然知識何以可能也？吾人于自然知識尚未認爲分內事，自不能有所起問而解答之，人之所問而具答者，吾又自不能心心相印而洞徹胸中。數學知識何以可能也？是更非吾民族心思所能攀援矣！形而上學何以可能也？此報乎心身之妙用而啓發性能以爲生民立命，本乎器學知識之解答而來者，又非吾翩翩公子好行小慧者所能企及也。凡此諸端，吾民族皆不能視爲自家事而匠心獨運，

此何故也？覺發之力不顯故也，至普之器知識未能發酵故也。浮誇之流，各以其所見而炫民惑衆；急功好利者，則執其私意而染污風習。派則發起，徒增議論。不察乎本，不究乎末。浮辭連篇，馳騁口說。生心害事，生事害政，顛倒泥塗，大惑難除。其苦斯民而沉淪生機，猶可以道里計耶？惟沉潛剛克，高明柔克，取道乎中庸，神奇乎腐朽者，就器而言道，本至普而發議論。以無派而爲派，導天下人之耳目皆習于此馭物利生之公器，覺斯民而有以適斯世，而不歸于淘汰。此睿智知者之制作，盛德大業之初基也。是故派別紛爭之時，必有大心之流，按步就班，建軌立矩，納風習于方圓，抽釜薪而止沸。否則，文化未有能成，政治未有能明者也，終必覆亡而已矣！

雖然，此初基也，而不可以停于此。夫立于禮者，爲其可以成于樂也；習于器者，爲其可以至于道也。器習矣，而不進于道，則爲西人之尾閭，衣食之芻狗也。此大可懼，而蠢蠢者莫之察。建基根乎至普，至道根乎至殊。不識吾民族之至殊者，未足以言道也。不發其至殊而實現之，則何以成統系耶？統系不成，國無與立。支流派別，惟基此至殊之統系而後可言也。今之以家數鳴者，不可勝道。而皆器識塵下，不足以握至殊。是以議論紛紜，而終於無當也。今之少年，好以立場派別自居，不認自己之無學，而曰此派別不同也，又曰吾立場不同也。乳臭未乾而可以與碩學老儒分庭抗禮。夫立場派別豈可以擅自稱攝也？蔽塞聰明，莫此爲甚。而投機取巧之流，復造作謠言，以爲之符，曰：哲學者，說成道理之成見也。如是，各以其見而鳴高，見與見無以別也。汝之見何以必是，我之見何以必非？如是而倨傲之習生矣！只是稱孤道寡而相輕，不

聞虛心向學而服善。天下無是非，道理無準則。此風之成，由來久矣！辯者之時有蘇翁，老、莊之時有孔、孟。今之邪說淫辭，過于往昔，未聞有起而辨之者，此豈非民族之惡運乎？夫於政治而言自由權利，此根乎法律言之也。至若至道，恐未可動以自由權利爲護符也。此在必黜者一。復有咬文嚼字，囿於耳目之官而支離破裂，到處生疑。以此成派，其多何限？夫官覺現象，紛然雜陳。有科學以董理之，以成至公之器。今復於此而致生橫議，連篇累牘而莫得一是，窮年積月而終不得窮。以此成疑，何不可疑？以此成派，何有於派？蚩蚩者流，趨之若鶩。競進牛角，而自噓爲絕業。既不能據乎科學而清釐耳目，復不能本乎心性而上悟理道。終日癡迷，自以爾明。此眞所謂橫通也。此在必黜者二。夫根乎至普之器，則不可以言派別。不能至乎理道，誠不可以派別論。以此刊正，正可得也；以此明道，道可明也。世之所以嘵嘵者，以未識乎此也。文化不立者，以大本未成也。

　　根乎至普之器，就心身之妙用而顯發性能以悟理道，而後可以挈吾族之至殊。握此至殊爲本爲體而實現之，即爲吾文化統系之建立。統系建立而成一獨體，然後可以佇中區而敵四夷。國之不屹然立者，未之有也。至乎至殊之獨體，而後可以言派別。於此而歧其所不容不歧，此爲最高心思之建立。心思根乎傳統而成其至殊。至殊之目，大別有三：曰宗敎型，曰禮敎型，曰圓寂型。根乎心性以悟理道，而於人性以外，以爲必仰望一神性以爲圓滿者，此西方之宗敎型也。根乎心性以悟理道，以爲吾心即理，本天爵而得良貴，所欲甚於生，所惡甚於死，──皆裁之以禮義而不假外求者，此中國之禮敎型也。根乎心性以悟圓寂，而對斯世無內在責任者，此佛

教之圓寂型也。吾民族不能逃世，不能以夷變夏，則唯在握此至殊以實現之而成吾文化統系之獨體耳。興言及此，悲從中來。睿智不出，奈之何哉！書此以爲天下告。

原載《再生》第59期　1941年1月11日

大難後的反省
——一個骨幹，《歷史與文化》代發刊詞

一、需要深深的反省與懺悔

抗戰得到勝利的結束，舉國騰歡。這個歡喜，是從個個人丹田裡發出來的，而且無不帶著熱淚而歡喜。痛定思痛，我們當該有多少感觸，當該有多少懺悔與反省。這是個個人心坎中所當有的最親切的念頭。這次戰爭是太偉大了，偉大得使人敬畏嚴肅，驚心動魄；亦太艱苦了，艱苦得使人提心吊膽，一息不敢放鬆。這是百餘年來所集結成的一個大患難。我們承當了這個大患難。從這大患難中，我們解除了東鄰日本所加的窒息，暫得鬆一口氣，從國家的外部講，這個窒息的解除，驟然間可以使我們覺得曠古所未有。然而再仔細一想，不是曠古所未有。因為我們從極端的窒息中透出一口氣來，不免對於我們所噓的這口氣在心理上有點擴大其振動的幅員。實則我們這個窒息並不是從二千年前就開始的，乃只不過百餘年的結集。歷史是波浪式的起伏前進的。就事論事，這一段窒息只可溯之於鴉片戰爭。這是時間上不能使我們說曠古所未有。復次，這次勝利，是夾帶著許多委曲與憾恨的。我們的秋海棠葉形的地圖

並不能保存如故，乃從這個葉子上活生生地剜去了一塊；雅爾達的秘密協定又從這個葉子上釘了幾個窟窿，又染上了許多斑點；蘇聯在東北的撤兵在中華民族的生命史上又留下極深極深的污辱與憾恨。這種種殘缺與憾恨，委曲與隱痛，深深地印在這個大生命的骨頭裏。我們剛剛鬆了一口氣，又窒塞回來了。我們剛才帶著熱淚而狂歡，剎那間又教我們擎著寒淚而倉遑。我衷心告訴四萬萬同胞，你們當知這個民族的大生命現在還是戰慄於罪惡之旁的，更從那裡說得起曠古所未有！

亞當是上帝的第一個兒子。蛇惑在旁。回頭是父。惟有戰慄於罪惡之側者，始能懺悔，始能回頭。日本侵略中國有六十餘年，直到今日才解除了這個罪惡。然而現在又重新陷於一個新的罪惡之淵。際此時機，全民族都應當有深深的懺悔，都應當急急猛醒回頭。回頭是父。我們應當找我們的父。惟有找得了自己的父，才得有安頓，才得建立自己。現在雖是解除了東鄰的束縛，我們似乎還沒有懺悔的徵象，亦不見有回頭的模樣。我誠懇要求四萬萬黃帝子孫都應當向祖宗所留給我們的版圖懺悔。

大家沒忘了八年的苦難。有多少戰士在戰場上犧牲了性命。有多少同胞死在炸彈之下，有多少同胞埋在防空洞之內，有多少父老兄弟妻兒姊妹死在流離之中。至於填溝壑，委道路，啼饑號寒，累累如喪家之狗者，更不知凡幾。我們是幸運中的孑遺，然而偶然的很。生命！八年中我深深體會了生命的無保障。已經死的，活下來的，有誰不曾經過生命線上的絕望？不到天盡頭，卻到地盡處。沒有喘息的機會讓我們去宛轉，沒有一線隙地讓我們找個退換步。絕望，死停停等著死的絕望，這是人生最嚴肅的一剎那。未嘗不呼天

也，未嘗不呼父母也。人生到此，其情之迫切，直不可以容聲矣。
我們活下來的，試回頭一想：對於這些絕望的生命，當該起一種什
麼樣的心情？對於那些絕望的生命而終於絕了其生命的人，當該動
一種什麼念頭？悲痛、惻隱、警覺、懺悔，一齊都要湧上心頭。於
此而不悲痛惻隱，此人可謂不仁之至。於此而不警覺懺悔，此人便
已成了禽獸，可謂卑賤之至。爭閒氣、泯是非、嚷民主的大人先生
們，應平了你們的心，在此等處想一想，辦一個眞了結。掘鐵路，
斷郵遞，封閉成許多圈圈，而日事所謂解放鬥爭不已的八路志士也
還是應當在此等處想一想。否則，我們這個民族也太殘酷了。人只
靠這點仁心。對此等大災難而毫無所覺，不如速死。我誠懇要求凡
是黃帝子孫都當對死難的同胞懺悔。

　　人在懺悔中求得眞生命，民族在懺悔中求得眞建立。

　　民族的建立，基於國家的統一，基於政治的上軌道。

　　外部的束縛解除了，而內部無以自立。內不能立，則新的束縛
將層出不窮。

　　國家不能統一，即表示國家沒有建立起來。而處今之世，若國
家不能建立起來，則民族生命斷難維繫。而國家要建立起來，則有
憲政基礎的政治形態必須建立。然而這兩步建立，在現在的中國實
是難產。其所以難產之故，在阻礙太多。現實的阻礙便在共黨那一
套絕然不同的思想與行動。這兩步建立是否能成功，中國是否能成
爲中國的中國，單在這個主要的阻礙是否能克服。說到此，種種現
實的阻礙實是總歸於爲一文化之問題。形而下的阻礙，變成形而上
的阻礙。國家不是地理上的一塊面積而已，中國亦不只是一個空名
詞。中國之所以爲中國，是在它的歷史傳統，是在它的文化大統。

我們若從橫面看，中國只是一大塊土地，上面載著一大堆人民：這便是無所謂。隨便剜掉一塊亦沒要緊，反正地理的界畫是人爲的；隨便赤化亦沒要緊，反正是一樣地吃飯。共黨的心思尤其顯然是如此。所以盡量破壞中國歷史的傳統，所以盡量醜詆中國文化的大統。這是他的一個死對頭，所以他必摧毀之而後快。莫知其非，而以爲是，奉之若神明，視之爲進步，相習成風，靡然景從。個個都爭著來斷送民族的命脈，名曰左傾。自以爲得，不以爲怪。個個都爭著來詬詆祖先，污辱孔、孟，甘心作奴，恬不知恥。如是，版圖的殘缺，東北的憾恨，視爲理所當然。八年的苦難，死亡的同胞，以爲活該。我希望他們懺悔，他們說無悔可懺。我希望他們回頭，他們說無處可回。政潮的激盪每況愈下，政爭的手段下流到無以復加。社會風氣的昏沈掉舉，人心的顛倒惑亂，讀書人的無知無恥，是非不明，此皆是建國創制的大障礙。這是個文化問題、價值標準問題。價值標準不能共許，無法交談。一切商談協議俱是廢紙。我希望全民族對版圖懺悔，對死難的同胞懺悔，我不是空口說白話。後面有個父作標準，才能懺悔。找不到自己的父，你教他如何懺悔？何從悔起？悔個什麼？是以在此我必首先要求全民族向著我們的祖先所締造的歷史懺悔，向著孔、孟所鑄造的文化大統懺悔。若于此不能經過一番大懺悔、大覺悟而形成一個共許之標準，國家決不能建立，民族命脈必然斷送。所以我們說：今日的國家政治問題，實是一個文化問題。這已經接觸到問題的最深處了。

二、國家觀念淡薄之故：具體感與抽象感

　　中國人對於國家觀念向來是模糊不清的，因此對於國家這個存在的崇高性，便不能如其為崇高而崇高地敬仰之；對於國家的尊嚴性，亦不能如其為尊嚴而尊嚴地膜拜之。依是，對於國家的情感不能不淡薄。既淡薄矣，便視之可有可無。既可有可無，自不能於有事無事皆以嚴肅心而護持之。其所以淡然視之，乃因「國家」這個存在，在中國人的認識上是個空虛。視之若無物，空無所把著，他不能不淡。國家不只是地理上一塊面積，亦不只是一大堆散的人民。它是一個組織或結構，它是一個有機的獨體。這個有機的獨體之所以能成其為獨，是因它依據形成國家的那個原理而成其為獨體。恰恰中國人對於這個「原理」便模糊不清，而且甚至在認識上是個虛無。因為在此處虛無了，你教他如何去敬仰？教他敬仰個什麼？我們說沒有國家觀念，就是指的沒有這個「原理」的認識而言。而這個原理卻正是國家之所以立的基石。這個基石，樹立不起來，「國家性」便不能湧現。國家性不湧現，便無從說建國。大家在這個基石處認為是空虛，所以人們的心思便不能不散。人們的心思既散，國家之為物自然只成了一塊地理上的面積，自然只是一大堆人民散集在這塊面積上。

　　國家性不能理性地建立起來，不能自覺地意識到它的真實存在，所以對於國家的情感便只靠一點生物學的本能遵循刺激反應的法則來維繫。因為日本壓迫我們太甚了，刺激太頻了，窒塞得我們要死，所以才有「我們」之感，才起而抵抗。既至大戰爆發，還只

是靠這點刺激之深來激勵將士，提撕人心，所以悲懷慷慨，可歌可泣之事屢見不鮮。須知這種對於刺激所發的情感上的激動殊不可靠，可暫而不可久，久則亦可以麻痺。有事時，可以暫時激動；無事時，便淡然忘懷了。因為這種激動本起自形而下的生物本能，本不是發自理性上的自覺，因而亦不是因著國家性的理性上的孑然自立絲毫不可侵犯來抗拒刺激。所以這種激動便容易倒，便容易散。從此你可以了解漢奸何以如此之多，而且何以各種人物都有。你也可以了解，還有無數無數的麻木無所謂的人民隨地出入遷流、度其隨遇而安的生活。你更可以了解，為什麼打了八年空前的大戰，國內還不能統一；還有共黨的獨立軍隊，獨立政府，各自為戰，各自為利，各有其特殊的目的，各有其特殊的手法。無論如何宛轉曲說，而這種現象總是中華民族的奇恥大辱。共黨根本不承認國家可以是個獨體，可以永恆存在。他有一套獨特的思想與行動。他根本不能了解「國家性」的真實存在，而何況再加上一套意見理論以為其言偽而辯、行僻而堅的護符？一般老百姓則無可奈何，純是一個被動：誰來了，忍受誰。隨地出入遷流的那些痞子只是《浮斯德》中的梅菲斯陶菲斯那個大魔，漢奸亦有他一套維護其行動的意見，還有些因氣慣而隨從了。這形形色色，都是因國家性不能理性地建立起來，不能自覺地意識到它的真實存在，而衍變出的種種變形。打了八年戰，我們只是暴露了散立地各自為政的狀態。僥天之幸，我們還只是靠著這點生物學的本能上的激動情感，當局的意志堅定，以及友邦的幫助，而維持了這個局面，而得到了這點碩果。然須知這是一段處變的歷史，我們還有處常自立的時候。在本分上說，在道理上說，我們不能永遠安於這個散立地各自為政的狀態。

國家性必須理性地建立起來，我們必須自覺地意識到它的眞實存在。這是一個文化的問題。

每個人在精神生活上若不能有一番自我的覺醒，他便不能成一個有人格的獨體。全民族若不能在精神生活上有一番自我的覺醒，它便不能成一個國家的獨體。這根本是從形下的耳目之官的交引中，從機械的盲目的孳孳爲利的物質生活、動物生活中，而來的一個超拔與上昇。

孟子說：「耳目之官不思而蔽於物，物交物則引之而已矣。」我們若安於這個物物之交引，則作蘇聯人可，作美國人也可，作漢奸，作狗盜，皆無不可。下流之輩則居心造作理論以成就這個事實。如此而希望國家獨體之成立，直是夢想。然須知中華民族的文化大統與精神生活，自明朝之覆亡而隨之亦消失，蓋至今已將三百年矣。在此三百年的衍變中，每況愈下，一直下到俱處於孳孳爲利的動物性之交引生活中。此習一成，遂結集成一個氣質；此便是具體感特別發達，抽象感特別不足。自我覺醒是否能轉出，國家性是否能湧現，單在這個氣質是否能變。氣質自然能變，凡是氣質無有不可變的。然若不肯變，則自我覺醒斷難轉出，國家性斷難湧現。

何謂具體感？隨軀殼起念，便是具體感。何謂抽象感？隨義理發心，便是抽象感。中國學人討厭抽象，聽得抽象一名詞，便以爲空洞無物，不著邊際，不落實際。我今提出抽象這個名詞，好多人必有在心理上本能地起反感者。然而我說缺乏抽象感這句話，卻正是想對治這種心理上的流行病。須知無論科學哲學無不日日在抽象中進行其工作。抽象感，具言之，就是對於抽象的物事之感覺。具體感，具言之，就是對於具體的東西之感覺。抽象的物事是什麼物

事？就是普遍的物事，亦就是共相。義理亦是共相，是普遍的。對於普遍的物事之感覺，此中所謂感覺卻不是耳目之官的感觸，乃必須是心感。孟子說：「心之官則思，思則得之，不思則不得也。」心感就是心之官的思。普遍的共相就是得之或不得之的思之所對。具體感就是耳目之官的感觸。具體的東西就是耳目之官所接觸的東西。此種東西是特殊的事物，亦曰殊相。中國人對於殊相的感觸特別靈敏，而足以使我們跨越殊相的限制的那種共相，卻對之毫不起興趣，亦感覺得特別遲鈍。所以社會上普遍的風氣都是孟子所說的「得其小者」的小人之風氣，而「得其大者」的大人卻百不得一。一個民族若是這樣的昏沉下去，便是墮落，卑陋凡近，甚至苟偷下賤。因爲日夜鑽營，急切忙迫，或是好行小慧，言不及義，或是飽食終日，無所用心，無論是那一種，皆都是陷溺於殊相與殊相的交引鍊子中而不得超拔。在此種交引鍊子的枷鎖中，個個人都成了盲目、無主、急功好利。一切聰明才智，只成得一個大混賬。久而久之，便一齊物化，變成禽獸而不自覺。吁！可畏哉！可悲哉！此種結習一成，你莫想談理想。談理想，他便說你迂闊空疏。你也莫想談正義。談正義，他便說你愚蠢發呆。你也莫想爲眞理而求眞理。你若天不管，地不管，專爲眞理而求眞理，他便說你是無用之廢物。這還是客氣的譏諷。若是遇見不客氣的左派分子，談理想，他便說你是玩弄資產階級的夢想，是陷於唯心論的泥坑；談正義，他便說你頑固而封建；爲眞理而求眞理，他便說你是自處於象牙之塔，而忘記了大衆。這一派讕言傳播得十分快。一人唱之，千百人和之，結成一套咒語密符，到處傳染。弄得一些青年人如癡如迷，如瘋如狂；弄得一般中年人提心吊膽，啞口無言；弄得一些老年人

唯恐落伍，趕快趨時。（此誠是老而不死是謂賊，安得孔子以杖叩
其脛耶？）邪僻淫遁之言盈天下，若沒有孟子出而闢之，將何以挽
救人類於浩劫？唯物論、功利論，成了《金剛經》。可畏！可畏！
人人知利而不知義，知親戚朋友而不知民族國家，知具體的殊相而
不知普遍的共相，知可變可利的物質而不知不變不可利的理則。唯
物論的哲學與政治結合，遂以看物的態度看人，利用物的態度利用
人。人究竟不是物。若不接受他的看物的態度來看，不接受他的利
用物的態度來利用，他便首先把你物化。他如何能物化你？他有一
套理論。順著他的，已經是物了；不順著他的，他便用最下賤極惡
劣的眼睛來窺伺來猜測。他不能平平正正地來看天下人，因為他自
己先已不平正。他不能如每個個體之自性而觀之，他只是看個體之
他性（可利用性），因為他自己先已失掉了自性。他所以失掉了自
性，是因為他已經物化，而不復是人。因為他已不復是人，所以他
不能以人觀人。他毀滅了一切，只剩下陰險狠愎，工具利用。康德
教人把宇宙萬物只可當作目的來觀，不可當作工具來觀。孔、孟之
學，成己成物，各正性命，從「天命之謂性」上看人看物。而今卻
與此相反，單教人作惡不作好，向下不向上，此誠是天地之奇變，
曠古未有之大顛倒。若說如康德所說，孔、孟之所教，不易作到猶
可，而卻苦苦反而醜詆之，詬誶之，極盡污辱之能事。試問此誠何
所居心？若說自己愚蠢不解則可，而卻反而作賤之，摧殘之。此又
是何所居心？

　　這些罪惡，是三百年來所結集成的這個具體感的氣質所最易接
受而最易發作的。我們若不能衝破這個陷溺人的交引鍊子，若不能
蕩除由此而發出的那些罪惡，中華民族從此就完了。那才是顧亭林

所謂亡天下之最後的到臨。我誠懇要求四萬萬同胞，男女老少，朝野上下，於此大災難之後，平心反省一下，求得個大懺悔眞覺悟，方是黃帝的子孫。

三、從民族的氣質透到民族的性——文化大統的提出

覺悟，憑著什麼來覺悟？懺悔，有個與罪惡相對照的東西，他方能懺悔。否則，他不認此爲罪惡，教他懺悔什麼？不能懺悔，也就不能覺悟。我要求大家向祖宗所締造的歷史懺悔，向孔、孟所鑄造的文化大統懺悔。但是今人不能了解中國的歷史，且從而鄙視之，當作古董來整理，當作原始民族來玩弄，更何能望其窺到歷史大流中的內蘊？更何能望其直觀到貫穿於歷史大流中的民族精神？今人亦不能了解孔、孟所鑄造的文化大統爲何事。其遭鄙視、踐踏、污辱、曲解，與歷史同。其對於以往之態度既如此，更何能望其對之有懺悔？不能對之有懺悔，他自不能憑藉之以覺悟。是以對於以往歷史之講明，對於孔、孟之學下逮宋明理學家之學之講明，乃刻不容緩者。

中國這塊版圖上，一草一木，都浸潤著中國的氣息。這個氣息，總代表著某種什麼東西，它貫徹到每個角落的深處。這是凝固到具體的實際生活中而表現出來的。既然凝固到具體上而實際表現出來，便不能純善。但無論好的壞的，都總是中國的氣息。好像水都從一個源頭流出，及至與山川泥土接觸，便不能不有混雜與歧出。然無論如何，他總是一個源頭的水。同理，這凝固到具體的事物上而實際表現出來的氣息亦必象徵著一個東西。這個東西便是中

國歷史的內蘊，便是貫徹於歷史大流中的民族精神，便是中華民族活動的原動力及作為基礎的方式。這個作為基礎的「方式」，便是民族活動的究極原理。這個究極原理就是孔、孟所抒發以及理學家所繼承的道統。這個道統普遍於整個民族的活動中而為其所依據。從整個民族活動之所依據方面言，這個道統便叫做客觀精神。整個民族的活動史便是這個客觀精神的表現。凝固到具體上表現出來而成為氣息是可變化的，亦是不純的。這個便叫做民族的氣質。因為可變化，所以可以使之向上；因為不純，所以須要時時提醒與淨化；否則，變化變成橫流，不純變成墮落。一個民族若沒有其背後的原動力，沒有其基礎方式，便是沒有靈魂的民族，不成其為民族。由民族氣質之可變化而使之向上，由其不純而使之提醒與淨化，都要靠著一個靈魂始可能。否則，只是墮落，而歸於消滅。

　　民族的氣質是可變的。這是那個原動力或基礎方式凝固到具體事實上的變形。但是那個原動力，即所謂客觀精神者，卻是恆常不變。民族的氣質，流變所至，可以有偏斜而不純，但是推動民族活動的那個基礎方式卻是純粹至善。了解一個民族的民族性不能單從那可變的氣質方面看，亦猶一個人之所以為人並不在他那些生理心理的氣質。氣質之性，君子不謂性也。若單從一個民族的氣質方面看民族性，而不能推源該民族之真性，則必覺得所謂民族性者都是後天的、被決定的。若民族性真只是那些形下的氣質，則存之不為珍，棄之不為惜。變變有何妨？變成蘇俄亦無妨，變為美國亦無傷。一個壞的氣質固須當變，即使是好的氣質，時代演變，口味所至，再變更一下又何傷？英、美、德豈不是各有其好的氣質？蘇俄豈不是亦有其好的氣質？自己的好氣質，若是膩了，亦可以變。但

是一個民族性不能只是此。甚至要說民族性亦並不從此說。這個並
不是一個民族的本。近人一味忘本，競騖于唯物史觀之僻論，正是
因為他們不知本。他們所謂民族性正是那些好的、壞的、形下的氣
質，所以應當是受決定的，而且他們指出是受經濟的決定。然而他
們忘了，就是經濟也是一個民族整個活動中的一方面、一角落：它
不能自外於這個整個活動的大流，它也在這個大流中被涵潤、被陶
養。在一整個民族中個個分子具備著全幅人性以活動，交融函攝形
成一個全幅是人性表現的整個民族之大生命的活動。在此大生命的
活動中，經濟不過是最被動的一面，最表層的一隅。最頑固而有滯
礙的亦是它。只有當人墮落了，物質化了，才覺得它有分量它有力
量，拖泥帶水很沈重地來決定我們影響我們。實則只是人們自己之
墮落與陷溺，它何曾能決定我們絲毫？因為人們已經物化了，所以
只見有物，不見有人，一切不過是物的變形而已。然而人們若不墮
落不陷溺，精神作主，則山河大地皆從心轉，運泰山于掌上，更何
況區區一點經濟機構？人能豎起脊樑，則只見有心，不見有物。物
不為質礙，而通為心所貫徹。我們了解一個民族，必須從該民族的
整個活動而觀之，亦必須從整個活動中而觀其內部自發的原動力。
如是，你可將此整個活動中的一切表層統攝於那個原動力而總持
之。如是，你可以看出一切表現出來的氣質事業統統是那個原動力
的變形，統統是被那個原動力所決定的。此是了解民族活動史的歸
位的了解。你不要把一個民族活動史推置出去。你若一推置出去，
它便是一個死體，一個物化的墮性，如是你將只見那些物化的氣質
事業統統堆集在那個墮性上，如是你將說統統受那個墮性（即孤離
而沈重的經濟體）所決定。這是你的顛倒，不是歷史的真相。

人有氣有性。人之所以爲人，從性上說，不是從氣上說。一個民族亦有氣有性。民族之所以爲民族，亦是從性上說，不是從氣上說。一個民族的性就是通過理性、通過自覺而建立起的那個文化大統，亦就是道統。這個通過理性的道統不是因外部社會上的需要而發出的，而是根據人性的深處所不容已而發出的人生的根源、宇宙萬物的大本。它有其內在的眞理性，只爭個覺悟不覺悟。

這個有內在眞理性的民族之性是無上眞理之實現于該民族，不可搖動，不可厭離，不可更變，是之謂知本。此是人類價值的所在。

這個本，我們因物化墮落而忘記了。所以我們要懺悔，要覺悟。

我們個個人都當憑藉孔、孟所鑄造以及理學家所繼承之道統而懺悔今日之陷溺於罪惡，而重新覺悟以從物化中超拔出。整個民族亦當如此懺悔而覺悟，以期實現該無上眞理於我民族中，以爲人類之型範。

物化就是禽，反物化就是人。墮落就是利，反墮落就是義。這個道統的斬關第一義就是人禽之辨，義利之辨。古人云：「莫刊三敎，先辨人禽。」實則此是徹上徹下事，是起腳亦是落腳。一切聖人原無二語，一切聖敎原無二敎。

四、從文化大統貫至國家政治──經濟決定論的否定

一個道統所代表的究極觀念即道體，既是該民族活動的大本原、該民族所依據的基礎方式，所以這個道統必同時就是安頓潤澤

那民族大生命的活動史的。如是，它必要求表現於那民族大生命的
具體生活中，亦就是它必要求貫徹下來，必要求一種客觀而普遍的
實現。它貫徹下來，實現出來，同時亦就是主宰著那個大生命。可
是，它貫徹下來，要作一個客觀而普遍的實現，它必須經過一個群
體的組織。這群體的組織就是政治形式所組織成的一個客體。政治
形式產生政治的組織，政治的組織產生政治的力量。政治形式是組
織集團生命的一個剛性形式。沒有這個剛性形式，集團決難形成，
民族大生命決難維持與發展。所以這個剛性形式決然有其本原上的
根據，它是道體要求實現所必經過而憑藉的一個形式。我們可以
說，道體如果要想得到客觀而普遍的實現，它必須轉化為一個剛性
的政治形式。所以這個政治形式就是道體的實現於民族大生命中時
之客觀化。因有這個剛性的政治形式，民族大生命始能凝結成一個
集團而站立起來；否則，民族大生命只是在一個自然形式下散漫地
潛能地延續，而不能說是屹立的向上的發展。在政治形式所凝結的
集團下，國家始能理性地建立起來，始成一個獨體。這個獨體的使
命與神性（即其尊嚴）即在其要擔負道統所抒發的最高理想之實
現。是以國家就是民族大生命加上政治形式所形成的一個集團體。
就集團體之為集團體本身言之，國家性就是政治形式。這是截斷其
道體根源而言之。若真是截去其道體根源，或否定其道體根源，則
在政治形式下所表現的政治現象及活動都是些爭權奪利的大混賬，
而國家這個東西也就是野心家所利用之以興風作浪的空名詞。因
此，現在的人看不起國家，一提到國家便起無名的反感，因此便有
許多怪理論以否定國家的真理性及存在性。實則這些怪理論還是隨
著物化而來的看法。物化到家，便一起都否定，結果一起歸於散立

的動物性之橫流。我們以為這是一種下流的狠愎心理。須知一切發展在事實過程中都有它的缺陷。他們便單就這種缺陷而連根拔，造作理論以惑世，故曰狠愎。所以我們必須了解國家與政治之道體的根原性。截斷它的根原，便失掉它的意義與神性。其自身無意義，以道體之實現為意義。它是民族大生命之維持與向上的發展之內具的屬性，不可一日離，所以它有真實的存在性與內在的恆常性。

人們不能覺悟而獲得它的根原，國家不能理性地建立起，而政治活動亦必隨之而日趨墮落與混賬。是以國家的真實建立與政治的自覺之向上必靠著全民族的自我覺醒。在歷史的發展過程中，全民族的自我覺醒亦是一個發展的歷程。覺醒的程度低，覺醒的分子少（不周遍），國家的形式亦隨之而微，而政治的功能亦不易表現，亦易墮落而黑暗。越低越少就愈微而越黑暗。越高越多就越著而越開明。及至全民族的全幅覺悟，國家即通過理性而建立，政治即通過自覺而向上。是以國家之真實建立，必靠著有憲法基礎的政治形式之建立；而有憲法基礎的政治形式之建立，必靠著全民族的覺悟。而且這個覺悟便是對於該民族的道統即文化大統之共許的覺悟，即在一個大前提下的覺悟方是該民族的真實覺悟。只有在此覺悟下，有憲法基礎的政治形式始建立，而政治上軌道，國家得統一，而同時國家亦得其真實的建立。現在的中國對於這個文化大統的大前提沒有共許的覺悟，而侈談民主。結果所謂民主只是野心家之相爭相殺，而真正的人民卻在他們腳底下忍氣吞聲受踐踏，受污辱。如是，政治如何能上軌道？國家如何得統一？豈不是夢想？而共產黨卻正在破壞文化大統的用心下而嚷民主，這卻如何能實現常軌的政治？是以我們以為共黨是妨礙國家的真實建立及有憲法基礎

的政治形式之建立之大障礙。所以我誠懇期望共黨的覺悟。我們之說此話並不表示說某部分人統一，某部分人不能統一。統一根本不是某部分人的，乃是全民族覺悟下的事。共黨若是對於安頓民族大生命的文化大統終於不肯定，因而不覺悟，你首先便是這個民族的毒素，你就是拿著力量把旁人打倒了，你也不能算統一，必有起而抗拒毒素者。紛爭不已，無論如何，總是表示國家沒有真實建立起，政治沒有上軌道。這也是表示這個民族還沒有全覺悟，對於一個大前提共許的覺悟。

一個民族沒有共許的覺悟，我們也不配談民主，民主必須人民成為公民方能成立。公民是個政治的存在。沒有公民就沒有民主可言。共黨說他代表人民，其實人民並沒有答應他。封閉區的人民只是被踐踏被污辱。直不把人作人看，還希望他作公民嗎？只是穿衣吃飯，是一個自然的存在；以道德律安頓生命的，是一個道德的存在；覺悟到他是政治形式所形成的集團生命中的一分子，他是政治的存在，此即是所謂公民。人民沒有覺悟其為一公民，有憲法基礎的政治形式不能算真正成立，而國家亦不能算真正建立。此不是一蹴而成，而是在發展中形成的。然必須在一個共許的覺悟下發展始可。這需要靠學術文化的力量，不斷的鼓舞與提醒的力量。這個力量促醒全民族的覺悟，在覺悟中形成，決不在某一部分人手裏。民主不是向政府要的，政府手裏並沒有民主其物，是大家覺悟中出現的。政府的當事人不覺悟，我們可以促使他覺悟，反對也可，批評也可，甚至革命也可，但必須自己是覺悟方可。若是自己不覺悟，不在一個共許的大前提下覺悟，而卻反對或革命，則是私爭。私爭則莫知其非矣。共黨蓄意破壞文化大統而來革命，無論政府覺悟不

覺悟，答應不答應，則我們首先不答應。我們站在民族大生命的向上發展上，不允許有這種狠愎的毒素存在。是以我誠懇希望共黨翻然歸來的覺悟，我也誠懇希望政府當事人自覺地覺悟。

中國以往的民族活動史，從其發展的程度上說，尚未至國家的真實建立，亦未至有憲法基礎的政治形式出現，而人民亦未發展至公民所謂政治的存在之程度。這些都在潛能的階段上。人民是自然的存在與道德的存在，而卻沒進而為政治的存在。這就表示全民族並沒有到自我覺醒的階段。一個剛性的政治形式所成的集團以擔負道體之客觀而普遍的實現，這並沒有出現。依是之故，孔、孟所鑄造的文化大統還只是在散的形式下表現。此即是說，只是在個人的身上表現，並沒得著客觀而普遍的集團實現。這種情形，我們用黑格爾的話說，便是在主觀的狀態中。因為只在個人身上表現，所以它一方面極特殊，一方面極普遍。極特殊是說只是個人的成就，能成就為極高的道德的存在。極普遍是說它乃是普世的無往而不利，在每個人身上俱可用得著。這兩種相反的特性實在就是一回事。在此點上說，它與西方的基督教相似。宗教與政治脫離，便是極特殊、極普遍，所以他們說基督教是普世的。當初耶穌發起宗教運動時，便就是這個意向。他是世界性的。他是在上帝面前說話。他的國在天上，不在地下；依此，基督教是一個文化團體，文化單位。中國以往之所以被稱為一個文化單位，亦是此故。隨極特殊而來的，便是這個道統只表現而為道德的形式，表現而為以最高的道德性來安頓個個人的生命。所以自天子以至庶人，一是皆以修身為本。這個精神不是普通的道德條文，乃是直接承當著道體而來的人格的上升。然須知這個最高的道德性只靠著個人的最高的道德感與

最超拔的道德覺悟。而這個覺悟卻只能是個人而不易傳達的，所以只有徹上徹下的深度，而缺乏廣被的廣度。對於不覺悟的芸芸眾生，他毫無辦法。他只能讓他們在流風餘韵中被沾漑。依是，一方面有最高的聖賢，一方面卻也有極瞽昧的蚩氓。最高的聖賢擔負過重，而瞽昧的蚩氓卻擔負過輕。一般愚民只成了一個純潛能、純被動、無形式的純質材。在政治上，聖君賢相對於他們只是如父母之保赤子。他們只是不識不知的赤子，沒有自覺，因而亦不成一個獨體。他們只是純隸屬，而不是屹然自立。以是之故，從極普遍方面說，這個文化大統的傳播與實現是極迂緩而無力，極汗漫而無涯涘，所謂王道是也。王道不必只是此，而以往所意謂的王道卻只限於此，實則此並不算盡王道之極致。文化大統在這個形式下是極難維持與發展集團生命即所謂民族大生命的。所以中華民族總是在受苦受難中掙扎延續，而說不上向上的自我發展。

在文化大統之表現為如此之形式上，中國是個文化單位，因其傳播之汗漫而無涯涘，所以中國人又只有天下觀念，而無國家觀念。這些意義即表示中華民族之大生命並沒有真實的站立起。一個民族之立，必待其發展至國家之形態以及有憲法基礎之政治形式時，方能算是真實的立。即是說，一個民族必須其文化大統經過一剛性的政治形式而結成一個集團，形成一個政治單位，一個國家獨體時，方能說是立。孔子不云乎：「興於詩，立於禮。」禮就是一個矩、一個形式，因而內示出一個界限、一個涯岸。個人必須在禮中立，民族亦必須在禮中立。民族所以立之禮即是一個剛性的政治形式。國家即在這個形式中湧現。國家性不是因與外面對抗而自外面反逼出，亦不是一個自我執著的狹隘東西，而是民族大生命向上

發展時自內部湧現出。它湧現出一個形式以形成其自己，以樹立其自己。它所湧現的形式有其內在的眞理性，不是從外面隨意虛妄分別而來的。因而它所示的界限與涯岸都是根據其所湧現之形式而自內示，不是從外面逼。現在流行的許多浮辭濫調，都是從外面看國家，不是從內部看國家。我們在本文中難以一一駁斥，我們只希望大家從「立於禮」一義上去體會。

　　中華民族以往之活動，雖在其文化大統只表現爲道德形式下並未發展至國家之階段，然而孔、孟的文化大統亦並非毫無涯岸。它有《春秋》大義，它有夷夏之辨。這個文化大統是孔、孟繼承堯、舜、禹、湯、文、武下來的，理學家是繼承孔、孟下來的。而這個統是華夏民族發出來的。華夏民族與這個文化大統是一個東西之兩面。這個抒發文化大統的民族不允許外來的侵略與毀滅。此所謂夷夏之辨。而這個文化大統只能以華夏爲中心而向外廣被，不允許夷狄之僭竊。此所謂入中國則中國之。到華族被侵時，他就講夷夏之辨。到華族當令時，他就講入中國則中國之。此是以往的涯岸。然這個涯岸在以往亦只是一個輪廓。亦只是以文化的形式而表現，並未以國家形式而表現。在國家性未湧現出以前，在集團生命未經由政治形式以屹立時，這個輪廓只有主觀的軌約性，沒有客觀的有效性。此所以民族常受苦，而只有少數理學家孤持此觀念以呼號於天壤之間也。（關於以往的情形，我們將來要詳細討論。）

　　近六十年來，我們在多苦多難中轉變奮鬥，總希望國家之建立。然無有眞實之覺悟，雖經此次之大災難，而仍在混亂擾攘中，終未眞實的建立起。所以我們出來呼籲，希望大家鄭重覺悟，了解此問題之緊要與此步工作之尊嚴。先對於文化大統有一個共許的覺

悟，然後再自覺地從文化大統在以往之只表現為道德形式，再進一步促使之復表現為政治的形式，以期國家之建立，民族大生命之維持與向上的發展。

我們以上之說法是從文化大統一直貫至國家政治。此一套大骨幹，我們沒有樹立起，所以我們特別提醒國人著重此論法。實則每一民族，它若真是向上發展，它都應當如此，樹立起這個骨幹的民族是已經站立起的民族。它將來的發展，還是順著這個骨幹為主動而發展，它才能向上。我們中國尚沒有樹立起，更應當以這個骨幹為主動而前進。

這個骨幹是一個剛性陽性的骨幹。我們之如此論法是針對著馬克司主義之陰性狠愎性的論法而予以大轉變。他們是從那最被動的經濟一角落看民族大生命之活動史。他們從最被動、最外部的經濟方面起腳落腳，由此轉而論國家政治以至文化，所以他們的言行態度都是偏傾而歪斜的，他們的脊梁與心思好像都是在俯就著而直立不起來。所以專趨於陰險狠毒，破壞瘋狂，擠眉瞪眼，變態反常，沒有光明俊偉氣象。因為他們論政治不能直接承當著政治而論政治，不能直接承當著文化大統一直貫下來而論政治，而卻偏偏彎著腰從外面繞個圈子而繞到政治上，所以只是曲道變道，不是直道常道。

馬克司的共產主義只是對資本家社會的經濟機構而發的。若只限於此，並不是罪惡。只是他那簡單的經濟史觀，以及後來的共產黨徒加油加醋所造作的那一套理論與因之而發的怪僻反常的行動，才成功一個大罪惡。所以我們並不必一定要反對共產，但只堅決反對他那一套思想背景，共產只是一個社會問題，是一個經濟政策問

題，本不能牽連那末多。我們若把它復位而納於我們所說的那個剛性陽性的光明俊偉之大骨幹中，則共產直是菩薩心腸，發爲行動便是金剛手腕。若在他們那一套中，便是陰險狠毒。我寧餓死，也要反對。要改革社會，以堂堂之陣，正正之旗出之，豈不好？難道要行動便必須怪僻反常嗎？誠不可解。（人或以硬心腸視之。實則只是陰險狠毒，婦人之硬也。或又以爲他們是硬心腸，所以行動比較切實有效；實則只是一婦撒潑，萬夫莫當，算得什麼切實有效。不擇手段，無所不至，這個效我寧願不要。自詹姆士對於哲學家有軟心腸、硬心腸之分，以爲唯物論者便是硬心腸一流。唯心論、理想主義者，皆是軟心腸一類。此不過是一種少分相似的比附聯想，並非恰當之論，實則凡唯物論之硬皆是陰性之硬。若到共黨手裡的唯物論，其硬只是陰險狠毒。近人卑陋塵下，不堪向上，逐以此陰性之逐物爲可羨。可畏！可畏！）

五、兩種物化：天然的物化與作意的物化

我們以上所說自上而下、自內而外、一直貫下的那個大骨幹，是直接承當著民族大生命的向上發展而立言的。它可以是任何有其獨特文化而向上發展的民族大生命之普遍的法則。不過上面所說是單就中國自己而言。因爲單就中國自己而言，所以它也指明了中華民族發展到現在所處的階段是什麼所遭遇的問題是什麼。因爲它指明了現在的問題之何所在，所以這一個骨幹所表現的精神便可以給當下社會以鼓舞與眼目。人之向善，誰不如我？我前面說近六十年來我們在多苦多難中轉變奮鬥，總希望國家之建立。然至今究竟還

未建立起，還仍在混亂擾攘中。其故即在眼目不清，沒有自覺地覺悟到這個大生命眼前之何所是與將來之何所趨，乃在暗中摸索進行。至多為那個大生命自身之客觀的趨勢所暗中催動與攜持，而社會上浮動的分子自居於推動這個大生命的，卻沒有十分的自覺。因為沒有十分的自覺，所以雖有大生命自身之客觀的趨勢來攜持，而究竟仍不免於混雜與歧出。病急亂投醫。病者自身之身體雖有其對於藥品之迎拒，而若醫者斷病不準，則多方試驗亦足以傷病者之身體。不能就病者自身之生理狀態而判斷，徒事外面詢問，求神問卜，未有不誤事者。近六十年來我民族之轉變奮鬥史亦正如此。統統是向外面求神問卜。既是向外求，則皆是相對的。甲可以求馬克司，乙為什麼不可以求希特拉？甲可以求英、美，乙為什麼不可以求蘇聯？追求益久，忘己益甚。中國遂成世界之逐鹿場。是以混亂嘈雜而若是其相反也。同是大漢人，而相仇恨竟若是其胡越也。誠以標準在外，價值判斷自不能同。對治此病，只有反而求諸己，求得一共許之覺悟，確立一絕對之價值標準。絕對的只能從自身內部立，不能從外面立。所以我們直接承當著自己民族之發展與文化大統而立言。此即是給當下混亂與暗中摸索以眼目。此眼目一立，便可以給全民族以鼓舞。沒有眼目，混亂者吵鬧不休，無所成就，則一般人士便憤而消沈，社會風氣便日趨墮落與腐敗。墮落腐敗便是物化。此正今日之象也。所以眼目之立乃不容已之事。

　　物化有兩種：一是天然的物化，一是作意的物化。人類到物化之時，乃是人類之大慘劇。嚴重可怕無過於此。天然的物化便是只知順軀殼起念，追逐物欲，奢侈腐敗，無所不至。他也沒有觀念，他也無所謂主義，他只知有享樂，此就是孟子所謂「物交物則引之

而已矣」。在此種風氣之下，欲求政治清明乃不可能之事。現在一般人皆罵政府腐敗，貪官污吏太多。此固然也。然責人者豈不應反而看看自己乎？須知政府官吏並不是自天上掉下來的。我老實說一句話，現在人就沒有貪污這個觀念。有這個觀念的乃是老實人。貪污而知道是貪污以爲是醜事而忸怩者也還是老實人。現在沒有老實人。大家都是滿天飛，隨地流。現在的政治尚未進至吏治的階段，貪污與否是吏治上的觀念。社會風氣皆以不安份不守限爲漂亮爲曠達。貪污不貪污是分限上的觀念。不安其當下之分，不守其所處之限，無所謂貪污不貪污。靑年人放蕩無責任。借圖書館的書，隨便不還。借朋友的書，隨便丟了。借人家的錢，隨便不還，以爲該用。不以爲非，而以爲得。有地位的人，隨處開合，以爲志不在小，別有用心。流氓之風滿天下，而以爲是前進。此種人不作官則已，一作官非貪不可。然而他不認爲是貪，毫無自律之道，一味橫衝漫流。他以爲是解放，是浪漫。浪漫就是物化的根源。

　　至於作意的物化更可怕。它有觀念作憑藉，它有主義作護符。費盡心力成就一個唯物論。這是一個大浪漫。小資產階級尚未至於大浪漫，還有所矜持與顧忌。可是一般人就靠這一點矜持與顧忌，還能保存一點惻隱之心、羞惡之心、是非之心、禮讓之心。他們造作議論痛斥這種小資產階級的窮毛病。如是，使天下人非至於大浪漫不可。來一個大浪漫，把那些窮毛病一齊刊落。毛病刊落了自是好，可是那點惻隱之心、羞惡之心、是非之心、禮讓之心，也一齊隨著刊落了。這就是隨著大浪漫後而來的大解放。大解放了，人變成了物。變成物是他們可以取而用之的第一關。從此以後，你便可以套在一個大機器裡面隨著轉。物的機械系統代替了小資產階級的

個人主義自由主義。在此大機械系統內，萬法平等，沒有個性，皆是物性。無有己私，一切敞開，儼若皆是聖人，而究竟結成一個大私，究竟不可以聖賢論。所謂無己私者，實只物化後之無己而已。此是最方便之法門，適應人類之卑下的動物性而開一方便之門。解放解放，如此而已。以此議論鼓動天下。美其名曰進步，曰前進，曰鬥士，曰黨性好。如是在浪漫情調中的青年人便趨之若鶩，即不趨之者，亦以為此是真理之所在，而不敢疑其非。誰肯居于落伍、頑固、封建耶？不惟青年人不能疑，即中年人亦何嘗不為其名詞所威脅？而老年人則末日將臨，亦欲以美名飾其終也。此則曰老戰士。名乎！名乎！汝之威力真有如是之大！我敢正告天下人，你們若不能衝破這些鬼名詞，你不能正眼看世界，不能面對著人生向上之真諦。我們若不能解除這種作意的物化之罪惡，人類將遭毀滅之浩劫。人禽之辨正是針砭這種物化之眼目。

我們要對治這種物化，不能不從正面自文化大統之直貫上立出一個指導人類向上之骨幹。我們要求全民族在此大骨幹前發出無上之覺悟，共許一價值之標準，以推動我民族大生命眼前所遭遇之問題。

我們反對物化並非有什麼一定成見，或一定的主義。物化是人人應當反對的。聖賢教人只是辨人禽別義利，只是教人不許物化。聖賢學問不可當作近人所謂主義看。它只是一個普遍的真理。任何人都不當反對。這個道理生天生地，神鬼神帝，何至獨于共黨而外之？共黨要解決經濟問題不過是要把資本所有權移到國家手裏，不許私人獨佔。這是一種無可非議的行為，但何必造作理論，專門教人物化？難道不物化就不能轉移資本所有權嗎？詆詆文化大統尤其

非是。朱子〈答呂子約書〉云：「頃來議論一變，如山移河決，使學者震蕩回撓，不問愚智，人人皆有趨時徇勢馳騖功名之心。令人憂懼，故不得不極言之。」朱子此言，尚不過對浙東學派講事功者而發。又云：「孟子一生忍窮受餓，費盡心力，只破得枉尺直尋四字。今日諸賢苦心勞力費盡言語，只成就枉尺直尋四字。不知淆訛在甚麼處。此話無告訴處，只得仰屋浩嘆也。」朱子若處于今日，當不知若何悲痛也。大凡議論事情，發爲行動，所關甚大。決不可徒快一時之意，逞其激情之反動，出以狠愎之心理，否定一切，歪曲一切，以遷就一己之私意。朱子云：「古之聖賢，以枉尺直尋爲大病，今日議論，乃以枉尺直尋爲根本。」此正今日之世風。政治鬥爭，並不是至大無外，至小無內，窮盡一切的。若所欲無甚于政權者，則凡可以奪取政權者無不可爲矣。而乃鼓蕩所至，使男女老幼俱趨于狠愎乖戾，非復人味，充塞仁義，率獸食人。此誠何苦？

　　世風人心已邪僻至于此極，無復向上意味。有心人不能不發大悲心，扶持而歸正之，溫暖而鼓舞之。吾人願提三義以盡此責。一是古典的以代浪漫的；二是正面的（積極的）以代負面的；三是構造的以代破壞的。

六、對治時風的三種精神之提出

　　西方中世紀的精神太向上了，太超越了，大家注視著神而忘了自己。文藝復興以後的精神就是揭穿一切而單注視著自己，此名曰人的發見，自我之覺醒。實則所發見的人是個什麼人，所覺醒的我是個什麼我，西方人至今始終沒有反省過。然與我們的文化大統一

對照，我們便知他們所發見的人只是一個心理生理而帶著熱情衝動的人，所發見的我也只是這個我。現代的文明就是這種人、這個我的向前衝動而拖帶出來的。在精神上是個人主義，是自由主義；在哲學上是理智論，是唯名論。合而言之，時代精神是虛無；生活上是解放是浪漫。解放到家，再無可解，便要解到自己的生命，如是衝動自殺。浪漫到家，無處可浪，便要空洞絕望，如是癡呆瘋痺。他發見的那個人與我，究竟是無安頓的，一味順著自然生命之衝動而畢竟在精神上是下降是墮落。林語堂說近代的文明是舒服，古代的文明是拘束。因為求舒服，所以到友人家，不妨倒在沙發上蹺著腿；因為古人是拘束，所以在硬板凳上整襟危坐。這果然是兩種精神的對照。說的不算錯。然林氏之說此話，卻似乎以舒服為自得，而殊不知這種舒服只是物化的墮落。身不自持，必待沙發而支持。沙發不自持，必待地球來支持。如此下去，若無支持之者，則依吸力原則，必降至深淵求一個支持點而後止。舒服背後有不舒服存焉。人只靠一點精神而振作。古人云：「出辭氣，動容貌，整顏色。」又云：「居處恭，執事敬，與人忠。」此是支持我們身體的。今乃求舒服而卻支持于沙發上，非墮落而何？此是小資產階級的浪漫與物化。共產黨的哲學來補救這個毛病，索性再推進一步，乾脆服從物質的機械系統算了吧！省得多少麻煩！此之謂共產主義者的大浪漫。他以集體代替了個人主義，但卻是個物性的集體。他以系統代替了自由主義，但卻是個機械的系統。這是順著近代精神而下降，一直降到家的一個大結集，至此再不能向前降了。再要向前便須回頭。所以布爾喬亞的自由主義與布爾希維克的集體主義是一線相生的，是浪漫精神的一直貫注。右傾的浪漫與左傾的浪漫俱

是激情的反動，俱是虛無主義。毀壞人性，莫此為甚。再不回頭，
一齊煙化。

生命的不正當發展自然有許多怪僻出現。對治大邪必以大正。
大正就是古典的精神，正統的學問。我們不願拿著另一個偏激的怪
僻來激盪個大邪以增加反動鍊索之延長。人陷于反動因果鍊子中乃
是最可悲憫的。古德所謂頭出頭沒，所謂生死海，皆是指此而言。
我們要想敲破這個因果鍊子，只有跳出來直接承擔著停停當當的文
化大統聖賢學問，平置于此，則鍊子之延展自然停止。古典精神平
正而剛大，穩定而莊健。它是安頓我們生命的，潤澤我們生命的。
文藝復興以後的文化並沒有真正發見人發見我。真人真我不是那個
自然生命之衝動，而是通過聖賢學問之潤澤與安頓的真生命。聖賢
學問豈不教人解放？但只教人從心理生理的氣質鍊子中解放。豈不
教人刊落一切毛病？但只是教人從人之所以異于禽獸處刊落，卻不
教人從物化處刊落。一日克己復禮，則天下歸仁，此豈不是真解
放？聖賢學問不是拘束人的，乃是成全人的。只是一味順著動物性
走的，才覺著不舒服。順著動物性走，你以為真正能保全你的動物
性之器官嗎？不不，正是毀滅你的器官的。陽明有云：你若真是為
著你的軀殼，便應當思量個非禮勿視，非禮勿聽，非禮勿言，非禮
勿動。豈不知五色令人目盲，五味令人口爽，馳騁田獵令人發狂。
這都是害你的軀殼的。（大意如此）。羅近溪云：「吾向者自以為
悟性，然獨見解耳。今老矣，始識性。吾少時，多方求好色奉目，
今目漸暗。多方求好聲奉耳，今耳漸聾。多方求好味奉齒，今齒漸
落。我尚未死，諸根皆不顧我而去。獨此君行住坐臥，從隨不舍。
然後覿面相識，非復向日鏡中觀花矣。」人生以識性為歸宿。此方

是眞人眞我之發見。豈是盲爽發狂的那個軀殼爲人爲我乎？人只要如此解放，方是正常的向上發展。民族大生命亦只要承當著這個文化大統所直貫的那個大骨幹，方能光明俊偉，鼓舞踴躍地向上發展。此之謂以古典精神使民族生命復位，使民族生命鼓舞。須知左傾右傾的浪漫皆使生命爲失心瘋者也。

因爲民族大生命展轉奮鬥，終於不上正路，又因爲鼎革以來西方文藝復興後之現代精神，其流風餘韻傳至中國，成爲五四運動，因此二故，會合激蕩，人心遞降，一發而不可收拾。不流於尖刻玩忽，專學小家伎倆；便流於氣憤狠愎，專門偏激好怪。前者一味插科打諢，賣弄聰明；後者一味意氣用事，偏鋒博彩；總起來便是專喜反面說話。若是走上正途，人人當下有個安頓，人人將來有個嚮往，便自能遂其生樂其生。今則不然，所以人們到處看著不順眼，而事實上亦到處不成話。聰明才智之士，何代無之？然眞有正智正見者亦歷來不多見。何況處於今日混亂之時，更易搖惑心目。心目既昏，一切聰明才智只是播弄精魂，氣魄承當。凡氣魄承當者，在主觀方面便易意氣用事，偏鋒逞怪，而在客觀方面，則易膠著小事，心隨境遷。因一點不如意之刺激便率爾走邪，毫不能有所忍受，毫不能卓然自立有所不爲。刺激我的固然是壞，然率爾走邪，反其壞而更壞，則適足以表示其中無所守。此之謂陷於激情之反動。一落於激情之反動，則即落於交激交蕩之因果鍊子中而不克自拔。此之謂以暴易暴，莫知其非。一落於以暴易暴中，則即互相咒罵，互相攻詰，而且愈罵愈怪，愈詰愈奇，以博得逐臭之夫之喝彩。此之謂專說反面的話，無有能平實正大從正面立言者。攻詰他人容易出彩，自標新說，愈新愈怪，容易出頭。若是卓然有所樹

立,確乎其不可拔,不以小忿而亂大謀,不以小快而忘大限,則百
不得一。此非本原清楚,中有所守,決難至此。凡播弄精魂,氣魄
承當者,終落於反面說話,徒增混亂,於事無補。試張目一看,自
民國以來,凡攘臂談天下事者,有幾人不是在偏霸逞怪播弄精魂
耶?一方播弄精魂,一方便有賣弄聰明之徒。此輩專門搜剔隱僻,
以非為是,作弄聖賢,歌頌巧慧。在此種專說反面話風氣之下,即
表示民族生命未能歸本正位,凝聚不起,提撕不起。對治此病,便
須從正面立言。夫正面立言寧有奇特耶?不過是本原清楚,中有所
守。什麼是本原?所守的是什麼?照個人講,不過是安頓吾人生命
的幾個大界限而已。照民族講,不過是文化大統所貫的那個大骨幹
而已。吾人若能念茲在茲,不肯放鬆一步,自然不落於激情之反
動。一切痛苦要忍受,一切邪僻要排拒。停停當當,中道而立。直
接承當著文化大統而說話,則民族生命久久自然有了眼目,走上正
途而發展。

根據古典精神從正面說話便是構造的,浪漫與反面皆是破壞
的。破壞的是在虛的因果鍊子中翻騰虛的把戲,其結果便一無所
成,因為他們沒有找得可以使之成的根據。凡成必有所據,所據的
便是所要成的東西之理。成人便須依據人之性。人之性就是安頓吾
人之生命的,亦就是成就吾人之生命的,是以構造的精神是成就的
精神。成就民族生命的,就是民族生命所依據以建設其自己的那個
文化大統所直貫之大骨幹。有此大骨幹,民族生命得以成得以立,
否則不得成不得立。構造的精神是各自復位的精神,是內在於自性
而實踐的精神,不是患失心瘋專門外向看他人怨他人的破壞行徑。
因各自復位,所以生趣盎然。構造的精神是絕對興趣的精神,因為

它是每一生命歸於自性，覿體承當，所以油然而生，沛然莫之能禦。因爲是絕對興趣，所以光明透脫，並不是陰森森地專在旁人身上打主意。構造的精神不落空，所以成就一切。民族大生命復了位而構造其自己，則其中之個個小生命亦便復了位而構造其自己。構造的精神是永恆的眞理；並不是某階段是構造的，某階段是破壞的。破壞只是生命之不復位，乃是毀滅其自己，不是成就其自己。構造的活動歷程中衝破一切障礙，汰除一切渣滓。所以創造的活動是構造的活動，一落於墮性或物化，便非構造。依據仁體以生生不息是構造的，失去依據便歸幻滅。

在民族大生命復位後，社會上一般人的構造生活是要有形而下的憑藉的。這個憑藉便是他所經營的事業。農人是要憑藉耕耘來維繫他的構造活動，而他的生命亦即內在於耕耘這件事業中表現他的構造精神以成就這件事。若是撤離他的耕耘，他便游離無所歸。工人憑藉製造以維繫其生命，商人憑藉業務以成就其構造。這些人都有內在的興趣，都有內在的價值觀念，因爲他們的生命都不曾落空，而在斬荆截棘的創造中有了他們的甘苦而增進了他們的價值意識。惟獨讀書人則無此種形而下的憑藉，他是在理智活動的了悟中抒發他的生命。有眞誠的理智活動之生活的人，他的生命是維繫在理智活動中，他在理智活動中表現其構造的精神，其所成就的便是種種科學知識。但是沒有眞摯的理智活動之興趣的人，則是假借讀書以爲名，而其心思則常游離無所歸。他又沒有形而下的事業可作，如是他是社會之蠹。造謠生事，顚倒黑白，投機取巧，播弄是非，都是這等人作的事。所以讀書人若不能維繫其生命於理智活動中，便是社會之渣滓，生命之蠹蟲。有些讀書人其初亦並非無眞摯

之理智生活，然其經常之鑽研常繫於一曲，例如讀科學的人，作考據的人，其所得只是一曲之知識，並無通觀之智慧。可是若能終身維持其活動，尚不失爲追求眞理之人。然若一旦不守其分，離而談天下事，未有不播弄精魂氣魄承當者。他們的生命並無安頓，平素亦無所養，因而亦無智慧可言。他所獲得之一點知識，在此情形下，與百工技功之知並無差異。他不能有高人一等之人格與德慧。徒因一種下等欲望之衝動而攘臂談天下事，勢必歸於播弄精魂也，只有破壞而不能構造。讀書人既無形下的憑藉，只有向形而上找憑藉。憑藉於理智活動之一曲者，不足以爲民族生命之眼目，因無德慧故。必進而於人生宇宙之本原有虔誠之契悟，於人類向上發展之尊嚴有鄭重之認識，於每一民族大生命之活動史所依據之文化大統有嚴肅之敬畏與護持，然後退有所守，進有所爲。此是覿體承當，剛大壯健，可以爲民族生命之眼目。非氣魄承當也。

　　讀書人最高之價值即在其能進至於覿體承當。進至此，他方是雖無形下之憑藉，卻有本原之憑藉，所以才成其爲構造的。實則進至此，他也有其形下之憑藉，此即是民族國家乃至全人類。此即古人所說大人以天下國家爲身，而他卻是天下國家之心也。他是天下國家之眼目，常常提醒民族大生命而使之歸正，使之向上，所以他是心，而民族大生命就是他的身。依是，他的構造乃是徹上徹下徹裏徹外，通民族大生命而爲一的。此之謂覿體承當之構造。有了這種構造，則民族大生命中一切形而下的構造，一曲的構造，都是這民族大生命的德業。小德川流，大德敦化，在敦化中小德亦大德也。古賢云：「天不生仲尼，萬古如長夜。」在渾沌中，出來孔、孟作主張，自是不同。

七、結語

大家總要承認每一件事每一種生活，都有其內在的價值。總要從自性上看天下事。離開自性，便沒有價值可言，只有工具手段，利用刻薄。

現在這個時代是沒有自性沒有本原的時代。所以一切蹈虛。我們見到這種情況，心以為危，所以發出這個刊物，期望在無本的時代中豎立起一個本，在失掉自性的生活中恢復其自性。

我們這幾個人並無時下所謂一定之主義與立場。一曲一義的主義害了中國。我們要衝破這些障礙與纏縛，所以根據古典精神構造的精神，覿體承當，從正面立言。要問立場，這就是我們的立場。陸象山云：「後世言學者須要立個門戶。此理所在，安有門戶可立？又要各護門戶，此尤鄙陋。」

我們這幾個師友目睹眼前的現狀，看看民族生命所遭遇的艱難，常是揮淚自苦，無可訴處。遂發願從自己祖宗中找根底，從文化大統上找命脈。心知此種意向決非時風所能契。然我們決定忍受這一切痛苦，以恕道來原諒。人常是不明白他自己所作的。及至明白了，他要從頭翻悔。

本刊順著以上所說的意向，其內容除了學術研究外，須帶一點古人所謂講學性。因為現在的風氣太頹墮了，讀書人太無靈魂了。

本文以上各段所說，只是我們大體的意向與態度。其中所論及的各問題，將來都要詳細討論與闡發。

原載《歷史與文化》第1期　1947年1月

《歷史與文化》旨趣答問

　　問曰：先生寂寞冷靜已近十年，何以近復熱情奮發，創辦雜誌於此無可奈何之秋？答曰：善哉問。我自民國二十八、九年，生活已極端苦惱沈鬱，與外界可謂全無交涉。報章不欲寓目，時事不欲過問。我只專心一部哲學工作，至今已屆六、七年，將完而尚未完。我亦不願急於以此問世。蓋求寡過，不亟亟也。然莊生不云乎：「尸居而龍見，淵默而雷聲。」人在寂寞之時，生命常自深處而凸出。一點核心不散，我自任運而轉。哲學問題之究討，開闢認識之關鑰。理門一開，事門不閉。我究理，我亦從理取證。現實之我與抽象之理不能永相睽而不通。理之線索愈引而愈長，我為其所牽引，儼若忘卻我之為現實之我矣。然而理之光反照於現實之軀殼，我之軀殼自理中被拋出。顧影自憐，我不覺寒愴矣。惶恐愧悚，我之為我，竟如此乎？薄暮籬下，凄風苦雨，午夜夢寐之中，未嘗不淚洗雙眸，長發無端之悲嘆。古人云：「纔動即覺，纔覺即化。」（王龍溪常說此語）。我何能臻此？然子然一身，猶如飄萍。所賴以安身立命者，豈不在一念耿耿，靈光不昧乎？如是，我從理取證。我隨順理門行，理反而刊正我。我與理睽而通其類，我之情遂順理之反照而油然生。情隨理生，誠不可揜。事之門吾不能永閉

也。生活之涉歷，世事之動盪，在在皆足以動吾生命之內蘊。吾安能永冷默而不關心乎？太上忘情，自是閒言。情可轉而不可忘。孔子言仁，佛氏言悲，能容已乎？我等處此大災難，豈能忽而無覺？看自己，看萬民，念及家人，思及父母。可傷可痛！遠觀世界，近看祖國。祖國如此，世界如彼。可危可懼！緬懷先哲，遠追華族。往史遺澤，遽爾中斬。人失其魂，浪子離親，血脈不貫，不可終日。盲爽發狂，終將昏斃。孰有華胄，而不懍懼？惟於無可奈何之秋，始須求出奈何之道。適也而有三五友朋，抵掌談心。思入風雲，下及淵潛。世事之委屈，風俗之隆替，歷史之演變，聖賢之至理，靡不參互以求，錯綜以觀。積累日久，竟成片段。雖未嘗鋪紙著筆，然其蘊之也亦久矣。遂相與成議，決定一吐為快。子以為吾輩創辦此刊，尚是隨波逐浪混世取鬧乎？

問曰：國勢誠急，吾輩非無心肝，豈能無覺？先生欲有論列，誠所踴躍。然何以名之曰「歷史與文化」？答曰：司馬遷云：「春秋之中，弒君三十六，亡國五十二，諸侯奔走不得保其社稷者，不可勝數。察其所以，皆失其本已。」今日之局，尤甚於春秋。黃帝子孫，遞衍至今，直是昏墮。不復知有祖國，不復知有宗族。自毀其歷史，自戕其文化。不信己而信人，引賊道以操戈。國不能建，制不能立。政不清於朝，風不正於野。揆其所由，亦皆失其本也。印度惟民族不同，宗教不同，故爭執不已，難復其國。吾國本同一華族，同一文化，而乃忘其宗族，忘其文化，信胡信夷，媚賊媚盜。故同室操戈，儼若敵國，兄弟相鬥，猶同異種。政治信仰變為宗教，故其為害之烈，尤甚於印度。雖然，吾本非不同之族也，亦本無不同之宗教。浪子出離，豈能久乎？魂兮歸來，當有以招之。

吾輩創辦此刊，旨在以己之歷史與文化，招彼浪子之遊魂。解析歷史，闡明儒統，是吾輩最大之旨趣。體聖學以立極，會往史而爲一。通古今之隔，濬生命之源。使有以知吾人今日生命之源流甚長，非斷自五四運動也。

問曰：先生之意誠高遠矣。然今日之問題實在國家如何統一，政制如何創立。今徒追溯往古，何補於眼前之混亂？答曰：子之疑亦固然。夫吾民族之歷史並非已棄之白骨，孔、孟之大統並非無用之廢物。今惟不曉其義用，故乖而失其本。吾民族活動之歷史精神，端在孔、孟之學統。解析歷史，同時亦即闡明儒統。闡明云者，即看吾民族活動之歷史精神亦即儒統所代表之客觀理性，在以往二千年之實際衍變中，已發展至何程度。如能深明乎此，則今日國家如何統一、政制如何創立之難題即得其頭緒矣。有共同之認識，始能走共同之路途。然此惟在反而求諸己者始得之。若一味紛馳，難有共信。信既邪，不能不多；途既歧，不能不外。既多且外，故其爲禍如是慘烈。然則解析歷史，闡明儒統，正在指正眼前之迷惑，而云無補乎？

問曰：此誠然矣，不亦迂遠乎？國事已甚急，人民已甚苦。抗戰八年，荼毒已極。今幸獲勝，孰不望治？而乃滋擾不已，比敵尤厲。到處鬥爭，骨肉流離。挑撥離間，競走邪僻。父子不相保，兄弟不相友。夫妻反目，姻婭不睦。鄙夷生類，罪大惡極。此乃曠古未有之浩劫，人間未經之奇變。哀哀斯民，其何辜而罹魑魅？彼作亂者，與民爲敵，與國爲敵，下拂人情，上悖天理。上蒼不顯其誅，小民情急水火。將呼號而往救之之不暇，乃俟先生之言論以期爲厲者之覺悟乎？答曰：此情誠急。夫藥不瞑眩，其疾不瘳。吾無

瞑眩之藥。有瞑眩之藥者，當速治其末。授天下以道不以手；吾援之以道，乃遄治其本也。

問曰：今日之問題實不簡單，乃古今中外之匯聚。如衆流激蕩，成一漩海。吾國家吾民族漩入其中，不克自拔。若不急疏導而暢達之，必遭沒頂之禍。雖然，此事大難，談何容易。先生發大悲心。欲從自己之歷史與文化通古今之隔，濬生命之源，此偉業也。然適言中國問題乃古今中外之匯聚。不惟自身有古今之隔，即在西方亦有古今之隔，兩流相碰，復有中外之隔。如此種種隔，集於一身，勢不悶死不止。先生將依何道而疏通之？請問其序。答曰：此問亦稀有。隔雖種種，而有主有從，有本有末，有內有外，有順有逆。通其主與本，則從與末者隨之矣。通其內與順，則外與逆者隨之矣。於此種種隔，不可作平等觀，又不可作隔岸觀。如作平等觀，則無所適從矣。如作隔岸觀，則莫知其非矣。不作平等觀，則必求其主與本；不作隔岸觀，則必反而歸諸己。主與本己也，而己亦是主與本。吾人謂吾民族有其自己之歷史，有其自己之文化。然而吾民族衍變至今，已忘其自己歷史之何所是，已忘其自己文化之何所在。吾民族有其自己發展中之形態與階段，然而至今日其發展之緒已衝破。是以雖有歷史，而歷史與今日之局儼若無交涉。吾民族亦有其獨特之文化，在以往之歷史中生影響，而在今日無影響。是以雖有文化，而文化儼若成陳迹，已束諸高閣矣。治史者不乏其人，然皆視若古董而玩之。玩物喪志，玩人喪德，而況玩自己之歷史乎？其人志已喪德已喪，而望其會通以往之發展衍其緒以與今日之局勢相與卿接乎？講中國之學術者亦在所多有矣，而皆存輕鄙之心而卑之，摭拾西方塵俗之陋言而播弄之。其存心如此不莊不敬，

其所憑藉又如此其既卑且陋（言不聞西方之精義），則望其深觀中
國學術在歷史中所盡之義務以及承其統而使其生影響於今日，不亦
難乎？夫中國歷史發展之規模與型態，端賴學人繼承儒學之大統而
維繫於不墜。今之學人存卑陋之心，拾西方之唾餘，不承己之統而
演人之緒，則中國今日之局之成為國際逐鹿場，儼若純由外鑠而攪
成，又何怪乎？我國今日單似橫列雜陳之百貨店，而於自己之統緒
則已斬絕而衝散。此今日讀書人之罪也。而又不知反，此之謂失其
本。大本一失，百貨雖好，於己無益。而況不盡好乎？我輩今日欲
通種種隔，必先通此種隔。欲通此種隔，必先通儒學之大統。欲通
儒學之大統，必先深明孔、孟下逮理學家之學之內在意義與價值，
然後再明其於全體人類之向上發展上之價值，然後再明其於吾民族
之實際發展中實現至何種程度，以何型態而實現於實際之發展中。
此最終一步之了解，乃文化與歷史之會觀。既明文化（儒統）在歷
史發展中之作用，便明歷史之實際發展呈現何規模，進至何程度。
了解以往之規模與程度，便了解未來再進一步之規模與程度之何所
是以及如何實現之。此乃一根之發展。截其根無可云發展。惟於一
根之育，始能知其發育之方向。今截其根而為橫列雜陳，雖有智
者，莫能必其方向之何所是。此今日之所以大亂也。復次，西方古
今之變亦應說明。彼之今與其古隔不隔，不如中國今日之顯明。然
無論隔不隔，彼自文藝復興後，其學術風氣社會思想已大變而多
歧。茲就社會思想而言之（以此方面影響中國今日之局特顯故），
西方歷史之步入近代，已演變為兩大流。一是十八世紀之自由、平
等與博愛，一是十九世紀肇自馬克司之經濟史觀與共產革命。此兩
流瀰漫於全世界。造成全世界之混亂者，是此兩流為之主。中國今

日之混亂是此大混亂之縮影。然須知，彼之演出此兩大流，於其歷史皆有根，而於吾之歷史則全無根。吾民族之歷史與文化已截斷而衝散，彼兩大流外鑠而捲入，故吾國家只成爲國際之逐鹿場，紛然雜陳之百貨店，於自家之皮肉全不相干連，乃只鸚鵡學語也。吾人欲免此鸚鵡學語之嘈雜，必反而歸位於自己歷史之發展，自己文化之承續。吾人欲歸而衍自己歷史發展之緒而發展，承自己文化之統而向上，則必了解西方歷史所衍出之兩大流乃步步之反動，雖於彼有根據，實每況而愈下。隨文藝復興而來之自由、平等與博愛是對中世紀之反動，下開西方近代之文明。經濟史觀與共產主義是對文藝復興以來之自由主義之反動。此兩大流雖於彼方有根據，當位而言，又各有其內在之價值，然要是一隅之流注，並非歐洲文化之大統。至共產主義尤爲局限（即本只對經濟問題而發），更不能屹然獨立成一文化之系統。共產黨徒雖造作哲學以變人性，妄捏史觀以曲歷史，然究是一時反動之曲見，不能上躋於興歐洲文化大統相並列。是以此一流變必須如其局限而局限之，不能視之爲一獨立之系統。吾人之說此義，即示吾人必須根據文化大統而超越之，不能視馬克司所造作之理論與孔、孟所鑄造之文化大統，希臘哲人與耶穌所鑄造之文化大統相對等。吾人於此不作平等觀，則中國之問題即得其主從與本末。中國復其本，中國得救。西方復其本，西方得救。惟不復其本，故西方之歷史遂遞降而爲自由主義與共產主義之對立，無復有超越之而爲其本者，遂使中國爲國際之逐鹿場，爲此兩大流之鸚鵡之學語，不復知有更重要之命脈。一味學語，望塵莫及，未有不嘈雜而自擾者。是以時賢之注目於百貨商店而生羨心，皆不可謂之爲了解中國問題乃至世界問題也。夫吾民族乃有獨特文

化之民族。東方之所以爲東方，端在孔、孟文化之大統。惟此足以與西方相抗衡。我輩不使吾民族吾國家爲載此文化大統之國家之民族，將何以言貢獻於人類？我輩不依據此文化大統之發展而提醒民族，建立國家，創設政制，則今日之亂局如何能得解？是以本刊之旨趣，雖不直共產黨之思想與行動，卻亦不欲自處於與之對等之地位而提出另一種主義以與之相對抗。我輩以爲如其如此，則必於事無補，徒增混亂。是以必據一更高之骨幹而跨越之。中國必據此更高之骨幹，方能言國家之統一，政制之創立。讀書人必有此覺悟，方能盡其創制建國之責任。共產黨必有此覺悟，方能歸於祖國之懷抱，貢獻其價值於人類。

問曰：先生之言，其理高矣。幽深曲折，頭緒萬端。我輩一時難望了悟。但願此刊問世，陸續寫出，以慰人心，以正國本。中國誠是抒發東方文化之國家，我輩生當此時此地，誰不願見中國爲承載東方文化之中國？誰不願見根據東方文化之大統以建立中國之統一？我輩望此偉業，不禁手舞足蹈。然先生適已言之，中國文化大統已與現實離而不即，漂蕩而空懸，兩頭不接，遂令今日之中國儼若爲一無文化之中國。此殊可傷。不接者如何使之接？我輩想念及此，又不覺悲從中來。我輩但知孔、孟之學爲中國之大統。但此大統在以往又多糅雜，隱而不彰；又爲近人橫施詬詆，攪亂不清。再觀今日風氣，非是來往於百貨商店，鸚鵡學語，便是拾西人之唾餘，衍其末緒。專學之家，又墮於餖飣考據，雞零狗碎。世人以此爲學術，道術已爲天下裂。我輩仰望古人之大體，徒亦望梅止渴耳。先生將何以被鎧甲勇猛精進，於荊棘中開出眞學脈耶？答曰：此事固難，但亦不必興嘆。隱而不彰者，令其彰。橫施詬詆者，廓

淸之。堯、舜、禹、湯、文、武之心法，隱約不彰，孔子彰著之。孔子之功不在堯、舜、禹、湯、文、武下，爲其立人極，定文統，大放光明於長夜也。吾人當體悟孔子據何立場成此功業。如其不了，當讀《孟子》。孟子主性善，辨人禽，別義利，是何精神？荀子號稱大儒，爲何總屬別支？此中眼目分明，決定不亂。兩相對刊，如日星之皎然。漢儒承之，是何精神？宋儒承之，是何精神？若能此處了然，則所以斥佛老爲異端，便思過半。夫學有統系，道有理路。唯物論者莫能望其項背，功利論者莫能明其所云。何者？舟不用於陸，車不用於海。起腳所在，落腳可知。未有南轅而北轍者也。居心凡近，不堪大道。橫施訴詆，徒暴其醜。吾人於此披荆棘，彰至道，如理如量，依仁依智，將各期學術條理而整嚴之，暢達而弘通之，使人覿面相識，非復向日鏡中觀花，水中望月，迷離恍惚，不可捉摸。此豈非不世之偉業乎？我輩必須堅定認淸，此是眞學脈之所在。非餖飣考據，咬文嚼字，可以爲眞學術也。近人到處顛倒，以非爲是，亦所謂篡竊也。夫眞知眞學，未有不直接者。仰觀俯察，近取諸身，遠取諸物，是直接而非間接。科學、哲學皆直接之學。面對事實，一直追去，此科學之本性也。逆而溯其本，反而會其通，驗之心身，當下取證，此哲學之所爲。古人云：「順之則成天成地，逆之則成聖成賢。」科學是順其順而察其末，哲學是取其逆而造其本。近人不能耐心，專精科學，復不堪向上，擔當哲學，乃轉其巧慧之心，機變之詐，抄襲文字，堆集材料，盲人瞎馬，兜轉土塊，名曰科學方法，考訂事實。斥通慧爲玄談，詆深觀爲臆斷，相勵以蝸步，相率以浮淺。此對科學，爲相似法流；而其所成，只是杜撰。其於事實之眞相，不啻隔萬重山，而云考訂事

實，豈非侈談？諸君務須認定，除此流俗學術外，尚有眞學術。不可隨其尺度，衡量天下，以爲若非兜轉土塊，便是玄談也。吾輩披荊棘，彰至道，亦旨在樹立眞學術，以爲此披靡空虛之時代興發靈魂耳。又復應知，此種學問，旣是直接，又是知行合一之學。聖賢學問與聖賢工夫，原是一而不二。若無向上之精神，便不堪持受。凡有說話，盡是虛假。是以此學若究極言之，實是一種全幅精神之學。象山云：「《六經》皆我注腳。」實則彼亦《六經》之注腳。不獨象山爲然，宋明諸大師，亦皆然也。自《六經》言之，爲文字般若；自孔、孟以及宋明諸大師言之，爲全幅精神。學旣如此，故吾人念茲在茲，不惟覿面相識，且須覿體承當。不惟個人承當，調暢個人之生命，且須全民族承當，以促成國家之建立，政制之設置。如是，文化大統方能與現實融而不離。此則端賴學人之覺悟。我與諸君，共體斯旨，作暮鼓晨鐘，豈不善哉？

原載《歷史與文化》第1期　1947年1月，署名「編者」

略案陳獨秀的根本意見

　　偶閱及《民主與統一》旬刊第七期，中有〈陳獨秀先生晚年的思想〉一文，是鄭學稼先生作的。文中載有陳獨秀〈我的根本意見〉一文，共十五條。條條俱有相當分量，不愧為一代思想家之手筆。茲錄其中重要的幾條，每條加案語，如下：

> 民主主義是自從人類發生政治組織，以至政治消滅之間，各時代（希臘、羅馬、近代以至將來）多數階級的人民反抗少數特權之旗幟，「無產階級民主」不是一個空洞名詞。其具體內容也和資產階級民主同樣要求一切公民都有集會、結社、言論、出版、罷工之自由；特別重要的，是反對黨派之自由。沒有這些，議會或蘇維埃同樣一文不值。（第八條）
> 政治上的民主主義和經濟上的社會主義是相成而非相反的東西。民主主義並非和資產階級及資本主義是不可分離的。無產政黨若因反對資產階級及資本主義，遂並民主主義而亦反對之，即令各國所謂「無產階級革命」出現了，而沒有民主制做官僚制之消毒素，也只是在世界上出現了一些史大林式的官僚政權：殘暴、貪污、虛偽、欺騙、腐化、墮落，決不

能夠創造什麼社會主義。所謂「無產階級獨裁」，根本沒有這樣的東西，即黨的獨裁，結果也只能是領袖獨裁。任何獨裁制都和殘暴、蒙蔽、欺騙、貪污、腐化的官僚政治是不能分離的。（第九條）

案：此兩條就民主政治說都很對。民主政治既可以與資本主義結合，也可以與社會主義結合，因此，即使有無產階級的政治，亦只應當有「無產階級的民主政治」，而不當有「無產階級的獨裁政治」。陳氏此義隱函說民主政治是政治的常軌，且亦隱函說民主政治是人類整個社會有組織的健康發展中的一個常數。雖然陳氏還有政治可以消滅之觀念，（這個觀念是我所不能承認的。此中牽涉背後的思想極深遠，陳氏晚年雖轉變而較清醒，然於此處則未有絲毫悟入。）然究竟在未消滅以前，民主政治的本質是可以如此說的。陳氏能有此兩條意思，可以說他「齊一變，至於魯」了，他已漸漸走上平正的坦途。最近的傾向以及將來的總趨勢恐怕就是與民主政治結合的社會主義。可是既以民主政治為常軌為常數，則「無產階級民主」一詞也是不能有的。民主政治有其具體內容，亦有其常德。有產者與無產者是經濟上的名詞。而無論是有產者、無產者，在民主政治面前都享有民主政治所賦予的基本自由與權利。至於有產者、無產者的不平與因之而起的問題，那是經濟上的問題與社會政策的問題。民主政治既可以與社會主義結合，那就既無所謂「無產階級獨裁」，自亦無所謂「無產階級民主」。社會主義的基本要義在均平，在轉移多資本家所獨佔的所有權。就均平一義說，豈不可以皆有產？就轉移資本家所獨佔的所有權一義說，豈必仍有無產

階級之存在？若說既均平了，又轉移了資本家所獨佔的所有權，那時還是有工人存在，此便是無產階級。答曰：此時的工人不必即無產，因而亦不必有「無產階級民主」之存在。若此時的工人仍是資本家社會下的無產階級，則社會主義、共產主義等等便成爲無意義的了。如若不是，則說「無產階級民主」亦成爲無意義的了。「無產階級民主」本是對「無產階級獨裁」而生。既然否定後者，則前者亦不能立，還是連帶去掉爲是。至於說任何獨裁制都和殘暴、蒙蔽、欺騙、貪污、腐化的官僚政治分不開，此亦甚是。但是，無論近代名詞的獨裁制或古代名詞的專治制，雖有這一方面的壞德，然而時亦有些好德與之俱，譬如在古代說聖君賢相，在近代說效率迅速等。但無論好或壞，在獨裁制下，都必然是循環的，而其好無保證：一時的好，後面跟著來的必然是那些壞德。好與壞這個循環的鍊子，若總起來看，其中有個緣故。陳氏的唯物史觀的立場並不能給這個事實以歷史發展的解析，本刊願意擔負解答這個問題的責任。本期的〈代發刊詞〉一文已具有端緒了。讀者仔細觀之，必可洞曉。

在此次帝國主義大戰中，對民主國方面採取失敗主義，採取以國內的革命戰爭代替國際的帝國主義戰爭的方略，無論口裡說得如何左，事實上只有幫納粹勝利。例如英國人自己帝國主義政府，若被革命推翻，其時英國的海陸空軍勢必分裂、削弱，革命的新政權又決不能在短時期內生長成強大力量，來抵抗納粹軍隊侵入英倫。若說：自己的帝國主義政府之失敗，無疑是較少的禍害的；那麼現被納粹征服的捷克

人、法國人真是幸運。忽略了時間問題，真理會變成荒謬。
人們有理由認為中、日戰爭已因帝國主義大戰而變質；然不
能因此便主張在中國採取失敗主義。重慶政府之毀滅，在今
天，除了幫助德、義、日加速勝利外，不能有別的幻想。我
們也以同樣理由不主張在蘇俄採取失敗主義。雖然沒有事實
使我們相信在人類自由之命運上史大林黨徒好過希特勒黨
徒。（第十一條）

案：此條是策略手段的問題，相信唯物史觀的共產革命家最喜歡玩
弄這一套把戲。陳氏比較老練了，沒有忽略時間問題，這看起來好
像是平正，不完全是不擇手段。實則就此條意思說，還是陷溺於策
略手段的圈套中。在戰時不應採取失敗主義，那麼，此時戰爭已
過，機緣來了，還是向自家過不去吧！現在的中共正在抓住這個好
機緣，拚命和自家搗鬼。然則中國這個國家完全是為旁的什麼東西
而生存，他自己完全沒有其自立之道，完全沒有其內在的目的。我
們的向心力完全是因對外而使然。一旦不對外了，我們便一起散
夥，同來拆台。果然如此，重慶政府毀滅不毀滅沒有什麼關係，中
國勝利不勝利亦無什麼關係。當然，陳氏如果現在還活著，他不會
贊成中共的胡鬧，而且我還相信，現在的中共如果在晚年思想的陳
氏領導之下，則現在的統一建國必定容易得多，不像今日的困難。
可是，問題是在我們不能以手段工具的眼光看任何東西。尤其一個
國家在向上發展的歷程上不能隨便如此看。它有其自立之道，它有
其自身一定的路途。在任何一個國家若被迫而對外戰爭，其間若有
失敗主義，便當以奸論，不是策略之合時不合時的問題。這個態度

根本不應當有。忽略時間問題，眞理會變成荒謬；但是忽略一個國家內在的目的，眞理會變成無意義。陳氏的話，現在自命爲進步的人容易了解，我們這句話他們簡直不能懂，就是陳氏自己亦不懂。

> 戰爭與革命，只有在趨向進步的國家，是生產力發展的結果，又轉而造成生產力發展的原因。若在衰退的國家，則反而使生產力更加削弱，使國民品格更加墮落：誇誕、貪污、奢侈、苟且，使政治更加黑暗——軍事獨裁化。（第十三條）

案：此條表示陳氏尙是嚴格遵守著馬克司經濟史觀的立場而來的推論，且亦保證，假若現在的共黨是他領導著，決不會像今日的共黨專門與自己的民族國家過不去，這個判斷之不謬。陳氏究竟尙不失爲有所守的人。至若現在的共黨鬧這一套究竟是什麼，恐怕最巧辯的人也難爲之解。惟一的解析就是反對國民黨，人們隨聲附合著也只是這個理由。陳氏知道在中國這樣衰退的國家，不應當再有戰爭與革命。然則當該如何？我不但問陳氏，陳氏已經死了，普天下有心人俱當於此用點心爭口氣。但是我敢斷定，像陳氏晚年這點轉變並不能徹底解答這個問題。他必須大徹大悟放棄他那塵下的唯物史觀而後可。

> 帝國主義以殖民地半殖民地爲存在條件，猶之資本制以私有財產爲存在條件。我們不能幻想資本統制不崩潰可以取消私有財產制，同時也不幻想殖民地半殖民地的民族獨立戰爭，

不和帝國主義國家（宗主國及宗主國的敵對國家）中的社會
革命結合起來，會得到勝利。在今天，英、美和德國兩大帝
國主義互爭全世界奴役統治權的今天，孤立的民族戰爭無論
由何階級領導，不是完全失敗，便是更換主人，或且還是更
換一個更兇惡的主人。即使更換一個較開明的奴役主人，較
有利於自己的政治經濟之發展，而根本不能改變原來的殖民
地或半殖民地的奴役地位。（第十五條）

案：此條完全是經濟定命論。就是這點不能拔去，才使陳氏不能面
對中國自身之問題與發展而立言，才使他不能直接承當起這個民族
大生命的擔子而前進。兩個眼睛全向外面看，自己自然全無所有
了。就譬如中國這個半殖民地的國家，他漸漸可以獨立可以向上發
展的機會太多了；但是自己無出息不爭氣，統統放過了。即就此次
抗戰而言，我們固須要外緣，但各帝國主義國家並未發生社會革
命，我們也並未與他國的社會革命結合在一起，但是我們也同樣得
到勝利。勝利了，還是不能統一建國，那是自己之無出息，不是因
為未與他國的社會革命連合在一起。一個國家之立不立，固須有外
緣，但自因的決定力亦甚大。近人全不在此著眼，那是自己先卑
賤，自己看不起自己，他人亦無能為力。這些左派的政論家專門糾
纏於唯物史觀的那一套名詞中轉把戲，實是害事不淺，那裡會有正
智正見？

　　陳氏自抗戰出獄以後，似已與實際的政治活動漸漸隔離，而他
的心境亦因而漸趨平靜，故有晚年的轉變。他不但不贊成史大林，
且亦不贊成托羅斯基。他已經不是托派了，而且反對托派。他要重

新估計布爾什維克的理論及其領袖之價值。他已漸漸把握到民主政治的合理性及經常性，所以他漸趨平靜。然而唯物史觀的思想不能放棄，他還是仍在那個圈子裡轉。他的寧靜還不夠，所以他的智慧始終透不出。他住在江津，歐陽大師是他的鄰居。暫時拋開他自己那一套，聽聽歐陽大師說說法，豈不好？我想他沒有聽，即聽亦未見得肯虛心。成見圍住了內心，人透不出這一關，難說有覺悟。撒且與上帝合在一起，究竟不是真上帝，而是真撒且。本源不清，而要作上帝的事，終於落在撒且手裡去。儘管有聰明，有熱情，也只是鬧別扭，成得一個播弄精魂，氣魄承當。馬克司、列甯、史大林以及順這一脈下來的一切，都是以魔鬼胎子要作上帝的事。所以真假莫辨，撲朔迷離，最是惑人。陳氏晚年的轉變，不過是把那些乖張的腔調稍微清澂了。正在「濁以靜之」的時候，還沒有清到底，底子還是濁。聽說他要死的那一年，兒女之情深的很。人之將死，其言也善。在這個時候，生命要歸本，真性要呈露。可見平時的乖張只是一種邪辟之氣鬧別扭，橫撐豎架，扛得兩腳都不著地。這是假象。焉能久假不歸？這個時代的人物，所謂聰明才智之士，大都是扛得兩腳都不著地，一股客氣在作祟。令人浩漢。人生人生，固如是乎？有至死不悟者，有將死而稍悟者。即大悟，亦遲矣。可不悲乎？

《歷史與文化》第1期　1947年1月，署名「牟離中」

第五編：論文學

理解、創造與鑒賞

今造此論，目的有三：㈠確定文藝批評之定型；㈡闡發文藝之根本原則；㈢劃一文藝理論之派別。環觀言論界，汗牛充棟，而扼要者則甚少，吾爲斯悲，爰造此論。予豈好辯？不得已也！

A. 理解論

㈠內蘊抉發

1. 文藝批評之混淆浮淺誇大皮毛，莫甚於今日。今造此論，分成三部，首述理解決定方法。

2. 理解論即是對於文藝理解時所用的方法。此可從三方面來說：a.內蘊之抉發；b.外緣之觀察；c.本身之結構。先說第一方面。

3. 吾人既論文藝，故必以文藝作品爲當前之所與（immediate given），除此而外，不預定任何假設，不先存任何成見。我們只許從此「直接所與」中推出其他。我們從觀察此「所與」中而解剖其他原素，決不應先從其他原素來規定「所與」。此種觀點即是奧

坎剔刀法，也即是馬克司分解商品時所用的方法。

4. 固然，文藝之產生，不是孤獨的，不是從天上掉下來的，而乃是由內因、外緣合和而成的；但我們理解時只能以當前的文藝為純粹對象來解剖他的內因與外緣，卻不可先存了內因與外緣的成見來規定它，論謂它；因為這麼以來其弊有二：㈠隔靴搔癢，把握不住作品的內性；㈡內因、外緣是理解者的，不是作者的。

5. 我們要從作品中解剖作者的內蘊與外緣。這種解剖法是暗示法或象徵法或推知法，因為吾之時非作者之時，吾之空非作者之空，而吾之私生活非作者之私生活。吾不能直接知，吾只可由其作品而知之；因此，故吾名曰「暗示」或象徵或推知，而普通所謂論「反映」始有意義。可是，近之人只知口裡亂嚷「反映」，而卻不知老老實實用反映法以映知，卻只用了成見假設以規定。這那裡算是理解？這簡直是隔靴搔癢！

6. 我們理解文藝，第一先當由文藝以觀察作者之「內蘊」（internal essence）；即是說，所以有這樣的作品，必是由於作者私生活中有某種情緒在那裡糾纏著。這種情緒糾纏就是發生那樣作品的原因。這個原因我們即叫它是作者的內蘊。這內蘊即是決定那篇作品的表意之主要原素。沒有這東西，作品便不是「我的」，而是人家的。所謂「活文學」「死文學」是在這裡看得出。不通的胡適何足以語此！所謂死活，決不在作為工具的文字，而乃定是有個「我」，有個「內蘊」。如果白話就是活文學，則近二十年來的作品不皆成了傑作了嗎？笑話！

7. 我所謂內蘊，具體指之，即是內部某種情緒的糾纏。我所以這樣說，是為的要免去柏格森（Bergson）的生命內浪說，以及

佛綠特（Freud）老大夫的性欲昇化說，以及斯賓塞（Spencer）遊戲發洩說。這三種主張都有缺陷。柏格森的生命內浪太神秘了，太抽象了。因爲他所謂生命並不是具體的複雜的生活，乃是一種純粹的「動」或「衝」或「創」。這類的字眼，如果用來形容生命之活力，倒未始不可；不過用來作爲本體論上的根本存在，則在理解文藝上，是太神秘、太抽象。文藝的產生決不由於這個純粹的「動」。復次，他所謂生命內浪既是純粹的「動」，則他這個「動」只是一個單純而不可分的「內力」。他以爲一切外境皆由於這個「內力」幻現出來。這樣也就無所謂「外」，把「外」除消了。「外」在文藝的理解上也是必須的。所以文藝的產生也決不單由於這個純粹的「內力」。我所謂「內蘊」還有一個「外緣」在那裡預備著，不過爲解析方便起見，不能不有一個邏輯上的層次。

8. 同時，佛綠特的性欲昇化說也有缺陷。照此學說，則文藝純變成盲目的、催眠術的、無所謂的。因爲據他說，人類一切的欲望，經過外部的束縛、道德的制裁，不知不覺的還保留著潛伏在下意識裡；一遇機會，它們也會不知不覺地從下意識中作夢似的昇化出來。人類一切的神經病大部分都可以用昇化作用把他潛伏著的一般冤氣消化出來而使之歸於常態。文藝的產生，據說也恰是如此。文藝就是有文字的潛伏欲望之昇化之表現之外逃。可是，若果如此，則文藝出生時，意識作用完全不能參加；沒有意識，便是盲目的、催眠術的、無所謂的。可是，顯然，文藝不純是如此。復次，文藝若果是欲望之昇化，則一切文藝將盡成性史作品了。文藝固然不能以道德論，但也不能純以性史論。文藝固然不能純以神性論，但也不能純以獸性論。而人類最易潛伏的欲望，到現在止，恐怕還

是性欲爲最多。

9. 同樣，遊戲發洩說也有其相當的缺陷。此說以爲文藝是勞動後的遊戲產品，猶之乎小孩子在工場裡被逼迫著作一天的苦工，到晚上回家作他樂意作的玩具一樣。這種說法，對於文藝的創造自由性很易達出；可是若只看成是遊戲的產品，則文藝豈不眞成了個人的玩藝、社會的玩藝嗎？並且，若只是遊戲的產品，則人生的辣味便完全表達不出來，而文章本身的辛辣價值也完全失掉。所以文藝創作之自由性是對的，而看成它是遊戲則是錯的。遊戲只是創作自由性之一例證而已；過此則失其當。

10. 以上是述三種學說之缺陷；可是所謂缺陷並不是絕對錯。它們都有其部分的眞理在。這種部分的眞理必須找一更根本、更具體、更普遍、更合事實的全體眞理以包含之。我說內部的情緒糾纏當然活的成分也包在內，如果是死，則決不會有糾纏，但決不可把這個活字說得神秘了。復次，內部情緒的糾纏當然也是一種將要暴發的潛伏欲望；但此種潛伏欲望卻不必那樣見不得人，而其暴發也不必那樣不光明。如社會能進化到不以獸性爲可恥，或簡直就不承認有獸性，則昇化說便大部分可以無用了。同樣，內部情緒的糾纏自然也包含著創作的自由性；但此自由卻不必是遊戲、是鬧玩、是隨便，而乃只是一種不得不發的自我表現。不得不發即是自己的逼迫，固然這種逼迫是有其外緣的；但純粹的外緣並不能使你不得不發。所以，這種逼迫純是內心的逼迫；他的發是由他自己負責，非他人所能干預，非他人所能替代。因爲他負責，所以他是自由的，失掉了自由便是被動，被動即可以不負責，道德上的自由問題在此便可以與文藝的創造打通。

11. 這樣，我的情緒糾纏說便可以統攝其他三種學說而消化之。這種情緒糾纏說即是觀察某種作品之所以如此的那內蘊之指示；而那種內蘊卻是由該作品之理解上窺探出來，暗示出來。這種暗示出來的內蘊我叫它是「特殊內蘊」，因為它是具於那特殊作品中，而此特殊作品又是特殊作者的創造。因為我們的發見只能是具體作品中的特殊內蘊，所以我們便不能預定了某種假設或先存了某種成見來規定它，這即是以作品為「直接所與」的緣故。讀者必須先明白了這個觀點，始可不被那似是而非的謬論所蒙蔽。

12. 我們從這種觀點來理解作品，定能發見出該作品中所蘊藏的作者內蘊之近是的確定。這個內蘊即是那篇文章的決定因子。內蘊與作品之表意有一致或相應的關係。兩者互為映照。我們由這種互為映照的關係裏就可以看出作者的人生態度。所謂文學上的某某派、某某主義、某某傾向，完全從這裏決定。如果離開這點而還有個所謂「寫實主義」，那是完全不懂文藝之內蘊的。那一篇傑作還不是藉著一件具體事實而表現呢？所以「寫實主義」這個命題純是徒然的，無所謂的。至於他們說「科學的摹狀事實」，這簡直成了文藝理論的笑話，這只是快樂一時口舌而已，事實上即是說者自己也是辦不到的。復次，我們若不從特殊內蘊上抉發出作者的人生態度、人生見解，以及其對於人生的理解、人生秘密的宣佈，那理解便算失敗，便算徒然。說到這裏，讀者便可以見出純用物觀法是怎樣的失敗，是怎樣的不能勝此大任。關此，下段再說。

13. 以上是普遍原則的說明。我們再用歷史上的具體作品以例證之。最顯明的就是屈原。現在就以屈原的〈離騷〉為「直接所與」，除此而外不假設任何東西。我們固然可以從歷史的記載知道

他的時代、他的地位、他的政治環境；但這一套都是歷史科學告訴我們的。現在我們是理解文藝，不是讀歷史，我們定不要喧賓奪主。〈離騷〉是人人稱讚的一篇傑作；而所以成爲傑作卻是道之者少，其原因就是因爲他們沒有明白作者的內蘊。在那篇傑作中，屈原述叙了他的降生、他的命名、他的潔己自好，進而叙述他的被放逐、他的時代的黑暗、君王的昏庸、以及小人之巧佞；因此又述叙了他的治國要道，述叙了歷史上的興亡之陳跡，歸納出必然的運命以警戒國君；但國君終於不聽，佞臣都目之以善淫。他憑弔了古人，歷述了歷史，再加以現狀之混亂，他不禁痛哭流淚了。所謂「沾予襟之浪浪」者，即是述到此處的一種極度的傷心。這是眞哭，讀者至此而不動心，其人必麻木。在極度傷心之下，他去問卜以求處世之道，他想像了許多理想境界，他想離開這個世界；但他俯視下寰，又離不開他故國。有人勸他隨處都可以作官；但他又不忍故國的覆亡。有人說他當該脫離這個昏君；但他終是懸念著不忍毅然捨去。總之，他想出世，又要入世；他想走，又要不走；他想去，又要不去。這種種的矛盾衝突，都是這篇文章本身告訴我們的。這些衝突的心理拉鋸似的迴旋著。我們所得知的這種拉鋸式的心理全是由文章本身觀察出來；由這種觀察之所得，我們可以近是地推知作者是一種什麼樣的情緒。我們可知他現在定是一種七上八下往復回旋的複雜情緒在那裡糾纏著，而且他這情緒的糾纏必是一種痛苦萬分、五衷欲焚而不能自拔的糾纏；因爲他不能自拔，所以他終於死了，他終於葬送在這種糾纏中了。他表演了人生的悲劇，這是我們對於屈原的內蘊之抉發，在此舉出了他，不過只是一個例證而已。此外，皆可用同樣方法抉發之而找出他們對於人生的見解

與態度。

(二)外緣之觀察

1. 現在再論「外緣」。外緣是現在最流行最被人所鼓吹的一種方法，即所謂唯物史觀者是。唯物史觀亦稱「物觀」。在此，我用「外緣」而不用「物觀」等字樣，其故有二：㈠外界刺激，在生產文藝上，只是一個「緣」，而不是主要的因，但也缺少不了它。㈡外緣只是作者外境之內投，而不是一種規定文藝的先在成見或方法或假設。唯物史觀論者即是用了這種先在成見或假設，一口咬定文藝是時代的反映，受社會的規定，隨社會而變動，再也不放鬆。你如果開卷讀他們的言論，滿紙沒有別的，只是些反映、反映，最終還是一個反映；這猶之乎胡適的《白話文學史》滿紙只是白話一樣，似這樣的空洞皮毛而不著癢的理論，真是可憐！然而他們還極力的吹這是新方法新犁，這又未免令人可恨了。

2. 我們現在來觀察作者的外緣，其觀點還是與上段同。我們仍以作品為直接所與，即是說，我們由這直接所與中觀察出：作者有什麼樣的外緣環境呢？這種觀察之所得仍為暗示而得。這種暗示而得的，我們叫他是「特殊外緣」，因為我們所對付的是一篇特殊作品，並且除了這特殊作品而外，我們任何成見都不知道。所以，我們不是以普遍的、已成的、先在的外緣來解析或規定作者的外緣，而是就眼前所擺的直接所與，（即特殊作品）以觀察作者的特殊外緣。這樣得的外緣是作者的真正外緣，我們得了這個外緣之後，我們再用他來確定作者所處的社會環境是什麼狀態。所謂「反映社會」，所謂「時代之反映」，只有在這種說法之下始得其真意

義，始得其眞解析。今之人不如此也。所以他們的言論全不是文學史、文學論，而乃直是時代論、社會論了。這顯然是一種空乏的不著邊緣，忘記了他作的事了！

3. 外緣不是作品產生的決定因子，它只是一種外來的引子，它是作者周圍的氛圍場，或亦曰環境場。這種環境場即是作者的生活範圍，也就是他與外界發生關係所及的範圍，故這種環境場亦可曰「關係場」（relational field）。這個關係場即是作者的小宇宙，它是一個窮盡而無遺漏的整體。作者的私生活即是這個整體的焦點，周圍的一切，在此整體之內的，都朝向此中心點而輻輳之。

4. 這個整體，剛才所說的是從空間方面說，現在再從時間方面說。這個整體並不是一個靜止的，而乃是關連著向前動的，這好像一隻船在海中駛行一樣，在這駛行中，無窮的生命相、生活迹都完全被勾引起來。這些生活相、生活迹即形成那個焦點的全部經驗。所以這個焦點便是時空整體向前駛行中的那個交切點，生活的內蘊即在這個交切點上糾纏著、發生著，而內蘊的外緣也即是這個時空合一的整體，確切點說，即是那個交切點的關係場。

5. 「關係場」在這個整體中，從文藝產生的觀點上說是「反主宰」（anti-domain），而「內蘊」即是「主宰」；如果找「內蘊」的基礎或解析，則便是上條剛說過的那套理論；即是說，內蘊是發生在那個整體的交切點上。在這種情形之下，吾說「內蘊」是反主宰，而關係場與焦點之整體是主宰，這是「內蘊」之物觀的解析。但此與文藝的產生沒有決定的關係。文藝的產生必須以內蘊為決定因子，大家或許也可以說從關係整體決定內蘊，從內蘊決定創作，所以從關係整體也可以決定創作。我說這種形式上的推論與具

體事實的轉變並不相同，邏輯的推論都是先天的、必然的、已知的命題間的推演關係。邏輯命題沒有新的，只是引出，它們間的關係純是形式上的必然關係。而且具體事實的轉變則有層層創新之意，每一層都有新成分在內，關係整體只是一個生理物理的結構，內蘊則有情意的成分在內，它完全變成一種新的東西。固然，我們可以用物理化學的過程來解析情意諸心理現象，但情意究竟不同於理化現象，這在文藝創造上，無論怎樣的玄，也不能不承認情意的作用。

6. 以上說明了內蘊與外緣的關係，以及其對于文藝產生的關係。我們再進而述說內蘊與外緣在文藝創作中的本性作用及其變化。我們可說內蘊是機動，是「法模」（form），是決定文章之所以然的「法模」，是能動的「心質」（active mind-stuff），因此它也可說是「內容」。外緣在文藝中可說是助動，是輔助，是材料（matter），是決定文章之實然的材料，是被動的物質（passive matter-stuff），因此可說它也是內容，它是心質所運用的內容或資具。因此，外緣的材料，當入了作者的創作過程中時，常常要受諸端的改觀而起種種的變化，所謂「受過了淫的自然」即是此意。因為它要起變化，所以作者不得不取其他材料以象徵之。這種作象徵用的材料即是寄托內蘊的工具。這種象徵法最顯然的便是老舍剛出版的《貓城記》。廚川白村所謂象徵主義或苦悶的象徵也即是指此，並非文學史上的象徵主義。

7. 不但外緣要改觀，即內蘊有時也要轉其形而出之。所謂苦中笑，笑中苦，即是內蘊的轉形。密爾頓能失樂園亦能得樂園，也是內蘊的轉化。陶淵明的自得，阮嗣宗的瘋狂，李太白的放浪，以

及辛稼軒的豪爽，這全都是一種極度悲哀與感傷下的轉變。同一內蘊，因個人性格環境的不同而能發生出種種不同的反應。這種能發不同反應的東西，我們總於一起也叫它是內蘊，辛稼軒有兩首詞最能表示出這種內蘊的轉變，且引如下：

> 少年不識愁滋味，愛上層樓；愛上層樓，爲賦新詞強說愁。
> 而今識得愁滋味，欲說還休；欲說還休，卻道天涼好個秋。
> （〈醜奴兒〉）
> 近來愁似天來大，誰解相憐？誰解相憐？又把愁來做個天。
> 都將今古無窮事，放在愁邊；放在愁邊，卻自移家向酒泉。
> （同上）

「卻道天涼好個秋」，「卻自移家向酒泉」，這兩個「卻」字即是內蘊轉變的表示。

　　8. 內蘊與外緣雖然有時轉形而出；但與其原形總有連帶的關係，總有相反相成的關係存在著。因爲有這種關係，所以我們總能從作品之表意上推知其固有之內蘊，由固有之內蘊推知其原來之外緣，這即是內蘊、外緣與作品之表意的一致關係、相應關係。外緣之所以能被觀察出，也即因爲有了這種一致關係。對於外緣之觀察其方法與內蘊之抉發一樣，茲不贅例。

　　9. 我的外緣主張上面已說明白，試再一評流行的唯物史觀法。關此問題，我曾有一篇長的文章登在《再生雜誌》十一期上，題目曰〈社會根本原則之確立〉，讀者可以參看。在此我只作一個簡單的關於文藝方面的批評。用唯物史觀解析文藝，有兩個特點：

㈠從社會環境方面觀察文藝之產生；㈡從社會形態的進展觀點上說明文藝之流變，第一方面我們可以說是文藝之社會觀；第二方面可說是文藝之進化觀。這兩方面在他們的說統之下，都有缺陷，試述如下：

10. 他們所最以爲了不起發見，所最以爲自得的，即是文藝是時代之反映，社會形態規定文藝，反之文藝不能規定社會形態。所以翻開他們的言論一看，沒有別的，只是這一類的話，其空泛眞把人也膩死了！試問，你純說這一類的話難道就把文藝的底蘊完全了解不成？如果有人問你什麼是文藝，你說文藝是時代之反映，試問這句話對於問者有多大表意，而結果眞是只有所謂天曉得了！復次，我們只宣傳這一句話，試問還有人不承認作者的社會環境之重要嗎？即是我們最多烘的老祖宗還說：「天生而靜，感于物而動。」這種道理有什麼希奇？何必這樣大吹大擂以炫耀耳目！復次，你們旣主重社會形態規定文藝，所以你們不得不大肆鋪張社會科學，不得不以科學上的定型或已成的預見來解析文藝。可是，這種說法就有很多毛病：㈠隔靴搔癢，不能鞭辟近裡，滿天打雷，地上不見雨，令人有不見蘆山眞面目之感；㈡喧賓奪主，忘其職責之所在，結果不是以文藝爲主材而是以社會科學爲主材，結果令人不明文藝之究竟底蘊；㈢所解析的社會環境不是作者的特殊環境；而是社會科學所告訴你的已成的普遍環境；不是作者的私宇宙，而是全社會的公宇宙。固然，有公私也能恰合，但這不過只是一個偶然而已，在方法上究有不知先後之弊。固然，在理解文藝時需要多方的知識，但這只是修養的問題。求眼鏡的問題，不能算是一個方法。

11. 我們再批評他們的文藝之進化觀，此觀點有它的好處：㈠使我們知道文藝常是因著社會形態之進展而有其不同，譬如原始共產社會的文藝必是很質樸而簡陋，而封建時代的文藝亦必不同於資本主義時代的文藝。㈡使我們用進化的觀點能識別出材料的真偽，不至於以偽托之假品當作邃古之實有。前人講文學，每從三皇五帝說起，像煞有介事似的在那裡搞鬼。這實在是太缺乏歷史的眼光！因為有這兩條好處於是他們又自得的了不起，以為這是破天荒的大發見，其實慢來：(1)這種進化的觀點乃是自達爾文以來家喻戶曉的真理，其功勞在達爾文，用不著再來多事。(2)信而好古的多烘，從黃帝講起，其實這並沒有惡意，他們只是人類知識進化上的一個階段。這是知識與真理的問題，而不是方法上的問題。也許，他們也自以為是好方法哩！懂得了這個好方法，也不必萬事皆明，真理具備。方法不好固然有礙於真理之發見，但試問好方法從那裡生長出來？所以，你們現在自以為好方法，其實也不過人類知識中的一階段而已。(3)社會的進展，人類的進化，這是一個事實問題。你懂得了進化，只是你懂得了一件真的事實。「進化」算不了什麼特殊的方法，你如果以進化為好方法，試問進化從那裡得來？所以現在的物觀法，其實是在那裡歌頌已成的家喻戶曉的幾條普遍真理，于文藝的底蘊他們並未解剖出來，還吹什麼牛？

㈢本身之結構

1. 上兩段說明了作品的本質形態，本段再說一說作品的「現象形態」。所謂現象形態，即指作品本身的結構而言，本身的結構雖為外現，然常為其本質形態所決定。我們從一篇作品觀出其內蘊

與外緣，完全是從作品的本身結構中看出。所以，我們現在當研究蘊藏本質形態的那現象形態是怎樣的一種形態，有什麼樣的幾種原則以統馭之，並當指出統馭現象形態的那幾條原則與其本質形態有什麼樣的關係。我們明白了這兩點，才能理解文藝，才能對于文藝有自覺，學者在練習時這一步工作是必須的。

2. 我可以把現象形態分成三種，㈠共性形態，㈡時間形態，㈢空間形態。這三種形態完全由作品本身的複雜結構中昭示出來。這種昭示法也是以作品為「直接所與」，其觀點完全與以前相同，所以這三種形態也是由觀察作品中孳乳出來。

3. 所謂共性形態，即指作品所表示出來的意義之普遍性而言。普遍性可以從兩方面來說：㈠人所易懂。此意不必同於家喻戶曉雅俗共賞，而倒同於「人同此心，心同此理」的共同性。因為你所不懂的，照人類全體言，不必全不懂；你現在所不懂的，照一生而言，將來不必不懂。所以，此所謂共性即是人類之同感同覺。㈡不變之共性。人所同覺同感的不必不變，而不變之共性卻必同感同覺。第一點的意義可以包含著時代性，即指現在社會的空間性而言；這一點的意義則不含著時代性。在現在為同感，在以往也為同感；在以前為眞，在現在亦為眞，我們人類之情感的底蘊裡實有此種不變之特性在。作者必須把這個特性發見出來，表示出來。所以一篇傑作，它必須要含著一種「共性形態」而具有這兩方面的意義：有第一種意義即是有時代性，有第二種意義即是有永恆性。人類的情感中實有這兩方面意義的共性互相含蘊著，不承認詩之永恆性的人們，完全不懂得人性，而且直是空口說白話。關於永恆普遍的問題，以後我還要稍微談及，並可具體指之以作例證。

4. 時間形態是指作品中所表示出來的節奏而言。此亦可從兩方面說：㈠活力。在一個節奏中必須有一種緊張的活力在那裡作機動，而且這活力必須其來也有無限的過去在其背後，其往也有無限的將來在其前面；即是說，這活力使我們有無限的感覺而不能是有限的感覺，這種活力之表示於作品中勢必有一種極強烈的底蘊在其背後。所謂深而不淺者，即指此而言。㈡波動。波動有兩個因素為其根基：(1)蘊釀；(2)跳躍。此即是繼續與跳躍的問題，也即是漸變與突變的問題。這兩個因素合起來即是一個「波動」。作品之能表示出波動，即足以表示出這篇作品有無限的特性在。所謂言有盡而意無窮即是此意。作品必須做到有無窮之意的地步，而無窮即是波動的表示。因為波動本身即是一個無限而不息的東西，波動之無限與活力之無限合起來，即是一個節奏之無限。這種節奏之無限能使我們對於作品發生一種上至無限的九霄，下至無限的深淵一樣。作品本身因這種節奏溢出了文字的範圍，並且亦能供讀者同樣地隨其範圍之增大而增大。所謂死文學，所謂二三流的作品，就是完全失掉了這種節奏的東西。我讀了老舍的《趙子曰》的結局以及茅盾的《三部曲》以後，就發生了這種無限的感想。這套理論，完全由讀這兩種傑作孳乳出來。再舉一個例，當我讀《紅樓夢》讀到黛玉死，寶玉尚在朦朧時，及至醒了以後痛絕欲死，繼之來了個無可奈何的嘆息。這個嘆息也使我發生了個無限的感想。復次，當我讀〈離騷〉之亂的時候也發生了無限的感想，〈離騷〉之亂是這樣的：「已矣哉！國無人莫我知兮，又何懷乎故都？既莫足與為美政兮，吾將從彭咸之所居！」當然這幾句話是滿腹冤氣吐出之後的最後嘆息，與寶玉之嘆息同為無限之悲慘。寶玉雖未跳江而死，然因

此也出家了，所以也是最後的嘆息！

5. 空間形態是指作品中所表示出的空間方面的複雜關係而言。此形態與上面論的形態並分不開；但因為可以從兩方面說，所以也就分開了。時間形態是從時動關係方面說；空間形態是從空擴關係方面說。一篇作品就好比一種有範圍有界限的複雜關係。這種複雜關係以文字言語而組成之。在這樣組成的複雜關係中能表示出兩方面的關係形態來，這兩方面總於一句話說即是「動的擴張」。這有兩方面的表示的「動的擴張」卻並不為那有範圍、有界限的作品所限制，所以一篇作品我們可以看成它是一種已知的關係，是呈顯在眼前的關係，但這種已知的、呈在眼前的複雜關係卻時常溢出它的範圍之外；即是說，在已知的關係中，那些關係者總能與那已知的範圍之外的一切關係者相關聯著。這種溢出範圍之外即是「動的擴張」之表示。從動的方面說，這種溢出即是時間方面的無限，即是我所謂時間形態；從擴張方面說，這種溢出即是空間方面的無限，即是我所謂空間形態，作品必須有這樣的緊張密度始可說是偉大。所謂「大樂與天地同和」，所謂「感天地，泣鬼神」，即是在這種溢出的無限中表示著。這種溢出而無限之由來是從那有限的關係中推證出來，暗示出來或反映出來。即是說，在那篇中，雖然沒有明說出這範圍之外的東西；但由其範圍中的已知之「關係者」卻能完全昭示出來。這固然由於人類之推想或類比的作用；但也由於作者措施之得當。這種由已知的到未知的表意即是整個宇宙的表意，所以每一作品都能映照出一幅全宇宙的面孔。科學與哲學是了解宇宙，摹狀宇宙；而文藝則是反映宇宙，所以每一作品即是一個萬花鏡，它映照宇宙之各方面，每一方面都是一個無限，各方面都

是互相出入而組成一個大諧和。

6. 以上是三個現象形態的說明，現在再從這三個形態中引出三個原則來以統馭之。

㈠永恆原則。作品必須含著人類中不變的感性。

㈡波動原則。作品必須昭示出一種活的無限的節奏。

㈢張大原則。作品必須昭示出一種無限的擴大。

這三個原則完全由以上的理論中引申出來，用不著再加以說明。

7. 這三個原則是理解作品的現象形態之終極標準，理解了這三個原則所統馭的現象形態，再進而歸約到作者的底蘊以發見作品的本質形態。本質形態與現象形態是相應的關係：本質形態是作者的底蘊；現象形態是作者的煥發。本質形態是「密度」是「焦點」，現象形態是「波幅」是「場合」。猶如以石投水，波幅之大小完全定於石之大小；波幅雖有大小，然終極則是一個圓融而完滿。作品亦是如此：由它的密度向外煥發，煥發範圍之大小完全定於密度之大小。這樣，密度與波幅，本質與現象完全打成一片，理解文藝就是來解析這個一片。執其一者，特一孔耳。

B. 創造論

㈠內因外緣

1. 上段是從讀者方面立論，本段再從作者方面立論，創造論即是解析作者的創作過程間的步驟，以及其所運用的幾個普遍原

則，本節先從內因外緣說起。

2. 一個人在社會或世界裡，猶如一隻船在大海裡一樣。他要冒險前進，因之他引起了許多波濤。這些波濤就是他的生活相，他的歷史跡。這些歷史跡是他對於他的周圍所發生的些關係跡，在這些關係跡中，生理的身體即是一個演員。他的內心，或者說他的生命力，即是他的前進之內因；他的環境，或者說是外在的世界即是他的前進之外緣。生命力催促著他的肉體在世界的海裡向前駛行，在這種駛行過程中，肉體即把內心與外緣結合起來。

3. 這種肉體所結合而前進的生活過程即是物理化學的生活。這種生活是萬物之所同具，是實然而偶然的。他沒有甚麼意義，他直是是其所是，處其所處，而時其所時。這種生活吾叫他是「赤裸的生」（ the bare life ），其意是說：這種生活如蛆如蒼蠅一樣的無意義，他只是一個向前衝。在這種生活裡什麼悲哀、享樂、憂鬱、煩悶，完全沒有。

4. 孔子說：「發憤忘食，樂以忘憂，不知老之將至。」這種境地也可以當作「赤裸的生」之說明。因為在這發憤的一剎那中，一切生活的面相都未覺得，所覺得只是一個單純的發憤。所以人生如要免去許多煩惱，你就當奮力工作，不要想前，也不要思後，猶如兩軍相見，心中所有的只是一個衝一樣。如果心中雜念一起，便甚麼危險、怕死、後跑、想家、父母妻子等一類的東西全個勾引起來。這樣還能制勝嗎？可是，這樣人生還能有意義嗎？人之不能不想，所以人生也不能沒有意義，意義即在極度勞動下的一想中。

5. 這種「赤裸的生」我們叫它是一個時空凝一的整體；即是說，一方面向前進，一方面向四外擴張。從向前進這方面說，人便

有其以往的歷史背景或經驗；這個經驗史即是羅素所謂一個人之「行狀」（biography）。從向外擴張這方面說，人便有其現在的新宇宙之獲得。這個新宇宙即是懷悌海所謂「機體之環境」。因爲有時間上的過去，所以人們有回想以往的情感；因爲有空間上的現在，所以人們有靜觀當前的心境。因爲回想過去，所以未來也入了想像中；因爲能靜觀現在，所以現在以外的也入了神遊中。有了時間上的回想，有了空間上的觀照，則人生的意義便紛至杳來，全部叢集於這個赤裸的生上，這時，赤裸的生便加冕了！於是，赤裸的生便成了人們歌咏、讚嘆、詛咒、怒罵的對象了！

㈡低回靡靡

1. 「低回靡靡」是常見的一句話，此處用來作意義的起源之說明。上節所說的對於「赤裸的生」之回想，即是一種「低回」的作用。「回想」可作「低回」的一種解析，但不如「低回」專門、深刻而有效。「低回」下再加上「靡靡」兩字，那更能表示出深長意義之出現。且舉例以明之，譬如你到了風景勝地，你如果馬上觀花，不加玩味，那也罷了。你如果稍加凝視，那末你便可以得著許多意義。這些意義一層一層的綿延而起，越綿延，越不忍去，這即是所謂「流連不忍去」的意思。從凝視到流連不忍去，其間就有一種低回作用施行著。這種低回作用即是你所以「不忍去」的原因，而不忍去即是意義豐富時的表示。

2. 對於外景是如此，對於赤裸的生也是如此。當你極度忙碌之後，稍加以低回，則生之意義便如春筍似的一齊出現。所以，人生意義即在人的低回中。此處所謂意義，當然是指普遍的、無定型

的而言。有了這種普遍的意義之出現，然後加以各方面的幫助而形成一種定型的特殊的意義。這種特殊的人生意義即是一個人的人生觀或人生見解，普通人常有這種疑問：人生意義究竟在什麼地方呢？我想這個疑問即是要求那特殊的人生意義，而並不是那普遍的意義。普遍的意義，在此時，早已出現了，所缺少的即是那意義之定型。人們若沒有一個定型的意義，便無安心立命之處。這即是人們所以發疑問的原因。可是，這種疑問旁人是絕對不能解答的。如果問我，我只能解答意義的出生，我只能解答普遍意義的所在；我不能替你規定一個特殊的人生意義，我不能賦汝以定型，定型完全是在你自己的決定。你決定革命也好，決定出世也好，決定甚麼悲觀、樂觀等也好，但我不能選其一而賦予汝。所以，定型的決定全在乎個人的環境、性格、經驗、知識之如何。

3. 由低回而出意義，所以意義決不在赤裸的生中。赤裸的生沒有意義，意義只在回想中。維特根什坦所謂「人生意義在人生之外」，所謂「世界是外乎意義的」等名言，就是這個意思。所以你要指定人生意義在什麼地方，那是很難指示的。因為意義根本就在你的低回中，他決不在你的低回以外而客觀獨立存在。它好像永遠隨著你，擺脫不開他，他好像宇宙的收縮性，隨著你測量的尺而一起收縮。所以你不能指示他，你只能昭示他，這就是為甚麼人於一旦豁然貫通之後而仍指不出意義的所在的原因。這就是生之神秘。神秘即是一個不可說，但可昭示。就是所謂定型的意義，也不過是由實踐中表示出，你也並不能指示出來。

4. 低回是意義出生的總原則。沒有低回，生也沒意義，世界也無意義。對於世界無意義，即是對世界無見解，因而對於世界也

就不能有所解析。由低回而至於解析，那是科學哲學的事情；由低回而至於享受，那是文藝的事情。文藝就在這裡出生，科學就在那裡出生。所以，文藝所意謂的世界，始終是低回出來的，其表示法始終是暗示的、雙關的、烘托的，而不是指示的、確鑿的、一定的。他們所說的話始終是神秘境界的，而不是科學境界的；所以那些話全都不是邏輯命題（logical proposition），而乃是些象徵的囈語。明白了「低回」這個總原則，才可以進而討論文藝之出生。

㈢圖象烘托

1. 圖象烘托可以從兩方面說。一是科學知識方面的，此可從心理學或知識論方面講。這方面的圖象，懷悌海曾分爲兩種：㈠感官圖象，㈡幾何圖象。感官圖象是最根本的，同時也是最粗略的。由最粗略的感官圖象漸至最精確的幾何圖象。圖象的用處即是對於外界有精確認識的媒介；即是說，當外界來一刺激時，我們對之先有一種大體圖象，在那裡烘托著，由此大體的圖象再進而將外物固定化、準確化。外物的固定化即是幾何圖象的起源。一是文藝知識方面的，這即是本節所要解析的。

2. 文藝方面的圖象，其來源完全不同於科學知識的。科學知識的圖象是由物理而至於生理的一種自然的現象。其出現完全是基於物理律的。文藝方面的圖象卻不如此，他的來源固然也離不了外界的刺激，但他出生唯一的原因是在人們的低回上。這即是對於世界，文藝的理解與科學的理解唯一不同的所在。

3. 文藝圖象的烘托可以從兩方面說：㈠對於當前的烘托；㈡對於以往的烘托。對於當前的烘托，以當前的實境爲根據，而以過

去的經驗陳跡為副助；對於以往的烘托，是以以往為根據，而以當前為引子。當前的烘托，譬如畫家畫水，我們此時可說：（因為畫水所以看起來似乎是濕）這種「似乎是濕」的感覺即是當前實境的圖象的烘托。這種圖象的烘托，人們曾名之曰「可觸價值」（factual value）；即是說，因感觸「實有」，而烘托出一種「幻有圖象」。文藝知識全部是烘托在這種幻有圖象上的，以往的烘托是根據於人類的記憶。因為某種原因，譬如當前有一群小孩子，那末此時你便可以烘托出你以往的兒童時期的一幅幻有圖象。有了這幅幻有圖象，你便可以按照這幅圖象而施行想像，而表演囈語。再譬如讀歷史上的一篇作品如〈離騷〉，那末你便可以藉著〈離騷〉這篇作品而構作或刻劃一幅屈原的幻有圖象。有這幅圖象，你也可以進行你對於屈原的認識與描寫。所以圖象的烘托，在文藝創造或理解中都是最根本的東西。作者以烘托而出之，讀者便不能不以烘托而解之，這即是作者與鑒賞者的一致，而所謂人人都是藝術家，其意義也就在此。

4. 我們現在再討論圖象對於實境的關係。我們認識外界時，決不要說感官圖象是從感官物相中引申出；我們倒可以說感官物相是由感官圖象中脫化出。因為前邊說過，在最初我們並不認識外物，而外物倒是因圖象的認識而認識，所以圖象比外物其可知性更為先在。感覺知識是如此，文藝知識也是如此。文藝的圖象根本是由於對於外界的低回而烘托出來的。外界的實境只不過是表演一種喚起作用而已，假使外界的實境被固定時，我們便可以低回出好多的圖象來，這些圖象對於那個實境都有相當的關係，都可為那個實境的一幅肖照。這種關係，我們叫他是「多對一的關係」（many-

one relation），即是好多圖象對於一個實境的關係，因為這些圖象是被低回而托出來的，所以他們雖然是一幅肖照，其實卻並不照像似的來摹狀，他們只是一些若斷若續的映照。文藝不是邏輯命題於此而益顯；而文藝之模糊、雙關、含蓄，以至於最後的神秘，其原因也全在此。

㈣向外投射

1. 本節述說文藝之出生。在此我提出一種主張來，即是文藝是「圖象之象徵」（symbolism of figure），圖象是低回之結果。把低回所得的諸種圖象使其互相組織而以文字表示出來，即是文藝。圖象之烘托是內部的，把他們用符號表達出來即是向外投射，即成為外部，成為客觀的。圖象之外部的符號化即是圖象之象徵。圖象在內部時，為遊離的、不定的、難以把捉的；及至到了外部，即成為確定的、清楚的、具體的、有象可徵的。

2. 在此我要提出廚川白村以修正之。在現在，論文藝之創造最出色、最根本而最有內容的，要算這位先生。現在那些自以為新進的文藝批評家其實是敝帚自珍，胡亂吹牛。除了加上一個社會基礎而外，可說連文藝的大門還未踏進，至於升堂入室更不容說了。可是，這個社會基礎不但廚川白村已經承認，即是任何人我想也不能不承認。可是，現在有人說廚川氏已經老了，過去了。

3. 廚川氏雖未過去，但他的「苦悶的象徵」卻不十分徹底而周到。他說文藝是苦悶的象徵。苦悶是由於兩種力的衝突。兩種力即是外來的壓力與內部的抗力，這兩種力的衝突便發生出苦悶。由這種苦悶，便不得不想把他這種苦悶昇化出來，發洩出來。這種苦

悶的發洩，表之於外成為詩為文為戲劇，便是所謂文藝。所以文藝完全是人生的壓抑之苦悶象徵。他這套理論自有其不可磨滅的真理在，只是他說文藝是苦悶的象徵，未免範圍側狹一點，理論缺少一步。

4. 我們要知道文藝不純是苦悶的象徵，而苦悶之來也自有其源泉，並不是先驗存在，也不是自然存在，更也不存在於內外的物理現象上，兩種力之中並不含蘊著苦悶。兩種力是物理現象，是自然的存在，如果把人只看成我前邊所說的赤裸的生，則人之反應外界如蛆之滾來滾去沒有大差別。我雖然不知道蛆有苦悶，可是我也不知道他有快樂，所以我們便不能斷定它一定有苦或樂。赤裸的生也是如此，所以苦悶決不存在於兩種力的衝突上，而兩種力也決不是苦悶的源泉。苦悶是由於對於生之低回而來，所謂抵抗，所謂壓抑，全是低回的結果。兩種力本身無所謂抵抗或壓抑。

5. 低回的結果也不只是苦悶，就照苦悶一方面言，廚川氏所謂苦悶也不過只是苦悶中之一種而已。他這種苦悶我叫他是空間關係上的苦悶，此外還有時間關係上的苦悶，這種苦悶也是人類之同感，尤其東方人為最甚，我曾名這種苦悶曰「感傷」。感傷甚麼呢？即是時間上的「無常」。大概因為東方人克己的力量特別大，所以對於空間上的壓抑倒不覺得怎樣難過；唯是時間上的「無常」，卻擾亂了他們的芳心。他們對於這個問題費了很大的思索，但終於不能挽救。可是，在這不能挽救之中，他們卻又想出許多解脫法：印度人的解脫法是「涅槃」，中國人則以為這是絕對辦不到。中國人的解脫法，我曾分為三種：㈠感傷而自得的；㈡感傷而放浪的；㈢感傷而豪爽的。這三種解脫法都是對於無常的反應。我

曾名這三種解脫法爲中國的三種人生典型，詳細情形將專文論之，在此不能多說。

6. 人生自然苦悶居多；但爲周延起見，有時文藝卻也並不象徵苦悶。喜怒哀樂，人之情也，所以文藝也時常象徵喜樂。但無論苦悶也好，喜樂也好，而皆爲低回之結果則無疑，所以文藝斷然是低回所得的圖象之象徵，而不是苦悶的象徵。

7. 我們前邊論圖象有空間方面的與時間方面的，所以象徵也是有這兩方面的，並且又因爲圖象有時關於具體的，有時關於寫意的，所以我們的象徵也是關於兩方面的。大概寫景文是關於具體的，道情文是關於寫意的，可是情景常不相離，所以寫意與具體也常化合，文章的玄妙就在這裡。即是說，兩種圖象常是糾結在一起，似有所指，似無所指，迷離徜恍，萬花千點；文章之生動，全在圖象之配合上。

8. 至此我們可以總結說，在作品之出生上，有兩個原則必須記著：

㈠低回原則（ principle of contemplation ）

㈡圖象原則（ principle of configuration ）

由此兩原則，我們可以得一結論說：文藝是圖象之象徵。

㈤超越現實

1. 每一圖象之象徵是從作者的主觀之胎裏脫穎而出，這種脫穎就是向外投射，就是圖象之物觀化。每一篇物觀化的圖象即是一個「四度體」，所謂四度體即是空間三度加上時間一度，四度體成，便是所謂活的文學，每一四度體都是活生生的參加了這個宇宙

的大流中。它開始要影響宇宙，並為宇宙所影響，此猶之乎嬰童之脫離母胎一樣。他開始為人類社會前進的一份子，它開始攪擾了社會的安靜，揭開了社會的黑幕，摧著社會的輪子前動起來，所以它這一個四度體即是大軍進行的交響曲，它的節奏的聲音充滿了人間。

2. 這種所以能催動社會的交響曲完全由於那四度體中蘊藏著一種理想，這種理想在圖象的烘托時早已摻進來了。它早已把那事界淨化過了，揭穿過了，所以每一圖象總是踏著現實而憧憬著將來，將來即是它所暗示的理想，理想超越了現實，足以使現實不安起來。

3. 沒有純粹的現實，沒有純粹的理想，左那等人所宣佈的寫實主義的信條，完全是虛構。在我這種主張之下，文藝上的一切主義或派別的爭執，都是盲然的。最大的分別，普通以為理想主義與寫實主義，可是在我看來，理想主義只不過是實境的圖象化，理想主義能夠憑空造想嗎？這種說法決不是甚麼調和，乃是從圖象的烘托上所孕乳出來的兩種看法，根本是一個東西。

4. 在文藝的出生上是如此，至於在科學知識上那另當別論，因為文藝上的圖象根本不同於感覺經驗上的圖象。文藝根本是帶著一種理想的、炫染的色彩，而科學知識則力求「實是」而避免炫染。一般人根本不明了「理想」、「觀念」、「唯心」與「寫實」或「唯物」等字樣的用法、意義、範圍或方面，只是拉來胡亂比附，亂罵一陣，這有甚麼是處？思想混淆無過現在，此不得不辭而闢之也！還有些人，因為投合時好的緣故，竟公然棄其所學，昧起良心，空口白舌在那裡表演瞎話，以流行的口頭禪來曲解本意，這

是多麼可恥的事！這不是表示他的昧心，即是表示他以往的無知。

5. 文藝中的理想之超越現實根本是蘊藏著對於人生的見解，在這個理想中，我們能看出作者對於人生的理解與對於人生的希求。從其理解上，可以使我們明白人生；從其希求上，可以使我們決定人生。所謂人生之反映，不只是人生之社會生活的反映，且是人生意義之反映。作品的影響之大，全在意義方面的反映，而不在實際的社會生活之反映。作品之永恆而與天地同其不朽，也全在人生意義之闡發，而不在實際生活之描寫。實際生活或物質生活是作者發揮意義的工具，是常變的，是隨著時代之轉變而更換的；可是所發揮的意義，那是歷千古而不變的。可憐一般只會抄襲的人們，連這點道理都不明白，還說「不變」是文學本身的價值；試問這種無用的本身價值，還有什麼價值可言？價值從那裡說起？發這種言論的人都是小孩子們學步，不通已極，還自稱是新興文學理論，是適應時代的需求。適應你自己不通的要求吧！社會不需要你這種理論！今之人不承認自己之不通，卻先吹一氣大牛說是新。學術界到了這步天地，真當該吃佛家的狗棒！

(六)前鋒後殿

1. 本節再討論文藝中的理想在社會上居什麼樣的地位。據以往的理論，可知文藝中的理想只是暗示、傾向或指導，而不是規劃、實成或格律，因為文藝中的理想只是在圖象的烘托上。圖象的烘托即是一種遊離雙關的，而不是一定的確鑿的。所以，寄托於圖象上的理想當然也是一種搖擺的暗示，而不能是準確的辭說（exact statement）。

2. 文藝中之理想猶如人類中之「觀念」。在心理學上，我們講「觀念」之起源是在人們對於疑問的態度上。對於眼前的困難不能馬上解決，這時候即需要觀念的出現。所以觀念之出現完全是在經驗生活之打斷上，完全在生活之不能照常過下去。觀念在這種生活的打斷上即出現而居於暗示或導引或傾向的地位。我們的經驗生活之能繼續不斷的擴大，完全在這種觀念的運用上。觀念此時只是一種見解、傾向或假設；及至這種假設證實了，便是那觀念的實現，也便是那見解的知識化。觀念的實現有待於證實，但是觀念的出現卻在疑問不定之時。文藝中的理想在社會上恰是如此。

3. 文藝中的理想也只是一種假設或傾向。他只是負疑問之責，具催動之機，只能暗示或引導，他卻不能規劃或陳列。他要能實現，他必須其他成分的輔助，此猶之乎觀念必須證實一樣。從其暗示或導引性上說，文藝中的理想永遠是社會的先鋒，從其實現或證實方面說，他永遠是社會的後殿。他為先鋒，他永遠領導社會不息的前進；他為後殿，他永遠督促著人們起來響應它輔助它使其成為實現。政治法律即是規劃理想而使其實現者，政治法律的功用就在此處，它們的出現是人類把它們規定出來以去實現理想，這時能動的，它們是先鋒。因為它們是人類的規定，所以就有一種一定的永恆性。它不是如自然物似的可以常變不息。它們之變或不變全繫乎人，當其日久而不適應時，即是說當新理想出現時，它們即有變動的可能。這時它們是被動的，它們是後殿，所以社會的改造以及改造之實現非注目於政治法律不可，因為它們是社會之規律，它們是人定之格式，人們不來打破它建設它，誰來作這步工作呢？這是我的社會轉變之一貫的主張，詳細情形當參看〈社會根本原則之確

立〉一文。（載本誌1卷11期，讀者可參閱。）

C. 鑒賞論

(一)剛柔之感

1. 現代論鑒賞最根本而透徹者還是日本人廚川白村，不過他所論列的還是屬於鑒賞之原理方面，即屬於鑒賞之底蘊與可能方面。至於鑒賞之正文即鑒賞之所得方面，他沒有積極的告訴我們。他那步工作，現在我們不必作，不過既然論鑒賞，則必須假設鑒賞有可能；而所以可能倒有幾個原則當列出來：

（甲）人人都是藝術家的假設，即人人都有低回作用與圖象烘托，此在「創造論」裡已經說過。（乙）情欲共感的假設，此亦可說是生命之共感。即必須假設在人類生命之底蘊裡有一種互相通絜之情慾，此在「理解論」裡已經說過。有了以上兩個假設，鑒賞始可能，此處雖然說是假設，其實也就是實情。

2. 我們由這兩個假設，對於作品始能發生許多的審識。由這些審識可以得到剛柔之感、狀態之感、氣味之感以及聲色之感等等玄妙理論。這些理論都是實實在在品題出來的，沒有這種經驗的必以為這是鬼話；可是，即便有經驗的，這實在也是鬼話，所謂鬼話者，是指看不見摸不著而言。這套鬼話最盛行於中國，而清之桐城派古文家尤是盛中之盛，所以對於文之品題至清而極矣。本段所論的大半取材於姚永樸的《文學研究法》。我從其中抽出四點加以說明，以與前兩部打成一片，所以在此須對於以前的理論全部記著，

尤其對於「理解論」中的第三節,當徹底了解。

3. 本節先論「剛柔之感」。所謂剛柔者,即是從一篇具有那三種現象形態的作品中審識出來的一種性德之表意。我們對於一篇作品,因著作者特殊內蘊發出那三種現象形態,我們就對著這種形態能發出種種不同的感覺來。這種不同的感覺恰是反映著作者的個性之或剛或柔。如果作者的個性是剛健的,則作品之表意必具有一種陽剛之美,所以作品之剛柔即是個性之剛柔方面的表示。不但對於文藝如此,即是對於音樂與歌曲也是如此。

4. 剛柔不但可以總分作品及個性,並可以區別宇宙間一切事物。「剛」、「柔」二字從《易經》上來。《易經》之所以論剛柔,是因為論陰陽的緣故。《易經》觀察一切現象,不外起伏變化之理;於此起伏變化中得出一種相反的表意來,這種相反表意即以「陰」、「陽」二字標誌之。凡屬於起或變的以陽誌之,凡屬於伏或化的以陰誌之。依此類推,陰陽就可以和剛柔連結起來。一切現象都可以如此分,當然人性也不能例外,由人性而發出來的文藝更也不能例外。

5. 陰陽剛柔之本性是什麼呢?即是說,怎樣來形容呢?我們由以往的比附配合,對於陰陽剛柔,總可以歸納出一種通則來以區別之。這種通則,姚惜抱與曾國藩體會的最好,引證於下:

> 鼐聞天地之道,陰陽剛柔而已,文者,天地之精英而陰陽剛柔之發也〔……〕其得於陽與剛之美者,則其文如霆如電,如長風之出谷,如崇山峻崖,如決大川,如奔騏驥;其光也如杲日如火,如金鏐鐵;其於人也如馮高視遠,如君而朝萬

眾，如鼓萬勇士而戰之。其得於陰與柔之美者，則其文如升
初日，如清風，如雲，如霞如烟，如林幽曲澗，如淪如漾，
如珠玉之輝，如鴻鵠之鳴而入寥廓；其於人也，漻乎其如
嘆，邈乎其如有思，嗳乎其如喜，愀乎其如悲。觀其文，諷
其音，則爲者之性情形狀舉以殊焉〔……〕（〈復魯絜非
書〉）

曾國藩論之更詳：

陽剛者氣勢浩瀚；陰柔者韻味深美。浩瀚者噴薄而出之；深
美者吞吐而出之。（《日記》）
陽剛之美，莫要於雄直怪麗四字；陰柔之美莫要於茹遠潔適
四字。（《日記》）

他於「雄直怪麗」、「茹遠潔適」八字各爲之贊：
㈠「雄」：劃然軒昂，盡棄故常；跌岩頓挫，捫之有芒。
㈡「直」：黃河千里，其體仍直；山勢如龍，轉換無迹。
㈢「怪」：奇趣橫生，人駭鬼眩；易元山經，張韓互見。
㈣「麗」：青春大澤，萬卉初葩；詩騷之韻，班揚之華。
㈤「茹」：衆義輻湊，吞多吐少；幽獨咀含，不求共曉。
㈥「遠」：九天俯視，下界聚蚊；寤寐周孔，落落寡聞。
㈦「潔」：冗意陳言，纇字盡芟；慎爾褒貶，神人所監。
㈧「適」：心境兩間，無營無待；柳記歐跋，得大自在。
　6. 由以上可以歸納說：凡「光明俊偉」乃「陽剛之勝境」，

凡「憂危謙謹」乃「陰柔之勝境」。此兩境界即可以盡剛柔之感，並可以為剛柔之通則。按此通則品題一切作品，則莊周、揚雄、韓愈、蘇軾皆有陽剛之美，屈原、劉向、歐陽修、曾鞏皆有陰柔之美。不過，此種分別並非截然不同。譬如司馬遷有陽剛之美又有陰柔之美，此其所以為偉大處。

(二)狀態之感

1. 由以上的剛柔之感可以引出各種不同的狀態之感。譬如觀水，剛柔就其浩浩大流的本性而言，于此浩浩大流中可以觀出種種不同的狀態。觀彩霞，觀大山，觀奇石怪樹，都能有狀態觀念的出現。此就實物而言。文雖無物可指，然其狀態亦可由言外尋之。

2. 論文之狀態最詳者，為清之桐城派始祖劉海峰。他把文之狀態分成十種。今次第述之如下：

3. (一)文之「奇」：「有奇在字句者，有奇在意者，有奇在筆者，有奇在邱壑者，有奇在氣者，有奇在神者。字句之奇，不足為奇；氣奇則真奇矣。」（《論文偶記》）

「奇氣最難識。大約忽起忽落，其來無端，其去無迹。讀古人文於起承轉接之間，覺有不可測識之處，便是奇氣。奇與平正相對。氣雖盛大，一片行去，不可謂奇。奇者於一氣行走之中，時時提起。」（同上）

於是，所謂「奇」，必在吾所謂時間形態中蘊藏著。所謂「時時提起」，所謂「無端」「無迹」，即是吾所謂無限的活力與波動。當參看「理解論」第三節。

4. (二)文之「高」：「窮理則識高，立志則骨高，好古則調

高。」「文到高處，只是樸淡意多。譬如不事紛華，翛然世外之味，謂之高人。昔人謂子長文字峻，震川謂此言難曉；要當于極眞極樸極淺處求之。」（同上）

5. ㈢文之「大」：「道理博大，氣脈宏大，邱壑遠大。邱壑中峰巒高大，波瀾擴大，乃可謂之遠大。」（同上）

6. ㈣文之「遠」：「遠必含蓄；或句上有句，或句下有句，或句外有句。說出者少，不說出者多，乃可謂遠。昔人論畫曰：遠山無皴，遠水無波，遠樹無枝，遠人無目。此之謂也，遠則味永，文至味永，則無以加。」（同上）

7. ㈤文之「變」：「《易》曰：虎變文炳，豹變文蔚。又曰：物相雜，故曰文。故文者，變之謂也。一集之中，篇篇變；一篇之中，段段變；一段之中，句句變。神變，氣變，境變，音節變，句句變，惟昌黎能之。」（同上）

總上所謂奇、高、大、遠、變，皆不外吾所謂時間形態與空間形態。這五種狀態是指兩種形態合一而成的向前擴張之無限而言。這種向前的無限之擴張即是「至大無外」之意。那五種狀態全是從「至大無外」中表示出。我在論現象形態時，特主重「無限」二字。一篇作品，若不能作到無限，便不會有那五種狀態發生。

8. ㈥文之「簡」：「凡文筆老則簡，意眞則簡，辭切則簡，理當則簡，味淡則簡，氣蘊則簡，品貴則簡，神遠而含藏不盡則簡；故簡爲文章盡境。程子云：立言貴含蓄意思，無使無德者眩，知德者厭。此語最屬有味。」（同上）

9. ㈦文之「疏」：「宋畫密，元畫疏。顏、柳字密，鍾、王字疏。孟堅文密，子長文疏。凡文力大則疏，氣疏則縱，密則拘，

神疏則逸，密則勞，疏則生，密則死。」（同上）

10. ㈧文之「瘦」：「須從瘦出，而不宜以瘦名。蓋文至瘦則筆能屈曲盡意，而言無不達；然以瘦名，則文心狹隘。」（同上）

此所謂瘦即靈敏而有筋骨之意。靈敏故能屈曲盡意，筋骨故能瘦峻。從瘦出即從靈敏筋骨中出，不以瘦名，即不犯枯槁之病。

11. ㈨文之「華」：「華正與樸相表裡，以其華美，故可貴；所惡於華者，恐其近俗耳；所取于樸者，謂其不著脂粉耳。昔人謂不著脂粉而清眞刻削者，梅聖兪之詩也。不著脂粉而精彩濃麗，自《左傳》、《莊子》、《史記》而外，其妙不傳。此知文之言。」（同上）

此所謂華正是樸中之華。無華而樸則以瘦名；有華無樸，不從瘦出。所以華、瘦正當合觀；最好的譬喻是梅花千點。

12. ㈩文之「參差」：「天之生物，無一無偶，而無一齊者；故雖排比之文，亦以隨勢曲注爲佳。」（同上）

所謂「參差」即是奇偶相雜之意。以上簡、疏、瘦、華、參差五種狀態，皆指那向前的無限擴張之「至小無內」而言。由這種「至小無內」或「向前擴張」中的「起伏變化」，即可得出簡、疏、瘦、華、參差五種狀態來。「至小無內」含有簡、疏、瘦，「起伏變化」含有華美、參差。不過，以上兩組狀態實是無限的擴張之兩方面的看法，根本是連在一起而由一個根本的擴張表示出來。主重轉折起伏的內在即爲後一組；主重前進擴大的外在即爲前一組。如以剛柔比之，則前者爲陽剛之美，後者爲陰柔之美。

13.狀態可以無限的引出，並且對於作品，可以隨汝之所願而想像與描寫。譬如韓愈〈進學解〉上說：「《周誥》、《殷盤》，佶

屈聲牙；《春秋》謹嚴，《左氏》浮誇；《易》奇而法，《詩》正而葩。」這是對於《六經》的描畫。柳子厚與〈楊京兆憑書〉云：「博如莊周，哀如屈原，奧如孟軻，壯如李斯，峻如馬遷，富如相如，明如賈誼，專如揚雄。」這是對於諸子的名狀。蘇明允〈上歐陽內翰書〉云：「孟子之文，語約而意盡，不爲鑱刻斬絕之言，而其鋒不可犯。韓子之文，如長江、大河，渾浩流轉，魚黿蛟龍，萬怪惶恐，而遇抑掩蔽，不使自露；而人望見其淵然之光，蒼然之色，亦自畏避而不敢迫視，執事之文，紆餘委備，往復百折，而條達疏暢，無所間斷，氣盡語極，急言切論，無艱難勞苦之態，此三者皆斷然爲一家之文也。」這是借三人而表示陽剛陰柔之狀的。又姚薑塢《援鶉堂筆記》論昌黎與歐公最妙：「昌黎雄處，每於一起一接一落，忽來忽止，不可端倪。」「歐公文字玩其轉調處，如美人轉眼。」「歐公於將說未說時，吞吐抑揚作態，令人欲絕。」忽來忽止，即是剛健之狀；美人轉眼，即是柔婉之狀。剛健見本領，柔婉見涵養。這是兩種狀態之極致。所以狀態雖有十而皆可歸納于二。

㈢氣味聲色之感

1. 由狀態之感即可以發生氣味聲色之感。這也由鑒賞而品題出來的玄妙鬼話。在此先說氣味。

2. 作文固然要有內蘊；但內蘊對氣而言，可說只是個「有」（being）而已，而氣則是鼓動那內蘊而宣表於外者。但無有內蘊而無氣者，所以氣即是內蘊中之活力而已。有這種活力爲底子即可摧動而施行其創造。這種活力之氣在作者中是什麼樣，發出來也是

什麼樣。

3. 我們先說在作者中的「氣」。孟子曰：「氣，體之充也。」管子曰：「氣，身之充也。」（〈心術篇〉）。《淮南子》曰：「氣，生之充也。」（〈原道篇〉）。孟子復有「養吾浩然之氣」的主張，所以氣在作者即是生命充實之謂。宋之三蘇最佩服孟子的浩然之氣，蘇東坡作〈潮州韓文公廟碑〉說：「是氣也寓于尋常之中，而塞乎天地之間」；「韓文公起布衣，談笑而麾之，天下靡然從公，復歸於正，蓋三百年于此矣。」「豈非參天地關盛衰浩然而獨存者乎？」這是說韓愈富有那種浩然之氣。並且此氣不是私的而是公的，而是充塞乎天地之間的東西。這樣「氣」即有本體的意味在，不但是個人的摧動機，而且是天地的摧動機。這個摧動機即是充滿宇宙的大活力，即是「氣」。蘇子由〈上樞密韓太尉書〉亦云：「轍生好爲文，思之至深。以爲文者氣之所形，然文不可以學而能，氣可以養而致。孟子曰：『我善養吾浩然之氣。』今觀其文章，寬厚宏博，充乎天地之間，稱其氣之小大。太史公行天下，周覽四海名山大川，與燕、趙間豪俊交遊，故其文疏宕頗有奇氣。此二子者豈嘗執筆爲如此之文哉？其氣充乎其中，而溢乎其貌；動乎其言，而見乎其文，而不自知也。」氣之流行而形乎其外即是文。這即是氣之本體觀，文之現象觀，作家非有這種浩然之氣不可。

4. 再從發之于外而成文章這方面看，《曾文正公日記》說：「古人之不可及全在行氣。如列子之衝風，不在義理字句間也。」又云：「爲文全在氣盛。欲氣盛全在段落清。每段分束之際，似斷非斷，似咽非咽，似吐非吐；古人無限妙境，難以領取。每段張起

之際，似承非承，似提非提，似突非突，似紓非紓；古人無限妙用，亦難領取。」又云：「奇辭大句，須得瑰瑋飛騰之氣，驅之以行，凡堆重處皆化爲虛空，乃能爲大篇，所謂氣力有餘於文之外也，否則氣不能舉其體矣。」此三段論氣之發於外最妙，每段分束之際，其氣爲柔婉，每段張起之際，其氣爲剛健，柔婉一無限，剛健一無限，氣之流行全在這種無限的變化起伏張大中表示出，故氣之發於外，完全離不了以前所討論的三種現象形態及十種剛柔狀態。

5. 因爲有柔婉與剛健之氣，所以在文中能品題出不同的氣味來：㈠元氣。此即充天地之間的那浩然之氣，此種氣上下與天地同流，李義山謂昌黎文若「元氣」，王荊公謂少陵詩與「元氣」俟，是表之於文而具有元氣者實不多見，惟杜、韓足以當之。㈡敦厚之氣。此偏於陰柔之和愛者，若《詩經》，若《楚辭》，若歐公，若曾鞏等皆是。㈢嚴凝之氣。此偏於陰柔之辛辣者，若韓非，若商鞅，若太史公，若蘇明允等皆是。㈣光明之氣。此偏於陽剛之博大者，若莊周，若孟軻，若東坡等皆是，㈤雄偉之氣。此偏於陽剛之赳健者，若《國策》，若賈生，若韓愈等皆是。上所分列並非顯然，但皆爲眞氣則無疑。

6. 由氣之不同可以發生味之不同，若厚味或意味，若深味或風味，若異味或趣味等，皆可按氣之不同而有差異，所以味通於氣，而氣連於狀也。

7. 我們再論聲色。由狀態氣味亦可發生聲色之感，聲是就大小、短長、疾徐、剛柔、高下而言；色是就清奇濃淡而言。聲音之感譬如聽樂，色澤之感譬如賞花，樂由音節而有節，文由段落而有

節奏，花由色澤而有濃淡，文由字句而有濃淡，文之節奏濃淡亦全連於狀態氣味，而與以前所論列息息相關。

8.《左傳》季札，觀樂即是對於詩之音樂化，使詩樂打成一片，歐陽修論音樂之功能最妙，他在〈送楊寘序〉云：「夫琴之為技小矣。及其至也，大者為宮，細者為羽，操絃驟作，忽然變之。急者淒然以促，緩者舒然以和。如崩崖裂石，高山出泉，而風雨夜至也，如怨夫寡婦之嘆息，雌雄雍雍之相鳴也。其憂深思遠，則舜與文王、孔子之遺音也；悲愁感憤，則伯奇孤子、忠臣屈原之所嘆也。喜怒哀樂動人深心；而純古淡泊，與夫堯、舜三代之言語，孔子之文章，《易》之憂患，《詩》之怨刺無以異。其能聽之以耳，應之以手，取其和者，道其湮鬱，寫其憂思，則感人之際亦有至者焉。」此雖論琴，文亦應然。文之節奏至於極，而與天地同，則所謂「感天地，泣鬼神」乃是自然之事。

9. 色澤是文之光彩，與聲相輔而行。此應當於字句上注意。即所謂練字造句者是也。字句之位置與安排，於聲色上實屬至要，不可以小道目之。喜怒哀樂之情，皆有與之相應的聲色之韻字，故聲色之韻與字亦皆通於剛柔狀態與氣味。劉海峰《論文偶記》云：「神氣者，文之最精處也。音節者，文之稍粗處也。字句者，文之最粗處也。然論文而至於字句，則文之能事盡矣。蓋音節者，神氣之迹也；字句者，音節之矩也。神氣不可見，於音節見之；音節無可準，以字句準之。」又云：「音節高則神氣必高，音節下則神氣必下，故音節為神氣之迹。一字之中，多一字，或少一字；一字之中，或用平聲，或用仄聲；同一平字仄聲，或用陰平、陽平、上聲、去聲、入聲，則音節迥異。故字句為音節之矩。」又云：「積

字成句，積句成章，積章成篇。合而讀之，音節見矣；歌而詠之，神氣出矣。」此論字句、音節、神氣三者之關係最精到。其實，這三者即是三位一體。爲使學者自覺，故特指而分之。從剛柔狀態以至於神色氣味，也是三位一體，並與吾所謂現象形態渾融爲一。

㈣最後的神祕

1. 由以上剛柔狀態氣味之感，再加以低回，玩而融之，必至最後的神祕。《易·說卦傳》云：「神也者，妙萬物而爲言者也。」《孟子·盡心》篇云：「夫君子所過者化，所存者神。」又云：「大而化之之謂聖，聖而不可知之之謂神。」吾所謂神祕，即所謂神化之謂。大而化之，渾融爲一，而至於不可知不可說，即謂神祕。譬如以石投水，由石落處，波幅漸向周圍擴張，及至擴張到無可再擴張，而與石落處之中心點渾而爲一，這即是「大而化之」的境界，也即是不可說的神祕。《易·繫辭傳》所謂「神無方而易無體」，所謂「陰陽不測之謂神」，即是指這種境界而言。因爲到了大而化之的時候，那些「波幅」「差別」「色相」等可說可指的東西全個渾融而消滅，所以此時既無方又無體，復不可測。

2. 神祕雖然無方無體，但卻必須于有方有體中昭示出來。有方有體的世界是科學的世界。神祕的世界即在這個可說的科學世界之外而爲它所映照。所以，於起伏變化中，擴張之無限，即是陽剛的神祕境界；轉折之無限，即是陰柔之神祕境界。由擴張轉折中能感出無限即能感出神祕，擴張轉折之可說可指是謂科學之所對，無方無體之無限或神祕是謂藝術或宗教之所對，指出可說與不可說而劃清其界限則是哲學之功能。

3. 我們上邊說神祕由可說可指中昭示出，這可說可指即是
「理」。所以我們現在從「理」這方面論神祕。理即是條理關係結
構之謂。條理之極致，無不含神祕。古希臘畢他哥拉斯及柏拉圖之
神祕，即極端數理之結果也。即現代的甄思（Jeans）及愛頂頓
（Eddington）亦莫不由數理而至于神祕，所以神祕必含于條理中
而為人所品題。我們再以上邊所說的石頭投水為例，波紋色相即是
條理，即為可說可指；神化即是由這種波紋色相中烘托渾融出來。

4. 從水方面說明由理以至於神，最妙的有《宋史·文苑傳》載
張文潛（即張來）的言論，他說：「夫決水於江河淮海也，順道而
行，滔滔汩汩，日夜不止，衝砥柱，絕呂梁，放於江湖而納之海。
其舒為淪漣，鼓為波濤，激之為風飆，怒之為雷震。蛟龍魚鼈，噴
薄出沒，是水之奇變也。水之初豈若是哉？順道而決之，因其所遇
而變生焉。」這即是「卑下倨句必循乎理」之意，若舒，若激，若
鼓，若怒，此即條理之奇變。由此奇變，我們即能看出浩浩蕩蕩之
神化，所以神化必是條理的極致。文亦復如此。字句音節之極致即
是條理變化之極致，所以也就是神祕。由理而神即是姚惜抱所謂
「神理」，這是最後的境界。中國人最善於鑒賞；文、樂、世界，
皆用同一態度鑒賞之。所以他們的道理，就有一形而上的一貫原則
在那裡貫通之，這是鑒賞之極致。

5. 文章到了這最後的境界即能永恆而普遍，勿論作者的個性
是特殊的，作者的材料與環境是常變的；但到了神化的境界則是永
恆而普遍。吾人必須了解這種境界，始能言變與常，殊與共的問
題，不然徒自暴其無學而已。

6. 說到這裡，定有革命的人物出來反對說你這道理太玄了、

太布爾喬亞了，普羅文學不是如此。我說：慢來！㈠我是論文學的本性，發揮客觀的眞理，你的普羅文學如果是文學，也出不了我的圈外。㈡你的普羅文學若沒有神化作用，那便不會發生影響。㈢你說玄，我說文學根本就是玄的。你如果不至於無知到以文學爲科學，則玄是必須承認的。你現在不明所以，將來也必有明白的一天。如果始終不明白，那你就當吃狗棒，不配談文學！

《再生半月刊》第2卷第6、7期合刊　1934年4月1日

《紅樓夢》悲劇之演成

一

　　《紅樓夢》之被人注意，不自今日始。最初有所謂紅學大家之種種索隱附會之談，這已經失掉了鑒賞文學的本旨。後來有胡適之先生的《紅樓夢考證》，把那種索隱的觀點打倒，用了歷史的考據法，換上了寫實主義的眼鏡，證明了《紅樓夢》是作者的自述，是老老實實把自己的盛衰興亡之陳述描寫出來。這雖然是一個正確的觀點，然而對於《紅樓夢》本身的解剖與理解，胡先生還是沒有作到。這只是方向的轉換，仍不是文學本身的理解與批評。所以胡先生的考證雖比較合理，然究竟是考證工作，與文學批評不可同日而語。他所對付的是紅學家的索隱，所以他的問題還是那紅學家圈子中的問題，不是文學批評家圈子中的問題；因為我們開始便安心鑒賞《紅樓夢》本身的技術，與其中所表現的思想，那些圈子外的問題便不容易發生。圈子外的問題，無論合理與不合理，在我們看來，總是猜謎的工作，總是飽暖生閒事，望風捕影之談。

　　近年來注意《紅樓夢》的人，方向又轉變了，從圈子外轉到圈

子裡。這確是文學批評家的態度。不過據我所見，這些作家們所發表的言論，又都只是歌詠讚嘆《紅樓夢》的描寫技術與結構穿插之巧妙，對於其所表現的人生見地與支持本書的思想之主幹，卻少有談及。這種工作並非不對，也是分內事。不過，我以為這只是咬文嚼字的梢末文章。若純注意這等東西，其流弊所及便是八股式的文學批評法，與金聖嘆批《水滸》批《西廂》，同一無聊而迂腐。而且這一種批評，其實就不是批評，它乃實是一種鑒賞。中國歷來沒有文學批評，只有文學鑒賞或品題。品詩品文與品茶一樣，專品其氣味、聲色、風度、神韻。品是神祕的、幽默的，所謂會心的微笑，但卻不可言詮。所以專注意這方面，結果必是無話可說，只有讚嘆叫好。感嘆號滿紙皆是，卻無一確鑿的句子或命題。

這種品題法是中國歷來言之特別起勁的。我並不反對這種品題工作，而且因為近二十年來人們攻擊得太利害，這種學問幾乎成了絕響，所以我不忍其淪亡，也曾作文以闡發（即在《再生》2卷6期上發表過的〈理解、創造與鑒賞〉）。在這篇文章裡，我說明了理解的直接對象便是作品本身。由此作品本身發見作者的處境，推定作者的心情，指示作者的人生見地。我也說明了創作的全部過程，最後以集文學品題之大成的桐城派為根據而解說鑒賞。所以，我並不反對鑒賞或品題。不過，叫我論鑒賞可，叫我實際鑒賞也可；惟叫我說鑒賞之所得，卻實在有點難為情。我是說不出來的，因為這不是說的東西。所以，我只能說我所可說的。如其能說必須清楚地說之，如不能說必須默然。可說的說出來不必清楚，但默然的卻實在難說。人家去說我也不反對，但那可說而卻未經人說的，我現在卻要說說。

二

在《紅樓夢》，那可說而未經人說的就是那悲劇之演成。這個問題也就是人生見地問題，也就是支持那部名作的思想主幹問題。

在中國舊作品中，表現人生見地之複雜與衝突無過《紅樓夢》。《水滸》、《金瓶梅》卻都非常之單純。所以《紅樓夢》之過人與感人，絕不在描寫之技術。技術的巧妙是成功作品的應當的本分，這算不得什麼。要不然，還值得看麼？這是起碼的工作。文通字順當然算不得傑作的所在。腦袋十分空虛，純仗著擺字眼，玩技巧以取勝，結果只是油滑討厭，最大的成績不過是博得本能的一笑而已。

人們喜歡看《紅樓夢》的前八十回，我則喜歡看後四十回。人們若有成見，以為曹雪芹的技術高，我則以為高鶚的見解高，技術也不低。前八十回固然是一條活龍，鋪排的面面俱到，天衣無縫，然後四十回的點睛，卻一點成功，頓時首尾活躍起來。我因為喜歡後四十回的點睛，所以隨著也把前八十回高抬起來。不然，則前八十回卻只有一個大龍身子，呆呆的在那裡鋪設著。雖然是活，卻活得不靈。

前八十回是喜劇，是頂盛；後四十回是悲劇，是衰落。由喜轉悲，由盛轉衰，又轉得天衣無縫，因果相連，儼若理有固然，事有必至，那卻是不易。復此，若只注意了喜劇的鋪排，而讀不到其中的辛酸，那便是未抓住作者的內心，及全書的主幹。《紅樓夢》第一回說完了緣起以後，隨著來了一首詩云：

> 滿紙荒唐言，一把辛酸淚。都云作者癡，誰解其中味？

讀者若不能把書中的辛酸味解出來，那才是叫作者罵盡天下後世，以爲世上無解人了。他那把辛酸淚，只好向天洒抛了。所以《紅樓夢》不是鬧著玩的，不是消遣品，這個開宗明義的辛酸淚，及最後的悲劇，豈不是一貫？然若沒有高鶚的點睛，那辛酸淚從何說起？所以全書之有意義，全在高鶚之一點。

三

悲劇爲什麼演成？辛酸淚的解說在那裏？曰：一在人生見地之衝突，一在興亡盛衰之無常。這兩個意思完全在一、二兩回裏道說明白。我們先說第一個。

> 天地生人，除大仁大惡，餘者皆無大異。若大仁者則應運而生；大惡者則應劫而生。運生世治，劫生世危。堯、舜、禹、湯、文、武、周、召、孔、孟、董、韓、周、程、朱、張，皆應運而生者。蚩尤、共工、桀、紂、始皇、王莽、曹操、桓溫、安祿山、秦檜等，皆應劫而生者。大仁者修治天下，大惡者擾亂天下。清明靈秀，天地之正氣，仁者之所秉也；殘忍乖僻，天地之邪氣，惡者之所秉也。今當祚永運隆之日，太平無爲之世，清明靈秀之氣所秉者，上自朝廷，下至草野，比比皆是。所餘之秀氣，漫無所歸，遂爲甘露，爲

和風，洽然漑及四海。彼殘忍乖邪之氣，不能蕩溢於光天化日之下，遂凝結充塞於深溝大壑之中，偶因風蕩，或被雨摧，略有搖動感發之意。一絲半縷，悞而逸出者值靈秀之氣適過，正不容邪，邪復妒正，兩不相下，如風水雷電，地中相遇，既不能消，又不能讓，必致搏擊掀發。既然發洩，那邪氣亦必賦之於人，假使或男或女，偶秉此氣而生者，上則不能爲仁人爲君子，下亦不能爲大凶大惡。置之千萬人之中，其聰俊靈秀之氣則在千萬人之上，其乖僻邪謬不近人情之態又在千人之下。若生於公侯富貴之家，則爲情癡情種；若生於詩書清貧之族，則爲逸士高人。縱然生於薄祚寒門，甚至爲奇優，爲名娼，亦斷不至爲走卒，爲健僕，甘遭庸夫驅制。如前之許由、陶潛、阮籍、嵇康、劉伶、王謝二族、顧虎頭、陳後主、唐明皇、宋徽宗、劉庭芝、溫飛卿、米南宮、石曼卿、柳耆卿、秦少游，近日倪雲林、唐伯虎、祝枝山，再如李龜年、黃繙綽、敬新磨、卓文君、紅拂、薛濤、崔鶯、朝雲之流，此皆易地則同之人也。（第二回）

這一套人性的神話之解析，我們不必管它。只是這三種人性，卻屬事實。仁者秉天地之正氣，惡者秉天地之邪氣，至於那第三種怪誕不經之人，卻是正邪夾攻中的結晶品。《紅樓夢》中的賈寶玉、林黛玉便是這第三種人的基型。《紅樓夢》之所以爲悲劇，也就是這第三種人的怪僻性格之不被人了解與同情使然。

普通分三種人爲善惡與灰色。悲劇之演成，常以這三種人的互相攻伐而致成，惟《紅樓夢》之悲劇，不是如此。《紅樓夢》裏

邊，沒有大凶大惡的角色，也沒有投機騎牆的灰色人。普通論者多以王熙鳳比曹操，這可以說是一個奸雄了。惟在我看起來，卻有點冤枉。王熙鳳也許是一個治世之能臣，亂世之奸雄，是一個不得了的人物，但悲劇演成之主因卻不在王熙鳳之奸雄。如果她是奸雄，則賈母、王夫人也是奸雄，或更甚焉，但顯然這不近情。何況賈家還不能算是一個亂世，所以我們對於王熙鳳的觀念卻倒是一個治世中之能臣，不是一個亂世中之奸雄，縱然對於賈瑞和尤二姐，處置的有點過份，也只是表示她不肯讓人罷了。一個是表示她十分厭恨那種癡心妄想的人，一個是表示她的醋勁之特別大。最足以表示出她不夠奸雄的資格的，便是一聽查抄的消息立刻暈倒在地。後來竟因心痛而得大病，所以賈母說她小器。這那裏是奸雄？再賈母死時，家道衰微，她也是兩手撲空，沒有辦法，比起當年秦氏死協理寧國府的時候差得多了。經不起大波折，逆境一到，便露本相。這算不得是奸雄。所以，王熙鳳只是一個服上水的人，在有依有靠、無憂無慮的時候，她可以炫赫一氣。一旦「樹倒猢猻散」，她也就完了。至於寶、黛的悲劇，更不干她事，她不過是一個工具而已。關於這一點，以下自然可以明白。悲劇之演成，既然不是善惡之攻伐，然則是由於什麼？曰：這是性格之不同，思想之不同，人生見地之不同。在爲人上說，都是好人，都是可愛，都有可原諒可同情之處；惟所愛各有不同，而各人性格與思想又各互不了解，各人站在個人的立場上說話，不能反躬，不能設身處地，遂致情有未通，而欲亦未遂。悲劇就在這未通未遂上各人飲泣以終。這是最悲慘的結局。在當事人，固然不能無所恨，然在旁觀者看來，他們又何所恨？希臘悲劇正與此同。國王因國法而處之於死地，公主因其爲情

人而犯罪而自殺,其妹因其爲兄長而犯罪而自殺。發於情,盡於義,求仁而得仁,將何所怨?是謂眞正之悲劇。善惡對抗的悲劇是直線的,顯然的;這種衝突矛盾所造成的悲劇是曲線的,令人失望的。高鶚能寫悲劇已奇了,復寫成思想衝突的眞正悲劇更奇,《紅樓夢》感人之深即在這一點。

四

性格衝突的眞正陣線只有兩端:一是聰俊靈秀乖僻邪謬的不經之人,寶玉、黛玉屬之。一是人情通達溫柔敦厚的正人君子,寶釵屬之。乖僻不經,曲高和寡,不易被人理解。於是,賈母、王夫人,以至上上下下無不看中了薛寶釵,而薛寶釵亦實道中庸而極高明,確有令人可愛之點。這個勝負問題,自然不卜可知。我們且看關於他三人的性格的評論。

㈠關於寶玉的:

> 面如傅粉,唇若施脂;轉盼多情,語言若笑。天然一段風韻,全在眉梢;平生萬種情思,悉堆眼角。看其外貌,最是極好,卻難知其底細。後人有〈西江月〉二詞,批的極確。詞曰:
>
> > 無故尋愁覓恨,有時似傻如狂。縱然生得好皮囊,腹内原來草莽。潦倒不通庶務,愚頑怕讀文章。行爲偏僻性乖張,那管世人誹謗?
>
> 又曰:

> 富貴不知樂業，貧窮難耐淒涼。可憐辜負好時光，於國
> 於家無望。天下無能第一，古今不肖無雙。寄言紈袴與
> 膏粱，莫效此兒形狀。（第三回）

這是作書者的總評。再看：

> 忽見警幻說道：〔……〕吾所愛汝者，乃天下古今第一淫人
> 也。寶玉聽了，嚇的慌忙答道：仙姑差了。我因懶於讀書，
> 家父母尚每垂訓飭，豈敢再冒淫字。況且年紀尚幼，不知淫
> 爲何事。警幻道：非也。淫雖一理，意則有別。如世之好淫
> 者，不過悅容貌，喜歌舞，調笑無厭，雲雨無時，恨不能天
> 下之美女供我片時之趣興：此皆皮膚濫淫之蠢物耳。如爾，
> 則天分中生成一段癡情，吾輩推之爲意淫。惟意淫二字可心
> 會而不可口傳，可神通而不可語達。汝今獨得此二字，在閨
> 閣中雖可爲良友，於世道中未免迂闊怪詭，百口嘲謗，萬目
> 睚眦。（第五回）

這是以癡情意淫總評他，說明他的事業專向女兒方面打交道，專向
女兒身上用工夫，但卻與西門慶、潘金蓮等不同。所以《紅樓夢》
專寫意淫一境界，而《金瓶梅》則不可與此同日而語。

再如：

> 那兩個婆子見沒人了，一行走，一行談論。這一個笑道：怪
> 道有人說他們家的寶玉是相貌好，裡頭糊塗，中看不中吃。

果然竟有些獃氣。他自己燙了手,倒問別人疼不疼:這可不是獃了嗎?那個又笑道:我前一回來,還聽見他家裡許多人說,千眞萬眞,有些獃氣。大雨淋的水難兒似的。他反告訴別人:下雨了,快避雨去罷。你說可笑不可笑?時常沒人在跟前,就自哭自笑的。看見燕子,就和燕子說話;河裏看見了魚,就和魚兒說話。見了星星月亮,他不是長吁短嘆的,就是咕咕噥噥的。且一點剛性兒也沒有,連那些毛丫頭的氣都受到了。愛惜起東西來,連個線頭兒,都是好的;糟蹋起來,那怕值千值萬都不管了。(第三十五回)

這是舉例說明他那種怪誕行為,獃傻脾氣。其實既不獃也不傻,常人眼中如何看得出?如何能了解他?賈雨村說:「若非多讀書識事,加以致知格物之功,悟道參元之力者,不能知也。」這話實是對極,並不重大。知人豈是易事?

再看他自己的思想與希望:

人誰不死?只要死的好。那些鬚眉濁物只聽見,文死諫武死戰這二死是大丈夫的名節,便只管胡鬧起來。那裡知道有昏君方有死諫之臣;只顧他邀名,猛拚一死,將來置君父於何地?必定有刀兵,方有死戰;他只顧圖汗馬之功,猛拚一死,將來棄國於何地?襲人不等在心裡,若朝廷少有瑕疵,他就胡彈亂諫,邀忠烈之名。倘有不合,濁氣一湧,即時拚死,這難道也是不得已?要知道那朝廷是受命於天,若非聖人,那天也斷斷不把這萬幾重任交代。可知那些死的都是沽

> 名釣譽，並不知君臣的大義。比如我此時若果有造化，趁著你們都在眼前，我就死了；再能夠你們哭我的眼淚流成大河，把我的屍首漂起來，送到那鴉雀不到的幽僻去處，隨風化了；自此，再不託生爲人：這就是我死的得時了！（第三十六回）

這是他的死的哲學。再如：

> 還提什麼念書，我最厭這些道學話。更可笑的是八股文章：拿他誆功名，混飯吃，也罷了，還要說代聖賢立言！好些的不過拿些經書湊搭湊搭還罷了；更有一種可笑的，肚子裡原沒有什麼，東拉西扯，弄的牛鬼蛇神，還自以爲博奧。這那裡是闡發聖賢的道理？（第八十二回）
>
> 湘雲笑道：還是這個性兒，改不了。如今大了，你就不願意去考舉人進士的，也該常會會這些爲官作宦的，談講談講那些仕途經濟，也好將來應酬事務，日後也有個正經朋友。讓你成年家只在我們隊裡，攪的出些什麼來？寶玉聽了，大覺逆耳，便道：姑娘請別的屋裡坐坐罷！我這裡仔細腌臢了你這樣知經濟的人！（第三十二回）

總之，他最討厭那些仕途經濟，讀書上進的話。他以爲這都是些「祿蠹」。湘雲一勸，竟大遭其奚落。可見他是最不愛聽這些話的。

㈡關於黛玉、寶釵的：

他這種思想性格是不易被人了解的，然而他的行為卻令人可愛。大觀園的女孩子，幾乎無人不愛他。與他思想性格不同的薛寶釵也是愛之彌深。黛玉更不容說了，而且能了解他的，與他同性格的，也惟有一林黛玉。所謂同，只是同其怪僻，同其聰明靈秀；至於怪僻的內容，聰明靈秀的所在，自是各有不同。最大的原因就是男女的地位不同。因為男女地位的不同，所以林黛玉的怪僻更不易被人理解，被人同情。在寶玉成了人人皆愛的對象，然而在黛玉卻成了寶玉一人的對象，旁人是不大喜歡她的。她的性格，前後一切的評論，都不外是：多愁善感，尖酸刻薄，心細，小脾氣。所以賈母便不喜歡她，結果也未把她配給寶玉。然而惟獨寶玉卻是敬重她，愛慕她，把她看的儼若仙子一般，五體投地的倒在她的腳下。至於寶釵，雖然也令他愛慕，卻未到黛玉那種程度。那就是因為性格的不同。寶釵的性格是：品格端方，容貌美麗，卻又行為豁達，隨分從時，不比黛玉孤高自許，目無下塵，故深得下人之心。而且有涵養，通人情，道中庸而極高明。這種人最易被了解被同情，所以上上下下無不愛她。她活脫是一個女中的聖人。站在治家處世的立場上，如何不令人喜歡？如何不是個難得的主婦？所以賈母一眼看中了她，便把她配給了她所最愛的寶玉。但是寶玉卻並不十分愛她。她專門作聖人，而寶玉卻專門作異端。為人的路向上，先已格格不相入了。賈母只是溺愛，並沒有理解，所以結果只是害了他。不但害了他，而且也害了黛玉與寶釵。這便是大悲劇之造成。從這方面說，賈母是罪魁。

五

　　性格既如上述，再述他們之間愛的關係。寶玉風流洒脫可愛，黛玉高雅才思可愛，寶釵溫柔敦厚可愛。寶玉自己也說：「戕寶釵之仙姿，灰黛玉之靈竅。〔……〕戕其仙姿，無戀愛之心矣；灰其靈竅，無才思之情矣。」（第二十一回）可見寶玉之對黛玉另有一番看法。其實，黛玉何嘗不是仙姿？只是於仙姿而外，還有一種高雅才情可愛。這便是基於她的性格。寶釵亦何嘗不高雅才情？只是，她的高雅才情與黛玉非一基型，為寶玉所不喜，所以寶玉看不出她有何才情，而只以仙姿許之。這也是基於她的性格。於是，我們可以論他們的愛的深淺。

　　寶玉、寶釵之間的關係，是單一的、一元的、表面的、感覺的；寶玉、黛玉之間的關係是複雜的、多元的、內部的、性靈的。在此先證明前者。

　　　　此刻忽見寶玉笑道：寶姐姐，我瞧瞧你的那香串子呢。可巧寶釵左腕上籠著一串，見寶玉問他，少不得褪了下來。寶釵原生的肌膚豐澤，一時褪不下來。寶玉在旁邊看著雪白的胳膊，不覺動了羨慕之心，暗暗想道：這個膀子若長在林姑娘身上，或者還得摸一摸，偏長在她身上，正是恨我沒福！忽然想起金玉一事來，再看看寶釵形容，只見臉若銀盆，眼同水杏；唇不點而含丹，眉不畫而橫翠。比黛玉另具一種嫵媚風流，不覺又呆了。寶釵褪下串子來給他，他也忘了接。寶

　　釵見他呆呆的，自己倒不好意思的起來。（第二十八回）

寶玉是多情善感的人，見一個愛一個，凡是女孩兒，他無不對之鍾情愛惜。他的感情最易於移入對象，他的直覺特別大，所以他的滲透性也特別強。時常發呆，時常哭泣，都是這個感情移入發出來的。現在一見寶釵之嫵媚風流，又不覺忘了形，只管愛惜起來。然這種愛之引起，卻是感覺的、表面的，因而也就是一條線的。對象一離開，他的愛也便可以漸漸消散。再如寶玉挨了打，寶釵去看他，所發生的情形也是如此。

　　寶釵見他睜開眼說話，不像先時，心中也寬慰了些。便點頭
　　嘆道：早聽人一句話，也不致有今日！別說老太太心疼，就
　　是我們看著心裡也〔……〕剛說了半句，又忙咽住，不覺眼
　　圈微紅，雙腮帶赤，低頭不語了。寶玉聽得這話如此親切，
　　大有深意。忽見她又咽住，不往下說，紅了臉，低下頭，含
　　著淚只管弄衣帶，那一種軟怯嬌羞輕憐痛惜之情，竟難以言
　　語形容。越覺心中感動，將疼痛早已丟在九霄雲外去了。
　　（第三十四回）

這種表情又打動了他的心，不覺忘了形。任憑鐵石人也不能無動於中，何況善感的寶玉。然這種打動，也只是感覺的、一條線的。對象離了眼，也可以逐漸消散，雖然也可以留下一種感激之情。

　　因為這個緣故，所以其愛寶釵之心遠不如愛黛玉。他雖然和黛玉時常吵嘴，和寶釵從未翻過臉，然而也不能減低了他們的永久的

愛。其原因就是：於嫵媚風流的仙姿而外，又加上了一個思想問題、性格問題。由於這個成分的摻入，遂使感覺的一條線的愛，一變而為既感覺又超感覺的複雜的愛。既是複雜的，那愛慕之外，又添上了敬重高看的意味。於是，在這方面，黛玉便勝利了，寶釵失敗了。黛玉既是愛人，又是知己。一有了「知己」這個成分，那愛便是內部的、性靈的，便是不容易消散的、忘懷的。雖然黛玉說他是「見了姐姐，忘了妹妹」，雖然寶玉見一個愛一個，然從未有超過黛玉者，也從未有忘過黛玉。因為他倆之間的愛實是更高一級的。

《紅樓夢》裡述敘寶、黛之間的心理關係，太多了，太微了。茲錄其一二段，以觀一般：

> 原來寶玉自幼生成來的有一種下流癡病；況從幼時和黛玉耳鬢廝磨，心情相對，如今稍知些事，又看了些邪書僻傳，凡遠親近友之家所見的那些閨英闈秀皆未有稍及黛玉者，所以早存一段心事，只不好說出來。故每每或喜或怒，變盡法子，暗中試探。那黛玉偏生也是個有些癡病的，也每用假情試探。因你也將真心真意瞞起來，我也將真心真意瞞起來，都只用假意試探。如此兩假相逢，終有一真，其間瑣瑣碎碎，難保不有口角之事。即如此刻，寶玉的心內想的是：別人不知我的心還可恕，難道你就不想我的心裏眼裏只有你？你不能為我解煩惱，反來拿這個話堵噎我，可見我心裏時刻刻白有你，你心裏竟沒我了。寶玉是這個意思，只口裏說不出來。那黛玉心裏想著：你心裡自然有我：雖有金玉相對

之說，你豈是重這邪說不重人的呢？我就時常提這金玉，你只管了然無聞的，方見的是待我重，無毫髮私心了。怎麼我只一提金玉之事，你就著急呢？可知你心裏時時有這個金玉的念頭；我一提，你怕我多心，故意兒著急，安心哄我。那寶玉心中又想著：我不管怎麼樣都好，只要你隨意，我就立刻因你死了也是情願的；你知也罷，不知也罷，只由我的心：那才是你和我近，不和我遠。黛玉心裏又想著：你只管你就是了，你好我自然好。你要把自己丟開，只管周旋我，是你不叫我近你，竟叫我遠你了。看官，你道兩個人原是一個心，如此看來，卻都是多生了枝葉，將那求近之心反弄成疏遠之意了。（第二十九回）

黛玉聽了這話，不覺又喜又驚，又悲又嘆。所喜者，果然自己眼力不錯，素日認他是個知己果然是個知己。所驚者，他在人前一片私心，稱揚於我，其親熱厚密竟不避嫌疑。所嘆者，你既為我的知己，自然我亦可為你的知己；你我既為知己，又何必有金玉之論呢？既有金玉之論，也該你我有之，又何必來一寶釵呢？（第三十二回）

寶玉正出了神，見襲人和他說話，並未看出是誰，只管呆著臉說道：好妹妹，我的這個心，從來也不敢說，今日膽大說出來，就是死了也是甘心的！我為你，也弄了一身的病，又不敢告訴人，只好捱著。等你的病好了，只怕我的病才得好呢！睡夢裏也忘不了你！（第三十二回）

黛玉乘此機會說道：我便問你一句話，你如何回答？寶玉盤著腿，合著手，閉著眼，撅著嘴道：講來。黛玉道：寶姐姐

和你好，你怎麼樣？寶姐姐不和你好，你怎麼樣？寶姐姐前兒和你好，如今不和你好，你怎麼樣？今兒和你好，後兒不和你好，你怎麼樣？你和他好，他偏不和你好，你怎麼樣？你不和他好，他偏要和你好，你怎麼樣？寶玉呆了半晌，忽然大笑道：任憑弱水三千，我只取一瓢飲。黛玉道：瓢之漂水奈何？寶玉道：非瓢漂水，水自流，瓢自漂耳。黛玉道：水止珠沉奈何？寶玉道：禪心已作沾泥絮，莫向東風舞鷓鴣。黛玉道：禪門第一戒是不打誑語的。寶玉道：有如三寶。黛玉低頭不語。〔……〕（第九十一回）

從極度的愛，到剖心事，到現在乃直是要口供了。「任憑弱水三千，我只取一瓢飲」，及至「水止珠沈」，他便是「禪心已作沾泥絮，莫向東風舞鷓鴣」。並且最後還是以「三寶」為誓。黛玉至此可以「放心」了。內部已經不成問題，可是變生外部。寶釵勝利了。兩個大傻瓜還是在悶葫蘆裡莫名其妙哩！

　　惠人案：目《紅樓夢》一書為悲劇，並以「人生見解」說《紅樓夢》者，始於王靜安先生。王先生說見《靜安文集》中之〈《紅樓夢》評論〉，讀者可取合觀。

六

寶玉的「玉」丟了，寶玉瘋顛了。於是賈母、王夫人便想到了金玉因緣，想藉著寶釵的金鎖來沖喜，來招致那失掉了的寶玉。於是便定親以至結婚。也不顧元妃的孝了，襲人的訴說警告也無用

了。襲人也自是私自慶幸，鳳姐便施其偷梁換柱之計。賈母、王夫人只知道站在自己的立場上說話，兒女本身的思想性格，以及平素的關係，全不過問，全不理解。她們也不想理解，她們也不能夠理解。她們雖知道他倆的感情比較好點，但是她們以爲這是他倆從小在一塊的緣故。她們所理解的只這一點，她們再不能夠進一步的理解。她們都是俗人，她們不能夠理解這一對藝術化了的怪物。可是，第一幕悲劇就在此開始上場。

機關洩漏了，顰兒迷了本性，焚了稿子，斷了癡情。那病一天重起一天，血不住的吐。賈母大驚，隨同王夫人鳳姐過來看視，「只見黛玉微微睜眼，看見賈母在她旁邊，便喘吁吁的說道：老太太！你白疼了我了！賈母一聞此言，十分難受，便道：好孩子，你養著罷！不怕的！黛玉微微一笑，把眼又閉上了。」（第九十七回）這「微微一笑」中有多少恨？有多少苦？這「白疼了我了」一句中，含了多少譏諷？含了多少怨恨？賈母一聽，能不難受，能不愧死，但是她竟老羞成怒，說出很令人傷心的話來！

> 賈母心裡只是納悶，因說：孩子們從小兒在一處頑，好些兒是有的；懂的人事，就該要分別些，才是做女孩兒的本分，我才心裡疼她。若是她心裡有別的想頭，成了什麼人了呢？我可是白疼了她了！你們說了，我到有些不放心。（第九十七回）
>
> 賈母道：我方才看她卻還不至糊塗。這個道理，我就不明白了。咱們這種人家，別的事自然沒有的，這心病也是斷斷有不得的！林丫頭若不是這個病呢，我憑著花多少錢都使得；

就是這個病不但治不好，我也沒心腸了！（第九十七回）

讀者看這兩段話，怎不令人可恨，我真要罵一聲「這老乞婆！」

賈母等人自從看過了以後，便過去辦寶玉喜事。黛玉方面只請醫診治而已。「上下人等都不過來，連一個問的人都沒有，睜開眼只有紫鵑一人。」豈不可恨？寧不可嘆？紫鵑恨的更了不得！「到了賈母上房，靜悄悄的，只有兩三個老媽媽和幾個做粗活的丫頭在那裡看屋子。紫鵑因問道：老太太呢？那些人都說：不知道。紫鵑聽這話詫異，遂到寶玉房裡去看，竟也無人！遂問屋裡的丫頭，也說不知。紫鵑已知八九；但這些人怎麼竟這樣狠毒冷淡。」（第九十七回）黛玉平時誰不敬重？不想到此，無一人過問。人情人情，夫復何言？我之恨即恨在此，我之嘆亦嘆在此。黛玉氣絕之時，正是寶玉成禮之時。一面音樂悠揚，一面哭泣淒涼！這個對比，實在難堪！

黛玉死了，寶玉尚在夢中。結婚他也是莫名其妙，偷梁換柱是個紙老虎，揭穿了，寶玉越發糊塗，病的日見利害，連飲食也不能進了。黛玉有心病，試問寶玉這是不是心病？賈母又有何說？明知其各有心病，又使用李代桃僵。這簡直是開玩笑，以人命作兒戲，既不順天又不應人。如何不演悲劇？如何又不演第二幕悲劇？

悲劇是演了，可恨自是可恨。但是話又說回來，恨只是感情上的，細想想又無所恨。紫鵑連寶玉都恨，這當然是不合理的，可是感情上又不能無恨。我自是恨賈母，但細想，賈母也不必恨了。賈母聽見黛玉死了，眼淚交流，說道：「是我弄壞了她了！但只是這個丫頭也忒傻氣！」賈母也自認其咎，不過他以為女孩兒總當如寶

釵那樣才好,奇特乖僻,便不是作女孩兒的本分。這是道德觀念如此,普天之下莫不皆然,賈母當年也得遵守。這如何能怨恨賈母?賈母又對王夫人說:「你替我告訴她的陰靈:並不是我忍心不來送你,只為有個親疏。你是我的外孫女兒,是親的了;若與寶玉比起來,可是寶玉比你更親些!倘寶玉有些不好,我怎麼見他父親呢?說著,又哭起來。」(第九十八回)親疏是人情,凡事總要近情,賈母畢竟是開明的老太太!但是情也實在不容易通,通情要有理解,賈母只作了「盡其在我」,「忠恕一貫」之道,還差得遠哩!

賈母對黛玉只作到了「盡其在我」,對寶玉也何嘗不如此。一般的寶玉也並沒有把他看在眼裡!任憑你怎麼疼,操多少心,那寶玉何曾受一點感動?何曾稍有上進之心?還不是結果為一林妹妹,冷著心腸,拋棄一切,出了家作和尚!可見賈母之愛寶、黛,與寶、黛之愛賈母同。同是單純的一條線的愛,同是家庭內的母子之愛。母子之愛如何同於情人之愛!

賈母如此,王夫人又何嘗不如此!推之寶釵,亦何獨不然!寶釵與黛玉也是很好的朋友,這幕悲劇也怪不得寶釵。朋友之愛,也是比不上夫婦之愛呵!

但是,寶釵難以情人之愛對寶玉,寶玉卻以朋友之愛對寶釵。朋友之愛也是單純的一條線的。所以任憑你怎樣用情,結果還是為林妹妹一走!

這幕悲劇竟一無所恨,只恨思想見地之衝突與不理解。各人都是閉著眼一直前進,為自己打算,癡心妄想,及至無可如何,必有一犧牲,這是天造地設的慘局!

七

第一幕悲劇是人性的衝突，第二幕自然以此爲根據，復加上了「無常」之感。由「無常」的參加，這第二幕的悲劇便含著一個人生的根本問題。試看《紅樓夢》的主角怎樣解脫這個問題。

第一百二十回的《紅樓夢》只是一篇興亡陳迹的描寫。一個人親身經歷一番興亡劫數，那無常的悲感自然會發生的。《紅樓夢》第一回便揭示出怎樣解脫無常。以瘋跛道人的〈好了歌〉開始，自然便以出家爲終結。〈好了歌〉是：

> 世人都曉神仙好，只有功名忘不了。古今將相在何方？荒塚一堆草沒了！
> 世人都曉神仙好，只有金銀忘不了。終朝只恨聚無多，及到多時眼閉了！
> 世人都曉神仙好，只有姣妻忘不了。君生日日說恩情，君死又隨人去了！
> 世人都曉神仙好，只有兒孫忘不了。痴心父母古來多，孝順子孫誰見了！

識「通靈來歷」說「太虛實情」的甄士隱，又將〈好了歌〉加以注解道：

> 陋室空堂，當年笏滿床；衰草枯楊，曾爲歌舞場。蛛絲兒結

滿雕梁，綠紗今又在蓬窗上。說甚麼，脂正膿，粉正香！如
何兩鬢又成霜？昨日黃土隴頭埋白骨，今宵紅綃帳底臥鴛
鴦。金滿箱，銀滿箱，轉眼乞丐人皆謗。正嘆他人命不長，
那知自己歸來喪？訓有方，保不定日後作強梁；擇膏梁，誰
承望流落在煙花巷！因嫌紗帽小，致使鎖枷扛；昨憐破襖
寒，今嫌紫蟒長。亂烘烘你方唱罷我登場，反認他鄉是故
鄉，甚荒唐，到頭來，都是為他人作嫁衣裳！

　　這一首注解，便是說明萬事無常。因緣相待，禍福相依；沒有
完全好的時候。若要完全「好」，必須絕對「了」。若能了卻一
切，便是圓圓滿滿，常而不變，故曰〈好了歌〉。所以，最後的解
脫便是佛教的思想。

　　寶玉生於富貴溫柔之鄉，極度的繁華也受用過。後來漸漸家敗
人亡：死的死，嫁的嫁，黃金時代的大觀園變成荒草滿地了！善感
的寶玉如何不動今昔之情，最使他傷心的，便是開玩笑式的結婚，
與林妹妹的死。寶釵告訴他黛玉亡故的消息，他便一痛決絕，倒在
牀上。及至醒來，「自己仍舊躺在牀上。見案上紅燈，窗前皓月，
依然錦繡叢中，繁華世界。仔細一想，真正無可奈何，不覺長嘆數
聲。」（第九十八回）試想這無可奈何的長嘆含著有多少痛苦，從
這裡邊能悟出多少道理？一悟再悟，根據其固有的思想見地，把以
前的痴情舊病漸漸冷淡起來，色即是空，情即是魔，於是由紈袴子
弟轉變到佛教那條路上去，不再在這世界裡惹愁尋恨了！

　　本來，在中國思想中，解脫這個人生大問題的大半都走三條
路：一走儒家的路，這便是淑世思想；二走道家的路；與三走佛家

的路，這便是出世思想。儒家之路想著立功立言以求永生；道家想著鍛鍊生理以求不死；佛家想著參禪打坐以求圓寂。三家都是尋求永恆，避免現世的無常。賈寶玉最後遁入空門，作書者爲敷衍世人起見，說這是假的，不是正道。甄寶玉之由紈 轉爲儒家，那才是眞的；然而，在寶玉看來卻是個祿蠹！當寶玉神遊太虛幻境的時候，警幻仙子作最後忠告他說：「從今後，萬萬解析，改悟前情，留意於孔、孟之間，委身於經濟之道。」但是寶玉卻始終討厭這個經濟之道，所以他終於走上了佛教之路！

八

寶玉是有計劃的慢性的出家，不是頓時的自殺。所以當其長嘆之後，雖一時想起黛玉未免心酸落淚，但又不能頓時自殺，又想黛玉已死，寶釵是第一流人物，舉動溫柔，遂將愛慕黛玉的心腸略移在寶釵身上。因爲最易鍾情的脾氣，還不能一時脫掉，而寶釵亦實在有可愛之點。雖思想性格不在一條線上，然究竟亦不是俗流之人。有姿色美亦有內心美。所以他們倆結婚之後也著實過過很恩愛的生活。下面一段話描寫小夫婦的起居生活太好了！

> 且說鳳姐梳了頭，換了衣裳，想了想，雖然自己不去，也該帶個信兒；再者，寶釵還是新媳婦，出門子自然要過去照應照應的。於是，見過王夫人支吾了一件事，便過來到寶玉房中。只見寶玉穿著衣服，歪在炕上，兩個眼睛，獃獃的看寶釵梳頭。鳳姐站在門口，還是寶釵一回頭看見了，連忙起身

讓坐，寶玉也爬起來，鳳姐才笑嘻嘻的坐下。〔……〕鳳姐
因向寶玉道：你還不走等什麼呢？沒見這麼大人了，還是這
麼小孩子氣，人家各自梳頭，你爬在旁邊看什麼？成日家一
塊子在屋裡，還看不夠嗎？也不怕丫頭們笑話？說著，哧的
一笑，又瞅著他咂嘴兒。寶玉雖也有些不好意思，還不理
會；把個寶釵直臊的滿臉飛紅。又不好聽著，又不好說什
麼。（第一百一回）

又如：

寶玉正在那裡回賈母往舅舅家去。賈母點頭說道：去罷，只
是少吃酒，早些回來，你身子才好些。寶玉答應著出來，剛
走到院内，又轉身回來，向寶釵耳邊說了幾句，不知什麼。
寶釵笑道：是了，你快去罷。將寶玉催著去了。這裡賈母和
鳳姐、寶釵說了沒三句話，只見秋紋進來傳說：二爺打發焙
茗轉來說，請二奶奶。寶釵道：他又忘了什麼，又叫他回
來？秋紋道：我叫小丫頭問了焙茗，說是二爺忘了一句話，
二爺叫我回來告訴二奶奶：若是去呢，快些來罷；若不去
呢，別在風地裡站著。說的賈母、鳳姐並地下站著的老婆子
丫頭都笑了。寶釵的臉上飛紅，把秋紋啐了一口，說道：好
個糊塗東西！這也值的慌慌張張跑了來說！〔……〕賈母向
寶釵道：你去罷，省的他這麼不放心。說的寶釵站不住，又
被鳳姐偏著頑笑，沒好意思，才走了。（同上）

由這兩段看來，寶玉真是可愛。此等夫婦焉能常久，亦不須常久。一日已足，何況年餘？然則，寶釵雖守寡，其艷福亦勝黛玉多多矣。

九

寶玉終非負心之人。「禪心已作沾泥絮，莫向東風舞鷓鴣。」他必須要履踐前言。寶釵雖可愛，小夫婦雖甚甜蜜，然而其愛的關係終不如與黛玉之深。不過逼著寶玉出家的主力，據情理推測，尚不在愛黛玉心切，而實在思想之乖僻與人世之無常。這兩個主力合起來，使著寶玉感覺到人生之無趣。試想讀書上進他既看不起，而他所最鍾情的卻又都風流雲散，他所想望的以眼淚來葬他及大家都守著他的美夢，現在卻只剩了他自己，使他感覺到活著無趣，種種想望不過是夢，不過是幻。他除了出家以外，還有什麼辦法？為黛玉出家實在是一個巧合，而事實上促成他這個目的與前言，卻有好多其他成分在內。如果寶玉不是乖僻之人，如果是乖僻而不走到佛家的路上，轉回來走儒家之路，如甄寶玉似的，則與寶釵偕老是必然的事。因為寶玉也實在愛慕寶釵，而寶釵運用柔情，也實有作過移花接木之計。然而並未偕老，這其中並非對於寶釵有所恨，有所過不去，這實在是世事使著他太傷心了，因而使著他對於生活也冷淡起來。這是蘊藏在他的內部的心理情緒。若說他一心想著黛玉而出家，這還是有熱情。須知此時的寶玉不但是看富貴如浮雲，即是兒女情緣也是如浮雲。我們看這段話便知：「那知寶玉病後，雖精神日長，他的念頭一發更奇僻了，竟換了一種：不但厭棄功名仕

進，竟把那兒女情緣也看淡了好些，只是衆人不大理會，寶玉也並不說出來。一日恰遇紫鵑送了林黛玉的靈柩回來，悶坐自己屋裡啼哭，想著：寶玉無情。見他林妹妹的靈柩回去，並不傷心落淚；見我這樣痛哭，也不來勸慰，反瞅著我笑！〔……〕只是一件叫人不解：如今我看他待襲人也是冷冷兒的！」（第一百十六回）這樣微妙的心理，慧紫鵑也不慧了！

冷到極點，心中早有一家成見在那裡。母子之情與夫婦之情皆未能稍動其心。一切情欲，掃滌淨盡。心中坦然，倒覺無絲毫病魔纏身。所以他說：「如今再不病的了，我已經有了心了，要那玉何用？」玉即欲，欲可以醫病，可以養生亦可以害生。所以「欲」是人間生活的維持，沒有了欲，便到了老病死的時候；而老病死之所以至，也即因爲有了欲。如今他有了「心」了。心得其主是爲永生，要欲何用？襲人說：「玉即是你的命，」而寶玉卻以爲「心就是命」，玉是無用的了。所以當「佳人雙護玉」的時候，他至不得已便笑道：「你們這些人原來重玉不重人哪！」可憐凡夫俗子如何能了解他的領悟！

他既有了心，那玉之有無便不相干，對於他的行動毫無影響。於是他決定離開這欲的世界了。

> 只見寶玉一聲不哼，待王夫人說完了，走過來給王夫人跪下，滿眼流淚，磕了三個頭說道：母親生我一世，我也無可答報，只有這一入場，用心作了文章，好好的中個舉人出來。那時太太喜歡喜歡，便是兒子一輩子的事也完了，一輩子的不好，也都遮過去了！

這是母子的慘別！

　　寶玉卻轉過身來給李紈作了一個揖說：嫂子放心！我們爺兒
　　兩個都是必中的。日後蘭哥兒還有大出息，大嫂子還要帶鳳
　　冠穿霞帔呢。

這是叔嫂之別！

　　此時寶釵聽得早已呆了，這些話，不但寶玉說的不好，便是
　　王夫人李紈所說，句句都是不祥之兆，卻又不敢認真，只得
　　忍淚無言。那寶玉走到跟前，深深的作了一個揖。眾人見他
　　行事古怪，也摸不著是怎麼樣，又不敢笑他。只見寶釵的眼
　　淚直流下來，眾人更是納罕。又聽寶玉笑道：姐姐！我要走
　　了！你好生跟著太太，聽我的喜信兒罷！寶釵道：是時候
　　了，你不必說這些嘮叨話了！寶玉道：你倒催的我緊，我自
　　己也知道該走了！

這是夫妻慘別！還忍卒讀嗎？其為悲何亞於黛玉之死？

　　於是，「寶玉仰面大笑道：走了走了！不用胡鬧了！完了事
了！」「走來名利無雙地，打出樊籠第一關。」寶玉至今真出家
矣！離家時，賈政不在家，於是便往辭親父。

　　賈政寫到寶玉的事，便停筆。抬頭忽見船頭上微微的雪影裡
　　面一個人，光著頭，赤著腳，身上披著一領大紅猩猩氈的斗

篷，向賈政倒身下拜。賈政尚未認清，急忙出船，欲待扶住
問他是誰，那人已拜了四拜，站起來打了個問訊。賈政才要
還揖，迎面一看，不是別人，卻是寶玉。賈政吃一大驚，忙
問道：可是寶玉麼？那人祇不言語，似喜似悲。賈政又問
道：你若是寶玉，如何這樣打扮，跑到這裡來？寶玉未及回
言，只見舡頭上來了兩人，一僧一道，夾住寶玉道：俗緣已
畢，還不快走！説著，三個人飄然登岸而去。

這是父子之別！吾實不禁黯然傷神者矣！

　　以上別父母別妻嫂，極人間至悲之事。釋迦牟尼正因著生離死
別的悲慘而離了皇宮，然離皇宮又何嘗不是極悲之事？寶玉冷了心
腸而出家求那永生之境，正同釋伽牟尼一樣，都以悲止悲，去痛引
痛。這是一個循環，佛法無邊，將如何斷此循環？

　　寶玉出家一幕，其慘遠勝於黛玉之死。黛玉死，見出賈母之狠
毒與冷淡，然此狠毒與冷淡猶是一種世情，其間有利害關係，吾人
總有恕饒的一天。至於寶玉的狠與冷，卻是一種定見與計畫。母子
之情感動不了，夫婦之情感動不了，父子之情更感動不了，剛柔皆
無所用，吾人何所饒恕？恕寶玉乎？然寶玉之狠與冷，並非是惡，
何用汝恕？惟如此欲恕而無可恕、無所恕之狠與冷，始為天下之至
悲。蓋其矛盾衝突之難過，又遠勝於有惡可恕之利害衝突也。吾故
曰第二幕之慘又勝於第一幕。其主因即在於思想性格衝突而外又加
上一種無常之感。他要解脫此無常，我們恕他什麼？

　　有惡而不可恕，以怨報怨，此不足悲。有惡而可恕，啞巴吃黃
蓮，有苦說不出，此大可悲，第一幕悲劇是也。欲恕而無所施其

恕，其狠冷之情遠勝於可恕，相對垂淚，各自無言，天地黯淡，草木動容，此天下之至悲也。第二幕悲劇是也。

原載《文哲月刊》第1卷第3/4期　1935年12月／1936年1月

說詩一家言：格調篇

序曰：時政腐亂，人心頹喪；國土削弱，士氣無主。鄙薄者，崇外而自卑；浮誇者，藉今以傲古。此乃有關于世運，非可怨天以尤人。李太白詩云：「《大雅》久不作，吾衰竟誰陳。」又曰：「廢興雖萬變，憲章亦已淪。」盛衰之勢，蓋自古然矣。所望能有一二佳人，不慕虛榮，自甘冷落。處污泥而不染，運樞機于屏帷。發潛德之幽光，留典章于異代，則亦重光之根基也。吾不能負戈殺敵，深自愧恨。乃偷生邊陲稽考往古。將以明世運之盛衰，鼓詩人之志氣，使其知所關甚大，而有以自養，無徒輕浮爲也。

民廿七年七月廿七日 蒼梧蝴蝶山

李白〈古風〉五十九首，發之于平旦之氣。故格調尚高，不失爲風雅之正。

刺美風化，緩而不迫，謂之風；推明政治，莊語得失，謂之雅。風者事也，雅者理也。五十九首，其事則仙，其理則道，其情則傷。事生景，理生情。理、事、情、景，交織綿密，無間隔兩橛之弊，則詩格高，詩調美矣。作詩不是一件輕率事。要精神貫注，要提撕驚覺。要敬不要怠。怠則慢而不緊，弛而不張，流而不返，

滑而不蘊。此下品也。五十九首大體尚能貫注。

第一首述歷代詩風之盛衰為歌詠時代精神（詩一方面）之作，無懈可擊。而「《大雅》久不作，吾衰竟誰陳。」是何等氣魄！

第二首：

> 蟾蜍薄太清，蝕此瑤台月。圓光虧中天，金魄遂淪沒。
> 蠛蜢入紫微，大明夷朝暉。浮雲隔兩曜，萬象昏陰霏。
> 蕭蕭長門宮，昔是今已非。桂蠹花不實，天霜下嚴威。
> 沈嘆終永夕，感我涕沾衣。

這是一首象徵詩，藉月光被蔽以明小人得時，兼明盛衰之理。可嘆是令人可嘆的，但情緒尚不至「涕沾衣」。此詩所表現的情緒是清爽悲涼之感，並不十分興奮。可見結尾兩句之情與通篇所寫之景，不相圓融。輕心讀去，自無所覺。再三諷詠，則總有兩橛突兀之感。此是一點白璧之瑕，然影響詩極則甚大。試舉陶潛詩一首，即可見二人火候之深淺。陶詩〈歸園田居〉云：

> 徘徊邱隴間，依依昔人居。井灶有遺處，桑竹殘朽株。
> 借問採薪者，此人皆焉如。薪者向我言，死沒無復餘。
> 一世異朝市，此語真不虛。人生似幻化，終當歸空無。

這本是很淒涼的景象，其可痛比「蟾蜍薄太清」、「蠛蜢入紫微」、「浮雲隔兩曜」深得多。但淵明寫的那麼低回依依，淡泊恬靜，而其淒涼之情，函蓄之深，又直不可以言語形容。經此一比，

當知李白輕浮多矣。這就是李之詩格不如陶處。此詩若出陶手，必另有一番氣象。若改爲「沈以終永夕，此情眞不畏」，或全改爲「思之重嘆息，使我不能飛。」（長詩〈柏舟〉：「日居月諸，胡迭而微。心之憂矣，如匪澣衣。靜言思之，不能奮飛。」太白詩與此詩韻同，而〈柏舟〉詩卻無兩橛之弊。）又當稍爲函蓄。吾不懂聲韻，此改未必勝過原作，但原作總令人生不安之感。

又第五首：

> 太白何蒼蒼，星辰上森列。去天三百里，邈爾與世絕。
> 中有綠髮翁，披雲臥松雪。不笑亦不語，冥棲在巖穴。
> 我來逢眞人，長跪問寶訣。粲然啓玉齒，授以鍊藥說。
> 銘骨傳其語，竦身已電滅。仰望不可及，蒼然五情熱。
> 吾將營丹砂，永世與人別。

又第七首：

> 客有鶴上仙，飛飛凌太清。揚言碧雲裏，自道安期名。
> 兩兩白玉童，雙吹紫鸞笙。去影忽不見，回風送天聲。
> 舉首遠望之，飄然若流星。願餐金光草，壽與天齊傾。

此兩首結尾通犯兩橛之病，令人生不安之感。其景甚美，其事可羨，字裏行間，已表露無餘。再不必說出，說出則索然矣。慕仙之意，《十九首》、《楚辭》俱有之，然太白此兩詩之作法，卻甚肖子建。子建遊仙詩有六篇：〈仙人篇〉、〈遊仙〉、〈五遊詠〉、

〈遠遊篇〉、〈飛龍篇〉、〈苦思行〉，皆不犯突兀兩橛之弊，此古人渾厚處。李白詩有古意，而以五十九首最肖似。然尚又如此，其學養可知矣。李攀龍《選唐詩·序》云：「太白縱橫，往往強弩之末，間雜長語，英雄欺人耳。」此評不指五十九首而言。然五十九首如適所指，亦類乎強弩之末，此則精神弛散故也。其情調有時甚美，而詩格不高者，職是故耳。舉一可以反三，讀者細品可也。

第九首甚似陶詩，如「一體更變易，萬事良悠悠。」「富貴故如此，營營何所求？」皆淵明氣象。此詩說一個滄桑萬變道理，反覆詠之而不覺其淺，一唱三嘆，引人入勝。蓋此理平常，人多不覺。我今覺其親切，便當反覆吟詠，脫其淺也。我泳洄之，亦濟且深矣。

第十一首亦似陶詩，樸素自然，以才華詩露之太白，有此詩彌覺可貴。「逝川與流光，飄忽不相待。」似淵明又似子建。「人生非寒松，年貌豈長在？」「黃河走東溟，白日落西海。」皆類陶句。

第十四首：「三十六萬人，哀哀淚如雨。」「不見征戍兒，豈知關山苦？」悲在物情，非我悲，故佳。若無緣無故，隨便吟一首詩，便一把鼻涕一把淚，則是婦人乾號，無味之至矣。詩人無愁強說愁，最可厭。

第十九首最佳：寫景入神，一也。本因世苦而入山，卻因入山而悲來，二也。「素手把芙蓉，虛步躡太清。」輕鬆美妙之至。「俯視洛陽川，茫茫走胡兵。流血塗野草，豺狼盡冠纓。」此又是釋迦渡世之情。

徐用吾曰：

五言古詩，或引興起，或賦比起。須要用意深遠，託詞深厚。反覆優游，雍容不迫。或感古懷今，懷人傷己，或瀟灑閒適。寫景要雅淡。推人心之至情，摹感慨之微意。悲歡函蓄而不傷，美刺婉曲而不露。要有《三百篇》遺意。

五十九首大體尚不離此，故不失爲格高調雅之作。李白本放浪頹廢之人，而能作此，可知爲發之于平旦之氣。我疑心此詩必作于居山東或京洛之時，故詩中有「黃河」「洛陽川」之詞。後來居江漢，則諸格放蕩矣。

何謂格？

推明政治，莊語得失，謂之雅，理也。刺美風化，緩而不迫，謂之風，事也。憂幽憤悱，寓之興比，謂之騷，情也。采摭事物，摛華布體，謂之賦，景也。理、事、情、景，交織綿密，精神貫注，無過不及，是謂之格。格者，詩之所以爲詩之道也。譬如人格，人之格在乎天理人情。無情無理，謂無格。有情無理而不得其正，流入偏激，則謂格之疵瑕。格有疵瑕是格之有等差，其高下可以量也。詩格亦如此。詩格之高者，理事情景之大語也。始條理，終條理，金聲而玉振也。

何謂調？

調暢其氣，動蕩其態，聲韻鏗鏘，八音克偕，是謂之調。調者，詩之所以爲詩之才也。格以正之，氣以充之。氣之呈在乎才。才之呈則調也。氣有暴氣，有正氣，有平旦之氣，有浩然之氣。呈暴氣者，調之下也。氣之正者則調高，氣之平者則調雅。譬之人，格是其天理人情之性，調是其內聖外王之才。其才用之而得當，其

氣無不正，其情無不和，周旋揖讓，無不中矩。是則其才之高也，亦即其調之高也。性則才矣，才則性矣。格高則調雅，調雅則格高。

格則靜以觀其性，調則動以觀其情。性者其理也，其養也；情者其才也，其態也。格之高關於理事情景；理事情景之莊雅從容，關於性情學問。學問極至，性情平達。平達者，中和也。喜怒哀樂，各極其當。發之於詩則悲歡穹泰，發斂抑揚，疾徐縱橫，無施不可。此格之極變而不可隔拘，乃見其詩格之高之大也。高則不流，流則蕩矣；大則不狹，狹則激矣。古今詩格之高者，莫過於子建、淵明。

又格屬意，調屬形。格不可以具體指之，由調以觀格；調可以舉而明之。吾讀《毛詩》，知其中筆調多端，可爲後世法：

《小雅·鹿鳴》：「呦呦鹿鳴，食野之芩。我有嘉賓，鼓瑟鼓琴。鼓瑟鼓琴，和樂且湛。」六句，上兩句一韻，下四句連綿成韻，是謂「連綿調」。

《小雅·四牡》：「四牡騑騑，周道倭遲。豈不懷歸。王事靡盬。我心傷悲。」五句，上兩句一韻，下三句一整韻而最後一句一抑一挫，委婉迴環之至。此謂「三句迴旋調」。又同詩：「翩翩者鵻，載飛載下，集于苞栩。王事靡盬，不遑將父。」五句，上三句爲一整韻，此三句迴旋調之在上者。三句迴旋調，無論在上在下，皆最美。白居易〈霓裳羽衣歌〉云：「飄然轉旋迴雪輕，嫣然縱送遊龍驚。小垂手後柳無力，斜曳裾時雲欲生。」可形容此調之美妙。

《小雅·伐木》：「有酒湑我，無酒酤我，坎坎鼓我，蹲蹲舞

我。迨我暇矣，飲此湑矣。」上四句同韻連綿成調，末二句一韻而成變。此謂「同韻調」。

《小雅・天保》：「如月之恆，如日之升。如南山之壽，不騫不崩。如松柏之茂，無不爾或承。」此謂變調或散調，極盡錯落之致。

《小雅・出車》：「我出我車，於彼郊矣。設此旐矣，建彼旄矣。彼旟旐斯，胡不旆旆，憂心悄悄，僕夫況瘁。」八句，上四句急轉直下，連綿成韻。下四句兩句一韻，抑揚頓挫，急湍成漩，餘味無窮。白居易〈霓裳羽衣歌〉曰：「繁音急節十二遍，跳珠撼玉何鏗錚。翔鸞舞了卻收翅，唳鶴曲終長引聲。」正是此調之妙贊，故此可曰「繁音急節調」。

《小雅・杕杜》：「有杕之杜，其葉萋萋。王事靡盬，我心傷悲。卉木萋止，女心悲止，征夫歸止。」七句，上四句兩句一韻，下三句一韻，同聲急轉，戛然而止。聲可裂帛矣。白詩云：「中序擘騞初入拍，秋竹竿裂春冰坼。」故此可曰「擘騞調」。

凡此諸調，後人皆宜倣效。運用成熟，即有古意。太白詩常有類乎此者。如〈烏棲曲〉云：「姑蘇臺上烏棲時，吳王宮裏醉西施。吳歌楚舞歡未畢，青山欲啣半邊日。銀箭金壺漏水多，起看秋月墜江波。東方漸高奈樂何？」末三句即謂迴旋調。故太白詩常有古意，然亦不多。蓋白類乎古樂府者多也。

《三百篇》調雖如此之多，總觀之不外連韻疊韻是也，故可曰古調者連綿調也。毫無古意之唐雅（杜詩），即無此連綿調，而屬排比調，見下可知。

何謂神韻？大而化之謂聖，聖而不可知之謂神，神者妙萬物而

爲言，圓通之謂也。韻者事理通達，無過不及，不偏激之謂也。神韻者，作品之成熟者也。不成熟者，其神爲怪力亂神，其韻爲幼稚偏激。詩格之言者，神乎其態，韻乎其情者也。

胡震亨曰：「太白六十篇中，非指言時事，即感傷己遭。循經而窺，又覺易盡。此則役于風氣之遞盛，不得不以才情相勝，宣洩見長。律之經製，未免言表繫外，尚有可議。亦時會使然，非後賢果不及前哲也。」宋犖《漫堂說詩》：「阮嗣宗〈詠懷〉，陳子昂〈感遇〉，李太白〈古風〉，韋蘇州〈擬古〉，皆得《十九首》遺意。」此兩評皆甚佳。

李白古風、樂府皆有古意。古風極沖淡，有似于曹、陶。樂府枉顯本人之才情，乃發之于浩然正氣。七古歌行，風流飄逸，情調極佳，有似庾、鮑。世人所見之李白多屬此，亦是李白之本象。餘則或頹慢，或放肆，無足取者。故太白詩可有三種：

一、古風、樂府，格高調雅，是謂古調。

二、七古歌行，風流飄逸者，情調枉佳，是謂唐調。

三、七古歌行，頹慢放肆者，格調均下，是謂惡調。

李白古樂府奇逸梯突，錯綜有致。行文極散，而用意極密，與排比聲韻者不同。

〈遠別離〉：「蒼梧山崩湘水絕，竹上之淚乃可滅。」句子是散的，意是詩的，黯然銷魂者惟別而已。因別是一件大事，故在此陟絕語。

〈公無渡河〉，亦是古調，句散意密。如：「大禹理百川，兒啼不窺家。殺湍堙洪水，九州始蠶麻。其害乃去，茫然風沙。披髮之叟狂而癡，清晨徑流欲奚爲？旁人不惜妻止之，公無渡河苦渡

之。」此如古樂府「拉雜摧燒之，當風揚其灰。」同一情調。唐雅中無此宕蕩句也。有人評〈公無渡河〉從堯、禹治水說起，迂癡有致。然筆墨率肆，開後人惡道。此說亦有理。惟其情其景皆極險，無率肆之辭以文之，將成無肉之骨。後人無此情景，無此才調，故流於惡道。

〈蜀道難〉：「地崩山摧壯士死，然後天梯石棧相鉤連。」「又聞子規啼夜月，愁空山，蜀道之難，難於上青天。使人聽此凋朱顏。」「其險也若此，嗟爾遠道之人，胡為乎來哉？」此皆風景極險，情緒極緊，故其文脈至奇突，即所謂迴旋調也。

〈梁甫吟〉一篇理事情景相貫注，又幽憂憤悱，頗得騷人之體。

〈戰城南〉、〈上留田〉、〈箜篌謠〉、〈日出入〉、〈北風行〉、〈獨漉篇〉皆格調極高，詩意極密之作。譬如：「我欲彎弓向天射，惜其中道失歸路。落葉別樹，飄零隨風。客無所託，悲與此同。羅帷舒卷，似有人開。明月直入，無心可猜。雄劍挂壁，時時龍鳴。不斷犀象，羞澀苔生。國恥未雪，何由成名。」（〈獨漉篇〉）無句不佳，無錄不緊。此乃千古絕調。

王世貞《藝苑巵言》：「太白古樂府杳冥怳恍，縱橫變幻，極才人之致。然自是太白樂府。」《居易錄》云：「唐五言詩，杜甫沈鬱，多出變調。李白、韋應物超然復古。然李詩有古調，有唐調，須分別觀之。」絕句七古歌行多唐調。唐調是李白之本象，所謂唐調亦實是鮑調，蓋李白所得鮑參軍者實多，然白之狂放才華則過之。此即所以為唐調也。

唐調中有極風流飄逸者：

若耶溪旁採蓮女，笑隔荷花共人語。
日照新粧水底明，風飄香袂空中舉。
岸上誰家遊冶郎，三三五五映垂楊。
紫騮嘶入落花去，見此踟躕空斷腸。——〈採蓮曲〉

有極美好生動者：

五陵少年金市東，銀鞍白馬度春風。
落花踏盡遊何處，笑入胡姬酒肆中。——〈少年行〉
溧陽酒樓三月春，楊花茫茫愁煞人。
胡雛綠眼吹玉笛，吳歌白紵飛梁塵。
丈夫相見且爲樂，搥牛撾鼓會眾賓。
我從此去釣東海，得魚笑寄情相親。——〈猛虎行〉
風吹柳花滿店香，吳姬壓酒喚客嘗。
金陵弟子來相送，欲行不行各盡觴。
請君試問東流水，別意與之誰短長。——〈金陵酒肆留別〉
爾家何在瀟湘川，青莎白石長江邊。
昨夢江花照江日，幾枝正發東窗前。
覺來欲往心悠然，魂隨越鳥飛南天。

——〈送族弟襄歸桂陽〉

有極豪放狂浪者：

君不見晉朝羊公一片石，龜頭剝落生莓苔。

淚亦不能爲之墮，心亦不能爲之哀。

清風明月不用一錢買，玉山自倒非人推。——〈襄陽歌〉

有似山開萬里雲，四望青天解人悶。

人悶還心悶，苦辛長苦辛。

愁來飲酒二千石，寒灰重暖生陽春。

山公醉後能騎馬，別是風流賢主人。

頭陀雲月多僧氣，山水何嘗稱人意。

不然鳴簫按鼓戲滄流，呼取江南女兒歌棹謳。

我且爲君搥碎黃鶴樓，君亦爲吾倒卻鸚鵡洲。

赤壁爭雄如夢裏，且須歌舞寬離憂。

——〈江夏贈韋南陵冰〉

　　此皆動盪情調，所用詞亦多生動詞。此外如〈烏栖曲〉、〈鳳凰台〉、〈發白帝〉、〈深水曲〉、〈春思〉及其他送別諸絕句，格不必論，而調則皆絕唱千古。此是太白之才，非他人所能也。然此調只限於絕句或短篇則美好，若長篇大論，無格以正之，則調雖美亦下流矣。如〈將進酒〉、〈寒夜獨酌有懷〉、〈把酒問月〉、〈笑歌行〉、〈悲歌行〉，皆不免於淺顯流滑。其詞雖可取，然格不高，調亦不雅，徒顯頹慢放肆。後人專學此惡道，乃無不取。王荊公謂其格止於豪放飄逸，不知變化，即此之謂也。其發於平旦之氣者，尚不失爲格之正。夜氣一失，則下流矣。故作詩必敬。

　　胡應麟曰：

七言長歌，非博大雄深、飄逸浩瀚之才，鮮克辦此。著歌不

難于師匠，而難於賦授；不難于揮洒，而難于蘊藉；不難于
氣概，而難于神情；不難于音節，而難于步驟；不難于胸
腹，而難于首尾。〔……〕學者須尋其本色，即千言鉅什，
亦不使有一字離去，乃爲善耳。

李白多不稱此。蓋常揮洒氣概有餘，而神情蘊藉不足也。

胡氏又曰：「闔闢縱橫，變化超忽，疾雷震霆，淒風急雨，歌
也。位置森嚴，筋脈聯絡，走月流雲，輕車熟路，行也。太白多近
歌，少陵多近行。」白以才情勝，故宜于歌；杜以性格勝，故宜于
行。然白未能濟之以學，甫未能養之以天，皆有所偏，而格亦不
高。至若鋪陳終始，排比聲韻，聲節步驟，胸腹首尾，一字不苟，
一句不懈，則仍不得不有待于老杜，非所敢望于李白也。然至杜而
去古益遠矣，謂稚杜。此英雄造時勢，乃一代之宗匠，非只而已。
李、杜大不同者在此。

原載《再生》第30期　1939年10月1日，署名「牟離中」

說詩一家言：唐雅篇

李白以氣韻勝，子美以格律勝。子美是唐雅。

徐而菴說唐詩云：

> 詩總不離乎才也。有天才，有地才，有人才。于天才得李太
> 白，于地才得杜子美，於人才得王摩詰。太白以氣韻勝，子
> 美以格律勝，摩詰以理趣勝。太白千秋逸調，子美一代規
> 模。

此評甚所見。惟于摩詰，似不相稱。

唐詩的靈魂與規模，寄託于子美。子美不但述，而且作。所以
叫「一代規模」。

元稹贊杜甫曰：

> 唐興，官學大振。歷史之文，能者互出。而又沈、宋之流，
> 研鍊精切，穩順聲勢，謂之爲律詩。由是之後，文體之變極
> 焉。然而莫不好古者遺近，務華者去實；效齊梁則不逮於魏
> 晉，工樂府則力屈於五言；律切則骨格不存，閒暇則纖穠莫

備。至於子美，蓋所謂上薄《風》《騷》，下該沈、宋；言
奪蘇、李，氣吞曹、劉；掩顏、謝之孤高，雜徐、庾之流
離。盡得古今之體勢，而兼人之所獨專矣。〔……〕是時，
山東人李白，亦以奇文取稱，時人謂之李、杜。余觀其狀浪
縱恣，擺卻拘束，模寫物象，及樂府歌詩，誠亦差肩子美
矣。至若鋪陳終始，排比聲韻，大或千言，次猶數百，詞氣
豪邁，而風調情深，屬對律切而脫離凡近，則李尚不能歷其
藩翰，況堂奧乎？

此評可謂允稱老杜身分。而仇兆鰲猶以為未足，以為如稹所云，無
異于詞人。仇意杜詩關於世運乃作詩之實，關於性情倫紀，乃作詩
之本。此實此本，固是杜繼承《風》《雅》之旨，且歌詠時事，關
心民瘼，為詩界開一新天地，其不只詞人者，自亦有在，即《風》
《雅》遺音是矣。是故杜繼承《風》《雅》，又能張大其辭，成為
一代規模，是誠一世之雄也。

　　此所稱譽，於杜甫固無憾矣，但止於此，則未盡善。杜甫學問
自工夫得來，謂其為「上薄《風》《騷》，下該沈（佺期）宋（之
問）」，集古今之大成，亦不算錯。其詩屬對律切，格式精嚴，謂
其為鋪陳終始，排比聲韻，亦是的當。其詩意繼承《三百篇》風雅
遺旨，詠事刺時，謂其為有關倫紀世運，自亦知音之言。然此皆外
的，可得而言也。其內尚有不足者，此則難言。人皆盛贊其所可言
而不道其所不可言，遂以為子美至矣、盡矣、無以加矣，其實皆拘
泥字句，循徑而窺，未能脫落塵想者也。惟杜甫學問充實，工夫厚
重，其吸引力亦至大。讀其詩而不覺墮其術中，如飲醇酒而不克自

拔，亦此老之魔力也。

吏部文章工部詩。皆有唐之典範，一代之規模。其二人長處相見，短處亦相近，性格亦相似。長處是學問富，工夫老；短處是氣象不高。有形下的工夫，無形上的函養。博之以文，未能約之以禮；博學而識之，未能一以貫之。是以高明之道缺焉。性格相似者，都在陷於情障，癡迷而不克自拔，其所不足者此也。此有關學問，非博聞強記所能奏效。陷於癡迷，故境界不高，遂之其詩格亦不高。蓋詩格有具體的，有言外的。排比聲韻，屬對律切，文情綿密，一字不苟，此是具體的詩格。杜甫於此可稱無憾。但言外的詩格，即個人的意境，則老杜卻無足取。故名之為詩聖，為集大成，皆不免過譽。若限於文辭，吾無間言，是少陵究不免為詞人也。

李才大而輕，未能濟之以學，動以窬之徐生，故有時調雖美而格不高。杜性重而濁，未能養之以天，濁以靜之徐清，故有時調雖老而格亦不高。此皆學問不足者也。然自文論之，總是一代規模。

杜詩有以下五點：

一、杜詩有格律；

二、杜詩無古意；

三、杜詩述悲苦；

四、杜詩表時事；

五、杜詩是散的而無詩意與詩境。

論格律，一代規模，可為千秋法。論詩格，則無意境，不見一己之智慧，不表人類之靈魂，不顯時代之精神。

何謂人類之靈魂？孟子曰：「人之所以異於禽獸者幾希？」孔子曰：「鳥獸不可與同群，吾非斯人之徒與而誰與？」又曰：「文

王既沒，文不在茲乎？」曹植曰：「孔氏刪《詩》《書》，王業粲以分。騁我逕寸翰，流藻垂華芬。」陶潛曰：「汲汲魯中叟，彌縫使其淳，鳳鳥雖不至，禮樂暫得新。」又曰：「如何絕世下，《六藉》無一親。終日馳車走，不見所問津。」人類之權力，人類之智慧，人類之文化性、責任性，以及永恆不變之人性，皆人類之靈魂也。此大值得謳歌。中國詩人對此尚無深切感覺。人類固屬渺小，受無常之支配，然其中要必有一常住不變之主宰，為安心立命之根基以支持其存在。此則非有靜覺與慧解者見不及此也。

謂一己之智慧？孔子曰：「逝者如斯夫，不舍晝夜！」孟子曰：「上下與天地同流，豈曰小補之哉？」「東風動百物，草木盡欲言。」「大力運天地，羲和無停鞭。」此李白之智慧也。「翼翼歸鳥，晨去于林，遠之八表，近憩雲岑。」「大象轉四時，功成者自去。借問衰周來，幾人得其趣。」此陶潛之智慧也。「頹然居一室，覆載紛萬象。高柳早鶯啼，長廊春雨響。床下阮家屐，窗前筇竹杖。」「興來啼鳥換，坐久落花多。」「行到水窮處，坐看雲起時。」此王維之智慧也。個人的智慧即個人的意境與氣象。杜甫于此甚為欠缺。見下〈詩意篇〉、〈詩境篇〉。

何謂時代之精神？「九天閶闔開宮殿，萬國衣冠拜冕旒。」（王維詩句）這正是大唐天下的太平統一氣象。「求國家之遺事，考賢人哲士之終始，作唐之一經，垂之于無窮，誅姦諛於既死，發潛德之幽光。」（韓愈文）這是表現時代精神之作法。太白詩云：

《大雅》久不作，吾衰竟誰陳。王風委蔓草，戰國多荊榛。
龍虎相啖食，兵戈逮狂秦。正聲何微茫，哀怨起騷人。

揚馬激頹波，開流蕩無垠。廢興雖萬變，憲章亦已淪。
自從建安來，綺麗不足珍。聖代復元古，垂衣貴清真。
群才屬休明，乘運共躍鱗。文質相炳煥，眾星羅秋旻。

這是李白歷述各時代詩的精神。雅者，正也。《詩》有《大雅》、《小雅》，言王政之所由廢興也。《大雅》不作，則斯文衰矣，憲章淪矣。平王東遷，黍離降於《國風》，終春秋之世不復能振。戰國迭興，王道榛塞，干戈相侵，以迄於秦，中正之聲，日遠日微，一變而為〈離騷〉。所謂「正聲何微茫，哀怨起騷人」是也。司馬、揚雄，激揚其頹波，疏導乎下流。辭意閎肆，放乎無窮。富麗有餘，典章不足。所謂「廢興雖萬變，憲章亦已淪」是也。建安諸子，夸尚綺靡，摛章繡句，競為新奇。降至南北朝，拾兩漢之餘沫，務雕蟲之小技。詩格至此，萎靡極矣。至大唐以來，群才休明，乘運躍鱗，「文質相炳煥，眾星羅秋旻。」此唐代詩界之蓬勃象也。太白此詩即時代精神之謳歌。時代精神不只一面，有政治，有經濟，有社會，有風尚，有思想，有詩文，無不可取而謳歌之，贊嘆之，批評之，頌揚之。于此方可顯時代之精神。譬如賈波林演《摩登時代》，即很足以表現現代社會之機械性、組織性，而人類精神與自由沈溺於機械而不得自主不克自拔，極盡諷刺之能事。始之謂時代精神之表現。故時代精神之表現必須是自覺的、批評的，發之于詠歌亦然。徒事象模寫，不足言也。杜甫詠時事則有之，表現時代精神則未也。

何謂杜詩有格律？

杜詩為近體詩，所謂唐雅者是也。近體詩即律詩。由沈、宋研

練精切，穩順聲勢起，至杜甫而集大成。此研練精切穩順聲勢之精神爲古詩所未有，此乃近體詩之特殊表現。故近體之所以爲近體者在格律、整齊、繁富、才華、自覺、穩健。此皆爲古詩所無者。惟從容和平，富貴氣則有之，而高簡風致則損焉。杜詩是近體詩專意之製造者，故云杜詩有格律。所謂「近體之攻，務先法律」者是也。此種精神，自是一種進步。自秦漢一統而後，魏晉南北朝，歷代擾攘，世事多變，世風浮靡，人心無主。李唐統一天下，版圖之廣，爲從來所未有，所謂「九天閶闔開宮殿，萬國衣冠拜冕旒」，正是這個偉大氣象之歌詠。政治清明，人心振作；國土強大，士氣健美。是以文人多暇，得優悠于聲勢之穩順：前之簡略者期其詳盡，疏落者期其整齊，質樸者期其華美，急切者期其從容，無心者期其自覺。字字推敲，句句穩練。人才輩出，文質彪炳。李白所謂：「群才屬休明，乘運共躍鱗。文質相炳煥，衆星羅秋旻。」正是描寫詩壇之隆盛。此是一種精神之深入，「眞積力久則入」，巧奪天工，不能不說是人類精力之健康表現。譬若先秦思想是啓蒙時期，光華燦爛，未至成熟。及炎漢統一，系統整然，貫通天人，囊括古今，此當然亦是一種進步。于文壇則有司馬、揚雄鋪揚激勵，放乎無窮，此亦是精力充沛乎□【編按：原稿此處空一格，疑缺一「其」字。】中，發其所不得不發。李白雖云「廢興雖萬變，憲章亦已淪」，然實是一種偉大氣象，不可否認。唐之律詩，亦猶漢之經緯，皆力與氣之示也。惟此種風氣，歷久不變，推而至于其極，必呆板少生氣。埋沒自然，減少風趣。雖云巧奪天工，其致究非是天。性靈浸潤其中，而不得大解脫，亦是苦事。此所以於思想而有魏晉之清談、宋明之理學，於文學而有元和之復古（韓愈、元、白

皆有復古意）、公安之性靈。此皆是一種反動。降至今日，歐風東漸，反傳統精神乃一洩而無餘。於思想則講先秦，不特漢無與（近人最厭漢，其實無力以賞識），即宋明亦無與。于詩則講《三百篇》、古樂府、公安小品，而唐詩、漢賦則無人過問。此亦可說是一種反中世紀古典主義的浪漫運動。有人謂之為文藝復興，則實未見其然。蓋時代擾攘，人自為政，暴亂之氣則有之，而云真積真力真自由則未也。近日政治腐敗，人心頹喪，國土弱削，士氣無主，一方崇外而自卑，一方藉今以傲古。此是下流卑劣習氣，若云臭味相投可也，若云文藝復興則不可。惟每至衰世，于頹廢墮落中，必有一二佳人不追物逐臭。怡然自得，求其在我，甘為世嘲，甘自冷落，出污泥而不染，植根基于混濁。未來之開明盛典俱出乎此，斯乃聖賢之承斯文，歷萬古而如一。後生小子，不知此義。竟乃謂舊時代衰落之時，懷疑論必流行，新時代要到來，唯物論必流行。如是沾沾自喜，鼓吹唯物，以為時代之所以新，端寄託於唯物，實乃懷疑、唯物皆衰世之徵象。苟能學究天人，何須用其懷疑？道徹至理，何必泥執唯物？人心無主，士氣浮靡，隨波逐流，耳食為真。為有心人鞭撻之對象，視之為磨練真理之魔鬼可，若謂新時代即寄於此則不可。吾人方哀之不暇，何暇贊嘆乎？是以今日之煩悶、燥惱、多變、急促、物感、無主，實不能久假不歸，將來終須趨於穩定、理性、開明、自覺、格律、整嚴，此之謂新古典主義。然則杜甫之詩必有大運興焉。浮薄如今日，自不能有所領悟。

何謂杜詩無古意？

杜詩有格律，是其詩之形式。有新形勢，必有新辭以表現之。所以不能不戛戛獨造，自鑄偉辭。既不擬古，亦不摹騷。故云：子

美以意爲主，以獨造爲宗，以奇拔沈雄爲貴。此眞所謂壁立千仞，自我作古者也。古詩飄忽，杜詩沈著；古詩錯落，杜詩嚴整；古詩呈意象，杜詩摹事實；古詩有風致，杜詩顯意匠；古詩有性靈，杜詩有學問。近體律爲杜所擅長無論矣。四言亦不爲，是不摹詩也。不擬樂府，是不襲漢也。五言排律所在多有，然此又與阮藉、李白之擬古不同也。七古歌行爲唐所獨有。胡應麟曰：

> 古詩窘于格調，近體束於聲律。惟歌行大小短長，錯綜闔闢，素無定體，故極能發人才思。李、杜之才，不盡於古詩，而盡於歌行。

歌行淵源，固不自唐始，然張大其軍，發揮才思者則自唐。李白尚擬古，擬樂府，且時有四言，故云李有古意。杜則古意概無。他人借五古以發才思，若曹子建、陳子昂、阮藉、陶潛皆是。杜則不爲。發杜之才思者在七古歌行。七古歌行之于杜，猶樂府之於曹、陳、阮、陶也。他人五古擬十九首，有古意。杜五古不擬十九首，無古意，然亦杜之樂府也。是故〈三吏〉、〈三別〉、〈出塞〉、〈北征〉、〈詠懷〉、〈九成宮〉、〈玉華宮〉、〈羌村〉、〈昭陵〉，皆杜古也。〈哀王孫〉、〈麗人行〉、〈兵車行〉、〈洗兵行〉、〈塞蘆子〉、〈哀江頭〉、〈悲陳陶〉、〈驄馬行〉、〈醉歌行〉、〈送孔巢父歸江東〉，皆杜樂府也。鋪陳終始，排比聲韻，詞氣豪邁，屬對律切，可謂盛矣。「三年笛裏關山月，萬國兵前草木風。」「堂上不合生楓樹，怪底江山起煙霧。」「風吹客衣日杲杲，樹攪離思花冥冥。」「楊花雪落覆白蘋，靑鳥飛去銜紅

巾。」「五花散作雲滿身，萬里方看汗流血。」此皆絕妙唐雅佳
句。而〈送孔巢父〉、〈洗兵行〉又極整嚴律切之能事。

> 巢父掉頭不肯住，東將入海隨煙霧。
> 詩卷長留天地間，釣竿欲拂珊瑚樹。
> 深山大澤龍蛇遠，春寒野陰風景暮。
> 蓬萊織女回雲車，指點虛無是征路。
> 自是君身有仙骨，世人那得知其故。
> 惜君只欲苦死留，富貴何如草頭露。
> 蔡侯靜者意有餘，清夜置酒臨前除。
> 罷琴惆悵月照席，幾歲寄我空中書。
> 南尋禹穴見李白，道甫問訊今何如。
>
> ——〈送孔巢父歸江東〉

而〈洗兵行〉首段云：

> 中興諸將收山東，捷書夜報清晝同。
> 河廣傳聞一葦過，胡危命在破竹中。
> 祇殘鄴城不日得，獨任朔方無限功。
> 京師皆騎汗血馬，回紇餧肉蒲萄宮。
> 已喜皇威清海岱，常思仙仗過崆峒。
> 三年笛裏關山月，萬國兵前草木風。

末段云：

寸地尺天皆入貢，奇祥異瑞爭來送。

不知何國致白環，復道諸山得銀甕。

隱士休歌紫芝曲，詞人解撰清河頌。

田家望望惜雨乾，布穀處處催春種。

淇上健兒歸莫嬾，城南思婦愁多夢。

安得壯士挽天河，淨洗甲兵長不用。

一字一句皆從意匠中濾出，決不使輕易放過。而一句一段皆緊湊綿密，互相貫注，決無贅詞贅句有「強弩之末」之態。此詩格之精嚴者也。王世貞曰：

> 歌行有三難：起調一也；轉折二也；收結三也。惟收為尤難。如作平調，舒徐綿麗者，結須為雅詞，勿使不足。奔騰洶湧，驅突而來者，須一截便住，勿留有餘。中作奇語，峻奪人魄者，須令上下脈相顧，一起一伏，一頓一挫，有力無跡，方成篇法。

如吾所云，便是理事情景，貫注綿密，總歸之曰成熟曰老練，曰精曰重。此則只好讓杜甫矣，李白不足道也。而所謂有格律無古意亦都于此得其解。

又無古意者，其詩之調與古不同也。據上篇所列，古調為連綿調，而杜詩如此所舉，則為排律調。對偶性多，連綿性少。排比前進，而非起伏前進。故古調為前後的、因果的、時間的，在唐雅則為同時的、對偶的、空間的。此即所謂屬對律切，亦即所謂排比聲

韻。古今體根本不同在此。古爲動，今爲靜；古有風致，今有規模。風致難揣，規模易見，然杜亦偉矣哉。此其所以爲後人之所宗也。

惟亦因排比聲韻，少自然之致；屬對律切，多生硬之辭。上所列舉乃杜詩之精華，尙不見若何破綻。其他爐火未純精者，滯塞雜揉之詞甚多。此其弊在于無古意。若能函養之以古，則必更見高簡、靈活，其詩格將更高雅。于此而韓愈似稍勝一籌。〈元和聖德詩〉、〈平淮西碑〉，皆古色古香，制作如經。李商隱所謂「竄點堯典舜典字，塗改淸廟生民詩」，正是實贊。以此而作唐雅唐頌，則庶几其可矣。韓之所以勝於杜者，以韓能文、才氣大、方面廣，故左右皆逢源也。人決不可立志作文人作詩人。杜則立志作詩人者也，雖欲不以「詞人」目之，不可得也。

何謂杜詩述悲苦？

杜處天寶之末，國家多故，己亦不偶。家國兩渺茫，一身獨流離。其苦可知。惟此老「讀書破萬卷，下筆如有神」，只成得一個詩匠，其氣象殊不高。苦則苦矣，何必日事悲涕，作可憐相。歌詠生民艱難，社會愁苦，則爲偉大之同情心。若篇篇自家告艱難，嘮叨不已，則爲看財老、村夫子之惡習，詩人不應有此。杜與韓皆有窮酸氣，所謂陷於癡迷者也，累其詩格多矣。記聞之學廣，自得之處少，每有此病。若能留意孔、顏，則靜覺慧解滋於內，空脫靈活發於外，意境氣象必不讓淵明、子建專美於前矣。今打開詩集一閱，述悲苦者十之八九，凡有所投贈，必結之以告艱難，望汲引，此大不好。如「騎驢十三載，旅食京華春。朝扣富兒門，暮隨肥馬塵。殘杯與冷炙，到處潛悲辛。」（〈奉贈韋左丈〉）此哀憐也。

「無復隨高鳳，空餘泣聚螢。此生任春草，垂老獨漂萍，儻憶山陽會，悲歌在一噎。」（〈贈翰林張四學士〉）此望其垂青也。「長安苦寒誰獨悲，杜陵野老骨欲折。〔……〕饑餓動即向一旬，敝衣何啻聯百結。君不見空牆日色晚，此老無聲淚垂血。」（〈投簡成華兩縣諸子〉）與鄉里晚輩後生訴苦，更其不堪。當然是真氣激出，不能隱忍，並非不准訴苦，乃只云氣象不高耳。護杜者流，無往而不曲為之說，是則自甘不長進，吾亦無如之何！又「交合丹青地，恩傾兩露辰。有儒愁餓死，早晚報平津。」（〈奉贈鮮于京兆尹仲通〉）按：仲通與國忠交合，施恩正易為力，此亦望汲引也。凡此詩例，舉不勝舉。於自己固顯得不好，於詩格亦顯千篇一律。故杜詩有格律有學問，形下之格大；無自得，無古意，形上之格低。人但見其大而不知不高也，故吾云「杜有廣度而無深度」。

何謂杜詩表時事？

杜值國家喪亂，此是一個偉大時代，詩材甚多。加之杜性靈不高，學富五車。其所詠歌，不是境由意出，乃是詞以運境。境由意出，疏宕有逸氣；詞以運事，化腐朽為神奇。杜是炮製家，不是創造家。重濁以物累，物于物而不離物者也。境由意出，物物而不離物者也。物于物，故杜萬景皆實；物物，故李萬景皆虛。而或者不明此意，以為「詩有虛有實，有虛虛，有實實，有虛而實，有實而虛，並行錯出，何可端倪？且杜若〈秋興〉諸篇，託意深遠，〈畫馬行〉諸作，神情飄逸，直將播弄三才，鼓鑄群品，安在其萬景皆實？李如〈古風〉數十首，感時託物，慷慨沈著，安在其萬景皆虛？」此言也，實不知端旨，逐物追尋，未能通其脈絡者也。

杜詩物于物而表時事，故云為詩史，惟所歌詠不離一代，所取

材不離一身。作杜譜觀可，作唐經讀不可也。〈三吏〉、〈三別〉、前後〈出塞〉、〈北征〉、〈兵車行〉、〈洗兵行〉，固于時事有所指陳，但若云其能表現時代精神，則未免淺乎其觀。杜之識見未足以語此也。苟能繼承《風》《雅》遺旨，求國家之遺事，考賢人哲士之終始，誅姦諛于既死，發潛德之幽光，典章文物，風尚習俗，一皆諷詠之，刺美之，推明之，批評之，發而爲詩，則杜之爲杜將不可限量。豈止但丁、歌德而已哉？此眞可謂唐雅，可謂詩聖矣。此是何等事業，奚暇述悲苦告艱難乎？然而杜學問不足以語此。學問不足，則器識不高。器識不高，則詩格不高，而流于癡迷矣。杜廣度有餘而深度不足，亦憾事也。鄭板橋有云：「題高則詩高，題矮則詩矮。」殊不知題高亦須識高，識不高詩則終不會高。識，智慧事。杜詩不表現個人之智慧，以其根本無慧也；不表現時代之精神，以其無識也。若云指陳一事象，即爲詩史詩聖，則元、白皆詩聖矣。世人以杜詩爲史爲事，遂謂其能表現時代精神，觀之淺矣。近人作詩，尚須百尺竿頭進一步，庶可不負此大時代。一曰有智慧，二曰有學養，三曰有識見，四曰有意境。勿謂舊詩已至絕境，亦勿謂非語體詩不能詠物也。

原載《再生》第31期　1939年10月10日，署名「牟離中」

說詩一家言：詩意篇

作詩要有詩的意象。真正的詩人有其特殊的詩意。

何謂「詩意」？對於宇宙人生的慧解，對於真、美、善的希求與憧憬，便是「詩意」。中國詩人，有詩意的，曰屈原，曰陶潛，曰子建，曰李白。杜甫是沒有詩意的。

然杜甫何以能成為大詩人呢？詩有是「詩的」，即有詩意的詩；有不是詩的，即無詩意的詩。無詩意的詩，即謂散文的詩。杜甫的詩是散文的。中國民性本是老實素樸的。中國詩大部分又都是應酬之作，成了社交的裝飾品。到處是詩，相習成風，便成了一種沒有詩意而有詩韻聲調鏗鏘的有韻之文。至唐興，律詩起，又專以排比聲韻，屬對律切為能事。其所歌詠竟毫無詩意存焉。所以有人說中國詩本質上是散文的，不是詩的。此言甚對。成了一種風氣，所有的詩都在這一條線上發展，而好的詩也就是散文的詩，或於散文的詩中始可發見，所以杜甫究成了一個大詩人。

散文的詩也是很有風致的。其美與一篇美妙的散文同。其所歌詠是將一件事情行雲流水地鋪陳出來，或用《論語》式的對話傳達出來，故曰歌，曰行，或曰古風。散文詩與史詩不同。當然散文的體裁最宜於用來歌詠歷史。但中國詩則不然。其不歌詠歷史，也一切總以散文詩出之。所以結果竟沒有真正的史詩，而只有散文詩。

　　散文詩的特色就是詠物詠事。〈孔雀東南飛〉、〈陌上桑〉、〈羅敷行〉、〈孤兒行〉都是散文的。〈長恨歌〉、〈琵琶行〉也是散文的。〈秦婦吟〉更是散文的。事並非大事，物並非巨物，然如怨如慕，如泣如訴，風流飄逸，聲調鏗鏘，此就是散文詩的美。杜甫的鋪陳終始，就是集了這一類型的大成。但是按另一標準說，卻是沒有「詩意」的。可是將來的演變，真正的詩，最成熟的詩，就是這種散文詩也未可知。中國民族是最成熟、最老練的民族，成熟老練的表現曰中年曰散文。到了此時，希求意見都歸幻化。所有的是感慨，是悲涼，是簡單函蓄，是悠悠和平，低回流連，總之是對於現實的諷詠與靜覺。

　　散文詩的詩意或詩魂，不在希求，不在慧解，而在歌詠。一唱再三嘆，慷慨有餘哀。這是它的詩魂。沒有希求，沒有意見，也許就是它的慧覺。它的慧覺沒有成一個系統表示出來，而是藉一件事情，無可無不可的歌詠出來。散文詩的終極是如此。杜甫究是如此否，尚難言。因為散文詩的靈魂是歌詠，其動人處是聲調與所歌詠的事情，也說不上甚麼覺不覺。作者有慧覺否，與散文詩無因果關係，但有個巧合。就是說，最老練的、最有大覺的，結果是散文的。但散文的，卻未必有大覺。杜甫、韓愈俱是散文的，但此兩人卻是沒有什麼慧覺的。故表裡俱散，其所以成為散文的，不是因為他們有大覺，乃是因為傳統的習慣。陶潛的詩表面也是散的，但內容卻是詩的。曹植也是如此。這因為曹、陶都有靜覺與慧解故。有靜覺與慧解就是有「詩意」與「詩境」。散而有詩意與詩境就是最成熟的詩，也就是散文詩之極致，但此無所望于杜甫。

　　何謂「散的」？

杜甫〈新安吏〉：

客行新安道，喧呼聞點兵。
借問新安吏，縣小更無丁。
府貼昨夜下，次選中男行。
中男絕短小，何以守王城？

這是一種對話式的散文。

韓愈〈瀧吏〉：

南行逾六旬，始下昌樂瀧。
險惡不可狀，磐石相撞舂。
往問瀧頭吏，潮州尚几里？
行當何時到？土風復何似？
瀧吏垂手笑。官何問之愚！

這也是對話散文。

韓愈〈寄盧仝〉：

玉川先生洛城裏，破屋數間而已矣。
一奴長鬚不裹頭，一婢赤腳老無齒。
辛勤奉養十餘人，上有慈親下妻子。

這是行雲流水的鋪陳散文。

杜甫〈送孔巢父〉：

> 巢父掉頭不肯住，東將入海隨煙霧。
> 詩卷長流天地間，鈞竿欲拂珊瑚樹。

這也是行雲流水的散文詩。

杜甫〈哀王孫〉：

> 腰下賢玦青珊瑚，可憐王孫泣路隅。
> 問之不肯道姓名，但道困苦乞為奴。
> 已經百日竄荊棘，身上無有完肌膚。
> 高帝子孫盡隆準，龍種自與常人殊。
> 豺狼在邑龍在野，王孫善保千金軀。

這是一唱再三嘆，慷慨有餘哀。

李白〈登金陵鳳凰台〉：

> 鳳凰台上鳳凰游，鳳去台空江自流。
> 吳宮花草埋幽徑，晉代衣冠成古邱。
> 三山半落青天外，一水中分白鷺洲。
> 總為浮雲能蔽日，長安不見使人愁。

李白〈宣州謝朓樓餞別〉：

蓬萊文章建安骨，中間小謝又清發。
俱懷逸興壯思飛，欲上青天覽明月。
抽刀斷水水更流，舉杯消愁愁更愁。
人生在世不稱意，明朝散髮弄扁舟。

此皆風流飄逸，聲調鏗鏘。
李白〈灞陵行送別〉：

上有無花之古樹，下有傷心之春草。
我向秦人問路岐，云是王粲南登之古道。
古道連綿走西京，紫闕落日浮雲生。
正當今夕斷腸處，驪歌愁絕不忍聽。

李白〈單父東樓，秋夜，送族弟沈之秦〉：

沈弟欲行凝弟留，孤飛一雁秦雲秋。
坐來黃葉落四五，北斗已挂西城樓。
絲桐感人絃已絕，滿堂送客皆惜別。
卷簾見月清興來，疑是山陰夜中雪。
明日斗酒別，惆悵清路塵。
遙望長安日，不見長安人。
長安宮闕九天上，此地曾經為近臣。
一朝復一朝，髮白心不改。
屈平憔悴滯江潭，亭伯流離放遼海。

折翮翻飛隨轉蓬，閒絃虛墜下霜空。
聖朝久棄青雲士，他日誰憐張長公。

此兩詩皆如怨如慕，如泣如訴，餘音嫋嫋，不絕如縷。

以上所舉皆是散的，以聲調取勝。字裏行間，韻味無窮。但是何謂「詩的」？

蟬羽無分朝夕，
爲露濡潤，如女人爲戀低泣。——《源氏物語·空蟬·名句》

這是十二分是詩的意境。又如：

春風不相識，何事入羅帷？
荷花嬌欲語，愁煞蕩舟人。
巨鰲莫載三山去，我欲蓬萊頂上行。
江東風光不借人，枉然落花空自春。
清風吹歌人空去，歌曲自繞行雲飛。
請君試問東流水，別意與之誰短長。

這都是李白最有「詩意」的句子。又如：

落葉別樹，飄零隨風。
客無所託，悲與此同。
羅帷舒卷，似有人開。

明月直入，無心可猜。——李白〈獨漉篇〉

調子十分散，而意十分緊。有詩意，亦有詩境。

又如羅隱〈君馬黃〉：

> 細榮慢逐風，暖香間破鼻。
> 青帝固有心，時時動人意。
> 去年高枝猶壓地，今年低枝已憔悴。
> 吾所以見造化之權，變通之理，
> 春夏作頭，秋冬為尾。
> 循環反覆無窮已。今生長短同一軌。
> 若使威可以制，力可以止，
> 秦皇不肯斂手下沙邱，孟賁不合低頭入薾里。
> 伊人強猛猶如此，顧我勞生何足恃？
> 但願開素袍，傾綠蟻，
> 陶陶兀兀大醉于青冥白晝間，認它上是天下是地。

亦是極有詩意的。雖然是說理，但是不乾燥。錯錯落落，極有輻射力，極有函蓄力。與李白〈將進酒〉理同，而表現的詩意大不同。〈將進酒〉不過是一曲放肆的唐調，此詩卻是一首蒼老的古調。

又張藉〈遠遊曲〉：

> 願君到處自題名，他日知君從此去。

亦是詩的句子。此非出風頭也，乃留憑弔之蹤也。而羅隱〈江南曲〉：

> 緉絲採怨凝曉空，吳王台榭春夢中。
> 鴛鴦鸂鶒喚不起，平鋪淥水眠東風。

又極有靜覺極有意境。

「詩的」意境須有三原則：

一、象徵的與擬人的；

二、靜覺與慧解；

三、有密度與輻射。

「散的」意境亦須合三原則：

一、鋪陳事實；

二、行雲流水；

三、聲調鏗鏘。

散而不至子建與淵明，則或爲詩究笨伯，杜甫是也；或爲淺流油滑，李白是也。詩而不至淵明與子建，則爲才人藝人。格無足取，王維是也。

有詩意的詩人，屈原、李白表示希求與願望，陶潛、曹植表示慧覺與靜解。他們不但有詩意，而且其意是「詩的」。

詩意是格，有斯格即有斯調。調與其詞相諧和。詩意是希求與願望的，其格調多熱烈、緊張、頹慢、消極，是謂動態格調。其所用的詞也多是生動的，此謂技巧與格調的諧和美。

詩意若是慧覺與靜解，其格調則冷靜內斂，恬淡自如，是謂靜

態格調。其所用的詞也多是恬靜的。

屈原是一個巫祝師，想像力特別大。忠君愛國之心，慣而至於其極，變而爲希求解脫之情。但這是精神上的遊歷，不能實現，便只有自殺。其意是希求的，其希求有眞、美、善的成分，其境是香草美人，凌空雲虛。

李白是一個流浪漢，很奇特的人物。也殺過人，也成過仙；也曾布衣見天子，極豪華於一時；也曾獲罪流夜郎，極坎坷於一時。這種人當然沒有什麼禮法、世俗，也沒有什麼學問涵養。是一種感覺主義的性格。耳目之官不思，物交物則引之而已矣。一生極爲其欲望生命而奮鬥。也有熱烈，也有緊張，也有頹慢，也有消極。一任衝動，原把不定也。表之於詩則爲豪放狂浪，風流飄逸，頹慢弛散。而一貫其中者則爲說誇大話，用流動詞。俱見〈格調篇〉。

陶潛心境平靜，事理通達。雖文妙不足，而慈祥戲謔，不離人情之正。感慨唏噓，乘化不忘名教。看得透，忍不過，亦性情中人也。文采不斐然，不能一瀉千里，發其不得不發。然形諸歌詠，卻是智慧生活實錄，句句都從自覺中濾過一遍，與才子之不知所以然者不同。雖俱自性靈中出，而一爲通人，一爲才子，其格固自有異。十年格物，一朝物格，忠恕絜矩之道，正是如此。詩集中處處表示慧覺與靜解。其所涉範圍又不似王維之狹小。同爲田園詩人，一拘於田園，一不拘於田園。此陶之所以大也。歷來目陶爲田園詩人或隱逸詩人，皆不妥。陶豈甘於爲隱逸哉？蓋亦出處靜默，不離於義，山河變色，宋移晉祚，出而爲仕，於義有所不能，若不退休田園，尚望其爲漢奸乎？此與孔子時又不同。上有周天子，下邦俱爲所封，普天之下，莫非王土，率土之濱，莫非王臣，一統之局未

移，故去魯之楚之宋皆可也。今天下一家，不爲晉即爲宋，既晉矣，又焉能宋？故以田園詩人目之，實是看得太輕太淺。如王維者則可矣。觀其詩可知其人。其境界固不止田園已也。有慧解，有世運，有人倫，有學養，有聖統，有感慨，有唏噓，有幽默；雖所處不過一斗室，然大之則彌六合，遠之則神遊千古。有理性，有性情，豈拘於耳目之官，泥於田園，作聲色之藝人乎？亦非蔽於天而不知人者所可比也。故辭調雖不如王維之華美整齊，而詩格則高絕千古。王維之靜覺根據於佛，有一固定之系統，若套公式然。陶之慧覺與靜解乃自人性中發，無一定之性統可拘，而無不得其正。此儒宗孔子之眞精神。故陶當以通人之詩目之，亦聖之時者也。

陶之心境平靜處：

> 曖曖遠人村，依依墟里煙。
> 時復墟曲中，披草共來往。
> 相見無雜言，但道桑麻長。
> 徘徊邱隴間，依依昔人居。
> 飄飄西來風，悠悠東去雲。
> 昭昭天宇闊，晶晶川上平。
> 商歌非吾事，依依在耦耕。
> 采菊東籬下，悠然見南山。

疊韻字屢見而不一見，足見其心境之平靜。又如：

> 悲風愛靜夜，林鳥喜晨開。

山氣日夕佳，飛鳥相與還。
此中有眞意，欲辨已忘言。
日入群動息，歸鳥趨林鳴。
不覺知有我，安知物爲貴。
悠悠迷所留，酒中有深味。
仲春遘時雨，始雷發東隅。
眾蟄各潛駭，草木縱橫舒。
遙遙萬里輝，蕩蕩空中景。
氣變悟時易，不眠知夕永。
日月擲人去，有志不獲騁。
日月不肯遲，四時相催迫。
孟夏草木長，繞屋樹扶疏。
眾鳥欣有託，吾亦愛吾廬。

此都表示一種靜覺。不靜者不覺，庸俗者亦不覺。句中有點之詞，
皆極有技巧者，有靜覺便有慧解：

家爲逆旅舍，我如當去客。
人生無根蒂，飄如陌上塵。
分散逐風轉，此已非常身。
相見無雜言，但道桑麻長。
桑麻日已長，吾土日已廣。
常恐霜霰至，零落同草莽。

心境本是很曠達的。但大限到臨，凡屬有情，無不有動于中。孔子且傷獲麟。並非不達。蓋達不達，總不離乎人情，所差者在癡迷與否耳，在冷酷與否耳。莊子是很達的，但沒有人味，失了人之所以爲人的本性。此便爲冷酷。亦終于不達。至韓愈、杜甫則陷于癡迷。

> 徘徊邱隴間，依依昔人居。
> 井灶有遺處，桑竹殘朽株。
> 借問採薪者，此人皆焉如。
> 薪者向我言，死沒無復餘。
> 一世異朝市，此語眞不虛。
> 人生似幻化，終當歸空無。

這本是很淒涼的情景，但寫的那麼低回依依，淡泊憩靜。若出之李白口中，將不知若何狂浪。

> 步步尋往跡，有處特依依。
> 流幻百年中，寒暑日相推。
> 常恐大化盡，氣力不及衰。
> 山河滿目中，平原獨茫茫。
> 古時功名士，慷慨爭此場。
> 一旦百歲後，相與還北邙。
> 榮華誠足貴，亦復可憐傷。

「榮華」聯特顯忠厚不迫之旨。俗人極力慕榮華，此本是人情之常，陶潛並不枉情詆毀。但總覺其可憐耳。達者極力詆毀蔑視，亦非人情之正，故終於不達。

因爲心境平靜，事理通達，故不偏激，不過分。雖沈湎于麴糵，卻不毀謗聖賢，亦不氣憤，亦不牢騷。感慨自然是有的。這是不可及處。李、杜、韓都是有氣憤的。周作人自命爲通達，毀謗聖賢，亦是不對。

> 愚生三季後，慨然念黃虞。
>
> 得知千載上，正賴古人書。
>
> 聖賢留餘跡，事事在中都。
>
> 豈忘遊心目，關河不可踰。
>
> 蕭索空宇中，了無一可悅。
>
> 歷覽千載書，時時見遺烈。
>
> 羲農去我久，舉世少復眞。
>
> 汲汲魯中叟，彌縫使其淳。
>
> 鳳鳥雖不至，禮樂暫得新。
>
> 洙泗輟微響，漂流逮狂秦。
>
> 《詩》《書》復何罪，一朝成灰塵。
>
> 區區諸老翁，爲事誠殷勤。
>
> 如何絕世下，《六籍》無一親。
>
> 終日馳車走，不見所問津。

此竟不是詩人，直是有道之士。人類精神表現無餘。見其學養之

厚，見其文化責任之大。人之所以異於禽獸者幾希？如何小子，狂
肆無知而詆毀聖賢乎？於陶詩見個人之智慧，見人類之靈魂，見時
代之精神（世運），此是何等詩格，而可以田園拘之乎？而最令人
發緬想者，則爲以下兩詩：

〈與殷晉安別〉：

> 遊好非少長，一遇盡殷勤。
> 信宿酬清話，益復知爲親。
> 去歲家南里，薄作少時鄰。
> 負杖肆遊從，淹留忘宵晨。
> 語默自殊勢，亦知當乖分。
> 未謂事已及，興言在茲春。
> 飄飄西來飛，悠悠東去雲。
> 山川千里外，言笑難爲因。
> 良才不隱世，江湖多賤貧。
> 脫有經過便，念來存故人。

陳祚明于此詩曰：「殷先爲晉臣，與公同時。後作宋臣，與公殊
調。篇中語極低徊。朋好仍敦，而異趣難一也。」

〈贈羊長史〉（左軍羊長史，銜使秦川，作此與之）：

> 愚生三季後，慨然念黃虞。
> 得知千載上，正賴古人書。
> 聖賢留餘跡，事事在中都。

豈忘遊心目，關河不可踰。

九域甫已一，逝將理舟輿。

聞君當先邁，負荷不獲俱。

路若經商山，為我少躊躇。

多謝綺與角，精爽今何如。

紫芝誰復採，深谷久應蕪。

駟馬無貰患，貧賤有交娛。

清謠結心曲，人乖運見疏。

擁懷累代下，言盡意不舒。

聞人倓於此詩曰：「劉裕平關中，越二年，即受禪。陶公此詩，念黃虞，謝綺角，蓋致慨於晉宋之間也。言雖易盡，意奚能舒乎？」而何焯則曰：「始皇雖一九域，四皓逃之。此篇所以庶武羅於羿羿之域，想王蠋於亡齊之境，聊以寄其難言之隱也。」

此兩詩，人倫世運，學養性情，面面俱到，函蓄極富。詩格高遠，乃□【編按：此字原件無法辨識。】世之作。

陶事理通達，故又善於幽默。「弱子戲我側，學語未成音。此事真復樂，聊用忘華簪。」此老有童心。又「故人賞我趣，挈壺相與至。」此恰似李遠所謂「俺這哥哥就知我的鳥意，不耐煩吃這小杯。」妙語絕千古。〈責子詩〉云：「雖有五男兒，總不好紙筆。阿舒已二八，懶惰故無匹。阿宣行志學，而不愛文術。雍端年十三，不識六與七。通子垂九齡，但覓梨與栗。」又慈祥戲謔，幽默可觀。而〈挽歌〉三首亦遊戲亦莊嚴，與蘇格拉底之死同。此老真可謂透徹之至，亦即林語堂所謂「對自己幽默一下」。

　　眞西山曰：「淵明之作，宜自爲一編，以附於《三百篇》、《楚辭》之後，爲詩之根本準則。」此意甚有得。蓋淵明誠如山谷所云：原不爲詩，乃寫其胸中之妙耳。此非文人之作，乃通人之自遣，故其所道無往而不通達。千古來，只有一孔子是通人，他又不作詩。千載下化身爲陶公，以補前生之缺。此等詩如何不自成一編。蓋天地間能有幾人是孔子，更有幾人能「從心所欲不踰矩」。

　　孔子是聖人，要立身行事，有個社會關係在。故其言論量己衡人，有對而發，隨機而變，不主故常，毋固毋必毋意毋我，其所對答無一爲其所必言，不自我而自人，此是一個忠恕之道。所以其言論，對自己而言，謂之隔。因其生活是散文的故也。淵明詩，因其是詩，免不了表現自己，即不自人而自我，故其表現，句句自覺，內外無間，是謂不隔。孔子之隔與陶公之不隔，都是自己明明白白的。還有一派，文采斐然，一瀉千里，發其所不得不發，亦不自人而自我，內外無間，亦謂不隔，但卻是不自覺，即自己並不知其所以然。此爲才子之文。屈原、李白、公安袁氏是也（此種分法得自馮文炳先生）。還有一派，則爲《風》《雅》之遺音：刺美風化，推明政治，歌詠事物，鋪陳終始，此乃表現人類之靈魂時代之精神者也，子建、工部屬之而未至也。故詩可有三派，綱列如下：

　　一、通人詩：自我，不隔，自己明白，詩的：只有一陶潛公。

　　二、才子詩：自我，不隔，自己不明白，詩的：《楚辭》、李白等是也。

　　三、風雅詩：自他，隔，自己明白，散的：《三百篇》、曹子建、杜工部是也。此是正統派。願來者有以擴大而發揮之。

原載《再生》第32期　1939年11月20日，署名「牟離中」

論魯默生詩

　　古詩至今已成絕響。老師碩儒，其學非不傳，然無詩才以緒遺音，無詩識以大其軍。抱殘守缺，留戀枯骨。其志可嘉，無補風、雅。此可傷也。新進後生，競騖新奇，唉呀了嗎，不成體統。覺悟者轉而就古，而學養不足，不名為詩，尚不若逕作新體之為愈也。吾友默生，本風、雅之遺音，稟太白之才氣，廣讀百家，詳品群集。其中甘苦，知之深矣！製作三昧，養之素矣！發而為詩，有詠物，有顯己，有七古之委婉恣肆，有五古之高簡樸素。至若絕句，則美妙生動，極顯才情，文溫容雅，極表神韻，真所謂「悲歡窮泰，發敘抑揚，疾徐縱橫，無施不可」者也。古詩至此而得其緒，至此而大其軍，剝極而復。異代之典章，其在斯乎？其在斯乎？

　　吾不能為詩，然究能知詩否耶？此亦難言。姑就默生詩而粗論之，得勿有隔靴抓癢之譏也？此亦不暇計及矣。

　　鄭板橋云：「題高則詩高，題矮則詩矮。」何為高？刺美風化，推明政治，謂之高。何為矮？社交酬對，身邊瑣事，謂之矮。杜甫詩多高題，故其格高；王維詩多矮題，故其格低。或高或低，皆關性情，非泛然也。默生〈襄陽曲〉藉宋末元兵攻襄陽事，推明政治，莊語得失。無限熱情，躍於紙上；無限感慨，蘊藏胸間。

如：

> 吁嗟乎國無人分事誰共，每讀公傳輒大痛。
> 傷心豈僅惜前朝？國勢於今亦南宋。
> 宋衰猶復存節義，往往孤忠思握臂。
> 二張雖死留國光，信是兩間之正氣。
> 及今黨禁恨忠貞，造作無人敢力爭。
> 國尚未亡心已死，撫今思古幷吞聲。

又如〈西安紀行〉云：

> 內爭十八載，滿地生荊棘。
> 生事日苦拙，安得穀與稷。

此傷亂也。

> 長衢擁馬矢，野殿鳴倉鷗。
> 居民癖芙蓉，面目盡獰猙。

此刺民族之墮落也。

> 時人慕繁華，東南樂錦笙。
> 中州佳麗地，棄置毋乃慎。

此刺士紳之荒淫也。

> 將軍誇仁惠，痌瘝恤零丁。
> 馳書關以東，請賑舒民生。
> 賑車陸續至，一一入公庭。
> 安有一粒糧，潤彼飢者唇？〔……〕
> 可憐四海內，愛民誰以仁？
> 口密腹藏劍，如何望清澄？

此刺官府之貪濫也。凡此種種，一一詠之於詩，千載下坐亂史讀可也。

　吾聞之，作詩之基本要素有三：一曰學養，二曰意境，三曰技巧。無學養則格調不高，無意境則不能成詩，無技巧則不能入微。三者備則格高調雅。高則不流，流則蕩矣；雅則不偏，偏則激矣。亦高亦雅則有神韻。神韻者，作品之成熟者也。不成熟，則幼稚偏激。詩格之高者，神乎其態，韻乎其情者也。默生〈襄陽曲〉洋洋數千言，以太白之才寫杜甫之題，抑揚起伏，章法整然，始終條理而一字不苟。此格調之高者也。若〈西安紀行〉則爲五古。五古以意象勝。以五古寫黃河流域之景物，渾厚古朴，相得益彰。而行腔使調，運字措句，直追曹、王，此尤可貴也。

> 所如苦難合，遑遑復西征。
> 清晨發大江，日夕達彭城。
> 欸車聲隆隆，白日光晶晶。

　　走獸馳壙野，飛鳥投故林。

又如：

　　薄暮入潼關，關頭揚紅旌。
　　哀風起四野，悲角薄太清。

此皆子建氣象。非有意學子建，觸景生情，不可以已。非得詩之三昧者，不能至此。

　　吾嘗言七古以才情勝，居大江者宜七古；五古以意象勝，佇中區者宜五古。即以太白論，五十九首蓋居中原時作；七古歌行則大都作於江介。默生詩亦如此。〈襄陽曲〉所詠者乃江漢之事，以七古出之最宜。而豪情縱橫，纏綿悱惻，亦極顯才氣，與〈西安紀行〉迥乎不同。此兩詩格調，皆高大雅正，直凌古人而上之。

　　作詩必有意境。有學養而無意境不能成詩；有意境而無學養，詩雖不高而不失為詩。「詩有別才，非關學問」，即指意境而言也。有意境而涵潤之以學養，始謂上乘。李、杜號稱詩傑，然李每不足於學養，而杜又嘗乏於才情（無才情即無意境）。夫吾所謂學養，非必腦肥滿腸之謂也。學問昇華而為氣象，即為學養。不酸腐，不癡迷，則氣象高。淵明詩文采無足取，而氣象則高絕千古，學養之故也。默生詩意境極高遠，不陷於理障，不落於癡迷，此蓋有所養也。如：

　　團團酒盡罷高會，沉沉醉鄉齊酣睡。

雞犬無聲百不聞，惟有月光鋪滿地。

清機徐引，由靜生慧。下云：

我想明月苦寂寥，獨上高樓權致意。
汝來何自去何方？何處飛昇何處墜？
一年三百六十日，見汝時明時幽昧。
獨行踽踽伴者誰？路遙得不傷顛躓？（〈西安鼓樓放歌〉）

直問得無言可對。以人擬月，而出詩境。有此意境，遂有妙論：

吾聞太空有天狗，亦如人世狼與狽。
甘汝之血甜汝脂，何遭吞噬光猶銳？
新月果否即舊月？新月舊月果同然？
廣寒仙子果有無？仙樂於今幾變易？
翹首問月月無言，清光頓爲浮雲蔽。

由情生景，由景生理。想入非非，而結之以：

使汝無虧夜夜圓，日攜美酒對君醉。
明月聞言似歡欣，欲言不言光愈媚。
歸來且入黑甜鄉，夢中見月亦都麗。

音節步驟，胸腹首尾，一字不苟，一句不懈。此爲格調意境至高之

作。而嫵媚壯麗，風流飄逸，尤不在李白下。蓋李白常有頹慢放肆處也。

　　意境之生在於靜覺與慧解。所謂詩才者即在此耳。譬如：

> 此花自古號花王，紫府瓊宮競擅場。
> 染脂寵錫貴妃指，譜曲新添學士章。
> 自從上苑傷離別，芳姿豔質移河洛。
> 淪謫雖存剛勁心，幽棲想覺君恩薄。
> 何如於今傍佛開，不享榮華不增哀。
> 青馨紅魚作花巳，年年歲歲伴如來。　　　（〈靈谷寺賞牡丹〉）

此便是慧解。蓋牡丹本富貴花，今竟勸之伴佛，真所謂道場莊嚴，佛法條理矣！又如：

> 歸來殊怏怏，入夢見褊褼。
> 彥色如渥丹，鬢髮皆青玄。
> 笑謂養生主，一語在全天。
> 苟得此妙諦，自是仙乎仙。
> 夢中吟此語，不能得其詮。
> 牽裙乞真解，急去若流湍。

此是靜覺，而作法又極似太白。太白詩云：

> 中有綠髮翁，披雲臥松雪。

> 不笑亦不語，冥栖在巖穴。
> 我來逢真人，長跪問寶訣。
> 粲然啟玉齒，授以鍊藥說。
> 銘骨傳其語，竦身已電滅。

但黙生詩結尾極醒拔，極悠然；而太白於「竦身已電滅」後之結句卻犯兩橛之病，甚不自然。吾已於他處論之，讀者取而讀之，自可了然。

　　意境於絕句尤為重要。蓋短短四句，其佳妙全在一時之靈機與靜覺。七五古詠事詠物，大篇長什，《風》《雅》遺音，此則有功于文獻；至絕句則顯個人才情。黙生絕句尤佳，且極似太白：

> 危樓高聳入雲端，五月江天作意寒。
> 欲問老僧無覓處，倚欄惟把白雲看。

此詩顯神韻。

> 碧柳青梧傍曲溪，歌台舞榭起長堤。
> 誰家少女裝初罷，半卷珠簾聽鳥啼。

此則顯才情。又如：

> 幾樹垂揚隱畫樓，簫聲一曲意悠悠。
> 寄言莫奏相思引，恐惹當年一股愁。

> 江南春盡恨花飛，聞客登舟意已微。
> 安得將心付明月，長江萬里送君歸。
> 萬壑千巖擁畫樓，白雲紅樹意悠悠。
> 偶從僧榻尋清夢，卻把殘經作枕頭。
> 湖上春來處處花，香車寶馬鬥繁華。
> 伊人去後風情淺，悄立橋頭手自叉。

此數首皆美妙生動，風流飄逸，與李白〈採蓮曲〉、〈少年行〉、〈猛虎行〉、〈金陵酒肆留別〉、〈送族弟〉等作極是同一情調。

　　述默生詩至此竟。抑又有進者。詩之高貴者略有三端：一曰表現一己之智慧，二曰表現人類之靈魂，三曰表現時代之精神。中國古詩除少數傑作，大半不外身邊瑣事，社交酬對。此詩格之所以塵下，不爲世人所尊崇也。默生常言，將于詩題必換一面目，始可振興古詩。一則曰須謳歌英雄，再則曰須諷詠可泣可歌之事。若〈襄陽曲〉其例也。此外若帝昺投海，若崇禎殉國，若邊塞風光，若政治奇變，皆可取而作詩材。此古人所未道者，而默生洞見及之。有此識見，即足以提高詩格而列入文化大流中矣！

　　茲尚有一言，即詩之格律是也。杜詩並無古意，然其所以偉大者，以其詩有規律，成一代之宗匠，爲萬世之規模也。吾今即以此事望默生。默生詩，據上所列，繼風、雅，追曹、王，才情似太白，而識見則過之。此古詩之統也，而杜意則甚少。吾嘗論古調爲連綿調，而杜詩則爲排比調。對偶性多，連綿性少。排比前進，而非起伏前進。故古詩爲前後，爲因果，爲時間；而杜詩則爲同時，爲對偶，爲空間。此即所謂屬對律切，排比聲韻。古今體之異在

此。古爲動，今爲靜。古有風致，今有規模。風致難揣，規模易見。默生詩有風致，有才情，調屬連綿而起伏前進，此《三百篇》、古樂府、李太白之遺音也。若於動中攝以靜，於飄忽中示以規模。鴛鴦繡出憑君看，且把金針度與人。典型常存，後學規模。緖《風》《雅》，大其軍，其如何不在茲乎？嗚呼！此何時也！吾知默生將來之詩，其氣象其規模必有更高古渾闊於今日者也。

民廿八年二月廿六日於昆明

原載《再生》第39期　1940年2月10日，署名「離中」

論詩境

詩之意與境常是分不開的。詩之意是對于宇宙人生的靜覺與慧解，對于眞、美、善的希求憧憬。但詩究竟是詩而不是文，所以其覺與解不常以議論說出，而只託物藉景用象徵表出。所託之物，所藉之景，遂烘托而成爲詩之境。境必喩意，故總稱曰詩之意境。

上篇說明詩意，及詩的意與非詩的意之不同。本篇再論詩境。詩境與景不同。景只是景物、風景，是客觀的、無色彩的。詩境則是隨意而走，有所屬，乃是特殊的、主觀的、有色彩的。景是現實的，境則是超越的。由主觀內蘊，投之于外，藉景物的凝固之，成爲主觀的客觀，心的物，則爲境。

有詩意即有詩境，無詩意亦無詩境。李白、陶潛是有詩境的，杜甫是沒有詩的境。曹子建詩有散的調，有詩的意，故亦有詩的境。寓意境于陳述中。無杜甫之滯塞生硬，有李白之輕鬆飄逸。詩而至此是謂聖境。

何謂子建詩爲散文的？詩意之爲詩的乃于抒情詩最多。中國詩抒情的本少。子建之所吟詠不離風、雅、頌，詠物述事，鋪陳居多。但于鋪陳之中，確顯其詩魂與詩境之恬靜與輕鬆。譬如：

> 願爲西南風，長逝入君懷。——〈七哀〉
>
> 願爲比翼鳥，施翮起高翔。——〈送應氏詩〉
>
> 孤雁飛南遊，過庭長哀吟。翹思慕遠人，願欲託遺音。
>
> 　　　　　　　　　　　——〈雜詩六首之一〉
>
> 轉蓬離本根，飄颻隨長風。何意迴飆舉，吹我入雲中。
>
> 　　　　　　　　　　　——〈雜詩六首之二〉
>
> 願爲南流景，馳光見我君。——〈雜詩六首之三〉

　　此皆是詩的意境。願意如何，即是一種希求與憧憬。其所希求常用「鳥」字、「風」字以象徵之。由「鳥」字、「風」字即可烘托出一個輕鬆美妙的境界。由此境界而憧憬仙人，亦是很自然的聯想。「飄」、「風」、「鳥」、「雲」、「景」、「響」諸詞是烘托子建詩境之工具，如上舉諸句即多此等詞。再如：

> 明月照高樓，流光正徘徊。——〈七哀〉
>
> 高臺多悲風，朝日照北林。——〈雜詩之一〉
>
> 慶雲從北來，鬱述西南征。——〈喜雨〉
>
> 驚風飄白日，忽然歸西山。圓景光未滿，眾星粲以繁。
>
> 　　　　　　　　　　　——〈贈徐幹〉
>
> 寒冰辟炎景，涼風飄我身。——〈侍太子坐〉
>
> 凝霜依玉除，清風飄飛閣。——〈贈丁儀〉
>
> 我願執此鳥，惜哉無輕舟。悲風鳴我側，羲和逝無留。
>
> 　　　　　　　　　　　——〈贈王粲〉
>
> 員闕出浮雲，承露概泰清。——〈贈丁儀王粲〉

秋風發微涼，寒蟬鳴我側。原野何蕭條，白日忽西匿。

歸鳥赴喬林，翩翩厲羽翼。——〈贈白馬王彪〉

年在桑榆間，景響不能追。——同上

願隨越鳥，翻飛南翔。——〈朔風詩〉

空穴自生風，百鳥翔南征。——〈雜詩〉

微陰翳陽景，清風飄我衣。游魚潛綠水，翔鳥薄天飛。

——〈情詩〉

驚風飄白日，光景馳西流。——〈箜篌引〉

飛騰踰景雲，高風吹我軀。——〈仙人篇〉

白日西南馳，光景不可攀。——〈名都篇〉

卒遇回風起，吹我入雲間。自謂終天路，忽然下沉泉。

驚飆接我出，故歸彼中田。——〈吁嗟篇〉

悲風來入帷，淚下如垂露。——〈浮萍篇〉

高樓多悲風，海水揚其波。——〈野田黃雀行〉

此等詞幾乎篇篇具有，可謂用之慣矣。這不但表示他的詩境，而且也表示他的靜覺。這個境界是雲空的境界，是行雲的境界。那是俯仰天地之間，靜覺出來的。靈活輕鬆，悠悠和平，美妙生動，都從此境界表示出。有了行雲的境界，子建的詩才是詩的，不只是散文的；才活潑起來，不似杜甫之滯塞生硬；才文溫而雅，不是粗野過質。此即格調之最高貴者也。

李白喜用流水，故顯豪放；子建喜用風雲，故顯舒曼。舒者從容，曼者曼妙。李白是流水，子建是行雲，皆詩境也。子建居京洛，故佇中區以玄覽；太白居江漢，故臨江流以浩歌。惟太白雖有

其境，不至子建之溫雅。子建貴公子，自分氣象，自是不同。

淵明詩由其詩意，自亦有其詩境。其靜覺與慧解多，故喜「化」字，如「縱須大化中，不喜亦不懼」，「窮通靡攸慮，憔悴由化遷」，「常恐大化盡，氣力不及衰」，「形跡憑化往，靈府長獨閑」，「萬化相尋異，人生豈不勞」。如〈歸去來辭〉：「聊乘化以歸盡，樂夫天命復奚疑。」亦是同一靜覺。又其靜覺與慧解乃為對于宇宙萬物之總持，故喜用形上學中語。但由淵明道來，不覺枯燥，亦不墮于理障，此蓋因其心境平淡活潑故也。如孔子所云：「逝者如斯夫，不舍晝夜」，「天何言哉，四時行焉，百物生長，天何言哉」，此皆不覺其枯燥，特顯其輕鬆。又心境活潑悠悠自得，詩境為靜而非動，故亦喜用「鳥」字、「雲」字，如「悲風愛靜夜，林鳥喜晨開」，「栖栖失群鳥，日暮猶獨飛」，「日入群動息，歸鳥趨林鳴」，「班班有翔鳥，寂寂無行跡」，「暮行歸雲宅，朝為飛鳥堂」，「青松夾路生，白雲宿簷端」，「萬族各有託，孤雲獨無依」，「向夕長風起，寒雲沒西山」，「重雲蔽白日，閒雨紛微微」。「鳥」、「雲」、「風」、「飄」、「悠悠」等字亦常用，與子建同。但其行雲流水的恬淡情緒，又似過于子建。同一「風」字，子建喜用「驚」字、「悲」字以形容，故子建所烘托的境界又比較生動，其故亦蓋由于子建之遭遇多坎坷艱險故也。子建雖生動但卻不烈性。太白則流入烈性。子建〈贈白馬王彪詩序〉云「憤而成篇」，但其中亦無氣憤語、哀憐氣，此是一種高貴的境界，不可多得。

子建不但是貴公子，而且是皇太子。但無時流風流豪華氣，有從容富貴氣，有教養有倫理。不只想作一詩人，乃有大願在高，想

作一番事業。故其詩格亦爲高,不是詩人之詩,乃是人之所以爲人之詩。鍾記室品其詩譬以人倫之有周、孔,至矣哉。而近人黃晦聞又盛贊其詩曰:

> 陳王本《國風》之變,發《樂府》之奇,驅屈、宋之辭,析揚、馬之賦而爲詩。六代以前莫大乎陳王矣!至其閔風俗之薄,哀民生之艱,樹人倫之式,極情於神仙,而義深於朋友,則又見乎辭之表者,雖百世可思也。

此亦甚當,並不過分。子建、淵明皆聖人之徒也。所謂聖人之徒,並非替人傳道,乃只言其不離乎人情。蓋孔子之于爲聖亦並非因其傳某某之道而使然,天理人情乃人之所同然,得之不離其正便是聖,離而之於偏則爲狂爲狷,此皆無足取,然又勝於鄉愿。子建之爲聖以思想立場論,淵明之爲聖以實際生活論。子建乃說法時之孔子,淵明乃閒居時之孔子。然通人行事,內外如一,動靜無間,故雖閒居,亦從心所欲,未嘗踰矩也。故淵明閒居亦須通達,並非偏激之流。

杜甫無詩意亦無詩境。杜甫之詩乃史的事的,有鋪陳而無意境。爲詩開一新天地,寫事實,即所謂鋪陳終始,此是杜之功勞,然這卻不是其本人之詩境,詩總是免不了表現其自己的,然杜於其自己無所表現。白居易〈與元九書〉歷述風雅比興之旨而極推崇杜甫,以爲杜能補察時政,關心風化。而仇兆鰲注杜詩序云:「詩有關於世運,非作詩之實乎?〔……〕詩有關於性情倫紀,非作詩之本乎?故宋人之論詩者稱杜爲詩史,謂得其詩,可以論世知人也。

明人之論詩者，推杜爲詩聖，謂其立言忠厚，可以垂敎萬世也。」此種論斷極當。然此是一種什麼詩人呢？頗有考究之必要。

我們說曹子建、陶淵明、李太白，皆有其詩意與詩境，即詩的意與詩的境。這種意與境是極能表現個人自己的。譬如說，流水是李白的境界，行雲是子建的境界，乘化是淵明的境界。他們這種境界皆藉象徵的辦法而超越的表示之。惟杜甫則無此種表示。杜甫在詩人中可以說是一個特別的類型。我們說他的詩是散的，不是詩的。這是一個極大的區別。他不是普通所謂的詩人，而是文的詩人。他不表現己而表現物，所以他不用象徵，亦不超越。他是性情極篤極厚的人，說句不好聽的話，他是一個極癡迷的人。癡迷的人也近乎詩的性格，也容易爲詩。故杜甫仍可爲詩人，雖然不是詩的。如果他不癡迷，他可以爲一個達人；如果他用不著癡迷，他可以成爲一個聖人。這兩者他皆作不到，所以他是一個詩人。他用他極篤極厚極癡迷的性情來表物。在他的詩裏，可以看出他的性情之篤之厚，這是他自己了。但這與普通所謂以詩表現自己者不同，因爲他這個篤厚的性情並不是一個詩意與詩境。他不過是逐物的一種本能的衝動而已。所以與以詩意與詩境表現自己者不同，他以篤厚的性情來陶鑄萬物的。所以讀他詩的人一方覺其排比聲韻、鋪陳終始之辭之富；一方又覺其如飲濃酒、如飲苦茶之味之濃。這就是他的偉大與力量。

原載《再生》第65期　1941年4月20日

牟宗三先生全集㉖

牟宗三先生未刊遺稿

牟宗三　著

《牟宗三先生未刊遺稿》全集本編校說明

李明輝

這批遺稿共十一則,係牟宗三先生於1941至1949年間所撰。前三則及第七、八、十一則原無標題,標題係編者所加。這批遺稿來自兩個來源。其中,前三則及第五至十則係由韋政通先生轉交給《牟宗三先生全集》編輯委員會,並保存於中央研究院中國文哲研究所的當代儒學研究室。據韋先生說,這批遺稿係牟先生於1960年10月應香港大學之聘離臺赴港時遺留於東海大學宿舍,由韋先生保管至今。其中,〈父喪三年述懷〉包含兩段:第一段述其父喪前後之心境,第二段悼其叔弟之暴卒。此則遺稿之原件共三頁,第一段佔兩頁,第二段另紙繕寫。從字體及用紙看來,兩段當係同一時間所繕寫。但從內容上看,兩者之間並無明顯的關聯。第二段末尾所署的日期「民國三十三年八月二日」是否涵蓋第一段,也很難斷定。編校者姑且將兩者編成一則,並假定它們寫於同一時間。

〈自立銘〉與〈聖學箴〉則是顏炳罡先生於1989年春拜訪牟先生棲霞故居時,得自牟先生的侄子牟北辰。據牟北辰先生稱,〈自立銘〉係牟宗三先生於1947年12月3日在無錫江南大學任教時寫給他的,當時牟北辰先生正在南京,即將回安徽懷遠阜陽稅所。

(2) ☉

　　韋政通先生交給《牟宗三先生全集》編輯委員會的這批遺稿曾刊載於中央研究院中國文哲研究所的《中國文哲研究通訊》第7卷第3期（1997年9月）。但當時誤刊若干字句，如今均已改正。

目　次

一、親喪誌哀

　　民國廿二年，正月，余在家，母親無病。相聚甚歡。二月余返校。夏季卒業，未回家。七月間，得電報，言母親病甚重。急返里省視。正午抵家，母病在床。較前幾日稍輕。相見泣下。握予手，不忍釋。在家住月餘，母病日漸好。入秋，友人電邀，至壽張鄉師任教。礙難家居。遂往。孰知此爲永訣之時。非然者，吾不出矣。到校月餘，復接電，言母病危，速返。此番休矣。及抵家，已逝世三日。鄉俗三日，或五日，即安葬。三日爲小殯。五日爲大殯。艱難不能爲大殯。遂按例，三日早，安葬。以候吾，遲至下午。吾于下午二時餘抵里。至村頭，即遙見靈柩發祖塋。心如刀攪。大哭不能已。吾曾以何事報母氏耶。吾卒業庶可以微資養高堂。孰知高堂不能待，竟長眠以去。幸老父尙壯健。諸事能打算。翌年（廿三年）居天津。廿四年住廣州。常以餘資匯家。家中尙寬裕。老父心境亦好。年底又以小款周親戚。廿五年秋，返北平。無甚事。余得專心治學。廿六年夏，七七事變。入秋始離平。回家小住，並留三百金。老父仍壯健。余不能家居。老父以不欲吾無事家居。遂至南京。半月，南京退。余流離西南各省。經漢口、長沙而至桂林。梧州住半年。南寧住半年。此廿七年事也。是年冬，離南寧，赴昆

明。困居八九月。秋赴重慶。稍充裕。然亦不得資助家中。此廿八年事也。廿九年秋，來大理，至今已年餘。（今年三十年）離家愈遠，音信亦慢。自離家至今，已四年半。雖每接家信，必言老父身體如恆。然時光催人老，氣血衰頹，自所不免。以前常見老父親筆函。自去年秋，至今年餘，即不復見。今年夏曆五月廿日，大兄示言，五月初四日，父親在園中，因眩暈吃跌。當時無甚事。至十四日頗見精神恍惚。步履艱難。然眠食仍不甚差。夏曆六月廿八日，大兄復來示言「父親已成痿痺症。血脈不流通。手足麻木。語言蹇澀。小便頻數。身體發板。大小便俱遺床褥。將近四十日，不能連續說三五句話。」讀之心痛。又言「昨天（廿七日）兄呈觀弟書，目但頻視，不能讀。又復飲泣。蓋念弟傷心也。」余見此信，淚奪眶出。時與友人下棋，當時即不能自持。然力事鎮靜。草草終局。晚餐，食未半。一念酸鼻。吃不下嚥，急離座，人不之知也。夏曆七月十三日，大兄復示云：「閏六月十六七間，因受暑氣，十餘日不省人事。二目緊閉，終日喘睡。兄意恐難幸免。至廿七八兩日，天氣清爽。暑退，復見愈矣。飲食漸進。眼亦睜起。雖無大危險，然病勢已有增無減。近十餘日來，右手足頗現腫痛。不敢移動。左腿亦覺疼痛。言語一句說不出。身體亦不能轉動。大便乾結。幸飲食尚不甚減。」此信于近十一月卅日到。十二月六日晚始得見。行期約二月餘。余不知近二月內，有何變故。當晚即請李喇嘛，卜一卦。言實是有病。惟無危險。又言宅西有井。井是好井。惟不易洗髒物。蓋沖犯龍王菩薩也。余聞之，甚驚奇。即以五十金，請其念龍王經七日，為父親祝福。情不容已，報父親之苦難也。吾驚奇者何，蓋父親往日寢處，窗外即井。亦正在宅之西。井稍高，流水下

浸。房間潮濕不堪。余在家時，即言不宜居久居。宜遷高爽處。此顯因受濕而患此病。加之營養太差。氣血虧損。故有暈眩吃跌之事。大兄示言：「父親今春常對人言，二月餘不得一餐面食。」嗚呼苦矣。此何情耶。年來內憂外患，諸事多不順心。七尺之軀，又焉能受此摧殘。況在七旬老翁邪。按父親體格，雖百齡又何奇。然日夜折磨，金剛亦難耐。況血肉之身乎。一生忙碌，而今疲憊至此。不能安泰以娛晚年。為人子者，其何能堪。國運不佳，連年烽火。否則吾亦得略有資助。今如此，尚何言。二兄不爭氣，父親常恨之。不順心者一。諸媳不達情，常吵鬧。不順心者二。吾妻俗野，尤不稱意。念及吾，尤難堪。不順心者三。諸孫皆魯鈍，無可望。不順心者四。吾每次回家，輒向吾絮絮談。溫嚴莊雅，不曾道及名利事。惟以向上、通情理、有規矩為念。然環顧家人，無一能至此。輒感慨悕噓不能已。大侄伯琛，來信云：「吾兄弟輩，皆魯鈍，無一能稱祖父意。惟見叔父信，輒展顏喜。反覆審視，不能止。」嗚呼，父親所嚮往者，何事耶。其言談心事所表示者，何事耶。夫人之相與，志同道合，又須趣味同，性情道義不相差，而後有真交。家庭骨肉之間，亦如此。俗言「門當戶對」。門與戶，外也。而居移氣，養移體，門戶所函蓄之言談舉動，則內也。如相差太遠，則俗雅不相應。雖家庭骨肉之間，亦難容洽。此非名利事，乃性情事。吾岳家至俗鄙，定婚時，父親即嫌棄。至吾結婚十餘年，從無好感。過門後，言談舉動，無一能當。尤嫌棄之。從不允其侍奉。兒孫不長進，諸媳又無學。是以見之輒心煩。父親心事如此，後來者不當以此為鑒耶。年餘不見父字，四年半不親庭訓。往日之溫談，何日得復見耶。今一言不能發，吾何日得復聆嚴音耶。

吾日夜禱之矣。民國三十年十二月八日記。

九日，復按夏曆九月初三日（十月廿八），大兄示言：「大人病近來仍不減輕。亦未甚加重。看光景似能停住。」又言刻間清醒時，尚能應答一二字話語，如吃飽、不冷、不熱等。見親近人，尚知哭泣。而愚獸之時多。大小便全不知曉。右手足曾腫過一次。近已消腫。惟不能伸縮。上半身全不能轉動。每日將身翻覆數次。臀部右膀下等處，尚壓破數處。出水出血。老人處此，其何以堪。總之大人之病，兄暫時不敢指望全愈。若調治能言語，知大小便，知冷知熱，知飢飽，此等醫亦不可得，奈何奈何。」詳此所云，慘痛極矣。刻間誦經祝福，不知有效否。看將來此時之家報如何。

民國卅一年二月一日（陰曆卅年十二月十六），接大兄陰曆十月十二日示言：「父親大人于陰曆九月廿七日申時病故。」尚何言哉。並云：「當晚于靈前修函。」但該信至今未到。幸有此信，否則尚不知也。嗚呼痛哉。念二兄不在家，伯琛姪亦不在家，余又遠隔，獨大兄一人親侍函殮，其蕭條冷淡又何如？真悲苦命也。母死不在家，父死又不在家。何如是不幸耶？悲痛寧有已時？想大兄靈前草書其痛苦又何如耶？父兮母兮，其鑒之耶？其憾恨萬里外之遊子耶？在天之靈亦臨鑒遊子之悲哭乎？大兄修函知之否耶？胡不速達音信以慰子心乎？已矣已矣，不得見矣。

距生于同治十一年，卒于民國卅年陰曆九月廿七日申時，享壽七十屬猴。母親七十二屬馬。廿二年卒，埋骨已九年矣。九年後而有今日之慘。人生到此，尚何言哉？茲念陽曆十二月六日晚卜卦誦經之時，父親已歿廿十餘日矣。祝福者祝家人也。卦言無危險，不指父親言也。事爲祝福，實超度也。

二、父喪二周年忌辰感恩

　　今日爲民國卅二年陰曆九月二十七日，父親大人二周忌辰。吾遠處成都，不能恭祭墳臺。遙拜默祝，黯然神傷。去年今日在北碚寄祭文家中託大兄代讀。今年夏家鄉甚亂，至今五六月未接家信。又聞泊集附近村莊俱被焚。想家中老少又不知逃往何處。父親墳臺亦不知何人祭掃。北邙野處，益滋悽痛。生在亂世，綱常不存。然而一念不泯，則型範宛然。顚倒惑亂皆所以助長此型範之完成者也。社會如一大身體。軀殼是一架生理機括。自此機括而言之，則顚倒惑亂，茫無頭緒。一旦復以自知，中行獨復，則範型即脫穎而出。然此範型之全呈，必待軀殼之消毀。範型日露，軀殼日消。及至範型全呈而成爲純型，則軀殼即全毀而歸于消滅。今時大社會軀殼之顚倒惑亂即其自殺之歷程，而若型範一露，則其自殺之歷程即所以顯示型範呈露之歷程，是則自殺毀滅皆成實義。蓋自殺毀滅即所以顯示精神之光輝。吾處荒陲，骨肉不得親，父母生時不得侍左右，父母去時，不得親含殮。情不自禁，悲何可言。然吾一念不滅，即中行獨復。而吾父母之離去已爲範型之永在。父母之純型即吾獨復歷程之極境，終必有一日歸于一而相契也。是則隔于形骸，不隔精靈。吾之獨復即吾父母獨復之繼續可也。軀殼不毀，不足以

露純型。純型之全呈即人格發展至最高峰。吾父享壽七十。揆之于情，百齡不多也，況云七十。然年已古稀，得天地自然之數，亦復何有重憂。人生以生命之享受爲是溫情。人子所以憾恨不安者，徒以未見其親之安享餘生耳。然吾以爲此正是人生意義之所在。情不缺則理不滿。情之缺正繫于生命之毀滅。然而生命不毀，純型不露。是理之滿正繫于型之純也。人生意義正在此缺滿毀露之對照與逆流。人情忌滿，天道忌盈。假若情滿理滿，豈非聖境。生命與範型，融一而輕安前進，豈非人生至樂之境。然須知此是最後之境，向之而趣，不可終得；即一旦得之，亦不可終有；如終古如是，則即非人而爲神，人生即失其意義。吾父已成爲純型而爲神，對吾生人有意義，對其自己亦無意義矣。蓋對照與逆流俱不在也。是以生人不求情滿，但求型露。不言生命之享受，而言生命之毀滅。生命毀滅之歷程即奮鬥之歷程，毀滅奮鬥者即忍受痛苦，擔當罪惡之眞我實現也。以此吾不以親之情之滿而求自己之情之安，但以親之型之露而啓自己之崇敬與贊嘆。吾父幼時，家道彌貧。祖父死，葬地一土坑耳，無資得磚砌。叔父幼，伯父庸，彌留之時，頻以目視吾父。吾父爲予言，常不覺淚之下也。一生發奮，在此一項。隻手創業，艱難何似。幼而讀書，未甚開悟。年十八，便輟學。固非遊思暇想之人，而乃道德事業中人也。祖父彌留之時，如何境況，環顧家人，又是如何。生命充沛者，未有不于此而發奮用誠者也。一念覺醒，大業肇始。吾家距泊集一里。祖留房屋一所。吾父投身其中，始與人合股經理。所營者爲一酒館兼驟馬店。事極微賤。不足道也。酒館備浪蕩人之清飲。吾在舊京常喜入酒缸。名之爲吃兩杯。然尙有白菜、豆腐、花生、生薑下酒。鄉間小村落，則飲者只

是白酒兩杯，不應有他餚〔餚〕。此名曰酒鬼或酒流。名為共飲者也。獨飲亦不必多，早晚兩次，每次兩杯即足。當時人稱兩杯曰二兩，揆之今日，實亦不只四兩也。吾幼時家居，每至店所，輒見此輩羲皇上人，風塵俠客，杯酒置前，從容而談，老練深刻，擔當沉著，一若無有足以擾其心者。輒神往不止，欣賞其趣。文人飲酒，則高談闊論，手舞足蹈，煞是可厭。名士風流，尤令人嘔。總不如此輩滿臉髯鬚，皮如樹皺，粗布大袍，上暢其懷，腰扎一帶，黃鐘大呂之有中氣也。驟馬店則備轉運貨物者之落宿。每至晚，一群一群，絡繹而來。時為休歇之時，人所急也。爭先恐後，事至亂也。主人一一安排照呼，卸貨扛朵，極苦勞也。精力體力，皆來得及，便稱好主人。吾父指揮若定，恭與其事。是以二掌櫃（相當于老闆經理）之名，遠近百里內，蓋無不知也。吾當時每見隊隊大驟，英雄氣概，即油然而生。每當夕陽殘照，人投宿，馬投巢，一鞭響處，呼嘯一聲，蹄聲喳喳，蕭蕭而來，其氣何其壯也。後西風東漸，海運大開。此業遂成絕響，今已不復見矣。吾父遂停止天來棧（驟馬店名）轉為錢莊兼雜貨鋪，獨自經理，後擴為織山東綢。稍有盈裕，漸置田產若干畝。祖父死時，只薄田六七畝。今田五六十畝，菜園六七畝，皆吾父一手造成也。而家口亦復不少，二十餘人，皆仰給于此焉。民十七，北伐告成，地面大亂。房屋被焚，叔父遇害。遂歇業，不復作。每日園居以娛晚景。吾則以所餘微資，讀書舊京，艱苦備嘗，不自知也。民十五，土匪蜂起。吾時在縣中。暑期家居，一夕約九鐘，吾已酣睡。父急呼解曰：起！家有匪矣。言訖即至中庭，焦急無可措。聽隔巷（住宅）號哭極慘。二兄幾不免。吾何忍言。吾當時起則矇矓，不知父在中庭。手執一鐵

鍬，關門而出。見兩匪扼守住宅門。見吾出，持手槍而來，對吾胸，奪吾鐵鍬，劈腿打來，斥吾速回，無一言，急返而閉門。見父于中庭。急中無決策。父即囑余，速越牆而出，至泊集集人持槍來。與賊決。吾年幼痴騃而勇，隨乎本能而應聲曰：敢出乎？父曰不怕，速出。吾即越牆而奔。至泊集，呼醒衆人。大兄在焉。同三五人，攜槍返家，吾留焉。不移時，泊集槍聲四起如鞭炮。知匪人已離吾家至泊集。時二兄大兄皆被執，至一商店前，忽聞匪有中彈者，匪皆往視，二兄大兄遂潛逃。翌日晨，匪去。大兄二兄已返家，二兄被火烤，悽狀不忍言。父母心痛而憐之，然亦不幸中之大幸也。此後父親對二兄不甚拘束。每有匪聲，輒外宿。以故常不返家，逐染賭習。父親見其墮落，常恨之。晚景常發氣，此亦其一也。自亂後，父親即專心于家務。家人多不如意。吾每返家，輒爲道述。居常以讀書明理作訓戒，從未一言道及名利事。夜間朗讀唐宋人文及史記。吾則在旁靜聽。每讀至外戚世家人能宏道，無如命何，未嘗不廢書三嘆也。七七變後，吾由舊京返家，住約七八日，即至金陵。行時，依依顏不樂，然明決，不留阻也。吾已知父親漸老矣，氣血衰，兒女情長矣。然當時身體極健旺。二三年後，地面又大亂。年景又不收，家計極艱難。吾亦無力助。儉食儉衣，不得溫飽。病發後，暑天倭寇至。家人俱逃。父手足麻痺在床，不能動。寇置父中庭，通宵達旦。念之流涕，豈復忍言。日夜砍伐，此謂生命之毀滅，而型範已全呈矣。順理而動，由義而行，在規矩中求發展，由仁義門養正氣，此即爲純型之透露。吾豈得以情之缺爲憾乎？崇高之純型，不可不出之以崇敬。二周忌辰，吾以崇拜肅穆心與永在之父親相遇也。

三、父喪三年述懷

　　吾于廿九年秋至大理。心緒極壞。所處無可與言者。夜間唯以撰文自遣。院長張某，乃多年交，而情不相契。百般恥辱，俱所忍受。鬱悶之氣，無可發洩。翌年春，遂作狎邪遊。生活極不規。然撰文仍不輟。幸賴有此以維正業，否則將不堪矣。吾日常生活，歷來無拘束。亦從未妨礙自己之事業。天旋地轉，吾自不搖。此番狎邪，固所以舒鬱悶之氣，然年事漸長，生力不及前此之充沛，暗中鏨喪，亦復不小。今身體漸弱，悔復何及。尤使吾深痛者，當吾昏憒之日，正先公呻吟之時。每一念及，痛悔無地。無以對父母，無以對兄弟，無以對妻子。家庭骨肉，俱在水深火熱，而吾則酒色纏綿，夜以繼日。及接大兄家報，告知父親臥病，一念不泯，五衷如焚。拔刀斬亂絲，掉頭不一顧。然神明內疚，常無已時。此當為吾有生以來最大之罪惡，亦為吾今日最大之懺悔。夢寐之中，猶不覺淚洗雙映。自此以後，吾漸覺有敬畏之感。于人生真理常懷嚴肅心，非是前此之一任興趣奔馳矣。此謂興趣通過自覺之許可，生命通過理性之潤澤。而孔、孟之學及宋明諸大師所雅言者，乃覺盡吾分內事。心漸有主宰，學漸有頭腦。此一懺悔，實為吾學一大轉關。以往之種種悲苦百般恥辱，吾皆已忍受之而無所怨矣。以往之

昏憒荒唐，則只有以吾之敬畏向上作補報也。吾以此洗以往之罪惡，亦以此報父母于地下。父母在天之靈其默佑之。

　　去秋叔弟染時疫暴卒。念渠一生實極人生之至可悲憫者。九歲患傷寒。臥病月餘，起則便成聾啞。今不過二十餘，即逝世。實可傷也。人世間固有若是之不齊。鰥寡孤獨，顛連無告，此亦無告者也。無告而不能不為之告，聖賢用心，大抵在是。人生之莊嚴，道德之敬畏，亦胥在是。于此而無動於中者，此人必不仁，亦不足以盡真理之極致。然此等人亦同在可憫之列。得渠暴卒信，感觸萬端，悲不自已。欲言不盡，書此以自念耳。（民三十三年八月二日）

四、自立銘

三十六年十二月三日，分於太湖之濱

體念民艱，常感骨肉流離之痛。

收斂精神，常發精誠惻怛之仁。

敬慎其事，宜思勿忝厥職。

勿悖祖訓，宜念完成孝思。

理以養心，培剛大正直之氣。

學以生慧，聚古今成敗之識。

閑邪存誠，勿落好行小慧言不及義之譏。

常有所思，庶免飽食終日無所用心之陋。

忠以律己，於穆不已憑實踐引生天趣。

恕以待人，團聚友朋以共業引發公心。

須自己立立人，心本歷史文化。

任憑邪說橫行，不背民族國家。

五、江西鉛山鵝湖書院緣起
暨章則

一　緣起

　　中華民族之命運，正逢一嚴重之關頭，面臨一生死之試驗，苟不獲自立之道，將逐洪濤而陸沉。時至今日，文化不能更生，國家不能建立，政制不能創置，社會經濟不能充實，風俗不能淳美，根基已動，病象叢生。其將以此終古乎？抑將奮發有爲乎？蓋必有所以自處者。

　　中國以往二千餘年之歷史，以儒家思想爲其文化之骨幹。儒家思想不同于耶，不同于佛。其所以不同者，即在其高深之思想與形上之原則，不徒爲一思想，不徒爲一原則，且所表現爲政治社會之組織。六藝之敎，亦即組織社會之法典也；是以儒者之學，自孔、孟始，即以歷史文化爲其立言之根據。故其所思所言，亦必反而皆有歷史文化之義用。本末一貫內聖外王，胥由此而見其切實義。以儒者之學，可表現爲政治社會之組織；故某時某代學人思想，衷心企嚮，雖不以儒學爲歸宿，而政治社會之組織，固一仍舊貫，未有能橫起而變之者。此謂禮俗（廣義的）之傳統。淸季，西方文化猛

衝急撼，斯統始漸漸滅。民國以來，禮俗趨新，然而未有成型也。
儒者之學，除顯於政治社會之組織外，于思想則孔、孟、荀為第一
階段，《中庸》、《易繫》、《樂記》、《大學》為第二階段，董
仲舒為第三階段；此儒學之由晚周進至秦漢大一統後表現為學術文
化之力量而凝結漢代之政治社會者也。兩漢四百年為後世歷史之定
型時期。一經成型，則禮俗傳統于焉形成。魏晉南北朝為混亂時
期。學人思想無復儒家宗趣，此儒學之在思想方面之最黑暗者也。
隋唐武功政略匹秦漢，而儒家思想無光彩。王通漸露端倪，韓愈粗
能闢佛，李習之稍進精微。此皆以自覺之嚮往，而期歸宗于儒術。
其所以有此自覺之歸宗，正緣學術思想不能永安于魏晉以來之散漫
與頹廢，而期重新提鍊人類之精神，而進趨于積極建構及正面之大
業。然唐不能就此而光大，徒為文人浪漫之才華。正緣組織社會之
法典，有成文可續，有定型可繼，不似漢代之初創。禮俗傳統不
變，則思想方面之功用不顯，學人自覺求由學術思想以造時代之需
要，亦不迫切。而唐人生命原極健旺，故致力詩文，崇尙華藻，而
文物制度，亦極燦爛而可觀也。形上之思想無可取，而形下之文物
則足以極人間之盛事。此則天資之美，生命之旺，所謂氣盛言宜，
有足以近道者。然氣不終盛，往而不返。降至殘唐五代，則規模盡
喪，無復人趣。坎陷至極，覺悟乃切。宋初諸大儒，始確為儒學之
思想方面之復生。世變至此，徒有禮俗之傳統，難期濟事。而宋祖
之武功政略，又遠不及唐。開國之局，原極微弱。而仍足以維持三
百年者，則學術文化之力也。故宋之國勢雖弱，而文化則極高，與
唐恰相反。而儒學亦于此表現為極光輝、極深遠。是為自孔、孟、
荀至董仲舒後之第二期之發揚。明代繼宋學而發展，又開一盡精微

之局。王學之出現于歷史，正人類精神之不平凡，儒家之學之煥奇彩也。滿清入關，民族生命乃受曲折。降至清亡，以迄今日，未能復其健康之本相。吾人今日遭遇此生死之試驗，端視儒學之第三期發揚為如何。且今日問題，又較以往任何時期為困難。禮俗傳統崩壞無餘，儒家思想湮沒不彰，是以人喪其心，國迷其途。而吾人今日所必欲達之階段，又為一切須創造之階段。國家須建立，政治須創造，社會經濟須充實，風俗須再建，在在無有既成可繼者。此所以其為嚴重關頭也。

然衝出此嚴重之關頭，開出創造之坦途，又非賴反求諸己不為功。而反求諸己，正有其可反之根據。此則必須有儒學之第三期之發揚。而此期之發揚，又必須能盡實現一切創造之責任。吾人必須知眼前所需要之創造，乃以往二千年歷史所未出現者。以其未出現，故必為創造。然而所謂「創造」，亦必為歷史自身發展所必然逼迫其出現之創造。是以今日之創造，必有自家之根據，而不能純為外鑠者。所謂「自家之根據」，普泛言之，即儒家之傳統，亦即儒家必有其第三期之發揚也。而第三期之發揚，必須再予以特殊之決定。此特殊之決定，大端可指目者，有二義。一、以往之儒學，乃純以道德形式而表現，今則復須其轉進至以國家形式而表現。二、以往之道德形式與天下觀念相應和，今則復需一形式以與國家觀念相應和。唯有此特殊之認識與決定，乃能盡創制建國之責任。政制既創，國家既建，然後政治之現代化可期。政治之現代化可期，而後社會經濟方可充實而生動，而風俗文物亦可與其根本之文化相應和而為本末一貫之表現。此則必有健進正面及構造之文化背景而後可。此非嚮壁虛談。漢代其例也，宋明其例也，德國亦其例

也。而吾人今日之局，則非走此路不能衝破此難關。

欲實現儒學第三期之發揚，則純學術之從頭建立不可少。新時代之創建，欲自文化上尋基礎者，則不得不從根本處想，不得不從源頭處說。從根本處想，從源頭處說，即是從深處悟，從大處覺。依是，儒學之究竟義，不能不予以提煉，復不能不予以充實。充實之，正所以使其轉進至第三期，而以新姿態表現于歷史，以與今日在在須創造之局面相應和。充實之之道，端賴西方文化之特質之足以補吾人之短者之吸納與融攝。于此吾人特重二義。一、在學術上名數之學之足以貫澈終始，而為極高極低之媒介，正吾人之所缺，亦正西方之所長。儒學在以往有極高之境地，而無足以貫澈之者，正因名數之學之不立。故能上升而不能下貫，能侔于天而不能侔于人。其侔于天者，亦必馴至遠離漂蕩而不能植根于大地。其所以只能上升者，正因其系屬道德一往不復也。而足以充實之之名數之學，則足以成知識。知識不建，則生命有窒死之虞，因而必蹈虛而漂蕩。知識不廣，則無博厚之根基，構造之間架，因而亦不能支撐其高遠。故名數之學，及其連帶所成之科學，必須融于吾人文化之高明中而充實此高明。且必能融之而無間也。是則須待哲學系統之建立與鑄造。二、在現實歷史社會上，國家政治之建立，亦正與名數之學之地位與作用相類比。此亦中國之所缺，西方之所長。國家政治不能建立，高明之道即不能客觀實現于歷史。高明之道只表現為道德形式，亦如普世之宗教，只有個人精神，與絕對精神。人人可以與天地精神相往來，而不能有客觀之精神作集團組織之表現。是以其個人精神必止于主觀，其天地精神必流于虛浮而陰淡。人類精神仍不能有積極而充實之光輝。故國家政治之建立，即所以

充實而支撐絕對精神者，亦即所以豐富而完備個人精神者。凡無國家政治之人民（如猶太人），其精神不流于墮落與邪辟，即表現爲星月之清涼與暗淡。其背後決無眞正之熱力與根植于天地之靈魂。朱光澈地與月白星碧之別，正在其有無客觀精神之表現，有無國家政治之肯定。故國家政治之建立，亦須融于吾人文化之極高明中而充實此高明。且亦必能融之而無間者。是亦有待于偉大之歷史哲學與文化哲學之鑄造也。

西方名數之學雖昌大（賅攝自然科學），而見道不眞。民族國家雖早日成立，而文化背景不實。所以能有維持而有今日之文物者，形下之堅強成就也。形上者雖迷離惝恍，不眞不實，而遠于人事，則于一般社會辟體，亦不必頓感迫切之影響。然見道不眞，文化背景不實，則不足以持永久而終見其粲。中世而還，其宗教神學之格局一經拆穿，終不能復。近代精神，乃步步下降，日趨墮落。由個人主義而自由主義，自由、平等、博愛之思潮興。近代英、美資產階級之政治民主，即由此而孕育。然資產階級之個人主義、自由主義，如不獲一超越理性根據爲其生命之安頓，則個人必只爲軀殼之個人，自由必只爲情欲之自由。因以盲爽發狂，而不能自持，終必逼出共產黨之反動而毀滅之。共產黨以無產階級文化相號召，以泯滅人性之集體主義對治軀殼之個人主義，以機械之物化系統對治情欲之自由主義，豈非步步墮落、非全部物化而毀滅之不可而何耶？此尚非人類之浩劫乎？然則有堅強之形下成就，而無眞實之文化背景者，雖曰日益飛揚，實則日趨自毀耳。然非局于現實而爲其文物所惑者所能洞曉。世人方欣羨其成就，而不知其大苦痛即將來臨也。彼若不能于文化之究竟義上，有眞實之體悟，將不能扭轉其

毀滅。名數之學與民族國家將徒爲自毀之道，又何貴焉？故就西方言，民族國家誠可詛咒。名數之學，人或知其不負利用之責，然而眞負利用之責者，又不能建，則亦無安頓名數之學者。名數之學，不能安頓，則利弊相消，亦同歸於盡而已。人不能建其本，則科學之利正不能見其必多於其弊也。而飛揚跋扈，所以震炫世人耳目者，亦正人類自娛于精魂之播弄，爲陽燄，爲迷鹿，麻醉一己而已。故對吾人之文化言，則名數之學與民族國家正顯其充實架構之作用；而自西方文化言，則實日趨于自毀。然則西方文化之特質，融于中國文化之極高明中，而顯其美。則儒學之第三期之發揚，豈徒創造自己而已哉？亦所以救治西方之自毀也。故吾人之融攝，其作用與價值必將爲世界性，而爲人類提示一新貢獻。

今日之知識階段，必有此認識與覺悟，方能貢其心力于國家。否則其自身命運之慘，不卜可知。東漢之黨錮，唐末之濁流，明末東林、復社之與國偕亡，皆前車也。流寇如張、李，得屠之如犬羊；夷狄如滿淸，得辱之如奴虜。順今日知識階級之昏墮，必待其所歌頌之流寇夷狄屠戮摧殘，而後覺今日之昏狂。然自作孽不可活，猶可說；殃及種族，則萬世罪人也。南北朝之局，豈堪設想，況爲外力迫成者乎！不深悟猛醒，則不哀號宛轉死于魔鬼理論之下，必效鮮卑語服事公卿者也。爲漢奸，爲國賊，恬不以爲恥，則亦無如之何已。吾人今向全國士人發警號。吾輩思之而痛，言之而悲。然垂死而後悟者，正掉頭不一顧，且斥我輩爲固而不化矣。

鵝湖書院，爲宋代朱、陸諸哲會講之所。流風餘韻，彷彿可尋。吾人今日擇此地，以講學精神發爲文化事業，亦正有其歷史之意義，象徵之作用。肝膽之士，相聚于斯，亦期盡雞鳴不已，中行

獨復之微責耳。十室之內，必有忠信。向上之心，人皆有之。同類相求，同氣相應。抒發國脈，蔚爲風氣。此則吾輩措辦鵝湖書院之宗趣也。知微知著，成章必達。願與國人共斯偉業。

二　章　則

一、組織

本書院分以下四部：

甲、研究部　設研究員三人，副研究員七人，共十人；助理研究員若干人（不限人數），推行研究事宜。由研究員中推一人任主任。

乙、總務部　由研究員中推一人任主任，由副研究員中推二人助管財務及雜務等事宜。

丙、出版部　由研究員中推一人任主任，由副研究員中推二人助理出版印刷之事。

丁、圖書部　掌管圖書館事宜，暫由副研究員一人負其責。

附註：副研究員人數得隨經濟狀況而增加。

二、事業

甲、研究部講學與研究並進，講學吸取宋明儒講學精神。每日全體部員于清晨聚會，一次推一人任主講。研究爲各人專學之工作，必期于所研究之專題洞澈淵微，終始條理。

乙、出版部以印行院刊爲經常事業。叢書得隨時籌印。

三、院務委員會

甲、常務委員會　以研究員三人組成之，推一人爲院長，負責對外事宜。

乙、全體委員會　由全部研究員、副研究員組成之，得隨時由院長召集之。

四、來學

甲、本書院不採招生制，得自由來學，膳食自理，紙墨膏火院中津助，人數無限制。

乙、來學者須了解本書院之精神與旨趣。任期永暫，聽其自便。

丙、來學者須參加清晨聚會聽講。

丁、來學者如住二年以上而有成績，得升爲助理研究員。

戊、書院得按經濟狀況予來學者以求學上之便利。

六、旦暮樓

　　莊生云：「萬世而後，一遇大聖，得其解者，猶旦暮也。」此言出口，亦云悲矣！夫理之在是，豈間毫髮？迷而不覺，或覺而不迷，皆不可以久暫必【按：必、期必也，謂期迷覺之必久必暫】。長夜漫漫，有終古之嘆。一念萬年，亦光照百世。當夫天地間，賢人隱，大害已成，而不可挽。淪於洪荒，悽涼慘淡。呼天天不應，呼地地不靈。人生如此，幾不信天地間究有是非否耶？

　　然聰明睿智者，出於其間，以其悱惻之仁，精誠之勇，發太陽之顯赫，破黑暗之愁城。豪傑之士聞其風而悅之，亦若聞一善言，察一善行，若決江河沛然莫之能禦。措之事業，刮骨療毒，運天下于掌上，亦猶旦暮間也。

　　豪傑不世出，則顯赫爲空文；聖賢不世出，則豪傑爲恣肆。及夫亂世，則魑魅魍魎，荼毒生靈，尤不足以言豪傑。吾生此世，能旦暮得之否邪？或在萬世，或在眼前，不可必矣。若不幸而在萬世，則莊生之嘆，亦猶今日之嘆也。可不悲哉！

　　民國三十七年，天地無轉機，大亂不可遏。顏其居曰「旦暮樓」。感而書此，以占世運。

旦暮樓主人記

七、月華賦句

三五之夜，月華遍地，萬里無雲，萬籟無聲。忽而雞鳴初唱，幽點寂寥；桌上時鐘的答，鏗鏘成律。展轉難寐，萬念俱起，面對皓魄，愛自心生。

月光遍徹，亦成月愛。愛不成愛，月不成月。我未消入月心，月未融入我懷。彼亦非月，月不作月觀；我亦非我，我不作我觀。此亦不可作三昧觀，只是生之流，現起諸華彩。我是一華彩，月是一華彩，甚至寂寥夜，乃至雞鳴啼，俱是一華彩。我若愛不捨，或彼愛不捨，或兩相投入，或捨不相投。欣曰得寂趣，實乃撲空影，直參三昧定，必是大誤謬。

影中有實流，寂中萬籟鳴。奔騰千軍馬，聲色壯亦大。迅速奮厲走，淵默如雷吼。念念剎那起，切切不可已。駁雜如交響，繁音擊節賞。盤山與越嶺，回轉勢難停。塵心難止息，繁華如魔襲。富貴誘我心，名位惱煞人。金粉前羅列，胭脂雜然陳。一一是嬌妍，俱蘊力無邊。說空亦不空，說有亦非有。我若全遮撥，我何生斯世？我若不遮撥，何能與俱去？

我若對悟談，何事不可談？我愛蒼生遂，我憂蒼生苦；我愛家國寧，我痛家國病。此憂與此愛，豈不帶魔來？相互為表裡，云何

盡敗壞？一斷一切斷，終遁空山裡；一取一切取，云何有唾棄？若
是一切斷，何以言其仁？若不有唾棄，何以辨其僞？我處此困厄，
心常不安遂。直敎刀槍裡，再度幾殘生。若歸純不已，翻然天下
平。（自註：堯夫詩云：卷舒萬古興亡乎，出入幾重雲水身。）

　　雞鳴初唱，月色漸微。布穀數聲，蛙蟲斷續。聊止于此，再復
入寐。

　　　　　　　　　時在五月二十五日夜也。記于且暮樓（卅七年）
　　【文後又有詩、聯各一：】
　　月華照大地，狗吠上青天；
　　池塘處處蛙，高唱入雲端。

　　白首對江山，縱欄無限意【又改爲：廓然不起意】；
　　丹心照午夜，危微儼若思【又改爲：微乎儼若思】。

八、觀生悲歌

觀卦觀我生，我生百無成。執御還執射，大聖無成名。

惟有肫肫仁，育我心亦寧。我心如赤子，不慮不學能。

又若野中牛，旦暮寥闊鳴。昂首蒼茫裡，悲來不勝情。

上蒼何瞶瞶？大地何矇矇？

眾生流鮮血，將以洗罪劫。劫數若難逃，豈便應滅絕？

以善懲凶惡，尚可留德業；以惡毒其良，此又如何說？

天心而若此，得勿將崩裂？悠悠歲月長，啼痕何時歇？

舉世不我知，豈無知我者！自知契天知，乾坤成鴻烈。

遭時大亂，無可用力。慷慨傷懷，悲歌抒情，使來者有以知我
與斯世之痛苦也。

時在民卅七年五月廿五日書于旦暮樓

棲霞牟宗三　江南太湖之濱

九、象山贊

一部孟子開大道，心理二字握簡要。
直到鶻孫無住處，方是規矩之機竅。

首出庶物冒乾元，實修實悟兩無間。
我是實理之見證，實理亦來見吾面。

一念警策似天地，踐履亦未至純一。
等閒識得春風面，淵靜之名方付實。

十、四十誌感

上面是天，下面是地。驀然回首，於穆不已。
天不是天，我何仰乎？地不是地，我何依乎？
得一以清，得一以寧，我仰者清，我依者寧。
不清不寧，瓦釜雷鳴。金甌殘缺，虛而不盈。
罔生幸免，心迷而險。行僻而堅，言偽而辯。
不有聖誅，何解倒懸？人生到此，其何以堪？

念我父母，父母九泉。念我兄弟，不得團圓。
瞻望妻子，妻子苦難。維我一身，孑然在南。
上不在天，下不在淵。橫撐豎架，有苦難言。
山河破碎，隻手難挽。風俗敗壞，其誰來轉？
世運日下，陵遲泄漫。聖學既絕，誰人問辨？
斯文掃地，吾誰與言？家國天下，有誰承擔？

陽焰迷鹿，如癡如顛。水火之急，心何能安？
我思聖賢，來遲姍姍。縱有聖賢，膏肓難轉。
大害已成，古今同感。天地閉塞，賢人隱潛。

長夜漫漫，同付一嘆。我生四十，不惑之年。
我其隱乎？抑念時艱。坐視不顧，何對蒼天！
生死相搏，乾坤難轉。耶穌孔子，留我典範。

肫肫其仁，淵淵其淵，淵淵其淵，浩浩其天。
光照萬代，豈爭眼前！
　　時在民國三十七年六月三號【舊曆】四月廿五日也

十一、聖學箴

理是天理，
心是天心，
學是聖學，
氣是浩然之氣，
行是仁義忠恕之行。

民國三十八年五月廿七日

《牟宗三先生全集》總目